CW01376234

ALBERT SPEER

Joachim Fest

ALBERT SPEER

Le confident de Hitler

*Traduit de l'allemand
par
Frank Straschitz*

Perrin

Titre original
Speer, eine Biographie

© original : 1999, Alexander Fest Verlag, Berlin
© Perrin, 2001
ISBN original : 3-8286-0063-8
ISBN Perrin : 2-262-01646-1

NOTE DE L'AUTEUR

Comme il est indiqué dans une note, le conseiller mis à la disposition de Speer par son éditeur Wolf Jobst Siedler pour mettre au point la version définitive de ses Mémoires et du *Journal de Spandau* n'était autre que l'auteur de ce livre. Speer attendait de ce « conseiller littéraire » une aide d'ordre stylistique ainsi que des indications historiques d'ordre général, mais il voulait surtout que l'on attire son attention sur des omissions importantes, sur des passages imprécis et sur des lacunes biographiques susceptibles de gêner le lecteur. Fin 1966, Siedler me demanda si je voulais jouer ce rôle ; comme je commençais alors à préparer ma biographie de Hitler (qui devait paraître en 1973), cette offre me parut à la fois intéressante en soi et éventuellement utile pour mon entreprise. D'abord sporadiquement, puis de plus en plus régulièrement, j'ai pris des notes relatives à ces longues séances de travail (elles duraient plusieurs jours d'affilée), habituellement préparées avec l'assistance de Siedler. Compte tenu du caractère exceptionnel de ce témoin d'une époque, je finis par consigner tout ce qui méritait de l'être, que ce fût ou non utile à mon projet. Je conservai cette habitude même après la publication de la biographie de Hitler, allant parfois jusqu'à noter les réactions de Speer aux critiques concernant ses propres livres. Dans le présent ouvrage et ses notes, la mention « Note de l'auteur » indique que je me réfère à ces notes et observations.

A cet égard, deux précisions s'imposent. D'une part, il ne s'agit pas de citations directes, mais de résumés faits de mémoire qui s'efforcent dans la mesure du possible de restituer la façon de s'exprimer de Speer. D'autre part, ces notes concernent principalement les événements les plus dramatiques de la vie de Speer. Il s'ensuit que les années 30, époque des grandioses projets architecturaux, ainsi que les années de formation, sont moins bien documentées. Si j'avais déjà nourri à l'époque le projet d'écrire une biographie de Speer, je lui aurais certainement posé des questions plus précises, concernant en particulier ses motivations et ses critères souvent contradictoires qui devaient le mettre dans une situation sans issue. Les éléments que j'ai pu recueillir se sont néanmoins révélés précieux pour compléter le tableau d'ensemble.

Je remercie pour leur aide le Münchener Institut für Zeitgeschichte et notamment son directeur, le professeur Horst Möller, ainsi que les collaborateurs des Archives fédérales de Coblence, en particulier Gregor Pickro. Mes remerciements vont également à : Friedrich Wolters, qui m'a permis de consulter les archives de son père, Rudolf Wolters ; Albert Speer junior qui m'a fourni nombres d'indications utiles ; et Tete Böttger, notamment pour les photographies inédites provenant de la succession de Walter Hewel. Le professeur Hagen Schulze (Berlin/Cambridge) a bien voulu relire le manuscrit et m'a fait bénéficier de ses précieux conseils. Je remercie également de tout cœur de nombreuses personnes que je ne nommerai pas, mais qui se reconnaîtront.

INTRODUCTION

QUESTIONS, CONTRADICTIONS, QUESTIONS ENCORE ET TOUJOURS

Dans la galerie des dirigeants du régime hitlérien, Albert Speer occupe sans conteste une place de choix. Bien qu'il soit resté longtemps un membre assez discret de l'entourage privé de Hitler, à peine connu de l'opinion, les trois années pendant lesquelles il fut ministre de l'Armement l'ont propulsé en pleine lumière et, comme il le supposait non sans quelque raison, jusqu'à la place de « deuxième personnage de l'Etat ». Il était loin de partager la perversité ténébreuse qui, en dépit de leur jovialité de façade, caractérisait presque toutes les personnalités dirigeantes, à commencer par Hitler lui-même, et leur donnait une aura pour le moins suspecte. Son apparence physique, déjà, le distinguait du type du chef politique au cou taurin et aux fesses rebondies qui était arrivé au pouvoir depuis la « révolution » nationale-socialiste et qui, tout en travaillant au « renouveau national », veillait à ses propres intérêts. Cet homme de haute stature, aux traits intelligents, toujours soucieux de garder ses distances, détonnait au sein de la foule bruyante et agitée des suiveurs jouant des coudes pour s'imposer — à croire qu'il s'était égaré par mégarde en leur compagnie.

Pourtant, il était bel et bien des leurs. Cette ambivalence donne une première idée des contradictions qui font de la vie de Speer une énigme. Au moins rétrospectivement, beaucoup de ceux qui servirent aveuglément le régime ont voulu s'approprier ce mélange de distanciation et d'appartenance. Speer était le modèle en lequel ils aimaient se reconnaître ; ils enviaient son idéalisme, son dévouement, son zèle et sa compétence, son apparente réserve. Dans un second stade, lorsque Speer publia ses Mémoires (parues en français sous le titre *Au Cœur du Troisième Reich*) à la fin des années 60, après de longues années de détention, il devint une sorte de symbole de l'innocence. En plus de tout le reste, son exemple semblait prouver qu'il était possible d'avoir servi Hitler sans réserve, et en occupant de surcroît une position dirigeante, tout en ignorant les innombrables crimes commis par le régime. Et, lorsqu'en ces années il était question des « aspects positifs » du national-socialisme — diminution du chômage, programmes de politique sociale, sans oublier les autoroutes devenues proverbiales —, il n'était pas rare que le nom d'Albert Speer fût prononcé.

Compte tenu de la position nettement à part de Speer, tant pendant l'ère hitlérienne qu'après celle-ci, il est surprenant qu'il n'ait toujours pas fait l'objet d'une biographie doublée d'une étude historique un tant soit peu approfondie. Le tour des ouvrages qui lui ont été consacrés est vite fait. Il y a eu, en 1982, l'essai polémique de Matthias Schmidt, sans doute important mais qui n'examine qu'une courte période de la vie de Speer, puis deux livres publiés en Angleterre une quinzaine d'années plus tard. Le premier, qui connut un succès considérable, est dû à l'écrivain Gitta Sereny, mais il s'agit moins d'une biographie à proprement parler que d'une longue étude sur la personnalité de Speer, basée sur les déclarations de nombreux témoins de l'époque et assortie de réflexions sur les problèmes de la culpabilité, du discernement, du repentir et du changement. L'auteur de l'autre portrait est Dan Van der Vat, journaliste réputé d'origine néerlandaise, qui fut des années durant le principal correspondant en Allemagne du *Times* de Londres ; avec une concision très professionnelle, il s'efforce de porter un jugement sur ce personnage aussi déconcertant à ses yeux, car tellement allemand, et réussit à brosser de Speer un portrait assez convaincant, mais qui reste néanmoins superficiel[1*].

En Allemagne, une fois retombée la sensation causée par la publication de ses Mémoires, qui fit de lui pendant quelque temps une sorte de star que les médias s'arrachaient, la vie de Speer n'a guère suscité d'intérêt. Il existe certes de nombreuses études consacrées à des aspects particuliers de sa carrière, par exemple l'architecture ou son activité de ministre de l'Armement. Du point de vue biographique, signalons toutefois une exception : la pièce de théâtre d'Esther Vilar, à la chute fort spirituelle, dont la première représentation eut lieu dans ces mêmes salles de la *Berliner Akademie der Künste*, où Speer conçut avec Hitler « Germania, capitale du monde » et en construisit une gigantesque maquette[2]. Cette réticence s'explique peut-être en bonne partie par le fait que la vie de Speer se prête mal aux réponses toutes faites que l'opinion exige de plus en plus. Un personnage aussi ambigu est à la fois contraire à l'esprit du temps et ne saurait se satisfaire des réponses banales et standardisées qu'apportent ceux qui voient le monde en noir et blanc, et qui ne font de toute façon que refléter la pauvreté et les préjugés de l'image communément acceptée.

D'une autre manière, la science historique a elle aussi contribué à ce désintérêt. Depuis la chute de Hitler et du régime national-socialiste,

* Les notes se trouvent en fin d'ouvrage.

les historiens ont retrouvé et publié des montagnes de matériaux, et ont exploré les aspects les plus complexes des prémisses, des structures et des conséquences du national-socialisme. Cette époque a fait l'objet d'études plus approfondies qu'aucune autre. Pourtant, la tendance à considérer la biographie comme un genre mineur — alors qu'elle seule peut donner un tableau d'ensemble cohérent et éclairer les processus de l'engagement progressif, de la persuasion et de l'aveuglement volontaire permettant de faire taire les scrupules — a la vie dure, et génère sans cesse de nouvelles tentatives, comme l'a dit Golo Mann, de représenter *Hamlet* sans le prince du Danemark [3].

Il manque ainsi à l'Histoire une dimension essentielle, ainsi que le drame que seule l'étude d'un destin individuel permet de cerner. Le dilemme semble impossible à résoudre. La science s'efforce encore et toujours de dégager les règles, ou les lois, qui se cachent sous le déferlement anarchique des images du passé. Elle ne tolère pas les contradictions ; ce sont elles, pourtant, qui permettent d'éclairer le caractère des protagonistes du drame, car elles sont partie intégrante de leur nature. Peut-être est-ce pour cette raison que la question de savoir comment Hitler s'est emparé du pouvoir, a affermi et étendu ce pouvoir puis l'a finalement perdu, a été tellement analysée qu'il ne subsiste presque plus d'espaces inexplorés — mais les énigmes n'ont pas disparu pour autant. Car les êtres humains ont une plus grande part d'irrationnel, voire d'absurde, que la science ne veut le reconnaître, comme en témoigne en particulier l'histoire de la vie d'Albert Speer, qui abonde en circonstances qui ne nous paraissent rien moins qu'ahurissantes.

Une des principales raisons qui rendent tellement difficile l'évaluation des événements de l'année 1933 est la profonde cassure morale que de nombreux observateurs actuels, informés des atrocités qui suivirent, constatent dès la prise du pouvoir par Hitler. Mais à l'époque cette faille avait rarement été ressentie. Les contemporains reliaient plutôt les événements de ce printemps tumultueux à certains espoirs, ou attentes, d'ailleurs parfaitement imprécis. « Nous voulions seulement que les choses s'améliorent, voilà tout », a commenté Speer en substance, à plusieurs occasions. Il faut cependant préciser que le jeune architecte au chômage avait adhréré depuis environ deux ans au parti de Hitler et qu'il avait donc des raisons d'espérer un avenir meilleur. Même ceux que la situation politique de l'Allemagne préoccupait s'attendaient tout au plus à un régime autoritaire, peut-être passagèrement draconien, comme il en était apparu dans plusieurs autres pays européens. Faute d'avoir une quelconque expérience d'un système totalitaire, personne ne pouvait, ou ne voulait, imaginer l'étendue future des violations des Droits de l'homme, des persécutions et des assassinats de masse.

Ce n'est pas seulement par les grands espoirs qu'il mettait dans la prise du pouvoir par Hitler, grisé par l'ambiance de renouveau, éprouvant une jubilation doublée d'une inconscience totale, puis par les nombreuses déceptions et pour finir le sentiment souvent refoulé d'avoir emboîté le pas à un régime criminel que Speer incarnait un type dans lequel beaucoup d'Allemands se sont reconnus. En dépit des remous politiques qui l'entouraient, et dans lesquels il ne put éviter d'être pris, Speer s'est toujours prévalu de sa non-participation à une quelconque activité politique. Il y avait le domaine public et le domaine privé, et les deux restaient rigoureusement séparés. Dans l'un régnaient l'honnêteté et la décence, les mœurs « civilisées » et un ensemble de règles strictes distinguant ce qui était permis de ce qui ne l'était pas. L'autre était une sphère où toutes les normes et tous les critères éthiques étaient abolis, où la force brute et la poursuite des avantages immédiats constituaient une sorte de droit primordial qui primait toutes les objections et scrupules, moraux ou autres. Très tôt, certes, la persécution des adversaires du régime et le harcèlement impitoyable des minorités, ainsi que la construction des premiers camps de concentration, qui fut annoncée par la presse et fit même l'objet de reportages illustrés, suscitèrent inquiétude et angoisse. Mais ce n'était « que de la politique », n'est-ce pas. « En quoi tout cela me concernait-il ? » commente Speer après avoir décrit une scène ignoble qui se produisit au printemps 1938 ; sa réaction était la même chaque fois qu'il était question de violence et d'arbitraire. Il est significatif qu'il ressentit pour la première fois un doute lorsque, à un moment où il faisait déjà partie depuis un certain temps du cercle des intimes de Hitler, il vit celui-ci, au cours d'un banquet dans un hôtel de Munich, remettre négligemment, sans un mot, à sa maîtresse Eva Braun une enveloppe qui, comme il l'apprit peu après, contenait de l'argent[4]. Il jugea cet épisode honteux et déplacé, en tout état de cause plus révoltant que toutes les injustices cruelles qu'il pouvait observer autour de lui. Peu avant la fin de la guerre, il parlait encore du « monde idéal » dans lequel il aurait vécu des années durant.

La séparation des sphères, qui a une vieille histoire en Allemagne et fait en quelque sorte partie de la culture nationale, eut également une autre conséquence, plus directement politique, qui elle aussi concerne Speer. En effet, dès que, Hitler devenu chancelier, ils assumèrent une partie du pouvoir exécutif, cette séparation mit à la disposition des nouveaux maîtres du pays un appareil d'Etat fiable et loyal. C'était d'autant plus important que la nouvelle couche dirigeante, qui se disputait avec rage les postes clés, se composait en majeure partie d'officiers révoqués, d'universitaires ratés et d'autres personnes sans emploi ni perspective de carrière « honorable », et qui avaient profité des bouleversements politiques pour se faire une place au soleil. Ce qu'ils apportaient n'était guère plus qu'un mélange confus et tapageur d'activisme, de volonté de puissance et de ferveur. Par contre, ils ne connaissaient pratiquement rien de l'Etat, de ses règles, de son fonctionnement et de ses structures complexes.

Dans tous les domaines, le gigantesque corps des fonctionnaires et autres spécialistes aida le régime à résoudre ce dilemme. Sans le moindre scrupule, sans inquiétude ni hésitation, ils firent bénéficier les nouveaux maîtres de leurs capacités et de leur expérience, sans lesquelles les hommes de Hitler n'auraient pu exercer le pouvoir. L'instauration du régime national-socialiste fut ainsi rendue possible par les fonctionnaires, responsables de services publics et administrateurs locaux, officiers et commissaires de police, chefs de service et autres. En dépit des signes de plus en plus visibles du « renversement, ou révolution » (*Umsturz*), comme on appelait couramment le nouvel état de choses, ils accomplirent consciencieusement et avec leur dévouement coutumier ce qu'ils considéraient comme leur devoir, bien que cela allât souvent à l'encontre des lois fondamentales de l'Etat constitutionnel, lois encore en vigueur quelques jours auparavant. L'attitude anti-parlementaire traditionnelle de beaucoup d'Allemands, et en particulier des couches dirigeantes du pays, facilita également cette attitude de coopération, d'autant plus que beaucoup étaient convaincus de pouvoir montrer la bonne voie au « jeune » mouvement et orienter sa bruyante véhémence, alors qu'en réalité ils étaient d'ores et déjà devenus complices de sa stratégie de conquête du pouvoir absolu. Hjalmar Schacht, président de la Reichsbank, qui fut quelque temps ministre de l'Economie était de ceux-là, ainsi que Franz Kürnzer, nommé ministre de la Justice sous la république de Weimar et qui conserva ce poste sans interruption jusqu'à sa mort en 1941, ou encore un homme comme Rudolf Diels, qui était depuis 1930 un important collaborateur du ministère de l'Intérieur socialiste du gouvernement de la Prusse, et qui consacra à partir de 1933 ses compétences à l'établissement de la *Geheimpolizei*, cette police secrète qui deviendrait bientôt synonyme d'effroi sous le nom de « Gestapo ». Les exemples sont innombrables. L'indifférence à l'égard de l'idéologie, cet « apolitisme » que tous ces « experts » ont fait valoir plus ou moins dans les mêmes termes, confirme précisément ce que cette formule était censée cacher : les avantages pratiquement inestimables que leur coopération apporta à la « révolution occulte ». Ils permirent en effet au régime de se présenter comme le défenseur d'une cause supérieure, indépendante des intérêts égoïstes des partis.

Il est certain que l'on méconnaît la nature du national-socialisme sur un point essentiel si on ne le considère pas comme un rassemblement des soi-disant « apolitiques » contre la politisation croissante de la société. Au malaise occasionné par le poids croissant des partis, par leurs constantes querelles et la discorde chronique qui régnait entre eux, et plus généralement par leurs discours confus et divergents, pourtant inséparables de l'ordre démocratique, les nouveaux détenteurs du pouvoir répondirent en offrant aux masses une action « apolitique ». Une majorité de plus en plus nombreuse de citoyens allemands leur était tout simplement reconnaissante de les avoir délivrés de la tendance à la politisation de la mal-aimée république de Weimar en leur proposant une action prétendument objective, visant à la pure efficacité. D'innombrables témoignages, concernant du moins les années de paix, attestent du malentendu à la fois révélateur et troublant, selon lequel seule la domination nationale-socialiste aurait permis le retour à des processus de décision rigoureux et efficaces, que résume bien la formule « faire le nécessaire sans discours superflus ». Et, lorsque Speer s'étonnait tardivement que Hitler n'ait jamais exigé qu'il adhère au parti, cela montre à quel point il avait méconnu cette stratégie[5].

Globalement, Speer appartenait lui aussi à cet « autre type » apolitique qui a frayé le chemin au régime et qui devait déconcerter de nombreux observateurs et critiques, tant en Allemagne qu'à l'étranger. Les succès qu'il connut et le prestige qu'il gagna étaient dus en bonne partie aux nombreux spécialistes réputés et honorables dont il avait su s'entourer. Dans ce contexte, la controverse persistante sur la question de savoir si et dans quelle mesure, contrairement à ses protestations réitérées, Speer était « politique » n'a guère de sens[6]. Certes, il s'est toujours, pendant toutes ces années, tenu à l'écart de l'activité politique au sens strict du terme, des intrigues et des luttes pour le pouvoir de l'entourage de Hitler, et a considéré avec un mépris non déguisé les dignitaires chamarrés d'or qui l'entouraient. Son attitude assurée et presque hautaine, jamais servile, témoignait à elle seule de sa réserve, voire de son rejet à l'égard de la camaraderie trompeuse des Ley, Streicher, Ribbentrop et autres Bormann. Ce n'est pas sans raison qu'on lui reprochait d'être orgueilleux, ou vaniteux. Cette réputation l'a toujours suivi ; selon toute probabilité, la froideur et la distanciation que tous les observateurs ont remarquées n'étaient pas seulement une question d'époque et de milieu. « Je n'ai jamais vraiment fait partie de quoi que ce soit », a-t-il reconnu un jour[7].

Il ne faisait rien pour éviter d'être taxé de présomptueux, comme pour ne pas être contaminé par les concessions que, compte tenu de son origine sociale, de sa culture et de son mode de vie, il était contraint de faire en fréquentant constamment la coterie grossière et primitive de Hitler. Pourtant, il ne prit jamais suffisamment de distance à l'égard de « ces gens-là ». Il faisait partie de leur cercle, il prenait place à leurs côtés à la tribune d'honneur ; de plus en plus pris dans l'engrenage, il finit par conclure avec eux divers accords et pactes tactiques. Bien plus que l'exception qu'il croyait être, il était, comme nombre de ses pareils, leur complément nécessaire.

Ce que Speer obtint — et le prix qu'il eut à payer — dès lors que, peu de temps après la prise du pouvoir, il se trouva entraîné dans leur cercle presque par hasard, à l'âge d'à peine trente ans, c'était une position sans cesse menacée et dépendant entièrement du bon vouloir de Hitler. Contrairement à la quasi-totalité des satrapes du parti, il ne disposait d'aucun pouvoir interne, ni de ces cohortes armées que le dictateur toléra longtemps afin de préserver l'équilibre du pouvoir entre ses subordonnés immédiats. En sa qualité d'architecte attitré de Hitler, Speer n'en avait pas besoin. Mais à partir du moment où il fut nommé ministre de l'Armement au début de 1942, ce manque se fit douloureusement sentir en termes de puissance. Il apprit rapidement à s'en accommoder et à s'attirer la faveur de Hitler grâce à son charme, à son habileté et à ses faux-semblants.

Ce dont il bénéficiait, c'était bien plus que des faveurs que le prince accorde à ses courtisans les plus appréciés. De nombreux indices prouvent que, dès leur première entrevue, Speer avait conquis et — le mot n'est pas trop fort — ému Hitler. Comme personne d'autre, pas même Eva Braun, il devint l'objet d'une affection à la tonalité nettement érotique — il était « l'amour malheureux » de Hitler, pour citer un proche collaborateur de Speer, observation confirmée par de nombreux autres témoignages. Tant que cette situation durait, Speer possédait une sorte d'invulnérabilité, en dépit de la jalousie et des nombreuses attaques de ses rivaux ; seules d'éventuelles sautes d'humeur de Hitler lui-même pouvaient susciter des craintes concernant sa position, et même sa sécurité personnelle.

Cela arriva surtout vers la fin de la guerre, alors que leur singulière communion était d'ores et déjà fort assombrie. Il n'est pas impossible que ce fut cette désaffection qui poussa Speer à mettre une dernière fois à l'épreuve la confiance qui les liait jadis, et à jouer son va-tout avec la dictature. De longues années durant, la lucidité avec laquelle il observait ce qui l'entourait n'avait nullement diminué son dévouement envers Hitler et l'avait même entraîné à adopter des positions extrêmes. Au sein de cette cohorte de suiveurs obséquieux et de laquais de haut vol, il avait apparemment réussi à préserver un reste d'indépendance intérieure ; en tout état de cause, l'un des nombreux paradoxes dont témoigne sa biographie est qu'il s'en souvint, en quelque sorte à l'avant-dernière heure. Et, en un ultime revirement, en témoignant devant le tribunal de Nuremberg il déclara qu'il aurait été un ami de Hitler — dans la mesure où celui-ci était capable d'éprouver un sentiment tel que l'amitié. Lui-même en tout cas, du moins dans la perspective de leurs rêves architecturaux partagés, se considérait comme un « ami » du dictateur[8].

Cette relation aussi étrange que singulière nous donne la principale clef de la vie et du comportement de Speer. Les possibilités illimitées que lui offrait Hitler, sa position privilégiée au sein de son entourage, son ambition de vassal courtisé l'ont rendu aveugle à tout ce qui était étranger à son domaine d'activité. Les considérations humanitaires n'en faisaient pas partie, et cette indifférence, ou cécité, morale était encore renforcée par son admiration pour cet homme « qui fait bouger le monde », comme il avait qualifié Hitler dans un moment d'exaltation.

Bien plus tard, Speer devait déplorer que Hitler eût corrompu aussi bien ses émotions que ses critères de valeur. Mais dans quelle mesure étaient-ils encore intacts lorsque, rare distinction accordée par Hitler, il fut autorisé à s'installer sur l'Obersalzberg, ou quand, fût-ce en gardant ses distances, il fréquentait les « vieux compagnons de route » et les héros de salon, ou encore quand il traversait la foule en délire dans la voiture du Führer sous une pluie de fleurs ? Comment un homme d'une tournure d'esprit aussi rationnelle a-t-il pu succomber à cette foi naïve qui était indispensable pour appartenir au cercle des intimes de Hitler ? Cela demeure une énigme. Comment s'accommodait-il de la folie grotesque de la *Weltanschauung* national-socialiste, qu'il avait un jour, et à son propre effroi, qualifiée de « sornettes » lors d'un thé au Berghof, qui plus est en présence de Hitler[9] ? Autre fait difficilement explicable, comment parvenait-il à concilier la nostalgie d'une existence préhistorique pleine de rites tribaux archaïques où les gens se lèvent d'un seul bloc, la main levée, pour entonner des chants guerriers ou prêter des serments de fidélité, comment conciliait-il cela avec le futurisme technologique des fusées et des avions à réaction, dont il était l'avocat en sa qualité de ministre de l'Armement ? Et comment conciliait-il l'avidité parasitaire des dignitaires du parti, qu'il avait très tôt percée à jour, avec la « noblesse » de la cause commune, à laquelle il a également fait allusion ? Et qu'en était-il de la « pègre criminelle » entourant Hitler, dont, malgré toutes les souffrances qu'elle infligea au monde, il ne s'éloigna que des années plus tard — et peut-être même ne se détacha-t-il jamais vraiment de Hitler.

Les questions sont sans fin, et elles révèlent sans cesse de nouvelles contradictions. Elles montrent la société dont Speer était issu sous différents éclairages. Selon ses propres dires, l'impression dominante que lui laissèrent ses années de jeunesse était celle d'une dégénérescence, d'un déclin généralisé de toutes les valeurs, et le sentiment de se mouvoir en terrain peu sûr, où qu'il mît les pieds. Tout était suspect, l'on ne pouvait se fier à rien. Certes, il était évident que le national-socialisme, tel qu'il le découvrit au début des années 30, cristallisait un mélange confus d'aspirations, de peurs et de ressentiments. Mais peut-être les recettes que Hitler proposait pour sortir de la crise correspondaient-elles à la confusion générale précisément à cause de leur caractère vague et comme improvisé, de sorte qu'il devait sa force politique à un raisonnement intellectuellement consternant. Toujours est-il que ce fut à cette époque, comme Speer le dit lui-même, qu'il apprit à vivre avec les contradictions. Dans une de ses réflexions de prison, il se demande si un homme comme Hitler — qui, par ses déclarations quelque peu embrouillées mais surtout radicales, s'y entendait pour apaiser les consciences en esquivant les véritables problèmes — ne l'avait pas aidé à découvrir les certitudes auxquelles il aspirait[10] ? A cet égard, Speer incarnait, au-delà de sa personnalité propre, une problématique qui n'a rien perdu de son actualité. Considérée avec impartialité, l'histoire de sa vie, en dépit de toutes ses particularités, peut se lire comme une analyse d'un moment d'une histoire sociale allemande qui se poursuit toujours.

Compte tenu des innombrables contradictions que présentait le « cas » Speer, il était inévitable que l'on portât sur lui des jugements non moins contradictoires. Le procès de Nuremberg, qui le plaça, à son insondable effroi, au rang des grands criminels de guerre, déclencha chez lui cette phase d'interrogation et d'autoanalyse qui devait par la suite se refléter dans plusieurs livres. Sous l'impression des crimes de masse amplement documentés que le régime avait perpétrés, il se détacha de la phalange de ses coaccusés qui avaient adopté une attitude et une ligne de défense communes sous la direction de Göring. Grâce à une tactique qualifiée par beaucoup de « magistrale », il échappa à la peine capitale — en bonne partie parce que, dans une sorte d'auto-immolation ou de renoncement fataliste, il était prêt à l'accepter. Les uns l'accusèrent alors de trahison, de manquement à l'honneur, et même de masochisme ; les autres lui reprochèrent une duplicité sans doute apprise au contact de Hitler, qui aurait abouti à « l'apologie la plus raffinée » qui eût jamais été faite « d'un dirigeant du Troisième Reich[11] » ; un troisième groupe encore voyait dans son inlassable investigation du passé une sorte d'« orgueil du péché », ses interminables ruminations sur la responsabilité et la culpabilité n'étant qu'une tentative de plus de se propulser sous les feux de la rampe. Cette tactique lui aurait permis d'aveugler le tribunal allié, puis d'abuser le monde entier.

Les reproches et critiques vinrent de toutes parts et, il n'y eut bientôt plus qu'une minorité pour accorder foi aux déclarations de Speer, en particulier lorsqu'il affirmait avoir tout ignoré des assassinats de masse et autres crimes contre l'humanité. John Kenneth Galbraith, qui faisait partie de la commission d'enquête américaine chargée peu après la fin de la guerre de réunir des informations sur l'efficacité et les conséquences de la guerre aérienne, eut très vite l'impression que si Speer avait répondu avec tant d'empressement à ses questions c'est parce qu'il espérait ainsi obtenir des renseignements qui lui permettraient d'édifier la forteresse de mensonges dans les méandres souterrains de laquelle il finirait par se retrancher. Pour sa part, le major britannique Airey Neave, un des administrateurs de la prison de Nuremberg, note avec impartialité : « Comparé à la racaille politique du parti nazi, Speer était un personnage assez imposant. Même dans sa tenue de prisonnier, il se faisait remarquer. Grand et brun, il avait des traits énergiques respirant l'intelligence. Son apparence et son attitude étaient convaincantes... » Pourtant, ajoute-t-il avec un doute informulé dû sans doute à l'apparente incompatibilité entre l'apparence cultivée de l'accusé et les incompréhensibles engagements qui avaient dominé le cours de sa vie, « je me sens mal à l'aise en sa présence ». Comme pour se mettre en garde lui-même, ainsi que tous ceux qui auraient à juger Speer, il ajoute, après l'avoir vu dans sa cellule : « Il faudrait se garder de succomber à son charme [12]. »

Nombre des questions que soulève l'histoire de la vie de Speer ne sont toujours pas résolues ; certaines ne le seront jamais. Tôt ou tard, tous ceux qui ne s'imaginent pas avoir expliqué par des réponses toutes faites les événements de cette époque y seront confrontés. En mai 1945, lors d'un des interrogatoires pendant lesquels Speer parlait interminablement, sans passion et avec la sobriété qui le caractérisait, des années pendant lesquelles il avait côtoyé Hitler, de ses collaborateurs, de ses rivaux et de son propre rôle, un des officiers, le capitaine Burt Klein, l'interrompit brusquement : « Monsieur Speer, j'ai du mal à vous comprendre. Vous nous dites que vous saviez déjà depuis des années que la guerre était perdue pour l'Allemagne. Des années durant, dites-vous, vous avez assisté aux épouvantables intrigues des gangsters qui constituaient l'entourage de Hitler — et le vôtre. Les objectifs personnels de ces hommes étaient comparables à ceux des hyènes, leur méthodes étaient celles d'assassins, leur morale, celle du caniveau. Tout cela, vous le saviez. Et pourtant, non seulement vous continuiez à exercer vos fonctions, mais vous collaboriez avec ces gens, vous faisiez des projets avec eux, vous les souteniez de toutes vos forces. Comment expliquez-vous cela ? Comment pouvez-vous le justifier ? Comment supportez-vous de vivre avec vous-même ? »

Speer parut d'abord pris au dépourvu, puis, après un long silence, il répondit au capitaine. Il déclara que celui-ci ne le comprenait pas. Il ne comprenait rien à la vie sous une dictature, rien à la peur omniprésente ni au jeu avec le danger qui en faisait également partie ; et, surtout, il n'avait aucune idée du charisme d'un homme tel que Hitler.

Lorsque Speer eut terminé, le capitaine Klein se leva et quitta la salle [13].

I

ORIGINES ET EXPÉRIENCE FONDAMENTALE

Le regard porté sur une vie part inévitablement de sa fin. Il faut attendre que les acteurs aient quitté la scène pour reconstituer le puzzle d'une existence, pour voir apparaître une image distincte et se dégager des lignes directrices. Ce processus n'est cependant pas sans inconvénients : l'observateur court alors le risque de considérer comme inévitables, ou de donner une portée générale à de simples incidents de parcours, à ces vicissitudes qui font partie de la vie de tout un chacun. Selon une opinion très répandue, l'éducation et le foyer parental seraient à l'origine de nombreux troubles de la personnalité qui déterminent le cours d'une vie ; pour ceux qui firent carrière durant la période hitlérienne, l'on retient en particulier : froideur affective entraînant par exemple un manque de confiance en soi, éducation autoritaire suscitant des comportements serviles, sévérité des parents produisant des caractères spirituellement et affectivement appauvris, amour parental excessif donnant au contraire des personnalités égocentriques, et ainsi de suite. Selon les règles fluctuantes de cette science psychologique, des faits identiques peuvent même avoir des conséquences opposées. Celui qui a été battu au cours de son enfance risque fort de devenir un individu agressif ; mais il en va de même de celui qui n'a jamais reçu une gifle, qui n'a jamais appris à ne pas dépasser certaines limites. En dernière analyse, toutes les horreurs qui ont jamais été commises en ce bas monde peuvent ainsi être attribuées à une éducation désastreuse. En réalité, les informations de cet ordre posent davantage de questions qu'elles n'apportent de réponses[1].

Albert Speer, né le 19 mars 1905 à Mannheim, nous offre un exemple type des événements imprévus et imprévisibles que présente toute biographie. Il venait d'une famille « normale » pour l'époque, sinon « moyenne », car son statut était proche de celui de la grande bourgeoisie. Ses premières années se déroulèrent selon le modèle traditionnel d'une jeunesse provinciale, à la fois réglée et dénuée d'événements notables. L'on y chercherait en vain un trait sortant du commun. Les jours s'écoulaient dans une douce inertie, rien ne venait troubler le paisible va-et-vient entre la maison parentale et l'école, les jeux au bord de l'eau, les activités du club sportif, et le premier amour. Les rares découvertes ayant trait à ces années ont permis aux biographes de brosser un portrait psychologique approximatif d'Albert Speer : le caractère lointain et inabordable du père, la froideur d'une mère hautaine voire arrogante, le manque d'amitié et même de simple camaraderie entre les trois frères, auraient fortement contribué à la pauvreté émotionnelle, à la timidité et aux difficultés relationnelles du deuxième des garçons. Mais ces conclusions sans doute trop simplistes ne contribuent guère à éclaircir la question centrale : comment Albert Speer a-t-il fini par trouver sa place dans l'entourage de Hitler, qui plus est en jouissant d'une position privilégiée et tout à fait exceptionnelle à la cour du dictateur [2] ?

Le père d'Albert était architecte, comme l'avait été son propre père ; en construisant dans la région de Mannheim des bâtiments administratifs, des demeures patriciennes et des villas, il s'était fait un nom et avait acquis une grande aisance matérielle. Lorsqu'il avait épousé en 1900 la fille d'un négociant de Mayence, fils de garde forestier devenu homme d'affaires prospère, qui affirmait descendre du maréchal d'Empire Friedrich Ferdinand zu Pappenheim, il avait de surcroît hérité d'une coquette fortune. Avisé et prudent comme il l'était, il plaça la majeure partie de ses nouvelles richesses dans l'immobilier et le foncier, non seulement dans la région de Mannheim, mais jusqu'à Heidelberg.

Speer a donc passé son enfance dans le monde de la grande bourgeoisie, monde sans doute privilégié mais quelque peu étouffant, comme toujours à cette époque. Sa mère, qui adorait les mondanités, ne s'était jamais vraiment remise d'avoir quitté la « Mayence d'or » pour la grise et enfumée ville industrielle de Mannheim, et elle s'évertuait à compenser cette infortune par un train de vie correspondant à ses aspirations. Dans la maison de quatorze pièces, elle disposait d'un nombreux personnel : cuisinières tout en blanc, femmes de chambre en robes noires à col et manchettes blancs, valets en tenue violette frappée d'un blason fantaisiste, toute une mise en scène d'un luxe ostentatoire. Il y avait également un chauffeur qui conduisait les deux voitures de la famille, une confortable berline pour l'hiver et un coupé découvert pour l'été. Sans oublier une gouvernante française, Mademoiselle Blum, d'origine juive, qui menait les trois garçons à la baguette et les faisait marcher en rang dans les rues de la ville. Le vestibule était meublé de massifs meubles hollandais et orné d'une fausse cheminée de faïence en vieux Delft ; le salon, par contre, était traité dans un style français plus léger, avec des lustres en cristal et des soieries de Lyon.

Seules vingt ou trente familles de l'opulente Mannheim pouvaient se permettre un tel déploiement de luxe, a fait observer Speer[3].

Speer n'aimait pas beaucoup ce train de vie luxueux et pourtant étriqué, cette ambiance curieusement dénuée de vie en dépit du nombreux personnel. Il se sentit donc soulagé lorsque la famille quitta Mannheim pour Heidelberg au cours de l'été 1918. Parmi les biens que son père avait acquis figurait une propriété située à flanc de colline derrière le château, dont il voulait primitivement faire la résidence d'été de la famille. Il décida d'y faire construire, en bordure d'un bois de chênes vénérables et de vieux hêtres, dans un environnement soigné comme un parc, une villa dans le style imposant et quelque peu pompeux de l'époque. Au-delà de la ville blottie à leurs pieds, le regard portait jusqu'à la vaste et lumineuse plaine du Rhin.

Lorsque Speer parle de ses années de jeunesse, il évoque surtout des images de la période de Heidelberg. L'école publique qu'il fréquentait maintenant (à Mannheim, il n'avait eu que des cours particuliers à domicile), les jeux de cow-boys et d'Indiens dans la proche forêt, les amis qu'il se faisait, lui ouvraient les portes d'un monde nouveau. Partout, au contraire de ce qui se passait dans la maison parentale, il occupait tout naturellement la première place ; au club d'aviron, il fut d'abord barreur du quatre, puis du huit de compétition. Des décennies plus tard, il essaya de coucher sur le papier quelques impressions d'enfance, comme elles lui venaient, sans tenter d'y mettre de l'ordre. Il y a d'abord la bonne d'enfants, qui lui apprenait quelques chansonnettes, puis la mère en grande toilette, avec en arrière-plan la sombre et digne silhouette du père. Une autre image capte le souvenir d'une visite au château de Heidelberg, dont les ruines majestueuses étaient survolées par un zeppelin au silence inquiétant. Il y glisse aussi quelque poèmes, le vague souvenir d'une représentation de *Freischütz* à l'opéra, la première soirée au théâtre avec *La Pucelle d'Orléans*, dont il se souvient seulement qu'elle était « prodigieuse[4] ». En analysant ces images, il remarque que sa mémoire a surtout fixé des fait techniques ou romantiques — aéronefs et autres machines d'une part, expériences poétiques ou musicales de l'autre.

Les rapports avec ses parents restaient néanmoins difficiles ; apparemment, il menait sa vie comme s'ils n'existaient pas. Il en allait de même de ses relations avec ses frères, robustes, bruyants et agités, alors qu'Albert restait frêle et de santé fragile. Il admirait son père, mais ne pouvait manifester les sentiments qu'il éprouvait à l'égard de cet homme froid et sévère ; l'inhibition émotionnelle que tous les observateurs devaient constater par la suite était indubitablement présente dès cette époque. La mère, qui après bien des déceptions s'était réfugiée dans une existence mondaine fiévreuse ponctuée de réceptions et de bals, demeurait elle aussi inaccessible ; les innombrables possessions qu'elle amassait ne pouvaient combler le vide qu'elle ressentait — et qui se faisait autour d'elle. En s'entourant de luxe, elle tentait de préserver les conditions de vie et le faste qui firent jadis la grandeur de la bourgeoisie, mais ce n'était plus qu'une pâle imitation, un théâtre sans texte au plateau surchargé de décors qui ne faisait que rendre plus évidente la perte qu'il était censé dissimuler.

Contrairement à la mère perdue dans ses rêves, le père disposait de repères objectifs. C'était un homme de principes qui n'avait pas perdu le contact avec la vie réelle. Toujours correctement vêtu, une chaîne de montre en or barrant le gilet, il avait les cheveux coupés court et une barbiche impeccablement taillée. En dépit de la simplicité de ses mœurs, il possédait un solide instinct bourgeois et était aussi fier de ses origines que de sa situation sociale. Lorsqu'il visita Berlin au milieu des années 30, il assista à une première théâtrale avec son fils, promu depuis peu à une haute situation. A l'entracte, Hitler l'invita dans sa loge. Aussitôt les présentations faites, il fut pris de violents tremblements ; pâle et comme paralysé, il subit le torrent de paroles qui se déversait sur lui. Par la suite, Speer a supposé que son père avait senti l'aura d'effrayante étrangeté que dégageait Hitler — comme s'il avait soudain pris conscience qu'il avait devant lui un homme qui avait quelque chose de « totalement étranger... qui semblait appartenir à une race primitive par ailleurs éteinte, et qui conservait une nature totalement amorale », pour citer un homme politique conservateur contemporain du dictateur. Dès que Hitler eût terminé, le père de Speer prit congé avec une profonde courbette, sans dire un seul mot [5].

Du point de vue politique, le père était partisan de ce libéralisme qui a toujours défendu les intérêts et les convictions de la bourgeoisie. Il se sentait particulièrement proche du réformisme social de Friedrich Naumann ; ce mouvement à l'origine fortement nationaliste épousa à partir des années 20 les thèses paneuropéennes du comte de Coudenhove-Kergi. Il était vivement conscient qu'un ordre démocratique ne peut exister par soi-même. L'individu doit lui apporter, et au besoin défendre, la liberté de choix intellectuelle et politique, ainsi que la volonté de mener une vie autonome et responsable, y compris professionnellement. Il est donc permis de supposer qu'il fut plus consterné que son fils ne le laisse entendre dans ses écrits, lorsque, après avoir brillamment passé son baccalauréat, Albert exprima le souhait de faire des études de mathématiques, sa matière préférée. Selon le père, cela lui permettrait tout au plus de devenir professeur d'université, métier qui ne lui donnerait aucune indépendance véritable et ne lui permettrait pas de tenir son rang dans la société. Il finit par persuader son fils de suivre la tradition familiale en étudiant l'architecture.

En dépit de toute sa liberté de jugement, le père souffrait paradoxalement d'une certaine étroitesse d'esprit ; sa capacité de compréhension se heurtait à des barrières nées de la peur, à des réflexes de défense communs au sein de la bourgeoisie depuis le tournant du siècle.

Lorsque, en 1922, leur fils Albert qui, déjà à Mannheim, avait fâcheusement tendance à se lier avec des enfants de familles peu fortunées, d'instituteurs ou de précepteurs, en tout cas avec des camarades n'appartenant pas à son milieu social, tomba amoureux de la fille d'un menuisier à peine plus jeune que lui, les parents réagirent d'abord avec consternation, puis avec une irritation croissante. L'écart entre leur position et celle du maître menuisier Weber, qui avait monté en peu d'années une entreprise prospère employant une cinquantaine d'ouvriers et jouait un rôle important au conseil municipal de Heidelberg, n'était en fait pas très grand, et, du point de vue de l'ascension sociale, les Speer n'avaient guère qu'une génération d'avance sur lui. Pourtant, les préjugés de l'époque étant ce qu'ils étaient, ils le regardaient de haut — et ne se résolurent jamais à oublier ce qui les séparait.

L'année suivante, les jeunes gens annoncèrent qu'ils avaient l'intention de se marier dès que possible ; non seulement les parents de Speer, mais aussi, trait caractéristique de la mentalité de l'époque, ceux de la jeune fille firent tout pour contrecarrer ce projet. Pendant que Speer commençait ses études à Karlsruhe, Margarete Weber fut envoyée dans un internat de Freiburg. Il est d'ailleurs possible que la résistance des parents ne fit que renforcer les sentiments des deux adolescents qui étaient, du moins au début, étonnamment raisonnables et dénués de passion. Toujours est-il que, dans les lettres qu'ils échangèrent pendant les années de séparation qui s'ensuivirent, il était beaucoup plus question de leur amour partagé pour le théâtre, la musique classique et la littérature, qui les avait rapprochés, que de leur amour réciproque. C'est en vain que l'on y chercherait l'expression d'un sentiment exalté, en dépit de toute l'attirance de Speer envers cette jeune fille simple et réservée. Peut-être sa principale motivation était-elle l'atmosphère chaleureuse et sans prétention qu'il découvrit dès sa première visite chez les Weber, et qui contrastait tellement avec la froideur de son propre foyer. Jusqu'à la fin de sa vie, il s'est souvenu avec reconnaissance, et pour une fois sans cacher ses émotions, de l'accueil cordial et chaleureux que lui réservait la famille du maître artisan. Au terme d'une longue attente, après avoir terminé ses études, il épousa son amour d'enfance ; ajoutons que sept années s'écoulèrent avant que la jeune femme ne fût invitée dans la maison de ses parents.

C'était à bien des égards un monde dont les fondations s'ébranlaient. Certes, les règles rigoureuses, le sérieux et l'éthique du travail auxquels la bourgeoisie devait tant étaient toujours en vigueur. Mais personne n'aurait su dire à quelles fins supérieures ces règles obéissaient, quels critères de valeur guidaient le monde de la bourgeoisie, ni si la brillante vie sociale que menaient ceux qui en faisaient partie représentait encore autre chose que la vanité de faire partie d'une élite, et le pressentiment d'une catastrophe prochaine. Les fameuses « apparences » que tout un chacun devait préserver exprimaient la dégradation d'un mode de vie perdant à la fois ses grands idéaux et la conscience de sa propre valeur qui en constituaient l'origine.

Après coup, les historiens et chercheurs se sont souvent demandé pourquoi, précisément en Allemagne, la bourgeoisie avait si facilement succombé au national-socialisme, alors que dans d'autres pays elle avait su opposer une résistance sans doute modérée mais en dernière analyse efficace à l'extrémisme politique. Une réponse adéquate à cette question doit prendre en compte un grand nombre de facteurs historiques, sociaux, politiques et autres, qui se sont opposés à la constitution d'une couche bourgeoise forte et consciente de sa valeur. Le processus tumultueux par lequel l'Allemagne, à partir du milieu du XIXe siècle, s'efforçait de rattraper le retard économique et industriel d'un pays qui amorçait son unification, avait été, en dépit de ses succès voire à cause d'eux, à la fois trop précipité et trop global pour donner naissance à une tradition bourgeoise réellement solide. Il est également possible de répondre à cette question d'une manière plus concise : à la fin des années 20, une bourgeoisie tant soit peu unie politiquement, capable d'opposer si peu que ce fût une résistance efficace, n'existait pas ou plus[6].

La Première Guerre mondiale, la révolution et les troubles qui s'ensuivirent l'avaient déjà fait progressivement sortir de ses positions récemment conquises, révélant non seulement ses faiblesses mais aussi de profondes divisions que ne compensait aucun véritable intérêt commun. Peu après, le cataclysme de l'inflation avait sapé la base économique des « classes moyennes » et réduit à néant une épargne souvent modeste, détruisant du même coup la confiance de la bourgeoisie en ses capacités, la conscience de son rang, et la plongeant dans l'incertitude.

Le libéralisme, étiquette passe-partout qui regroupait de nombreux mouvements politiques bourgeois plus ou moins divergents, n'était plus qu'un souvenir de temps meilleurs, d'autant que la république de Weimar n'avait jamais réussi à établir cette stabilité dont les partis bourgeois avaient infiniment plus besoin que les autres mouvements politiques. En 1919 encore, aux élections de l'Assemblée nationale, l'ensemble des partis « libéraux » avait obtenu près du quart des suffrages. Mais l'inquiétude issue de la profonde transformation des structures sociales et d'une succession ininterrompue de crises finit par pousser les électeurs soit vers les partis extrémistes, soit vers des mouvements ne défendant que des intérêts particuliers. L'étendue des dégâts est illustrée à la fois par la rapide diminution de l'électorat des partis libéraux bourgeois et par l'effritement du camp bourgeois dans son ensemble. Aux élections de 1919, les petites fractions n'avaient obtenu que 1,5 % des voix. A peine dix ans plus tard, en 1928, pas moins de 14 % des électeurs se condamnaient à l'insignifiance politique en donnant leurs voix à une kyrielle de groupuscules.

Evénement lourd de conséquences, cet affaiblissement intrinsèque de la bourgeoisie se produisit au moment même où elle était en butte à des attaques plus violentes que jamais. La vague de condamnations sans appel et de révélations scandaleuses, depuis longtemps répandue en littérature et dans les sciences humaines, s'étendait maintenant au domaine politique ; les attaques venaient de tous les côtés à la fois. Les deux grands mouvements de masse de l'époque, le marxisme et le national-socialisme, étaient à la fois antibourgeois et antilibéraux. Ils avaient en outre l'avantage de représenter la jeunesse, alors que les autres partis, tant par leurs dirigeants que par leurs programmes, paraissaient « usés », comme s'ils n'étaient plus que l'épilogue d'une ère sur le déclin. Les notions bourgeoises de liberté et d'autodétermination avaient cédé la place aux mots d'ordre apparemment plus éloquents des nouveaux mouvements, notamment le principe du chef et de la subordination. Pour aussi surprenant que cela puisse paraître, ces maximes serviles acquirent soudain un pathos et une dignité particulières, et ceux qui les prônaient semblaient représenter la voie de l'avenir. L'un comme l'autre promettaient de surcroît la suppression des barrières sociales et l'établissement d'un ordre égalitaire depuis toujours rejeté par une bourgeoisie jalouse de son statut privilégié — l'un, par le slogan d'une « société sans classes » ; l'autre, en proclamant la *Volksgemeinschaft*, la « communauté nationale ».

Cette grande zone d'ombre qui obscurcissait l'époque annonçait la fin de cette société libérale qui, en dépit de toutes les contradictions, reflétait encore et toujours la *Weltanschauung* de la bourgeoisie. Aux yeux d'un nombre croissant d'Allemands, rien n'était plus anachronique et inadapté aux temps nouveaux que le « système » démocratique. Les sarcasmes dont il faisait l'objet ne firent que redoubler lorsqu'il ne put répondre aux crises qui se succédaient que par un aveu d'impuissance, illustré par de vains débats parlementaires ainsi que par les querelles et les convoitises du bataillon des partis. Ce que les partisans de l'ordre démocratique présentaient comme la plus noble des causes n'était plus pour beaucoup qu'une parodie d'Etat. Le dégoût, la méfiance et aussi une lassitude résignée nourrissaient des doutes croissants quant à la capacité de cet ordre démocratique à faire face aux défis de l'ère des masses. Un des augures politiques de l'époque, l'écrivain Arthur Moeller Van den Bruck, voyait dans le libéralisme sinon la mort des peuples, du moins le déclin des nations. Bien que ces critiques fussent particulièrement acerbes outre-Rhin, elles ne se limitaient nullement à l'Allemagne. Mussolini a pu écrire que tous les enseignements de l'époque étaient contraires au libéralisme, ajoutant que la « déesse de la Liberté » était sur le point de « fermer les portes de son temple abandonné par les peuples[7] ».

En dépit de ces signes inquiétants, le père d'Albert Speer restait fidèle à ses convictions libérales — parce qu'il restait attaché à tout ce que le libéralisme représentait, parce qu'il exécrait Hitler, ce « parvenu criminel[8] », peut-être aussi parce que, avec une sorte d'obstination patriarcale, il se refusait à abandonner une cause perdue. Un fait montre bien à quel point il était isolé, même dans le cercle familial : la mère reconnut par la suite que, après avoir assisté à un défilé des SA dans les rues de Heidelberg en 1931, elle avait été tellement impressionnée par leur discipline et par leur confiance en l'avenir dans ce climat de dépression qu'elle adhéra sur-le-champ à la NSDAP. Longtemps, elle avait caché à son mari et à ses fils ce qu'elle considérait elle-même comme une infidélité à la tradition familiale.

Quant à Albert Speer précisément, la politique restait pour lui un domaine complètement étranger, même après le début de ses études à Karlsruhe. Dans la maison de ses parents déjà — comme dans bien d'autres familles bourgeoises —, il y avait trois sujets qu'il n'était pas jugé convenable d'aborder : l'argent, les fredaines érotiques et la politique. Il semble d'ailleurs étrange que cette règle continuât à être respectée à une époque si riche en événements dramatiques. Pendant des mois et des années, les nouvelles sensationnelles se succédèrent sans répit : la guerre aboutissant à une révolution pour le moins inattendue, l'abdication puis la fuite du Kaiser. Selon ses Mémoires, Speer avait tout de même entendu parler de Versailles, dont l'Allemagne était revenue, selon une formule répandue à l'époque, « en portant le bonnet du fou[9] ». Mais pas un mot des émeutes qui éclatèrent à Berlin après le vote de la nouvelle Constitution par l'Assemblée de Weimar, rien sur le fléau que constituaient les corps francs, ni sur le putsch et le mouvement insurrectionnel en Allemagne centrale. L'on y trouve seulement quelques nouvelles données par des parents habitant Mayence, qui parlaient de l'attitude arrogante des forces d'occupation françaises, de l'interdiction des journaux venant des autres régions d'Allemagne, du cantonnement des soldats, des perquisitions et des expulsions, de l'envoi de troupes de couleur dans le but délibéré d'humilier la population locale, et de nombre d'autres sujets d'indignation vertueuse. Ces thèmes étaient parfois mentionnés dans le cercle familial, rendant l'ambiance encore plus oppressante. Mais les grandes questions étaient comme toujours bannies de la conversation : « Personne ne se serait avisé de les aborder[10]. » Il est tentant d'y voir une expression de la séparation traditionnelle des sphères privée et publique, faisant de la politique un sujet scabreux, voire tout simplement vulgaire.

Speer a reconnu qu'au cours de cette période quelques événements ou mots d'ordre politiques l'avaient effleuré, et même passagèrement ému — ce que confirment tous les documents connus ayant trait à cette époque de sa vie. Comme tout le monde, il avait évidemment été frappé par le traité de Versailles, qui suscita un accablant sentiment d'humiliation bientôt suivi d'un vague mécontentement à l'égard du système parlementaire et de ses insuffisances. Pourtant, même son passage à l'Université, où les interdits rigoureux du foyer familial n'avaient plus cours, ne le rapprocha en rien de la politique : la plupart des grandes écoles et universités de l'époque étaient aussi fermées à l'égard du monde extérieur que les familles bourgeoises dont était issue la majorité des étudiants.

Il était cependant évident qu'un tournant s'amorçait. Une prise de conscience croissante de la misère du pays, du déclin et de l'impuissance de l'Etat, de la banqueroute des valeurs et nombre d'autres signes annonçaient un bouleversement radical, mettant du même coup fin au désintérêt pour la politique des « enfants de la guerre ». A l'époque, l'on a beaucoup écrit sur leur nouvel état d'esprit, sur leurs conceptions et sur leur « style », en notant en particulier leur « modestie » et leur « sérieux », leur capacité à « voir plus loin que leur intérêt personnel », ainsi que leur « caractère taciturne... pouvant aller jusqu'à une froideur rébarbative », constate un auteur avec une « fascination non dénuée d'une pointe d'effroi ». En 1932, l'écrivain et futur éditeur Peter Suhrkamp écrit dans un essai d'une rare clairvoyance : « Leur caractéristique la plus marquante est un manque d'humanité, une indifférence à l'humain [11]. »

Un des traits les plus typiques de l'itinéraire de Speer, et ce presque jusqu'à la fin, c'est son refus de s'engager. Il n'adhéra à aucun mouvement ou groupe identifiable, tout en se sentant proche des nombreuses tendances qui fleurissaient en ces temps troublés. Son domaine était l'indétermination : il était trop indécis pour se mêler de politique. Pas plus l'occupation de la Ruhr par les Français au début de 1923, alors qu'il entrait à l'Université, que le putsch de Hitler en novembre de la même année n'ont laissé la moindre trace dans sa mémoire. Même l'inflation, dont les conséquences furent dramatiques pour sa propre couche sociale, ne fut ressentie que comme un événement lointain qui ne le concernait pas directement. Il faut préciser que, peu avant la chute ultime du mark, son père avait vendu la propriété que ses beaux-parents possédaient à Mayence, se faisant payer en bons du Trésor libellés en dollars — et il envoyait mensuellement à son fils la somme, exorbitante dans le contexte de l'inflation, de seize dollars. La seule réflexion « politique » qu'il reconnaît avoir eue à l'époque, c'était que le monde, tel qu'il était et évoluait, n'offrait aucun appui sûr [12].

Suivant en cela la tradition culturelle de la bourgeoisie, il trouvait une compensation dans la littérature et dans l'art en général, ainsi que dans l'amour de la nature. Dans le domaine littéraire, il était surtout attiré par les classiques, en particulier Goethe dont — fait à noter — il appréciait le civisme, Schiller et Kleist, dont l'humanisme sans concessions l'impressionnait beaucoup, ainsi que Georg Kaiser et Ibsen. Pourtant, quels que fussent les qualités qui le captivaient chez ces poètes et écrivains, et sans doute plus encore chez les musiciens et peintres romantiques, son intérêt restait en quelque sorte pragmatique — il fallait bien s'instruire — et ne résista pas à la pression des exigences professionnelles et sociales. Ce ne fut que vers la fin que les circonstances ravivèrent le souvenir de ces lectures.

Son amour de la nature était un facteur encore plus important et sans doute plus caractéristique. Les randonnées en montagne qu'il effectuait avec sa future épouse, les excursions en kayak ou en canot pliant étaient pour lui une « expérience extatique », comme il l'écrirait plus tard. Cette béatitude naissait de longues heures de contemplation silencieuse et d'émerveillement sans cesse renouvelé face à la nature, d'une vie réduite à l'essentiel dans de simples refuges de montagne ou cabanes de pêcheur. Le monde était loin, et l'on pouvait compatir au sort des « hommes torturés » qui, au-dessous des nuages, vivaient dans la promiscuité, le bruit et l'agitation de la grande ville [13].

C'était là ce rejet de la réalité qui caractérisait également les « enfants de la guerre ». Speer parle à ce propos d'une fuite devant « les exigences d'un monde devenant de plus en plus complexe » ; il aurait pu ajouter, comme l'écrivit un des maîtres à penser de l'époque, que « les livres et les rêves » étaient leur élément [14]. Ce refus de la réalité n'était pas d'ordre personnel, individuel, mais correspondait à une tendance largement répandue à l'époque. Il se nourrissait de l'aversion croissante qu'inspiraient les changements provoqués par l'avènement de l'ère industrielle, dont les conséquences néfastes étaient visibles dans tous les domaines. Des prophètes autoproclamés tels que Richard Wagner, Julius Langbehn ou Paul de Lagarde et leur cohorte d'émules empressés avaient donné à ce malaise une expression plus forte et plus radicale que dans les autres pays, établissant une tradition spécifiquement allemande du « désespoir de la modernité ». Les yeux écarquillés d'épouvante, ils analysaient la crise qui menaçait de détruire le monde familier et en tiraient les enseignements, assignant un nouveau « rôle mondial » au pays récemment unifié et devenu puissant : la mission de l'Allemagne était désormais de protéger la « culture » contre les attaques destructrices de la « civilisation » honnie. La défaite du pays et l'« affront » qui lui avait été fait ne faisaient qu'intensifier l'effroi ressenti devant le cours des choses et contribuaient à lui donner une signification universelle.

Dès le tournant du siècle, ce mélange d'idées et de sentiments confus avait trouvé une expression dans de nombreux cercles et associations qui voyaient le jour un peu partout, et qui représentaient notamment le mouvement en faveur de la « réforme de la vie » qui avait de nombreux adeptes au sein des éclaireurs et autres mouvements de jeunesse. Ils s'opposaient au monde bourgeois et à tout ce qui le caractérisait : la neurasthénie et la vulgarité pompeuse, la duplicité morale et les faux-semblants, le « germanisme » d'opérette et les palmiers en pot. Par contraste, ils prônaient la simplicité, l'amour de la nature, le don de soi et toutes les valeurs qui en découlaient. La confusion était le trait dominant de ces groupes de rebelles dont aucun ne proposa jamais un modèle de société tant soit peu réalisable, comme si, au lieu d'essayer de changer la réalité, de remédier aux inconvénients d'une situation jugée intolérable, ils cherchaient simplement à s'en débarrasser. En tout état de cause, le « monde nouveau » qu'ils cherchaient à créer en parcourant plaines ou montages et en discutant n'avait rien à voir avec le monde réel au sein duquel ils vivaient. « Irréfléchi et obéissant aux impulsions de la jeunesse », c'est ainsi que Speer se décrit rétrospectivement, mais cette formule pouvait s'appliquer à toute sa génération — et, pour profonde qu'elle fût, la « béatitude » qu'il ressentait n'était jamais qu'une satisfaction personnelle, égoïste. « Nous ne rêvions alors que de lieux solitaires, de randonnées dans de paisibles vallées ou sur de hautes alpes, jamais nous n'étions attirés par Paris, Londres ou Vienne, pas même par la Rome antique [15]. »

Le romantisme de cette génération avait également une autre conséquence. Le refus de la réalité, l'horreur qu'inspiraient l'industrialisation, la grande ville et les troubles sociaux entraînaient inéluctablement le rejet de la politique, considérée comme l'expression ultime d'un monde moderne lourd de menaces. Bien que Speer n'eût jamais appartenu à un des mouvements ou groupes issus de ce refus de la modernité, il était manifestement marqué par l'attitude qu'ils représentaient. Il y trouvait la principale justification de son manque d'intérêt pour le fait politique. Au printemps 1924, lorsqu'il quitta Stuttgart pour poursuivre ses études à Munich, il n'avait, à en croire ses Mémoires, même pas entendu parler des « nazis » qui fomentaient depuis si longtemps des troubles dans la capitale de la Bavière, et qui, pas plus de quelques semaines auparavant, après l'échec du « putsch de la Feldherrnhalle », avaient été condamnés à une impuissance momentanée.

Par son apparence et son mode de vie, Speer incarnait à la perfection le type de la « nouvelle jeunesse ». De nombreux camarades d'études ont noté son attitude libre et désinvolte, son mépris des conventions et, dans l'ensemble, son apparence délibérément « débraillée ». Il était généreux en ce qui concernait les question matérielles, toujours prêt à aider les autres, et était remarquablement doué pour se faire des amis et pour trouver des collaborateurs qui, en échange d'un « petit salaire », effectuaient à sa place des besognes pénibles. Par contre, il se chargeait lui-même des travaux universitaires qu'il jugeait importants et en venait à bout avec une facilité déconcertante. Ce fut également à Munich qu'il fit la connaissance de Rudolf Wolters, originaire de Coesfeld (Westphalie) et comme lui fils d'architecte. Contrairement à Speer, Wolters était direct et impulsif ; mais, en dépit de certaines différences d'opinion, leur amour partagé de la littérature, de la musique et de la nature ne tardèrent pas à les rapprocher. Wolters a décrit son futur ami en quelques formules lapidaires : « au plus haut point non-conventionnel », « totalement indifférent aux questions religieuses et nationales », « fainéant génial ». Jamais il n'avait vu en lui « la bête de travail » qu'il devint par la suite [16]. Ils restèrent liés presque jusqu'à la fin de leurs vies.

Pour résumer, Speer était alors un jeune homme doué mais dénué de maturité, influencé par le climat et les préjugés de son époque. Rien n'indique de quelconques troubles, complexes ou déviations attribuables au manque d'affection des parents. Il se maintenait à l'écart des extrémismes politiques et des outrances artistiques des « folles années 20 » auxquels la plupart succombaient, fût-ce transitoirement. Il conserva cette attitude tout au long de sa vie, et c'est précisément la « normalité » de son parcours qui fait que Speer est représentatif. La rupture qui allait s'ensuivre avec le milieu dont il était issu doit être attribuée moins aux premières influences qu'il avait subies qu'à son manque de critères politiques et à sa tendance à fuir le monde moderne dans des rêveries révélant une assez grande indifférence aux hommes et à la réalité. Il ne faut pas oublier non plus les jours de vagabondage innocents et bienheureux dont il aimait tant se souvenir.

En automne 1925, Speer et quelques amis quittèrent Munich pour Berlin où ils voulaient poursuivre leurs études à la *Technische Hochschule* sous la direction de Hans Poelzig, un des architectes les plus réputés de l'époque. Mais les critères de sélection de Poelzig étaient rigoureux ; Speer étant médiocrement doué pour le dessin, il fut recalé, de même d'ailleurs que Wolters. Une solution de rechange ne tarda pas à se présenter, lorsque le professeur Heinrich Tessenow vint s'établir à Berlin. L'architecture de Tessenow, gouvernée par quelques principes rigoureux et par la recherche de la qualité, était d'une simplicité presque minimaliste. La sobriété de ses projets contrastait délibérément avec le modernisme audacieux et souvent excessif du style alors en honneur. L'homme, tel était son credo, doit trouver dans les constructions qu'il érige un foyer, et non une utopie esthétique. Plus d'un lui reprochait la pauvreté de son imagination. Il cherchait avant tout à s'opposer à l'enflure d'une architecture souvent écrasante en revenant à une architecture simple et modeste, de caractère artisanal. « L'essentiel, c'est d'en faire le moins possible », enseignait-il, et il avait mis en exergue à un de ses livres la maxime, « Le plus simple n'est pas toujours le mieux, mais le mieux est toujours simple [17]. »

Dès le départ, Speer fut conquis par Tessenow et par ses principes austères. Il redoubla d'efforts et passa avec succès son examen, à peine un an et demi après la nomination à Berlin de ce professeur d'architecture original au regard humide derrière ses lunettes cerclées d'or, au front dégarni, portant une belle moustache rousse. Peu après, Tessenow le prit pour assistant ; Speer n'avait que vingt-trois ans. Ce dernier attribua cette distinction peu commune à l'admiration proche de la vénération qu'il vouait à son professeur — qui n'avait sans doute pas échappé à ce dernier. Il est plus intéressant de supposer que Tessenow avait succombé au charme et à l'absence d'affectation de ce jeune homme de bonne famille, qualités que celui-ci sut toujours utiliser à son avantage et qui finirent par causer sa perte.

La fin des années 20 accorda une brève période de répit à la malchanceuse république de Weimar. Pourtant, Berlin était de nouveau en proie à l'agitation politique ; pour l'observateur attentif, il était évident que les camps opposés se préparaient à la bataille décisive. En novembre 1926, Joseph Goebbels avait été nommé gauleiter de Berlin, où le parti national-socialiste était en fort mauvais point. Avec la hardiesse et l'absence de scrupules qui le caractérisaient, il s'employa aussitôt à constituer un bataillon de gros bras qui attaquaient sans répit l'adversaire communiste, alors bien plus puissant et mieux organisé, dans une succession de bagarres, de batailles rangées dans des brasseries et de fusillades de rues. Goebbels s'accommodait des défaites, dans la mesure où elles faisaient parler de lui et du parti. S'il y avait des morts dans son camp, c'était une aubaine, car cela cimentait l'union du parti dans le sang. En l'espace de quelques mois, il réussit à ouvrir des brèches considérables dans le puissant « front rouge » de Berlin.

Bien qu'habitant Berlin, Speer était à peine conscient de ces événements sanglants qui, pour citer un rapport officiel de l'époque, « dépassaient de loin tout ce que la ville avait connu jusqu'à présent[18] ». En tout état de cause, il n'en dit pas un mot dans ses Mémoires ; il n'est question que de concerts et de théâtre, de Max Reinhardt, d'Elisabeth Bergner et des revues à grand spectacle d'Erik Charell. Fait encore plus important, les revenus relativement confortables qu'il tirait de son poste d'assistant de Tessenow lui permirent enfin de se marier ; pour des raisons culturelles évidentes, il fixa la date du mariage au 28 août, jour anniversaire de la naissance de Goethe. Pour leur lune de miel, il envisagea d'abord d'aller en Italie, destination traditionnelle non seulement des jeunes mariés, mais aussi des passionnés d'art et d'architecture. Le désir de fuir le monde l'emporta : équipé d'une tente et de deux canots pliants, le jeune couple passa trois semaines à parcourir, en partant de Spandau, les solitaires lacs du Mecklembourg. « Chaque jour était plus beau que le précédent », écrirait Speer en se remémorant ce voyage[19].

Inévitablement, ce monde qu'il se refusait à voir finit par le rattraper. En 1929, les nationaux-socialistes organisèrent l'« assaut contre les universités », expression qui recouvrait une grande campagne de propagande idéologique. Une fois de plus, ils utilisèrent des méthodes de « persuasion » qui étaient parfois d'une telle brutalité que l'université de Berlin dut être fermée pour un certain temps au cours de l'été 1931. L'université technique où travaillait Speer fournit d'ailleurs un nombre particulièrement élevé de nouveaux adhérents à l'association des étudiants nationaux-socialistes. En l'espace d'une seule année, leur représentation à l'ASTA (comité général des étudiants), passa d'à peine 40 % à plus de 65 % des délégués élus [20].

Speer ne semblait guère se rendre compte de ces bouleversements. Toujours est-il qu'il paraît sincère lorsqu'il affirme qu'il ne lui serait jamais venu à l'esprit, « même en rêve », de partager l'engouement de nombreux étudiants pour la cause de Hitler. Il est certain que ce « flegme », cette indifférence à la politique était moins apolitique qu'il y paraissait. Cette attitude de distanciation hautaine ne profitait sans doute à aucun des camps extrémistes qui s'affrontaient alors en Allemagne — mais elle contribuait à affaiblir les institutions démocratiques et à rendre des cercles de plus en plus larges réceptifs à tout message promettant un changement radical de la situation. Ce désintérêt qu'aucun argument ne pouvait atteindre, cette indifférence aux signes de l'agonie de la démocratie, n'a pas moins contribué à la chute de la République que les agissements de ses adversaires les plus résolus.

A cet égard, le cas de Tessenow est exemplaire. Bien qu'étant farouchement opposé aux thèses de Hitler et de ses partisans, il se tenait à l'écart de toute action politique. Ce « philosophe parmi les architectes, » comme l'appelaient ses admirateurs, appuyait ses convictions sur une réflexion approfondie et souvent originale. Il espérait ainsi transmettre à ses élèves des critères de valeur suffisamment solides pour les mettre à l'abri de tous les extrémismes de l'époque, politiques aussi bien qu'artistiques. Il fut d'autant plus stupéfait de constater que ces élèves allaient massivement grossir les rangs de la NSDAP, de même que les élèves de Poelzig rejoignaient les partis de gauche. Ce processus ne témoignait pas seulement de la politisation croissante de la société qui s'étendait maintenant aux universités ; l'attirance qu'exerçait le national-socialisme sur les élèves de Tessenow s'expliquait également par les rapports qu'il n'était pas impossible d'établir entre sa conception de l'architecture et l'idéologie du nouveau mouvement de masse, à laquelle il était pourtant hostile. A son corps défendant, Tessenow avait en commun avec le national-socialisme un rejet plus émotif que raisonné de la civilisation, une haine de la modernité, et la peur des menaces de l'ère industrielle, auxquels l'un comme l'autre opposait l'image radieuse d'une existence simple et non polluée, basée sur le peuple, la terre et les origines. Les distinctions que Tessenow s'efforçait d'établir étaient par trop ténues, bien qu'il défendît sa position avec acharnement.

Selon le témoignage d'un de ses amis, Speer suivait avec attention ces débats et discussions entre étudiants, et il lui arrivait même d'y participer. Mais ses interventions témoignaient toujours d'une grande distanciation, comme si les polémiques dans lesquelles les autres se lançaient avec une telle passion ne le concernaient pas vraiment. Le séisme politique qui constituait l'arrière-plan de ces controverses était précisément ce qui l'empêchait de prendre parti ; peut-être commençait-il déjà à se considérer comme un artiste, jugeant ces querelles vulgaires indignes de lui. Pour la même raison, il regardait de haut les architectes les plus importants de l'époque, dont beaucoup reliaient leurs idées architecturales à une conception politique de l'avenir, et passait à côté des avant-gardes de son temps. « Je me voyais comme un retardataire », a-t-il reconnu un jour, mais il ne considérait pas comme un défaut cette réserve à l'égard de son temps et de ses réalisations par trop exaltées. Tessenow lui avait enseigné que toute architecture véritable obéissait à des lois éternelles, tandis que Mies Van der Rohe, Taut ou Gropius n'étaient que des bâtisseurs imaginatifs et « actuels ». Peut-être, comme il l'écrira bien plus tard en se penchant sur son parcours, était-ce aussi pour cette raison qu'il « attendait littéralement Hitler[21] ».

Ce fut alors que son attitude de supériorité orgueilleuse s'effondra en l'espace d'un instant. Un jour de début décembre 1930, quelques participants à son groupe d'études l'entraînèrent à un meeting politique qui se tenait à la « Neue Welt », salle de réunions du parc de la Hasenheide. Lorsqu'ils arrivèrent, plus de cinq mille enseignants et étudiants s'étaient déjà assemblés pour écouter Adolf Hitler. Speer, béotien en politique, fut vivement impressionné par l'ambiance électrique de la salle bourrée à craquer. D'aucuns lui avaient décrit Hitler comme un orateur de cirque hystérique sujet à des crises de folie furieuse, apparaissant aux masses comme une sorte de messie de bas étage, avec cravache, chemise brune et crinière échevelée.

Il fut d'autant plus surpris de voir monter à la tribune un homme en complet-veston bleu foncé, d'une parfaite correction bourgeoise, et qui, loin de se livrer à un de ses numéros grandiloquents, prononça une allocution somme toute fort pondérée, en ne tombant que par moments dans la démagogie. En repensant à cette soirée longtemps après, Speer se souvient encore de sa surprise en entendant la voix hésitante, presque timide, de Hitler, qu'il attribuait à un manque d'assurance. De fait, ce début hésitant était un procédé éprouvé de l'orateur qui pouvait ainsi « prendre la température » de la salle et établir le contact avant de l'envoûter. Hitler parla de l'affaiblissement et du déclin des peuples, de la « politique des inférieurs », mais aussi de la nécessité de l'union, de l'honneur et de la renaissance, le tout étayé par des digressions historiques et des démonstrations politiques fallacieuses auxquelles Speer n'avait guère d'arguments à opposer. Sans s'attarder sur les mille misères quotidiennes, il indiqua le vaste contexte géopolitique dont était issue la crise actuelle, poursuite de l'éternel combat entre les forces du bien et celles du mal. Ce manque de précision quant au programme préconisé par un Führer charismatique qui ne promettait rien tout en exigeant tout était paradoxalement l'aspect de la prestation de Hitler qui impressionna le plus vivement Speer et les autres auditeurs. Comme presque toujours, l'efficacité du discours tenait à la personnalité de l'orateur, au sérieux presque tragique avec lequel il conjurait les innombrables maux qui menaçaient le pays : le communisme, le chômage, l'impuissance. Ce qui séduisait le plus les masses apeurées, c'était la confiance mêlée d'agressivité dont il témoignait face au tableau apocalyptique qu'il brossait. A la « Neue Welt » aussi, cela lui valut un tonnerre d'applaudissements.

Les étudiants avec lesquels Speer était venu prolongèrent la soirée dans une brasserie, mais il ne se joignit pas à eux. Comme il l'a écrit, ce fut « un homme transformé » qui prit le chemin du retour, en passant devant les mêmes affiches lacérées, les mêmes colonnes Morris, et sous les mêmes arbres dénudés de la Hasenheide — mais plus rien n'était comme avant [22]. Subjugué et profondément troublé, il éprouvait le besoin de se retrouver seul avec lui-même. Il prit sa voiture et roula jusqu'aux rives de la Havel où il resta plusieurs heures avant de prendre le chemin du retour.

Pour Speer, la signification de cette soirée dépassait de loin la simple participation à une réunion politique. Elle ne se limitait pas davantage à la découverte brutale d'une situation pourtant visible dans toute la ville, ne serait-ce que sous la forme d'affiches et de graffitis, et dont Hitler lui avait fait prendre conscience pour la première fois. A cela, il convient d'ajouter une intense admiration pour cet homme froid et pourtant passionné qui, du moins l'espérait-il, pourrait sauver l'Allemagne, admiration à laquelle se mêlaient regrets et remords, excuses et résolutions : un mélange confus de sentiments exaltés.

Il y a plus. Ce singulier besoin de solitude après une réunion politique, cette retraite dans les bois bordant la Havel pour effectuer un examen de conscience, n'indiquent rien moins qu'une renaissance, une expérience fondamentale d'ordre pseudo-religieux pleine de magie et d'effroi, aboutissant à une brusque illumination. Dans une formule révélatrice, Speer écrit que l'apparition de Hitler « [l]'avait profondément touché, » et que son « image ne [l]'avait plus lâché depuis [23] ». Il ne faisait guère de doute qu'après cette expérience bouleversante le jeune homme, jusqu'alors prisonnier d'une vision romantique du monde, ne tarderait pas à se fourvoyer dans une voie politique hasardeuse.

Il hésita encore quelque temps. Environ un mois plus tard, de nouveau à l'instigation de ses élèves, il alla écouter Goebbels au Sportpalast de Berlin. Cette fois, la faconde cinglante de l'orateur et ses outrances froidement calculées pour susciter des ovations délirantes lui répugnèrent au plus haut point. Mais lorsque, après la réunion, la police montée apparut soudain dans les rues de traverse du quartier et dispersa la foule à coups de matraque, les sentiments de Speer changèrent une fois de plus. Le 1ᵉʳ mars 1931, il se présenta dans un bureau du parti pour s'inscrire, comme il l'écrit, non au NSDAP, mais au parti de Hitler. Sa carte portait le numéro 474 481.

Les quelque dix-huit mois qui suivirent furent marqués par le désœuvrement, le vide et l'impression de perdre son temps. Speer participa à quelques concours d'architecture, mais il ne décrocha au mieux qu'un troisième prix. Comme il possédait une automobile, il fut nommé chef du *Kraftfahrekorps* (NSKK, corps motorisé du parti national-socialiste) de Wannsee, quartier de Berlin où se trouvait sa section du parti, et servit à plusieurs occasions d'estafette ou de messager. Au début de l'année 1932, il renonça à son poste d'assistant de Tessenow, notamment parce que, dans le cadre de mesures d'économie rigoureuses destinées à équilibrer le budget de l'Etat prussien, les salaires des professeurs auxiliaires furent fortement diminués. Sur ce, il regagna Heidelberg, espérant trouver des commandes grâce aux nombreuses relations de son père, mais ses efforts furent vains compte tenu de l'aggravation constante de la crise économique. Son père finit par lui confier l'administration de ses biens immobiliers, mais il n'en restait pas moins financièrement dépendant de ses parents, situation fort démoralisante. Dans sa jeunesse, a-t-il dit un jour, il avait comme tout le monde rêvé de faire de grandes choses et de devenir célèbre. Mais, contrairement à bien d'autres, il avait toujours été certain d'y parvenir — même pendant cette pénible période d'inactivité [24].

Dans un des bureaux berlinois du parti, il avait quelques mois auparavant fait la connaissance de Karl Hanke, professeur de lycée technique au chômage, qui avait à peu près le même âge que lui. Hanke, qui dirigeait la « Kreisleitung West », lui avait demandé de réaménager une villa du quartier de Grunewald récemment louée par le parti et qui était assez délabrée. Ce n'était toutefois qu'un de ces « petits boulots » grâce auxquels le jeune architecte parvenait tant bien que mal à survivre ; le fait qu'il ait accepté ce travail avec empressement n'indique nullement, comme le croient certains de ses biographes, un engagement politique accru. Son attitude pendant les élections législatives de juillet 1932 semble d'ailleurs confirmer cette interprétation. Vers la fin de la campagne électorale, il était sans doute venu de Mannheim à Berlin pour aider le parti ; une des missions qui lui furent confiées lui donna l'occasion de revoir Hitler — cette fois impérieux et acariâtre, gesticulant continuellement avec sa cravache dont il frappait ses bottes pendant les courtes pauses. Pourtant, cette bataille électorale particulièrement violente qui fit des centaines de morts et de blessés devait lui être bien indifférente, puisqu'il avait fixé son départ pour le jeudi précédant le dimanche 31 juillet, jour des élections. Avec sa femme, il avait décidé d'explorer les lacs de Prusse-Orientale ; les canots pliants et le matériel étaient déjà à la consigne de la gare.

Quelques heures seulement avant le départ du train de nuit pour lequel ils avaient des billets, on vint lui annoncer que Karl Hanke, promu directeur de l'organisation du Gau de Berlin, voulait le voir d'urgence. Lorsque Speer se présenta, Hanke lui demanda s'il acceptait d'aménager le nouveau siège du Gau, une maison de la Voss-Strasse, comme il l'avait déjà fait pour la villa de Grunewald. Speer, démoralisé par ces longs mois sans travail, accepta presque aussitôt et renonça au voyage en Mazurie. Longtemps après, il s'est penché sur le surprenant concours de circonstances qui allait donner à sa vie un cours aussi nouveau qu'inattendu. Quelques heures plus tard, l'envoyé de Hanke ne l'aurait pas trouvé chez lui ; des semaines durant, il aurait été impossible de lui faire parvenir un message dans les lointaines forêts de Prusse-Orientale.

L'immeuble de la Voss-Strasse était bien trop grand et luxueux pour le parti, dont la situation financière était catastrophique. Pourtant, il avait acheté cet immeuble du quartier gouvernemental pour disposer d'une base proche du centre de décision politique et montrer de façon ostentatoire quelle place il revendiquait à ce stade ultime de la lutte pour le pouvoir. Pour les mêmes raisons, le temps pressait ; Speer travailla jour et nuit, et il témoigna pour la première fois de ses remarquables capacités d'organisation, qui lui permirent de terminer les travaux dans des délais extrêmement serrés. Il ne fut pas invité à l'inauguration, mais on lui rapporta que Hitler aurait fait des commentaires élogieux. Speer regagna ensuite Mannheim où il retrouva son habituelle et exténuante inactivité, et ses vaines recherches de travail.

Le 30 janvier 1933, Hitler fut nommé chancelier du Reich. Speer n'accorda apparemment pas une importance particulière à cet événement, bien que « son » parti et « son Führer » eussent remporté la victoire si longtemps espérée. Dans son état d'esprit proche de la dépression, tout cela lui paraissait sans doute bien lointain, sans rapport avec la précarité de sa situation. Toujours est-il qu'il en a à peine gardé le souvenir ; il suppose que, comme bien d'autres, il y voyait le vague espoir d'une amélioration des conditions de vie en général. De temps à autre, il assistait aux réunions locales du parti, consterné par la médiocrité des participants et des orateurs qui brandissaient de grands mots avec une suffisance intolérable.

Quelques semaines plus tard, Hanke prit de nouveau contact avec Speer pour lui demander de venir sans tarder à Berlin. Le principal enseignement que Hitler avait tiré du résultat décevant des élections du 5 mars 1933 était que le comportement des électeurs était trop capricieux et qu'il lui fallait un spécialiste des techniques de manipulation de l'opinion. Une semaine seulement après les élections, et à l'encontre des accords conclus avec le Parti national allemand, partenaire de la coalition, il nomma Goebbels ministre de l'Information et de la Propagande. Peu après son arrivée à Berlin, Goebbels emmena Speer au futur siège de son ministère, le palais Léopold de la Wilhelmsplatz, édifice de la première moité du XVIIIe siècle reconstruit par Schinkel dans le style du « classicisme prussien ». Sans même attendre sa nomination officielle, le futur ministre avait chargé une cohorte d'artisans choisis dans les rangs de la SA d'arracher stucs et boiseries, ainsi que les « rideaux de velours mités et sentant le moisi », en travaillant de nuit. Comme Goebbels le nota dans son Journal, ces procédés expéditifs avaient pour objet, non seulement de rendre les pièces plus claires et aérées, mais aussi de manifester un style nouveau : « De même qu'il faut faire le ménage dans les chambres, il faut faire le ménage chez les hommes », écrit-il[25].

Suite aux éloges que lui valut une fois de plus la transformation du ministère, Speer fut progressivement, et sans vraiment le réaliser, projeté dans une autre existence. Du jour au lendemain, les commandes arrivèrent, accompagnées de nouvelles obligations et de la satisfaction de voir son talent reconnu. Comme toujours, une chose entraînait l'autre. Dans l'antichambre de Hanke, qui était devenu entre-temps secrétaire général du ministère de Goebbels, Speer aperçut peu après le projet conçu par la municipalité de Berlin pour la manifestation nocturne qui devait se tenir sur l'esplanade de Tempelhof le soir du 1er Mai, devenu pour la première fois jour férié. Speer fit observer que le projet ressemblait à « une décoration pour un concours de tir » et s'entendit répondre que personne ne l'empêchait de l'améliorer. La nuit suivante, il dessina une série d'esquisses qui témoignaient de son don pour l'improvisation et de son sens des grands effets de mise en scène. Face au terrain où devait avoir lieu le défilé, Speer disposa une grande tribune en bois surmontée d'un énorme drapeau noir-blanc-rouge encadré de deux immenses bannières frappées de la croix gammée. Devant les drapeaux éclairés par des projecteurs de studio installés à la dernière minute, au centre magique, apparut Hitler en personne, dominant de haut la foule impatiente, baigné d'une lumière éblouissante qui tranchait sur l'obscurité ambiante. Il proclama le réveil de la nation, qui devait être unie à l'intérieur et forte à l'extérieur, résuma deux millénaires d'histoire, et termina sur une invocation à l'Eternel : « Seigneur, nous ne nous détournons pas de toi[26]. »

Le soir de ce 1er Mai, à l'heure où la nation se rassemblait, les manifestations de masse nationales-socialistes avaient trouvé leur style. Au cours des années suivantes, Speer perfectionnerait sans relâche cette liturgie aussi grandiose qu'écrasante. Hitler se montra tellement impressionné par le dispositif de Tempelhof que Goebbels jugea bon de s'attribuer le mérite de ces innovations, mais lorsque Speer alla voir Tessenow, le jugement de celui-ci fut nettement moins enthousiaste :

« Croyez-vous que vous avez fait là œuvre durable ? Cela fait impression, c'est tout [27]. »

A ce stade, Speer s'était déjà nettement éloigné de son professeur d'architecture et premier maître à penser ; les succès et les éloges venus de tous côtés ne faisaient que hâter cette désaffection. Par exemple, Goebbels lui demanda peu après de rénover et de décorer son appartement de fonction qu'il avait auparavant arbitrairement « confisqué » à Alfred Hugenberg, chef du Parti national allemand. Il souhaitait également l'agrandir, en lui ajoutant une vaste salle de séjour : ce fut la première vraie commande architecturale de Speer ; et dans sa précipitation, il s'engagea à terminer les travaux de rénovation et de construction en l'espace de deux mois.

Toujours est-il qu'en faisant cette promesse apparemment irréfléchie Speer attira pour la première fois l'attention de Hitler. Goebbels lui rapporta en effet ce que le Führer avait déclaré : il serait impossible de respecter ce délai. A la surprise générale, les travaux furent entièrement terminés à la date promise. De nouveau peu de temps après, on demanda à Speer de concevoir le décor du premier congrès du parti depuis la prise du pouvoir, qui devait se tenir à Nuremberg et serait accompagné d'un gigantesque défilé. Comme aucun dignitaire du parti n'osait se prononcer sur les projets présentés par Speer, il fut envoyé à Munich où Hitler en personne prendrait la décision. Lorsque Speer arriva dans l'appartement de la Prinzregentenstrasse, Hitler était en train de nettoyer un pistolet dont les pièces démontées étaient éparpillées sur la table. Après avoir brièvement mais attentivement examiné les esquisses, Hitler se contenta de dire sèchement « D'accord », avant de se replonger dans son travail. Pas un mot personnel ni même un regard pour le visiteur, qui repartit plus qu'un peu déçu.

Hitler se souvint pourtant de lui lorsqu'il chargea son architecte Paul Ludwig Troost de rénover et de meubler la résidence du chancelier du Reich à Berlin qui était en piteux état. Troost, qui était surtout un architecte d'intérieur, s'était fait un nom en décorant les paquebots de luxe de la Norddeutsche Lloyd. Hitler l'avait néanmoins chargé, des années auparavant, de construire la « Maison brune » de la Königsplatz de Munich, ainsi que par la suite les deux mausolées évoquant des temples qui flanquaient l'entrée de la place et où étaient inhumés les morts du 9 novembre 1923. Comme Troost était établi à Munich et connaissait mal la situation du bâtiment à Berlin et les entreprises locales, Hitler se souvint du jeune architecte qui avait peu auparavant réaménagé en un temps record l'appartement de Goebbels, et il le nomma « homme de liaison » de Troost dans la capitale du Reich.

Dès le début des travaux, Hitler, qui habitait un logement de fonction à l'étage supérieur, vint presque tous les jours faire un tour sur le chantier. Chaque fois, Speer lui faisait un rapport sur l'avancement des travaux ; ensuite, Hitler s'adressait aux ouvriers avec un naturel impressionnant, allant et venant de l'un à l'autre, posant des questions, distribuant des félicitations et les encourageant à être diligents. Speer lui-même se sentait presque mis de côté, jusqu'au jour où Hitler lui demanda inopinément s'il voulait venir déjeuner. Speer hésita un moment ; il n'était pas présentable, car il avait reçu une truellée de mortier sur son veston, mais Hitler lui promit qu'il allait « arranger cela ».

Arrivé dans son logement provisoire, Hitler se fit apporter un de ses propres vestons par un domestique. Après avoir vérifié qu'il allait à Speer, il entra en compagnie de son invité dans la salle à manger où dix de ses proches collaborateurs étaient déjà réunis. Goebbels fut le premier à s'étonner de voir Speer ici, d'autant plus qu'il portait sur son veston l'insigne frappé de l'aigle doré du parti, normalement réservé au seul Führer. Il demanda avec aigreur ce que cela signifiait ; Hitler le calma en l'assurant que tout avait son explication. Et, comme pour donner à sa réponse un sens caché, il fit asseoir Speer à ses côtés.

Pendant le repas, il engagea avec Speer une longue conversation, à la suprise des autres convives. Pour la première fois, Speer eut un avant-goût de ce mélange d'émotions contradictoires qui deviendraient son ordinaire : exaltation suivie d'une inquiétude indéfinissable, surprise et joie... En même temps, il sentait la jalousie, la méfiance et l'hostilité qui lui valaient cette rare distinction. Il sortit de la salle à manger avec la conviction que l'accès au cercle des intimes de Hitler lui était désormais grand ouvert ; la suite ne dépendait que de lui.

Qu'est-ce qui aurait pu ou dû le retenir ? La tentation était irrésistible. Les circonstances de son entrée dans le cercle de Hitler avaient sans doute été assez exceptionnelles, mais il n'était pas encore vraiment séduit par la puissance et le prestige. Contrairement à ce qu'affirment la plupart de ses biographes, Speer n'était pas un opportuniste qui ne cherchait que son avantage. Certes, les années précédentes avaient été particulièrement décourageantes, les lettres et les annonces restées sans réponse avaient blessé son amour-propre ; pourtant, la marque de faveur que Hitler lui avait accordée ne lui avait même pas fait prendre conscience d'être parvenu à un tournant décisif de sa vie où il devrait prendre une décision d'ordre politique, et même éthique. Selon ses propres dires : « Après toutes ces années de vains efforts..., j'étais impatient d'agir. Pour pouvoir construire quelque chose de grand, j'aurais, comme Faust, vendu mon âme[28]. »

C'était là, pour ainsi dire, le défaut de la cuirasse. Des années durant, Speer continua à se considérer exclusivement comme un architecte, étranger à toute considération ou activité politique ; c'est précisément cette illusion qui fait que Speer et son itinéraire sont tellement typiques. De même que des millions d'Allemands « apolitiques », et en dépit d'une inquiétude vaguement ressentie, il s'employa avec acharnement à séparer vie professionnelle et politique. De même, il est typique que, au moment d'entrer deux ans auparavant dans une permanence du NSDAP, il s'était persuadé qu'il n'allait pas adhérer à un parti politique, mais répondre à l'appel d'un chef charismatique qui se situait loin au-dessus des mesquines querelles quotidiennes et représentait un intérêt supérieur dans lequel la nation entière se reconnaissait.

Cette erreur était encore renforcée par l'impression très répandue que les discours et déclarations de Hitler étaient singulièrement « apolitiques », en tout cas détachés de la vulgaire réalité quotidienne. C'était dans une grande mesure cette « tonalité » particulière qui les rendait tellement irrésistibles et paradoxalement convaincants pour Speer et d'innombrables autres Allemands. Cette mixture contradictoire de nationalisme véhément, de fraternité sociale et d'insistance sur un Etat fort, d'antimodernisme et d'ambition technologique éveillait un ensemble d'affects tellement complexe que Hitler et le national-socialisme apparaissaient aux masses comme l'unique force capable à la fois de préserver l'Allemagne traditionnelle et de construire un avenir meilleur. A cela venaient s'ajouter les perspectives d'avancement personnel qui s'offraient à tout un chacun et qui prirent corps pour Speer à partir du jour où Hitler l'avait invité à déjeuner. Il avait vingt-huit ans, et voilà qu'il obtenait soudain travail, considération et peut-être même célébrité. Il était suffisamment artiste dans l'âme pour succomber à l'ivresse des possibilités inespérées qui s'ouvraient devant lui.

Ce qui aurait pu contrarier ce saut dans l'inconnu, c'étaient les valeurs traditionnelles, même affaiblies, de cette bourgeoisie dont il continuerait à se réclamer pendant son internement à Spandau, de longues années plus tard. Ces critères ne s'appliquaient toutefois qu'à la sphère personnelle ; aucun des événements qui suivirent la prise du pouvoir ne suffit à le mettre en garde. En dépit de nombreux excès et actes arbitraires, le pays commençait visiblement à sortir de la crise. Peu à peu, l'ordre revenait, et, si la misère était encore présente partout, elle n'était plus sans espoir, car la confiance était revenue. Lorsque Hitler le convia à sa table, qu'est-ce qui aurait pu éveiller sa méfiance ?

A maintes reprises, Speer a déclaré qu'il était parfaitement conscient de l'ambiance douteuse voire inquiétante qui régnait dans l'entourage du dictateur. Pourtant, ce malaise, s'il l'éprouva réellement dès le début, était en quelque sorte refoulé par ses penchants romantiques, par l'attrait de ce monde si différent et imprévisible. Ce ne fut que très longtemps après, vers la fin de son emprisonnement à Spandau, qu'il se rendit compte du territoire étrange et inquiétant dans lequel il s'était fourvoyé. En relisant *Les Buddenbrook* de Thomas Mann, il se prit à repenser à sa famille, aux normes et même aux instincts que ses membres ne remettaient jamais en question : « Ils ne doutaient pas un seul instant de ce qui était juste ou injuste, bien ou mal. Il est impossible d'imaginer le père ou le grand-père dans le cercle de Hitler et de ses acolytes [29]... »

Pour la première fois, il réalisa que leurs certitudes appartenaient à l'univers mental de la bourgeoisie. Cet univers, il ne l'avait connu et subi que sous sa forme tardive. Il pensait même en avoir souffert parfois. Pourtant, il ne l'avait jamais haï et encore moins combattu, il n'avait jamais été contaminé par la fièvre antibourgeoise qui était l'un des « opiums » de l'époque. L'expression la plus visible de son rejet du monde paternel était sa mise négligée et son comportement peu conventionnel ; le jugement le plus sévère qu'il eût jamais prononcé contre ce monde était qu'il refusait « le grand train mené à la maison » et « l'habitude de [sa] famille de choisir ses fréquentations... dans la couche sociale privilégiée à laquelle elle appartenait [30] ».

Cette expression étonnamment modérée de son opposition au milieu familial correspond dans une grande mesure aux traits les plus marquants de son caractère : indécision, conscience de sa valeur et ferveur « romantique » — ce qui excluait l'adhésion à des grands principes. Le manque d'hésitation avec lequel il rejeta du jour au lendemain l'enseignement de Tessenow — recherche passionnée de la sobriété, condamnation de ces effets théâtraux auxquels Speer s'adonnait maintenant — s'explique en premier lieu par la tiédeur de ses convictions. Il n'était pas réellement conscient du caractère fondamental de ce reniement, pas plus qu'il ne l'avait été de la rupture essentielle qu'impliquait son brusque passage à la politique.

Speer n'était certainement pas le seul à sous-estimer les principes fondamentaux, à estimer que les croyances et les convictions étaient relatives. En ces années-là, l'on entendait proclamer à tous les coins de rue l'aube d'une ère nouvelle, avec d'autant plus de force et de conviction que les convictions, précisément, ne voulaient plus dire grand-chose. Beaucoup changeaient d'opinion comme de chemise, et presque toutes les biographies de l'époque contiennent le récit d'une « conversion », de quelque nature qu'elle fût. En témoignent, en 1933, le passage en masse de membres des ligues communistes au camp des chemises brunes qui, hier encore, étaient l'ennemi et, de nouveau, en 1945, le silence apparemment indifférent qui suivit la chute du régime national-socialiste, comme si tout cela ne concernait pas vraiment les Allemands, comme si personne n'y avait jamais vraiment cru avec une foi si véhémente, comme si les serments de fidélité mille fois répétés n'avaient jamais existé.

La bourgeoisie doutait de plus en plus du bien-fondé de ses principes et de sa cause ; finalement, elle fut victime de son propre scepticisme. L'acharnement avec lequel la génération précédente avait attaqué ces principes et la forme de vie qui en découlait témoignait précisément du profond enracinement dans la société des valeurs

« bourgeoises » auxquelles l'on restait attaché en dépit des souffrances qu'elles occasionnaient. Et les descriptions souvent excessives de la crise de la bourgeoisie qu'offraient la littérature, les arts plastiques et le théâtre étaient issues, comme la plupart des auteurs l'ont reconnu, de l'esprit même de la bourgeoisie. Un des plus grands acteurs de l'époque, Albert Bassermann, originaire comme Speer de la grande bourgeoisie de Mannheim, devait une grande partie de son succès à ses interprétations de personnages du répertoire antibourgeois : en apparence puissants, véritables forces de la nature, mais en fait moribonds, victimes de leur tension excessive, de leur avidité sans frein et du vide intérieur que celle-ci tentait de combler. Bassermann n'avait pas pour autant pris le parti des nouveaux maîtres du pays ; à maintes reprises, il s'était refusé à venir saluer, le bras droit levé, Hitler qui assistait à la représentation dans l'ancienne loge impériale, et, en dépit de tous les efforts du régime pour le convaincre de rester en Allemagne, il finit par choisir l'exil [31].

C'était une dernière image d'un monde révolu. De nombreux membres de la jeune génération ne remarquaient même pas le conflit qui déchirait leurs aînés, pas plus qu'ils n'avaient conscience d'être parvenus à un point de non-retour. Ce genre de considérations leur était étranger. De même que Speer, cette nouvelle génération ne s'attaquait plus à la bourgeoisie : elle l'oubliait, tout simplement, car ce qu'elle représentait ne signifiait plus rien pour elle.

Speer a écrit que, au moment où il était happé par le ténébreux mirage que projetait Hitler, il avait eu le sentiment que « quelque chose [l'avait] soulevé de terre [et] coupé de toutes racines [32] ».

II

DANS LE CERCLE DES INTIMES

Les véritables raisons du lien qui commença à se nouer entre Hitler et Speer à la fin de cette année 1933 sont difficilement déchiffrables, comme le sont toujours les mobiles profonds des relations humaines. Ce qui est certain, c'est que Speer fut pris d'une sorte d'ivresse lorsque, la première surprise passée, il acquit la certitude d'être, non seulement privilégié, mais à proprement parler courtisé par le dictateur tout-puissant. De plus en plus souvent, il était invité à sa table, et bientôt à des promenades en commun ; le ton de la conversation, d'abord assez impersonnel, prit progressivement le caractère de discussions passionnées au cours desquelles Hitler lui demandait son avis — sur la confusion actuelle de l'architecture, depuis que le subjectivisme des arts plastiques avait déteint sur elle ; sur les constructions en verre, peut-être appropriées dans le domaine technologique, mais qui ne convenaient pas aux édifices officiels ; sur les tendances excentriques du Bauhaus, les conceptions urbanistiques en général, et, progressivement, sur des projets plus spécifiques tels que la construction d'un nouveau Reichstag. En dépit des fréquents moments d'emportement de Hitler, par exemple quand il parlait d'« art d'usines » ou d'« architecture de l'abjection », il régnait entre eux une entente enthousiaste. De temps à autre, Speer recevait vers minuit la visite d'un aide de camp : avait-il de nouveaux plans à montrer ? — le Führer avait besoin d'une diversion. Dans tous les souvenirs que Speer a conservés de ces rencontres et de l'intérêt croissant que Hitler manifestait à son égard, transparaissent des sentiments tumultueux qui dépassaient de loin les marques d'affection données comme par obligation à ses amis et même à sa femme.

Divers auteurs ont décelé dans les relations entre Speer et Hitler « des éléments de motivation érotique[1] », l'architecture constituant en quelque sorte le catalyseur grâce auquel ils trouvaient sans cesse de nouveaux thèmes de discussion et sujets d'accord. De fait, leur singulière camaraderie dépassa rapidement cette entente en quelque sorte pragmatique, pour s'étendre à la sphère émotionnelle, zone étrangère à l'un comme à l'autre des protagonistes, et jalonnée pour eux de nombreux interdits. Après les jours sans nuages du rêve architectural et des plans grandioses, cette relation résista aux tensions parfois vives des années qui suivirent et survécut jusqu'à la dernière heure, lorsque Speer revint une fois encore dans Berlin encerclée et dévorée par les incendies pour prendre congé de l'homme, qui — c'est ainsi qu'il le voyait — avait déposé un monde à ses pieds avant de le détruire.

Dans cette relation, le rôle le plus étonnant revient à Hitler. Ce fut une des rares occasions, peut-être la seule, où il réussit à surmonter ses troubles relationnels, ce vide émotionnel que révèle sa biographie, et que tous les bains de foule étaient impuissants à combler. Les sentiments qu'il tentait parfois d'exprimer se heurtaient au mur de froideur et de supériorité inabordable qu'il croyait devoir à son rôle historique, et, quelle que fût la forme qu'ils prenaient, ne réussissaient jamais à paraître naturels. De son vivant, Hitler ne noua aucune relation qui ne pût lui servir, et ceux qui lui étaient le plus proches étaient seulement un peu moins éloignés que les autres — à l'unique exception, peut-être, de sa nièce Geli Raubal, qui se donna la mort au début des années 30 dans l'appartement munichois du futur dictateur. Fait sans doute symptomatique, des six femmes qui croisèrent son chemin au fil des années, cinq se suicidèrent ou du moins tentèrent de le faire [2].

Hitler cherchait une compensation à cette impuissance dans le contact avec les masses. L'interprétation selon laquelle ses discours n'avaient qu'en partie des objectifs politiques, mais servaient aussi à satisfaire des pulsions, n'est pas seulement confirmée par le fait que, pendant les « années de combat », il apparaissait jusqu'à quinze fois par jour devant cette masse qu'il se plaisait à comparer à une « femelle » : vers la fin, lorsque la situation militaire désespérée lui interdisait de se montrer en public, il s'effondra de plus en plus et sombra dans la dépression, tandis qu'à son entourage il apparaissait comme la « ruine fantomatique » dont parlent tous les témoins oculaires. A juste titre, les meilleures analyses des discours de Hitler mettent l'accent sur leur composante sexuelle.

La ferveur avec laquelle il pénétrait au sein de la multitude entassée sur les gradins, les cris d'impatience et de désir réfréné qui ponctuaient son passage et exacerbaient encore plus l'ambiance d'attente envoûtée de la salle révèlent déjà le caractère copulatoire de l'événement. Arrivé à la tribune, il commençait à parler d'un ton hésitant, presque timide. Après ce rituel préliminaire, il déchaînait les premiers applaudissements qui le faisaient sortir de son apparente réserve et aller de plus en plus loin, de plus en plus fort, se libérant dans de grandes périodes oratoires au rythme tantôt accéléré tantôt réfréné, se frappant le visage de ses poings, les yeux fermés, se balançant comme pris de vertige, puis pointant un doigt accusateur pour désigner les coupables et les traîtres tandis que sa voix se brisait dans les soubresauts d'une conclusion haletante. Plus d'un observateur a tenté de décrire l'envoûtement obscène qu'exerçait Hitler en faisant appel au vocabulaire de la sorcellerie et en se référant au *Faust* de Goethe. Le tableau ne serait pas complet sans les images qui le montrent « après », affaissé dans une quelconque loge d'artiste, baigné de sueur, exténué, le regard vide. *Post coitum triste* [3].

L'ivresse que lui procuraient ses discours satisfaisait en premier lieu son besoin de contacts et d'excitation, et celui d'une jouissance qu'il ne pouvait concevoir que comme le résultat d'un viol. A cet égard, Speer constituait l'exception, en comparaison par exemple d'Ernst Röhm, qui était très proche de Hitler, d'Eva Braun et de beaucoup d'autres. Hitler lui-même ne s'est jamais étendu sur les raisons qui l'avaient rapproché de cet architecte débutant. Il était certainement conscient de l'énorme différence entre l'élève encore immature de Tessenow et le « style d'Etat » de Troost, d'autant plus que, en été 1933, le projet présenté par Speer au concours pour la construction d'une « école des cadres du NSDAP » n'avait pas été retenu. Toujours est-il qu'un jour il confia à Speer : « Je vous avais remarqué au cours des visites d'inspection. Je cherchais un architecte à qui je puisse confier mes projets. Il devait être jeune. Car, comme vous le savez, ces projets sont des projets qui voient loin. J'ai besoin de quelqu'un qui pourra continuer mon œuvre après ma mort avec l'autorité que je lui aurai conférée. Cet-homme-là, ce sera vous [4]. »

Il est également possible que Hitler se reconnaissait en ce jeune homme séduisant et manifestement doué, conscient de sa valeur malgré sa retenue, insouciant, habile et doté d'une imagination fertile : son double en quelque sorte, mais un double qui avait pu déployer ses ailes avec le naturel et l'assurance que donne une origine sociale solide, en tout état de cause sans les interventions désastreuses d'un destin malveillant auxquelles Hitler attribuait la ruine de son rêve de devenir artiste. Lorsque Speer exprima un jour des doutes quant à ses propres capacités d'architecte, Hitler répliqua, non sans une pointe de jalousie : « Oh vous, vous auriez percé de toute façon ! » Dans un article paru en 1939, il alla, fait rare, jusqu'à le qualifier de « génial » ; ailleurs, il parle d'« une âme très proche de la [sienne] », pour laquelle il éprouvait « les sentiments humains les plus chaleureux [5] ». La suite des événements montrera que Hitler avait trouvé en Speer non seulement un architecte de premier ordre, son ministre préféré et éventuel successeur, mais aussi un « ami », peut-être même, pour aussi excessif que cela puisse paraître, son unique passion. Quoi qu'il en soit, Speer sut éveiller ses sentiments comme personne d'autre, et sans doute aussi exercer sur lui une certaine influence.

Il est nettement plus facile de déterminer ce qui rapprocha Speer de Hitler. Tous ceux qui l'ont connu de près ont remarqué l'ambition dévorante qui l'habitait sous des dehors impassibles, et noté que le pragmatisme qui semblait guider ses actes n'était que le masque d'un besoin effréné de se faire valoir [6]. A cela, l'on peut ajouter la vénération et les sentiments confus qu'il éprouvait pour cet homme d'Etat dont l'enthousiasme pour l'architecture allié à un pouvoir croissant allaient le propulser vers des réalisations extraordinaires, et du même coup susciter en lui une exaltation inouïe. Dans une note révélatrice, Speer a décrit la force qui l'avait arraché à sa médiocrité et à ses incertitudes. Dès le moment de sa rencontre avec Hitler, écrit-il, « tout fut transformé, [sa] vie entière était continuellement sous haute tension, pour ainsi dire [7] ».

Speer se rendait certainement compte qu'il était possédé par une force étrangère dont la puissance de persuasion était encore renforcée par l'intense charge émotionnelle qui régnait dans l'entourage de Hitler. Pourtant, ce n'était pas un « viol de la conscience », comme il lui arrivait de le penser ; Hitler ne l'avait pas « séduit » ni « détourné du droit chemin ». Comme la plupart de ses contemporains, Speer se découvrit au fil du temps un nombre croissant de points communs avec les nouveaux maîtres du pays, du moins avec l'aspect « national » et « social » de leur message proclamé avec une telle virulence. Quant au reste, cela demeurait à ses yeux de la « politique », un domaine qui le dépassait et dont Hitler était, croyait-il, le meilleur dépositaire.

Certes, l'image du régime, même embellie par la propagande, comportait certains aspects répugnants que Speer n'était pas assez naïf pour ignorer : la volonté d'assujettissement omniprésente dans l'exercice quotidien du pouvoir, la brutale volonté de nivellement qui transformait peu à peu une société aux multiples facettes en une masse amorphe. Mais ces doutes étaient emportés par la vague de renouveau qui submergeait le pays et qui ne tarda pas à l'emporter lui aussi. Quant aux scrupules qui pouvaient subsister, ils ne pesaient pas lourd face à la conscience enthousiaste de sa propre valeur et à cette exaltation que Hitler éveillait en lui et qui finit, selon ses propres termes, par lui être aussi « nécessaire que la drogue au toxicomane [8] ». Explicitement ou implicitement, il approuvait donc la dictature, les méthodes expéditives de plus en plus généralisées, et l'axiome selon lequel il n'y avait d'autre loi que la parole de Hitler. Même quand il commença à être question de « guerre » et de « domination mondiale », de « victoire » ou, si celle-ci ne se matérialisait pas, non pas de défaite mais de « naufrage », quand arriva le temps des interrogations douloureuses, Speer ne ressentit apparemment guère d'épouvante, mais au contraire un sentiment romantique de la fatalité, rendu encore plus poignant par la majesté de l'heure et la grandeur de la vision [9].

Il n'est pas exclu que cette succession d'émotions violentes l'ait en quelque sorte rendu aveugle, ou du moins indifférent à l'antisémitisme de Hitler, qu'il connaissait pourtant depuis le début. Des années durant Speer considérait, pour le citer, la « délirante haine des Juifs [de Hitler]... comme un accessoire vulgaire, une relique des années viennoises, et Dieu seul sait pourquoi il ne s'en débarrassait pas ». Speer avait rapidement appris, aussi, à tenir compte de la constante surexcitation de Hitler, qui oscillait entre colère glacée et brusques explosions de fureur, pour redevenir aussitôt après d'humeur sociable. Comme tant d'autres, il interprétait ces explosions terrifiantes comme une « tactique pour fouetter les instincts de la masse », peut-être aussi comme un moyen de se stimuler lui-même, et non comme une « affaire de vie et de mort » ; un jour ou l'autre, pensait-il, cela prendrait fin [10].

Speer possédait donc la faculté d'arranger les choses à sa façon. D'autres exemples en témoignent, notamment la façon dont il s'accommodait des conceptions architecturales du dictateur. Hitler en était resté à la fin du XIXe siècle : ses idéaux étaient les palais bourgeois du Ring de Vienne, les théâtres néobaroques de Helmer et Fellner, ou l'opéra de Paris de Charles Garnier ; il était évident que les idées architecturales de Tessenow, infiniment plus contemporaines, n'avaient rien à voir avec l'éclectisme bavard de ces architectes. Il partageait cependant avec Hitler le « refus du moderne », et cette connivence conduisit Speer à passer outre à toutes les contradictions, sans pour autant être conscient d'une rupture avec son ancien professeur, et encore bien moins d'une « trahison » à son égard. Dans ce contexte, Hitler lui apparaissait avant tout comme le protecteur du monde du XIXe siècle contre l'univers inquiétant de la grande ville, que le solitaire Tessenow rejetait lui aussi avec effroi. Grâce à Hitler, se persuadait Speer, il serait peut-être possible de changer in extremis le cours des choses [11].

Pour aussi absurde que cela puisse paraître, ce qui perturbait Speer plus que tout, du moins au début, c'était moins les excès de la politique de Hitler que son mode de vie et ses goûts petit-bourgeois, l'ameublement et la décoration de son appartement, qui ressemblaient à celui d'un « professeur de lycée » ou du « directeur d'une filiale de caisse d'épargne » : le goût consternant dont témoignaient aussi bien l'appartement de la Prinzregentenstrasse de Munich que le Berghof, où Speer commença à être invité à l'époque ; il n'y manquait même pas le canari dans une cage dorée. « Meubles massifs en chêne richement sculpté, livres dans des cabinets vitrés, coussins brodés de tendres inscriptions ou de mots d'ordre du parti... Dans le coin d'une chambre, un buste de Richard Wagner ; aux murs étaient accrochés, dans de larges cadres dorés, des tableaux idylliques de l'école de Munich... Cela sentait l'huile de friture et les ordures ménagères [12]. » Cette description sarcastique s'explique moins par la morgue d'un fils de grands bourgeois que par le fait que ce décor était la négation du prétendu goût artistique de Hitler et de cet « Etat de la beauté » que proclamaient ses discours exaltés et ses projets grandioses.

Dans l'ensemble, toutefois, chacun des deux hommes cherchait ou trouvait chez l'autre ce qui lui manquait, et admirait en lui l'image idéale de ce qu'il aurait pu être. Divers observateurs ont décrit l'accord singulier qui régnait entre eux, fait de stimulation réciproque ; jamais, en tout cas, Hitler n'était aussi naturel que lors de ces rencontres, aussi éloigné des poses du « grand homme » qui caractérisaient habituellement son comportement. Speer a prétendu par la suite qu'il n'avait à aucun moment été capable de déchiffrer les véritables sentiments de Hitler à son égard — s'agissait-il d'une sympathie réelle ou d'un calcul intéressé, d'une de ces considérations tactiques qui gouvernaient presque toujours les sentiments qu'il manifestait, mais qui ne correspondaient à rien de réel ? Pourtant, les observateurs ont remarqué dès les premières années que Speer était celui des deux qui contrôlait le mieux ses sentiments, et qu'il était donc de ce point de vue dans une position dominante. Il gardait ses distances à l'égard de Hitler comme de tous les autres, et ne se montrait jamais servile comme presque tous les autres membres de l'entourage du dictateur. Vers le milieu des années 30, l'écrivain Günther Weisenborn a assisté à une réunion entre Hitler et quelques-uns de ses proches à la *Künstlerhaus* (« maison des artistes ») de Munich : « C'était un étrange spectacle. Chaque fois que l'homme qu'ils appelaient leur **Führer** et qui jouait ce soir-là le rôle de l'enfant du siècle au regard bienveillant et étonné... disait quelques mots, tous les paladins qui faisaient cercle autour de lui se penchaient gravement vers le même point focal, la bouche du puissant surmontée de la petite moustache. Comme si un doux zéphir avait fait pencher ces fières tiges, de sorte que je ne voyais plus que les épais replis des nuques grasses et charnues des dirigeants de notre Reich. Ce n'était pas tout. Hitler aux traits épais recueillait ces humbles témoignages d'admiration et se penchait discrètement vers Speer — qui était assis à sa droite et prononçait de temps à autre quelques mots sur un ton de profond ennui — comme pour lui transmettre ces hommages. Tel un être admiré ou aimé, Speer recevait ces hommages comme un dû[13]. »

Hitler ne fut probablement pas sans remarquer la position privilégiée que Speer avait revendiquée depuis le tout début au sein de son entourage, et qu'il finit par obtenir. Quoi qu'il en soit, Speer ne tarda pas à être nommé directeur de la division architecture dans l'état-major de Hess ; à ce titre, il reçut un uniforme qui mit fin à son statut de civil et l'intégra à la masse de brun vêtue des dignitaires du parti. Peu après, le 30 janvier 1934, pour le premier anniversaire de la prise du pouvoir, il prit la tête de la section *Schönheit der Arbeit* (« Beauté du travail ») qui était chargée de créer de meilleures conditions de travail, du point de vue tant hygiénique qu'esthétique. Speer se mit au travail avec la ferveur d'un adepte qui ne doit sa position à aucune intrigue. Le concept de la « beauté du travail » n'était d'ailleurs pas une invention du régime, mais correspondait à une tendance qui existait depuis fort longtemps dans plusieurs pays industrialisés, réunissant diverses tendances réformatrices, notamment celle en faveur des cités-jardins. Ce ne fut toutefois que dans l'ambiance de renouveau national suscitée par l'arrivée au pouvoir de la nouvelle équipe que ce mouvement prit son véritable élan. Speer s'attaqua à cette tâche avec d'autant plus d'enthousiasme qu'elle correspondait à son rejet viscéral de l'industrialisation, de l'urbanisation et de l'enlaidissement du monde — et ce, depuis ses années d'université. Et s'il lui arrivait de craindre d'avoir trahi son maître Heinrich Tessenow, qu'il vénérait toujours autant, cette activité apaisait ses scrupules. En effet, Tessenow était lié au mouvement réformiste de l'époque et avait joué un rôle important dans la construction d'une grande cité-jardin à Dresde-Hellerau.

En accord avec les chefs d'entreprise, Speer s'employa sans tarder à « dépoussiérer » les usines, à rationaliser et à « égayer » les postes de travail, à dessiner des outils plus esthétiques, et même à développer une nouvelle architecture industrielle destinée à améliorer les conditions de travail : simplification des processus de fabrication, amélioration de la sécurité, etc. Dans les établissements existants, il faisait installer des cantines, des douches, des salles de repos et de sport, le tout dans le cadre d'« actions » accompagnées de slogans tels que « Embellissons le quotidien allemand », « Faites entrer la nature dans les usines ! » ou « Des hommes propres dans des entreprises propres » ; les usines qui faisaient des efforts particuliers dans ce domaine obtenaient le titre d'« Entreprises nationales-socialistes modèles ».

Dans une perspective plus vaste, le service *Schönheit der Arbeit* était un des instruments grâce auxquels les nouveaux maîtres du pays voulaient concrétiser aux yeux des masses leurs promesses dans le domaine social, et du même coup donner de la crédibilité à leurs mots d'ordre — au même titre que les projets de lotissements et d'autoroutes, les nombreuses œuvres sociales, et surtout l'organisation de loisirs *Kraft durch Freude* (« La Force par la joie ») qui disposait de ses propres bateaux de croisière, organisait des représentations théâtrales et des concerts pour les masses, soutenait des groupes folkloriques et proposait des programmes de vacances. Au début, toutes ces entreprises se heurtèrent au scepticisme d'une large section de l'opinion, redonnant un semblant de vie à une opposition politique depuis longtemps condamnée au silence. Les reproches contre les hitlériens « réactionnaires » et leur idéologie confuse, basée sur des coutumes traditionnelles de l'ère préindustrielle, rappelaient que la notion de « sol et [de] sang » n'était pas oubliée et nourrissaient tout naturellement cette hostilité. Parallèlement, et en contradiction avec cette idéologie passéiste, le régime avait aussi un aspect résolument « moderne », visant à créer une société égalitaire dépassant les oppositions de classe soudain jugées anachroniques et un « Etat-providence » dont les réalisations bénéficieraient en premier lieu à la classe ouvrière. Cette opposition « de gauche » ne tarda pas à s'affaiblir : de l'avis général, et quoi qu'on pût lui reprocher par ailleurs, la pratique du pouvoir des nouveaux dirigeants ne pouvait pas être interprétée comme la domination d'une classe sociale sur une autre. Speer lui-même resta jusqu'à la fin convaincu de l'aspect positif de *Schönheit der Arbeit* et de son travail au sein de cette organisation qui correspondait à sa conception, laquelle prenait corps à l'époque, d'un « socialisme à la fois moderne et allemand [14] ».

Cette nouvelle tâche, et les éloges qu'elle lui valut, le rendirent plus que jamais incapable d'analyser ses propres égarements ; à cet égard, il était représentatif de ce « mécanisme des conclusions erronées » dont beaucoup furent victimes à l'époque. Ces mesures sociales furent un facteur essentiel du succès du régime nazi. Personne ne pouvait — ou ne voulait — voir qu'elles ne constituaient qu'une facette d'une politique promettant tout à tout le monde, en adoptant les positions les plus contradictoires. Les nationaux-socialistes proclamaient, précisément, la réconciliation du nationalisme et du socialisme, de l'ordre traditionnel et de la société de masse, et effectuèrent une révolution sous le manteau de la tradition ; ils n'hésitèrent même pas à allier leur haine de la culture à de constantes invocations du « Tout-Puissant ». C'est précisément ce renversement de toutes les valeurs, grâce auquel ils se vantaient d'avoir surmonté les grandes contradictions de l'époque en découvrant enfin une miraculeuse « troisième voie », qui troubla le jugement des contemporains, les rendant plus ou moins incapables de distinguer le vrai du faux et le juste de l'injuste, et cacha efficacement les véritables objectifs du nouveau régime : la guerre, l'expansion et le « nettoyage racial ». Du moins à ses débuts, le Troisième Reich représentait pour beaucoup d'Allemands de nombreuses choses différentes, voire incompatibles. Aucun des pièges qu'il leur tendait ne s'est révélé aussi efficace que celui-ci.

Speer s'était lui aussi fabriqué une image qui lui convenait. A l'époque, il avait l'intime conviction que l'unique objectif de la pensée et de l'action de Hitler était de créer des œuvres de paix, de couronner ses succès politiques par une réputation de réformateur social, de bâtisseur et de mécène. Chaque fois que l'emploi du temps de Hitler le permettait, ils visitaient ensemble des ateliers d'artistes ; le dictateur attendait ces occasions avec une impatience fébrile. Speer était particulièrement impressionné par l'attitude respectueuse de Hitler à l'égard des sculpteurs et architectes. A l'époque, son architecte préféré était incontestablement Paul Ludwig Troost. « Quelle chance d'avoir rencontré cet homme ! », déclara-t-il à maintes reprises. Troost l'avait détourné du style pompeux des « années de fondation » en faveur d'un néoclassicisme lourd et sévère qui marquerait de plus en plus l'architecture officielle du régime. L'influence directe de Troost ne devait pas durer longtemps. Après une courte maladie, il mourut le 21 janvier 1934, alors que Speer ne faisait partie de l'entourage de Hitler que depuis quelques semaines. Une anedcote montre à quel point l'ascension de Speer fut rapide. En se rendant au ministère de la Propagande le jour du décès de Troost, il tomba sur le secrétaire d'Etat de Goebbels Walter Funk qui, « un long cigare dans sa figure ronde », le salua en ces termes : « Je vous félicite. Désormais, vous êtes le premier [15] ! »

La disparition de Troost rapprocha plus que jamais Speer de Hitler. Ce dernier ne tarda pas à l'inviter avec d'autres intimes à l'« Osteria » de Munich, au salon de thé du Carlton, dans le chalet en bois encore modeste de l'Obersalzberg, aux réceptions des Bruckmann ou des Bechstein, qui avaient jadis encouragé le jeune démagogue et lui étaient restés fidèles. Hitler était également très attaché à Winifred Wagner. Chaque fois que, durant le trajet entre Berlin et Munich, la colonne de voitures arrivait à Bayreuth, située à mi-chemin, elle faisait une halte à Bad Berneck. En début de soirée, Hitler se faisait conduire, seul, à la villa « Wahnfried » ; il n'en revenait généralement qu'au petit matin, « étrangement exalté », et même « dans un état proche de la béatitude », rapporte Speer [16]. Lorsque le convoi reprenait la route, la seule place libre dans la grosse voiture décapotable du Führer était réservée à Speer. Dans un état voisin de la stupeur, il entendait les applaudissements et les clameurs enthousiastes qui les attendaient tout au long du parcours, accompagnés de pluie de fleurs. Souvent, la foule était tellement dense qu'il fallait s'arrêter ; se penchant par-dessus le pare-brise, Hitler serrait les mains qui se tendaient vers lui et distribuait des encouragements et des félicitations, toujours cordial et enjoué, toujours entouré d'enfants et d'anciens combattants. Ailleurs, ils faisaient halte pour se reposer, assis dans l'herbe, perdus dans leurs pensées ou bavardant entre eux, pendant que l'intendant de Hitler, le gros Artur Kannenberg, jouait sur son accordéon des airs au rythme solennel [17].

Ces scènes familières et « émouvantes », qui se répétaient des milliers de fois, avaient pour effet de balayer les derniers doute du régime et de lui donner la certitude triomphale de disposer, non seulement d'un pouvoir quasi absolu, mais de l'appui de la majorité de la population. De fait, à la stupéfaction de nombreux observateurs incrédules, il avait réussi en peu de mois à vaincre le chômage et à susciter un essor économique qui ne s'expliquait qu'en partie par l'atténuation de la crise économique mondiale. Cette amélioration manifeste des conditions de vie était due en premier lieu à une politique de l'emploi plus instinctive que rationnelle, surtout fondée sur des facteurs psychologiques, et paraissait d'autant plus liée à l'arrivée au pouvoir de ces hommes nouveaux. Le régime pouvait de surcroît s'enorgueillir d'avoir libéré l'Etat de son rôle peu glorieux de jouet d'intérêts particuliers, d'avoir rétabli le prestige international de l'Allemagne, et d'avoir réalisé cette union nationale que le parti, avide d'autosatisfecit, qualifiait dans son jargon de « miracle de la naissance du peuple allemand ». Ces succès avaient cependant un prix non négligeable : persécution et mise à l'écart politique des minorités, abolition des libertés. Mais pour leur malheur, les minorités n'étaient précisément que des minorités dont l'importance déclinait rapidement, tandis qu'une majorité de plus en plus nombreuse, particulièrement au sein de la classe ouvrière, voyait dans la situation actuelle, comparée au passé, « moins la perte des droits que le travail retrouvé [18] ».

Ce n'était pas tout, loin de là. Le revirement de l'opinion était attribuable pour une bonne part aux techniques de manipulation psychologique utilisées par les détenteurs du pouvoir. Témoignant d'une inventivité inépuisable, ils déployaient une chaîne ininterrompue d'images, de scénarios tantôt idylliques tantôt d'une brutale agressivité. La démagogie spectaculaire qu'ils avaient inventée ou du moins menée à sa perfection créait une constante ambiance festive grâce à une succession de manifestations, de cérémonies solennelles et de forêts de drapeaux, de défilés habilement mis en scène, de jeux et de feux de joie, par lesquels le peuple croyait se célébrer lui-même, alors qu'en réalité il glorifiait ses dirigeants. Un long calendrier de jours fériés et de cérémonies était mis au point et sans cesse renouvelé par l'*Amt für Fest-, Freizeit- und Feiergestaltung*, bureau responsable de l'organisation des fêtes et des loisirs. L'année nationale-socialiste commençait le 30 janvier, jour anniversaire de la prise du pouvoir, et se terminait le 9 novembre avec la commémoration de la marche sur la Feldherrnhalle et des « martyrs du mouvement » dont les noms faisaient l'objet d'un « ultime appel », leur conférant une sorte d'immortalité laïque.

Le point culminant du calendrier des manifestations du régime était le Congrès du parti qui se réunissait chaque année en automne à Nuremberg. Après les succès remportés par Speer grâce à ses mises en scène de la fête du 1er Mai et du défilé du Tempelhofer Feld, il était logique qu'il fût nommé « chef-décorateur » de ce grand spectacle qui s'étendait sur plusieurs jours. Avec un sens remarquable de l'effet grandiose, il disposa devant les majestueuses tribunes de gigantesques « blocs » humains en uniformes noirs ou bruns, répartis selon une ordonnance géométrique aussi rigoureuse que suggestive grâce à des allées de diverses largeurs, image qui se révélait presque irrésistible pour des esprits encore effrayés par le dérèglement et l'anarchie auxquels le pays avait failli succomber. La large tribune principale en gradins était flanquée de deux énormes aigles symbolisant le parti. Au centre géométrique de l'esplanade, la masse humaine était divisée par la large « voie du Führer », le long de laquelle Hitler, suivi à distance respectueuse par les chefs de la SA et de la SS, s'avançait au son d'une marche funèbre de sa propre composition vers le mémorial du Luipoldhain. Et partout, des drapeaux : pour diviser rythmiquement les trop longues colonnes humaines, pour donner de la couleur à la masse uniformément vêtue de couleurs sombres, ou simplement, flottant au vent, pour intensifier l'ambiance festive et solennelle.

Ces *Reichsparteitage* furent également à l'origine de l'invention la plus ingénieuse de Speer, et sans doute la seule qui lui survécut. Afin d'épargner aux participants et au public le spectacle des trop prospères dignitaires du régime, il avait proposé à Hitler de conduire le plus grand nombre possible de cérémonies le soir ou la nuit. Cela lui permit de donner une dimension inouïe aux jeux de lumière qu'il avait déjà expérimentés avec succès à Tempelhof. Selon la description qu'en fait un rapport officiel de l'époque, lorsque Hitler apparaissait vers 20 heures, à la tombée de la nuit, « les ténèbres étaient soudain déchirées par des flots de lumière aveuglante » ; cent cinquante projecteurs disposés à intervalles de douze mètres tout autour de l'esplanade dirigeaient verticalement des colonnes de lumière vers « le ciel nocturne voilé de nuages... sur lesquels elles dessinaient une couronne de feu ». Au même moment, la tribune d'honneur était « baignée d'une lumière éblouissante ». Au sommet des piliers massifs, « des flammes brûlaient dans d'immenses coupes », tandis que, venant de toutes les directions, « plus de trente mille drapeaux » convergeaient vers l'arène, « leurs hampes argentées et leurs franges étincelant dans la lumière [19] ».

Ces célèbres « dômes de lumière » qui montaient jusqu'à huit ou dix kilomètres dans le ciel nocturne ont fait de Speer un des « pères de l'architecture de la lumière ». Parfois, se souvient-il, un nuage traversait à haute altitude les cônes de lumière, plongeant les assistants dans un état quasi onirique, comme s'ils étaient soudain transportés par magie dans les « imaginaires palais de cristal du Moyen Age » ou du moins dans une « cathédrale lumineuse [20] ». La puissance de ce décor sortant de l'ordinaire allait au-delà du simple besoin d'images frappantes et durables des sociétés de masse modernes, que ne suffisaient pas à combler les habituelles mises en scène, répétitives et témoignant d'une grande pauveté d'imagination. L'admiration de Hitler, ainsi que l'effet produit sur le public, avaient des racines plus profondes. Cette horde de centaines de milliers d'hommes en uniforme, surmontés d'une immense et magique « colonnade de lumière », constituait un symbole particulièrement éloquent de la vérité profonde de Hitler et du régime qu'il avait instauré : la peur d'une menace omniprésente mais dissimulée sous une pompe assourdissante, la violence constamment présente sous le décor majestueux. Un des premiers observateurs du mouvement national-socialiste a qualifié la véritable nature de ses déclarations de « fanfaronnades de lâches [21] ». Même ceux qui étaient fondamentalement étrangers à cette idéologie étaient subjugués par ces effets dramatiques. Robert Coulondre, qui était à l'époque ambassadeur de France à Berlin, a reconnu — comme bien d'autres visiteurs étrangers, et ils étaient de plus en plus nombreux — que ce mélange de magie de cirque, de quasi-mysticisme et d'exaltation exerçait sur lui un effet irrésistible, au point qu'il était par moments presque converti au national-socialisme, tandis que l'ambassadeur du Royaume-Uni, Neville Henderson, parle avec admiration de « cathédrale de glace [22] ».

Speer, séducteur et séduit à la fois, était lui aussi victime du déluge de sensations qu'il avait contribué à mettre en scène. « J'étais moi aussi emporté par l'enthousiasme général », a-t-il reconnu, ajoutant qu'il n'aurait pas hésité à suivre Hitler « n'importe où... sans conditions ni réserves ». Il n'en continuait pas moins à affirmer que ses relations avec le dictateur étaient bien davantage celles d'un architecte avec un maître d'œuvre admiré que celles qui lient un partisan à un dirigeant politique [23]. Pourtant, les deux domaines étaient indissolublement liés. Sans oublier qu'en matière de planification architecturale un dévouement « inconditionnel et sans réserves » serait une absurdité, Speer ne réalisa que bien plus tard comment, chaque fois qu'il était question des persécutions ou des violations de traités dont le régime s'était rendu coupable, il cherchait automatiquement des excuses et des justifications, et ne tarda pas à se joindre au chœur des béni-oui-oui. Il n'est pas exagéré de dire que Speer était totalement soumis aux idées et aux objectifs du dictateur. Sa position autorisait pourtant une certaine liberté de jugement car, aux yeux de Hitler lui-même, il ne faisait pas partie de son entourage « politique », lequel était entièrement soumis à sa volonté. Il est en tout cas certain que, dès qu'il s'agissait d'architecture et d'urbanisme, il traitait Speer d'égal à égal, et était souvent prêt à se plier à son jugement. Par la suite, Speer ne put se souvenir « d'aucune occasion » où Hitler l'aurait forcé « à épouser ses vues [24] ».

Le respect « professionnel » que Hitler lui témoignait ne fit que donner à Speer encore plus d'assurance. Nul ne pouvait ignorer que Hitler était toujours prêt à lui consacrer son temps, surtout après la consolidation du régime national-socialiste en été 1934, lorsque, après le décès de Hindenburg, président du Reich, Hitler s'appropria les prérogatives de ce dernier grâce à une manœuvre habile. Deux mois après, à l'occasion du Congrès national du parti, il proclama la fin du « XIXe siècle turbulent » ; conscient d'avoir fermement établi son pouvoir, il ajouta : « Pendant les mille ans à venir, l'Allemagne ne connaîtra plus de révolution [25] ! »

Maintenant que son pouvoir était consolidé, Hitler n'éprouvait plus cette excitation fébrile, cette insatiable soif de travail qui le possédait à la chancellerie, lorsqu'il était installé à la table de travail de Bismarck. Il retomba dans les habitudes oisives des années passées. Toujours suivi d'une cohorte bigarrée de pseudo-artistes, de compagnons des « années de combat » et de gardes du corps en uniforme, sans oublier son photographe Heinrich Hoffmann, son chauffeur Julius

Schreck, Martin Bormann et, la plupart du temps, Albert Speer, il faisait le tour des ateliers, restaurants et brasseries familières, surtout pendant ses séjours de plus en plus fréquents à Munich, ou bien passait son temps à visiter des chantiers de construction, à aller à l'opéra, etc. En l'espace de six mois, il assista à six représentations de *La Veuve joyeuse*. A une occasion, il présenta à son entourage quelque peu stupéfait des projets de décors, soigneusement coloriés, pour le *Tristan* de Wagner et pour de nombreuses scènes de la Tétralogie des *Nibelungen*; il pouvait discourir des heures durant sur les problèmes de mise en scène que posaient les *Maîtres chanteurs*, allant jusqu'à se demander « quel type d'éclairage convenait pour les scènes au clair de lune de la fin du deuxième acte », et comment construire les maisons à pignons entourant l'échoppe du cordonnier. Selon des témoins, il trouvait encore le temps de relire une fois de plus les quelque soixante-dix volumes des œuvres de Karl May. Durant ses premières semaines à la chancellerie, racontait-il volontiers, il avait eu beaucoup de mal à « s'arracher » aux griffes de la bureaucratie, avant de « supprimer radicalement cette absurdité[26] ». Les tâches routinières liées à la fonction de chancelier l'ennuyaient de plus en plus ; souvent, il n'y consacrait qu'une ou deux heures par jour.

Ce mode de vie détendu et fantaisiste, dicté par des humeurs passagères ou des envies triviales, contribuait à donner l'impression à Speer — ainsi qu'à une grande partie de la population — qu'à la tumultueuse phase des débuts du régime, accompagnée d'actes arbitraires et d'atteintes au droit, avait succédé une période de calme et de travail, bien que le maintien de l'ordre restât rigoureux. Chaque fois que l'occasion s'en présentait, par exemple pendant les jeux Olympiques de 1936, il faisait tout son possible pour opposer à la notion fort répandue du « spectre » d'un Reich nazi en train de s'armer à un rythme frénétique, l'image d'une nation pacifique et réconciliée, dirigée par un homme qui considérait que sa mission consistait moins à conquérir et à consolider un pouvoir absolu qu'à encourager les manifestations et œuvres d'ordre culturel. En novembre 1934, Hitler déclara à un visiteur français qu'il espérait se construire ainsi un monument plus durable que n'en avait jamais laissé le plus glorieux des chefs militaires. Et, quand Hitler fit vers la même époque la connaissance de la femme de Speer, il l'assura solennellement : « Votre mari bâtira pour moi des édifices comme on n'en a plus vu depuis quatre millénaires[27]. »

Cela aurait donné le vertige à n'importe qui. En dépit de sa maîtrise de soi et de son caractère rationnel, Speer était pris d'une sorte d'ivresse ; jusqu'à la fin, il demeura incapable d'expliquer pour quelle raison il aurait dû repousser la chance extraordinaire qui s'offrait à lui[28]. A ses yeux, Hitler était incontestablement un grand homme, un de ceux qui changent le monde et qui, en dépit de l'adulation générale dont il faisait l'objet, avait gardé d'attachantes qualités humaines. La littérature romantique a créé le type de la créature hybride voire androgyne qui éblouit le monde entier par son art consommé de la séduction et par la façon dont il se joue des gens et des circonstances. Pour des raisons que nul ne peut déchiffrer, il émane de lui une aura inquiétante, et il dispose d'une force destructrice dont les véritables objectifs restent son secret. Seul le dénouement tragique révèle que cet être est l'incarnation du mal qui, en contradiction avec l'iconographie traditionnelle, n'apparaît plus sous la forme d'un monstre effrayant, mais prend souvent un aspect ensorcelant et exerce une séduction de nature nettement érotique.

L'on pourra objecter que cette image ne correspond même pas au Hitler des premières années du pouvoir, au Hitler des bains de foule, des haltes dans l'herbe et des emballements architecturaux. En dépit de la séduction qu'il pouvait parfois exercer, il était bien trop vulgaire, et sa silhouette disgracieuse, presque bossue, était trop évidente malgré son génie du déguisement. Pourtant, l'on a trop souvent souligné sa nature surexcitée, ses terrifiantes crises de colère suivies d'étourdissements proches de la syncope, en négligeant le « charme autrichien » qu'il déployait à l'occasion, comme sur commande. De même que beaucoup d'autres, Speer ne voyait que le vernis superficiel, sans réaliser qu'il suffirait d'un petit déclic, d'un *turn of the screw* pour arracher le masque et révéler la face cachée de son être, dans toute sa froideur glaciale et dans son délire maléfique. A Nuremberg, cela le conduisit à déclarer au capitaine Klein que celui-ci ne comprenait rien au charisme d'un homme tel que Hitler.

Comme toujours, la marche des événements fut très rapide. Au début de 1934, Speer avait été chargé de dessiner, à la place du défunt Paul Ludwig Troost, la tribune principale du « Zeppelinfeld » de Nuremberg en vue du congrès du parti. A peine Hitler avait-il approuvé les plans qui lui étaient présentés que Speer fut nommé architecte en chef du dispositif entier. Entre-temps, il devait mener à bien des commandes mineures comme le décor de la fête de la Moisson sur le Bückeberg près de Hameln, des baraques de chantier pour les ouvriers travaillant à la construction des nouvelles autoroutes, ou encore donner des conseils pour des congrès locaux du parti. Un grand nombre de ces sollicitations avaient manifestement pour seul objet d'attirer l'attention de Hitler par l'intermédiaire de Speer, tout en flattant l'orgueil de ce dernier et le sentiment croissant de son importance.

L'été 1934 représenta une sorte de césure. Après la neutralisation brutale de l'armée des SA, indisciplinés et déçus par les « misérables compromis » de la prise du pouvoir légale, camouflée selon l'habitude du régime par la formule « répression de la révolte de Röhm », Hitler ordonna de transférer le haut commandement de la SA de Munich à

Berlin pour mieux le contrôler ; l'ambition excessive de Röhm lui avait servi de leçon. Il avait prévu d'installer le nouveau siège de sa garde prétorienne au palais Borsig qui abritait toujours les services du vice-chancelier Franz von Papen. Lorsque des protestations s'élevèrent, Hitler ordonna aussitôt à Speer d'occuper le bâtiment avec une escouade d'ouvriers, de jeter le mobilier et les dossiers à la rue, et de commencer sans plus tarder les travaux de rénovation exigés par sa nouvelle destination. Sous le regard incrédule des fonctionnaires, Speer arriva avec son équipe et inspecta les lieux. Sur le plancher d'un bureau, il découvrit une grande flaque de sang à peine séché ; c'était apparemment celui du secrétaire privé de von Papen, Herbert von Bose, tué d'un coup de revolver quelques jours auparavant. C'était la première fois qu'il voyait un témoignage direct des crimes du régime. Sa propre irruption dans le palais ne faisait que prolonger le climat de guerre civile des jours précédents. Mais il avait dépassé le stade où cela aurait pu le troubler ; cette tache foncée dans le bureau de Bose n'était soudain plus du sang humain, mais un phénomène accessoire, un résidu de cette politique qui, croyait-il, ne le concernait pas directement. Ce fut néanmoins avec soulagement qu'il reçut peu après commande du « Tannenbergdenkmal » en Prusse-Orientale, monument commémorant la victoire de Hindenburg et de Ludendorff sur les Russes fin août 1914, érigé en l'honneur du président défunt.

Une chose en entraînait une autre. Les commandes officielles affluaient. Après la rénovation de l'ambassade d'Allemagne à Londres, Speer s'attela en été 1936 à une tâche importante : revoir les plans du stade olympique qui devait voir le jour à Berlin. L'architecte Werner March avait prévu une construction en béton, acier et verre, avec des éléments émaillés. Hitler s'était mis dans une rage folle, allant jusqu'à menacer d'annuler les Jeux ; jamais il ne mettrait les pieds dans cette « boîte de verre » moderne pour les inaugurer. En toute hâte, Speer supprima les murs en verre, cacha le béton par de la pierre naturelle et ajouta des moulures un peu partout. Finalement, Hitler, et aussi March, approuvèrent le projet modifié. L'anecdote suivante illustre bien le prestige dont Speer jouissait alors. Göring ne s'adressa pas directement à celui-ci, mais demanda à Hitler l'autorisation de faire appel à Speer pour réaménager son appartement, bien que celui-ci eût déjà été rénové peu auparavant — mais il estimait maintenant que seul Speer était digne de lui et de son rang. Sans demander l'avis du principal intéressé, il traîna donc « après Hitler, le plus grand homme... que possède l'Allemagne », comme on ne tarderait pas à l'appeler, jusqu'à sa demeure proche de la Leipziger Platz ; il lui donna carte blanche, en précisant toutefois : « Il faut seulement que ce soit comme chez le Führer[29]. »

Après ces nombreux travaux de rénovation ou d'aménagement, Nuremberg était la première vraie commande d'architecture confiée à Speer. Témoignant d'une stupéfiante capacité d'adaptation, il passa du langage formel austère de son maître aux frontons, colonnades et frises, et à l'échelle colossale de Troost. Speer déclara par la suite avoir espéré faire « la synthèse entre le classicisme de Troost et la simplicité de Tessenow ». En réalité, il avait pris le parti de Troost, et fondamentalement changé de camp, passant de celui des architectes à celui de l'architecture considérée comme un moyen de propagande [30].

Le site de Nuremberg était gigantesque. S'étendant sur plus de seize kilomètres carrés, il comportait un terrain d'atterrissage pour dirigeables, le « Zeppelinfeld », les deux terrains de parade du « Luipoldhain », et un « champ de Mars » où se dérouleraient les manœuvres militaires prévues au programme, ainsi qu'un palais des congrès inspiré du Colisée de Rome, dont les plans avaient été confiés avant l'arrivée de Speer à Ludwig et Franz Ruff, architectes qui avaient été recommandés à Hitler par le gauleiter de Franconie Julius Streicher. Jusqu'en 1926, le Congrès national de la NSDAP avait lieu à Weimar, mais l'année suivante, Hitler avait décidé de tenir désormais et « pour toujours... l'assemblée générale des membres » du parti à Nuremberg, ancienne capitale du Reich. « Symbole du premier Reich allemand », la ville, avec ses maisons à colombages, ses anciennes portes et ses églises gothiques, évoquait l'image d'un monde germanique traditionnel, aux antipodes des horreurs de la modernité, et rappelait la fierté d'une époque dont Hitler promettait de restaurer la grandeur.

Le principe général du plan d'ensemble envisagé par Speer relevait d'une réflexion similaire. L'élément central reliant les esplanades, les champs de manœuvres et les édifices, et donnant un certain équilibre à l'ensemble, était une large chaussée longue d'un kilomètre ; pavée de dalles de granit, cette voie triomphale débutait par un majestueux portail flanqué de deux hauts obélisques (motif qui fut repris à l'entrée de certaines autoroutes). Ceux-ci encadraient, au loin, la silhouette de l'ancien château de Nuremberg, reliant ainsi le champ de parade à l'idée du Reich, en d'autres termes, consacrant et légitimant la « nouvelle Allemagne » par son passé. Après l'annexion de l'Autriche, des considérations analogues conduiraient à la décision de ramener le trésor du Reich — la couronne, le sceptre et le globe impérial — de la Hofburg de Vienne à Nuremberg, où il avait été conservé jusqu'en 1796.

La grande chaussée aboutissait au champ de Mars, entouré de tribunes pouvant accueillir cent soixante mille spectateurs que dominait une gigantesque déesse de la victoire, plus haute de quatorze mètres que la statue de la Liberté de New York. D'un côté, s'étendait le « bosquet » dit Luipoldhain, où se déroulait chaque année la cérémonie d'hommage aux morts. Vers le début de la chaussée se trouvait le Zeppelinfeld que délimitaient trente-quatre tours portant chacune six drapeaux flottant au vent, l'ensemble donnant l'impression d'une clôture en perpétuel mouvement. Face au terrain, Speer, s'inspirant de la solution déjà utilisée à Tempelhof, avait installé une grande tribune en bois surmontée de l'aigle impériale et de longues bannières verticales. Au début de 1934, il lui fut demandé de remplacer cette structure par des tribunes en pierre.

D'un côté de la grande chaussée se dressait une massive structure en pierre du haut de laquelle Hitler, entouré de ses généraux, devait assister aux défilés de la Wehrmacht. Face à celle-ci, un hall dont la façade était soutenue par des colonnes s'ouvrait sur la pièce maîtresse dominant tout le site : le gigantesque stade en fer à cheval, aux murs extérieurs recouverts de granit rouge. Pouvant accueillir plus de quatre cent mille spectateurs, il constituait, avec son volume dépassant neuf millions de mètres cubes, un des plus grands édifices jamais construits : sa masse était au moins le triple de celle de la pyramide de Gizeh. Le devis total, qui s'élevait à huit cent millions de marks de l'époque, contenait d'importantes erreurs d'appréciation, peut-être voulues. Par exemple, dix millions de marks étaient prévus pour le seul hall des congrès ; lorsque les travaux furent interrompus au début de la guerre, ils avaient déjà englouti plus de deux cents millions de marks. Typiquement, tout ce qui concernait les devis et les frais réels devait rester rigoureusement secret[31].

Par leurs formes parallélépipédiques massives et leurs soubassements, leurs gradins flanqués d'énormes cubes de pierre, les édifices constituant le décor des congrès du parti évoquaient un autel démesuré. Le dispositif de Nuremberg a souvent été comparé à Pergame et à l'architecture sacrée de l'Orient antique. Mais il évoque tout autant des forteresses, d'énormes ouvrages défensifs. Avant tout, il était l'expression d'une puissance fantastique et donnait une impression de discipline absolue : tel était le message qu'il adressait aux masses. Cet effet était renforcé par les orifices semblables à des meurtrières qui perçaient les murs, par les symboles de puissance omniprésents, les frises aux motifs guerriers et les statues, dont un aigle de plus de quatre-vingts mètres d'envergure. Le côté ouvert du stade en fer à cheval était flanqué de deux énormes blocs de pierre sur lesquels devaient se dresser des statues colossales de vingt-quatre mètres de haut, dues au sculpteur Josef Thorak. Le moindre détail architectural était conçu pour encadrer et mettre en valeur le flot humain qui défilait en rigoureuses formations géométriques, exaltant la masse dans laquelle l'individu se fondait tout en ressentant une impression de puissance extraordinaire.

Correspondant à l'image solennelle qu'avait Hitler de lui-même et de son règne, l'ensemble n'évoquait rien tant qu'un gigantesque temple, dans lequel il pontifiait, au sens littéral du terme, une fois par an devant ses fidèles. En témoignent également la dénomination bientôt répandue de « pèlerinage de la nation », ainsi que la décision de remplacer les bois de pins et d'épicéas indigènes par des bosquets de chênes « avec toutes sortes d'édifices de caractère sacré ». En automne 1938, Hitler déclara : « Même les pyramides pâliront devant les masses de béton et les colosses de pierre que j'édifie ici... Je construis pour l'éternité — car... nous sommes la dernière Allemagne [32]. »

Les travaux commencèrent deux ans après que Speer eut soumis ses premiers projets. A partir de ce jour, Hitler découvrait à chaque congrès au moins les fondations d'un nouvel édifice. Il y eut d'abord les tours en travertin de vingt-six mètres de haut entourant le champ de Mars, puis la grande chaussée, et enfin les fondations du stade. Long de six cents mètres, deux fois plus large et cinq fois plus haut que le stade olympique de Berlin, ses murs et ses tours devaient abriter plus de cent cinquante ascenseurs rapides à cent places pour amener les innombrables spectateurs jusqu'en haut des gradins. Ce projet titanesque ne dépassa guère le stade des fondations, mais en 1939, l'on parlait encore, avec la folie des records de l'époque, du « plus grand chantier d'Allemagne et même du monde [33] ». Le calendrier soigneusement établi tenait compte de toutes les causes de retard imaginables — problèmes structurels imprévisibles, pénurie de matériaux, difficultés de livraison —, de tout, sauf de la rage destructrice de Hitler. Celui-ci se répandait souvent en de lyriques descriptions de l'inauguration qui était prévue pour l'automne 1945. Seuls quelques bâtiments isolés purent être achevés.

L'effet des rapports de grandeur saisissants avait été inspiré à Speer par le double triomphe de l'Exposition universelle de Paris en 1937. Hitler avait d'abord refusé catégoriquement d'y participer, car aucun des nombreux projets qui lui avaient été soumis ne lui plaisait. Autre sujet d'irritation, les organisateurs de l'Exposition avaient placé le pavillon de l'Allemagne juste en face de celui de l'Union soviétique, allusion ironique au caractère totalitaire des deux puissances. A l'incitation du ministre de l'Economie, Speer se rendit à Paris pour effectuer une sorte de mission de reconnaissance. Alors qu'il visitait le site, il entra, grâce aux indications d'un responsable français, dans la pièce où était conservée dans le plus grand secret la maquette du pavillon soviétique. Du haut d'un majestueux podium, un groupe de figures s'avançait victorieusement vers le futur pavillon allemand, comme si le triomphe sur l'adversaire totalitaire était d'ores et déjà assuré.

En quelques traits de crayon, Speer ébaucha un pilier plus haut de quelques mètres qui donnait l'impression de contenir cette attaque, et même de la briser. C'était, ni plus ni moins, l'expression architecturale du Reich en tant que rempart contre l'Est et le communisme, notion grâce à laquelle Hitler avait longtemps endormi la méfiance de l'Occident. Du haut de l'entablement, un aigle tenant une croix gammée surmontée d'une couronne fixait impérieusement l'adversaire qui tentait en vain de le réduire. La nuit, le monument, brillamment éclairé par des projecteurs habilement disposés, donnait une impression de force irréductible. Lors de la remise des prix, Speer obtint une médaille d'or pour son pavillon ; suite sans doute à un calcul d'ordre diplomatique, l'architecte du pavillon soviétique reçut la même distinction. A sa surprise et à celle de Hitler, Speer se vit de surcroît décerner un Grand Prix pour la maquette du site de Nuremberg.

Durant toutes ces années, Speer avait travaillé en tant qu'architecte libéral. Bien qu'aidé par des collaborateurs de plus en plus nombreux, il était comme abasourdi par l'incessante succession de commandes, de voyages et de travaux administratifs, et restait « sans parler, muet d'épuisement », lorsqu'il rentrait chez lui tard le soir[34]. Pour les commandes officielles d'Etat et du parti, il avait dès le début renoncé à ses honoraires d'architecte, ce qui le mettait dans une situation financière de plus en plus difficile. Il fallut que, vers la fin de 1935, Göring lui dise avec sa cupidité joviale, « Bêtises que leurs idéaux ! L'argent, voilà à quoi vous devez penser ! » pour qu'il accepte des honoraires de trente mille marks pour les travaux déjà effectués, et un contrat lui assurant à l'avenir quarante mille marks par an. Lorsqu'il se fit construire à la même époque sur les bords du lac de Schlachtensee une maison qu'il avait dessinée lui-même et dont les modestes cent vingt-cinq mètres carrés s'opposaient avec défi au délire ostentatoire des autres dignitaires du régime, il ne put réunir les soixante-dix mille marks nécessaires que grâce à une hypothèque prise par son père. Speer tenait à ces « détails », ne serait-ce que pour se distinguer des comparses habituels de Hitler. Il fut également nommé professeur, mais il n'en fit jamais état, ne se servit jamais de ce titre et ne se fit même pas faire du papier à en-tête indiquant son nouveau statut universitaire. Cela ne signifiait rien pour lui, disait-il non sans arrogance ; ce titre était devenu trop commun, il avait même été décerné au photographe de Hitler, Heinrich Hoffmann[35].

Au printemps 1936, lors de l'inspection d'un tronçon d'autoroute, Hitler dit soudain à Speer : « J'ai encore une commande à passer, la plus importante de toutes[36]. » Il n'en dit pas davantage ce jour-là, mais il n'était pas difficile de deviner qu'il s'agissait de la reconstruction de la capitale du Reich. A maintes reprises, lorsqu'il était question du nouveau rôle historique dévolu à la ville, le dictateur avait déclaré en substance que Berlin n'était pas une métropole digne de ce nom ; à l'exception de quelques quartiers prestigieux, ce n'était « qu'un amas anarchique de maisons » : une grande ville, sans doute, mais pas une véritable capitale comme Paris ou Vienne[37].

Quelques mois seulement après la prise du pouvoir, Hitler avait exposé les grandes lignes de son projet. Depuis des années, une querelle opposait la municipalité à l'administration des chemins de fer qui souhaitait établir une liaison entre trois grandes gares de Berlin. Lorsque ce problème fut examiné, Hitler avait profité de l'occasion pour parler des transports de l'avenir — et pour aborder du même coup ses propres intentions concernant la ville. Dans une lettre de remerciements, le commissaire d'Etat compétent et futur maire de Berlin Julius Lippert salua les « fantastiques projets du Führer concernant la transformation de Berlin », ajoutant qu'ils étaient propres à « donner à la capitale du Reich... le visage d'une grande et noble métropole[38] ». Mais quand les profondes modifications de la structure de la ville qu'exigeaient les plans de Hitler se précisèrent au fil des années, et qu'il apparut de surcroît que Berlin devrait supporter une partie importante du coût vertigineux de ces travaux, Lippert opposa à ces projets une résistance muette mais opiniâtre. Avec toute l'assurance d'un vieux membre du parti et l'habileté tactique d'un homme qui avait été des années durant rédacteur en chef de *Der Angriff*, le journal de Goebbels, il retarda leur exécution par d'incessantes lenteurs administratives, par des devis effrayants, et en soulevant sans cesse de nouveaux obstacles juridiques ou techniques. De toute évidence, les projets de Hitler lui semblaient dépasser de loin ce que le tissu urbain de Berlin pouvait tolérer. Un exemple : lorqu'on lui soumit des plans prévoyant pour le nouveau quartier gouvernemental un axe central d'au moins cent vingt mètres de large, il présenta un contre-projet dans lequel cette grande avenue n'avait plus que cent mètres de large. Hitler s'obstina et lui fit savoir qu'il voulait une avenue deux fois et demie plus longue que les Champs-Elysées, et plus large d'au moins vingt mètres, mais Lippert, nullement impressionné, présenta un deuxième projet prévoyant de nouveau une largeur ne dépassant pas cent mètres.

Le grand projet de Hitler semblait de plus en plus se perdre dans le labyrinthe de l'Administration, tandis que le dictateur réagissait à ces retards et à ces manœuvres avec une irritation croissante. Au début, il se contenta de qualifier Lippert de « mesquin, » d'homme « incapable d'administrer une métropole, et encore plus incapable de comprendre le rôle historique qui incomberait à cette métropole ». Puis la seule mention de son nom ne tarda pas à le mettre hors de lui. Lors d'une de ses explosions de colère caractéristiques, il déclara que le maire de Berlin était « un incapable, un idiot, un raté, une nullité ». Il est possible qu'il tarda tant à retirer à Lippert et aux services municipaux de l'architecture la responsabilité de la planification du nouveau Berlin pour l'unique raison qu'il ne savait trop à qui confier cette tâche historique. Troost, qu'il continua longtemps à appeler « le plus grand architecte de notre temps » et le « maître de l'avenir », était mort, et, comme il le déclara un jour avec une réserve surprenante, « il n'était pas encore certain... que l'architecte Speer fût à la hauteur de la tâche[39] ». Mais un jour de l'été 1936, son impatience balaya tous ses doutes. Il convoqua Speer et lui confia sans autre forme de procès la planification générale de la capitale du Reich. « Il n'y a rien à faire avec cette ville de Berlin », lui dit-il avec irritation. « A partir d'aujourd'hui, c'est vous qui travaillez sur le projet... Quand vous aurez quelque chose de prêt, montrez-le moi. Vous savez que pour ça j'ai toujours le temps[40]. »

La confirmation officielle ne tarda pas. Le 30 janvier 1937, donc de nouveau pour l'anniversaire de la prise du pouvoir, Speer fut nommé sur ordre du Führer « inspecteur général de la Construction chargé de la transformation de la capitale du Reich », avec rang de secrétaire d'Etat. Il disposait de pouvoirs exceptionnels. Aucune administration du Reich, pas plus qu'une quelconque instance du parti, et encore bien moins la municipalité de Berlin, n'étaient autorisés à lui donner des directives ; comme pour souligner encore plus son statut privilégié, il était expressément dégagé de l'obligation de soumettre ses plans aux autorités compétentes. Par contre, tout plan ou projet touchant à sa sphère d'activité devait lui être soumis pour autorisation. Ses pouvoirs étaient à proprement parler dictatoriaux, et lui-même relevait de la seule autorité de Hitler. Détail curieux, bien qu'il fût secrétaire d'Etat et donc membre de fait du gouvernement, Speer continuait à diriger son bureau privé de la Lindenallee. Pour sanctionner légalement cette « impossibilité », son service ne fut pas considéré comme une administration, mais comme un institut de recherche indépendant dirigé par un secrétaire d'Etat. Lorsque Hitler lui remit l'acte portant sa nomination au cours d'une cérémonie réduite à l'essentiel, il se contenta de lui dire : « Faites du bon travail[41]. »

C'était davantage qu'une simple étape dans l'ascension de Speer, mais déjà presque le sommet. A l'âge de trente et un ans, il se voyait promu à une position analogue à celle qu'occupait un peu plus d'un siècle auparavant Karl Friedrich Schinkel, architecte en chef du roi de Prusse Frédéric-Guillaume III, et décorateur de génie. Au cours de ses interminables monologues, Hitler se plaisait à voir son règne comme la réconciliation finale entre l'art et la politique ; il était l'héritier de Périclès, et les autoroutes étaient son Parthénon[42]. Depuis qu'il avait été nommé *Generalbauinspektor* (GBI, « Inspecteur général des bâtiments »), Speer affectionnait lui aussi de tels parallèles et rêvait de « devenir un deuxième Schinkel ». Il lui arrivait même de se persuader que, grâce aux pouvoirs quasi illimités dont il disposait et à la passion de Hitler pour l'architecture, il dépasserait son grand prédécesseur, éternellement en conflit avec un roi grincheux et économe.

A d'autres moments, il se sentait « comme écrasé » par une tâche dont l'énormité lui apparaissait soudain : concepteur du monde de demain, décorateur en chef et maître architecte du Reich. Il passait de la dépression à l'exaltation. Tout le monde essayait de le persuader qu'il contruisait pour les « millénaires » à venir, mais, précise-t-il, son scepticisme inné l'avait empêché de prendre ces assurances au sérieux. Speer n'en était pas moins contaminé par la fièvre de l'époque et était convaincu qu'il aurait un jour sa place dans l'histoire de l'art[43].

III

GERMANIA, CAPITALE DU MONDE

Quelques jours après la promotion de Speer, Hitler décréta que le bâtiment de l'*Akademie der Künste* (Académie des beaux-arts), sur la Pariserplatz, qui relevait jusqu'alors du ministère de l'Education, abriterait désormais les services du *Generalbauinspektor*. Le palais du comte von Arnim-Boitzenburg, érigé au XVIIIe siècle, avait conservé la noblesse austère du classicisme prussien en dépit de modifications entreprises au milieu du XIXe. Il avait en outre l'avantage d'être facilement accessible, car il n'était séparé de la chancellerie du Reich que par les jardins dits des Ministères. Les années suivantes, Hitler s'y rendit fréquemment, parfois presque tous les jours, généralement après la tombée de la nuit. Penchés au-dessus des tables à dessin, entourés de nombreux plans et esquisses souvent dessinées par Hitler lui-même, Speer et ce dernier passaient de longues heures à rêver de la future Berlin. Avantage supplémentaire, l'édifice se trouvait à proximité immédiate des services de Fritz Todt, inspecteur général des routes du Reich, dont les autoroutes devaient être un des fleurons de l'« œuvre d'art totale » que serait l'Allemagne, et qui avaient aux yeux de Hitler presque autant d'importance que ses projets architecturaux.

Conscient d'être dans les bonnes grâces de Hitler, et jouissant maintenant d'un statut officiellement reconnu, Speer témoigna d'une résolution et d'une efficacité croissantes. Nombre de dignitaires du régime, qui respectaient sans doute le « favori du Führer » mais le considéraient comme un « artiste » sans poids politique ne méritant pas d'être pris au sérieux, eurent alors un avant-goût de l'indomptable volonté de puissance qui sommeillait en cet homme effacé, d'un abord presque timide. Moins d'un an et demi après la nomination de Speer, l'Office central de planification du GBI employait quatre-vingt-sept personnes, et les services dits d'exécution, le double. Speer témoignait déjà du don, souvent remarqué par la suite, de s'entourer de collaborateurs jeunes et talentueux, qu'ils eussent ou non la carte du parti, et d'en faire une équipe soudée par un puissant esprit de corps. A la tête des trois services principaux qu'il avait créés, il plaça des hommes aussi compétents que dignes de confiance : le Bureau principal, responsable du budget, était dirigé par le spécialiste de la finance Karl Maria Hettlage, et la Direction générale des travaux, par Welter Brugmann, dont Speer avait fait la connaissance à Nuremberg ; pour l'Office central de planification, le plus important à ses yeux, Speer engagea, aux côtés de Hans Stephan, deux vieux amis avec lesquels il était lié depuis l'Université, Rudolf Wolters et Willy Schelkes.

Les conditions obtenues par Speer, du moins pour lui-même et ses principaux collaborateurs, furent également très remarquées. Hitler lui avait dit de régler les « détails » avec le secrétaire général de la chancellerie, Hans Heinrich Lammers. Faisant valoir que les édifices voulus par le Führer devaient « exprimer l'essence du mouvement pour les millénaires à venir » et constituer des témoignages uniques d'une grande époque[1], Speer exigea les meilleurs hommes et les traitements les plus élevés. Pour lui-même, il demanda un salaire égal à celui du maire de la capitale (« car le résultat de mon travail sera pour Berlin d'une valeur non moindre »), plus des indemnités de représentation appropriées, une voiture de fonction ainsi que quelques autres avantages. Toutes ses exigences furent satisfaites, à l'exception d'une rente qui serait versée aux membres survivants de sa famille au cas où il disparaîtrait prématurément, car cela soulevait des problèmes juridiques trop compliqués[2].

Inéluctablement, ses nouvelles fonctions l'attirèrent davantage dans les rouages de la politique qu'il ne l'aurait voulu. Conscient de n'être subordonné qu'au seul Hitler, il ne s'était jusqu'alors guère préoccupé des nombreux dignitaires du parti qui croisaient son chemin, tandis que la bienveilllance affichée de Hitler à son égard empêchait ceux-ci d'exprimer leur déplaisir face à l'indifférence parfois blessante de Speer. Maintenant, il ne pouvait plus feindre de les ignorer. Les gauleiters, secrétaires d'Etat et même le maire de Berlin, Julius Lippert, qu'il avait jusqu'alors considérés comme des entités anonymes, devinrent du jour au lendemain des adversaires contre lesquels il devait se battre pour obtenir satisfaction. A son corps défendant, cela l'amena à conclure diverses alliances tactiques qui le tirèrent encore plus de sa réserve. Son comportement était dicté par les événements ; il ne choisissait pas vraiment ses alliés, mais était bien obligé de ménager l'entourage immédiat de Hitler. Il améliora ses relations avec le chef du service de presse du Reich, Otto Dietrich, qui pouvait lui être utile à maints égards, avec le massif aide de camp de Hitler, Wilhelm Brückner, et avec le médecin attaché au service de Hitler, Karl Brandt, avec lequel il ne tarda pas à se lier d'amitié. Il n'éprouvait une réelle aversion que pour Martin Bormann, déjà devenu le personnage le plus puissant de la « cour », et celui-ci le lui rendait bien.

A l'en croire, Hitler avait commencé à concevoir des plans d'une nouvelle Berlin « impériale » dès les insouciantes années viennoises[3]. Les témoignages d'Ernst Hanfstaengel ou de Heinrich Hoffmann sont un peu plus précis et dignes de foi ; selon eux, au début des années 20, Hitler s'exerçait à dessiner les plans d'édifices officiels généralement gigantesques[4]. Les premiers témoignages concrets ne datent cependant que du début de son incarcération à la prison de Landsberg. Le revers cuisant subi par Hitler suite à l'échec du putsch du 9 novembre 1923 l'incita plus que jamais à se réfugier dans de grandioses mondes de substitution. Avec la foi aveugle en sa mission qui fut toujours un des moteurs de ses succès, il raconta des années plus tard, en se remémorant ces années de misère au faîte de sa gloire : « Mais en imagination, je vivais dans des palais[5]. » Dès cette époque, comme en témoignent un carnet de croquis qui a été conservé ainsi que de nombreux dessins, il concevait non seulement des mises en scène de défilés, mais aussi des tribunes, des décors de drapeaux et des bâtiments fortifiés, des colonnades et des édifices de prestige pour Nuremberg, Berlin ou Munich. Pendant son incarcération à Landsberg ou peu après, il esquissa sur un petit carton une gigantesque salle de réunions à coupole et un arc de triomphe. Peu après que Speer eut été chargé de la planification de la capitale du Reich, il le lui remit avec ces mots : « J'ai fait ces dessins-là il y a dix ans. Je les ai toujours conservés, car je n'ai jamais douté de pouvoir les réaliser un jour. Aussi allons-nous maintenant passer à la réalisation[6]. »

Tout au long de ces années d'impatience, d'attente et de préparation au combat, l'architecture resta une des principales passions de Hitler. En juillet 1926, Goebbels raconte dans son Journal une visite à l'Obersalzberg pendant laquelle Hitler gagna définitivement à sa cause le jeune démagogue qui appartenait à l'aile gauche du parti : « Il parle du futur visage architectural du pays comme un vrai maître d'œuvre. En même temps, il esquisse une nouvelle Constitution allemande — et devient un véritable artiste de l'Etat[7] ! » A cette époque où l'objectif qu'il s'était fixé était encore lointain, Hitler était déjà résolu, après une prise du pouvoir dont il ne douta jamais, à donner un nouveau visage au pays et à ses villes. Dans un discours prononcé en avril 1929, il en exposa les mobiles politiques et psychologiques : « Seule une profonde transformation de la pensée et de la façon de sentir, de l'idée et de la conception de l'Etat » pourra préserver le pays, déclara-t-il, en ajoutant : « Nous ne saurions imaginer un Troisième Reich qui ne posséderait que des entrepôts et des usines... que des gratte-ciel et des hôtels ; nous sommes sincèrement convaincus que ce Troisième Reich devra présenter des témoignages d'art et de culture capables de résister aux millénaires... En voyant les villes de l'Antiquité, l'Acropole, le Parthénon, le Colisée, en voyant les villes du Moyen Age et leurs immenses cathédrales..., nous comprenons que les hommes ont besoin d'un tel point focal pour ne pas se désintégrer[8]. »

La nuit même du 30 janvier 1933, lorsque les clameurs enthousiastes se furent tues et que la foule se fut dispersée, Hitler était revenu sur ce thème. En présence de quelques fidèles réunis à la chancellerie, il se lança jusqu'au petit matin dans un de ses interminables monologues, rappelant les longs efforts et les innombrables combats qu'il avait livrés, jusqu'à la victoire finale, et brossa un sombre tableau de ce que l'Allemagne serait devenue sans son intervention providentielle. A ces considération eschatologiques se mêlaient de grandioses visions architecturales : en tout premier lieu, déclara-t-il, il reconstruirait la chancellerie, ce bâtiment « indigne » qui ressemblait à « une boîte de cigares[9] ».

Au début, sa vision de la future capitale du Reich se limitait à quelques édifices gigantesques, sans conception d'ensemble. La nomination de Speer lui offrait une occasion unique d'élaborer pour Berlin un véritable projet urbanistique. Grâce à ses pouvoirs étendus, le GBI pouvait contourner les obstacles administratifs et ignorer les intérêts particuliers et les querelles de clocher. Le plan d'urbanisation qu'il soumit dès le début de l'année suivante ne se limitait nullement à la reconstruction des quartiers regroupant les édifices gouvernementaux et de prestige, à laquelle Hitler tenait tout particulièrement, mais prévoyait une restructuration en profondeur des quartiers commerçants et résidentiels, voirie comprise. La trop grande liberté dont Speer jouissait recelait cependant le danger de tomber dans des solutions « mécanistes », d'autant plus qu'il travaillait pour le compte d'un despote partisan de solutions uniformes, et qui ne tolérait pas la contradiction.

A l'entrée en fonctions de Speer, Hitler avait déjà une idée approximative de ce qu'il voulait, idée que les deux hommes allaient développer en étroite collaboration. Comme Nuremberg, Berlin devait être pourvue d'un axe central, grande avenue se prêtant aux défilés, dont la longueur atteindrait en l'occurrence cinq kilomètres. Le schéma directeur de la partie de la ville s'étendant au sud du Reichstag n'autorisait que des parcelles d'au moins cinq cents mètres de long, ce qui produisit ces interminables alignements de bâtiments qui apparaîtraient sur les premiers plans. Il s'agissait en majeure partie de bâtiments officiels abritant des services gouvernementaux ou du parti, plus quelques grandes sociétés, hôtels de luxe ou institutions scientifiques. Entre ces ensembles étaient répartis les édifices dits culturels : opéra, salle du philharmonique, théâtres, ainsi qu'un « grand cinéma » de six mille places, un théâtre de variétés et d'opérettes, et quelques établissements de bains.

Avant même l'entrée en scène de Speer, Hitler avait déjà prévu les deux édifices spectaculaires qui seraient placés aux deux extrémités de la grande avenue : la salle de réunions, ou hall à coupole, et l'arc de triomphe. Le « hall », surmonté d'un dôme de deux cent vingt mètres de haut, était situé au centre de l'ancien quartier des Ministères, non loin du Reichstag, et pouvait accueillir cent quatre-vingt mille personnes. Sur trois côtés, son image serait renvoyée par de vastes plans d'eau, ce qui accroîtrait encore l'impression de grandeur et de majesté féerique. La place sur laquelle donnait le quatrième côté pourrait accueillir un million de personnes à l'occasion du 1er Mai, des fêtes nationales et des célébrations de victoires à venir. Dès cette époque, Speer se révéla capable de tenir tête à Hitler, ou du moins de le convaincre de la justesse de ses arguments. L'esquisse de Hitler présentait un bloc massif surmonté d'une coupole plus large que haute, fortement inspirée par le Panthéon de Rome. Speer réduisit considérablement la hauteur du socle cubique, ajouta des tours aux quatre coins, surmonta l'ensemble d'une hardie coupole parabolique, et plaça de surcroît sur la façade principale deux statues de quinze mètres de haut portant respectivement un globe terrestre et le symbole du ciel. Il signa son projet de trois étoiles, pour signifier qu'il n'en était pas l'auteur, et alla jusqu'à ignorer les exhortations de Hitler qui tenait à ce qu'il y mît son nom.

A l'extrémité sud du grand axe, non loin de l'esplanade de Tempelhof, Hitler avait placé un arc de triomphe de cent vingts mètres de haut, complété par une colonnade. Sur les plans, il est désigné, avec une discrétion inhabituelle, sous le nom de « bâtiment T ». Son volume approchait de deux millions et demi de mètres cubes — presque cinquante fois plus que l'Arc de triomphe de Paris, qu'il visait manifestement à surpasser. Ses murs devaient porter les noms de tous les soldats tombés pendant la Première Guerre mondiale, leur assurant ainsi une « deuxième vie ». A proximité s'élèverait la « Soldatenhalle », version démesurée de la *Neue Wache* (« nouvelle garde ») de Schinkel, sous laquelle était creusée dans le sol une crypte revêtue de blocs de granit brut et éclairée par des flammes brûlant dans d'énormes coupes, destinée à accueillir les cercueils de tous les maréchaux allemands du passé et de l'avenir.

Le « palais du Führer » que Speer projetait d'édifier à l'autre extrémité de la grande avenue, non loin de la Coupole, poussait le gigantisme encore plus loin. C'était une sorte de forteresse au lourd soubassement rustique, sur le modèle du palais Pitti de Florence. En guise de fenêtres, la façade présentait deux longues colonnades, des volets coulissants à l'épreuve des balles et un massif portail en acier. Un jour où il était d'humeur à dramatiser, Hitler se représentait, en cas d'émeutes, des formations de blindés tenant toute la largeur de la grande avenue ; personne ne pourrait leur résister, proclamait-il avec véhémence. Le hall d'entrée donnait sur une succession de salles de réception et de galeries en enfilade, aboutissant à une salle d'apparat pour plusieurs milliers de personnes. Il y avait également huit salons couvrant une superficie totale de quinze mille mètres carrés et un théâtre de près de mille places. Le « couloir des diplomates » donnant accès au bureau de Hitler faisait plus de cinq cents mètres de long. Le gigantisme de l'ensemble exprimait une arrogance sans pareille, comme l'illustre le seul fait que le « Führerpalast » était cent cinquante fois plus grand que les appartements de Bismarck où Hitler s'était installé au lendemain de son accession au pouvoir.

C'était un rêve fou et absurde, d'autant plus contraire à la structure et à la formation historique de Berlin que l'unique fonction de ces édifices monumentaux était une autoglorification effrénée. Dans un premier stade était prévue la démolition de quelque cinquante mille logements et locaux commerciaux du centre de la ville. En dépit du dévouement de Julius Lippert et de ses subordonnés à la cause de Hitler, leur résistance sourde montrait qu'ils étaient conscients du profond bouleversement du tissu urbain qu'entraîneraient ces projets. La nomination de Speer mit fin à cette opposition importune. En effet, le nouveau chef de la planification urbaine épousait avec enthousiasme toutes les « inspirations » de Hitler, en les modifiant parfois pour des considérations techniques. Dans bien des domaines, il allait encore plus loin que le dictateur qu'il admirait tant et dont il s'était approprié le discours architectural grandiose et menaçant à la fois [10]. Leur folie des grandeurs de potentats architecturaux pouvant pratiquer selon leur bon plaisir la politique de la table rase finit par aboutir à une réorganisation totale de Berlin, alliant quelques inspirations heureuses à une absurdité totale.

Leur grand projet partait de considérations en soi pertinentes : pour des raisons tant géologiques qu'historiques, Berlin possédait un axe en gros orienté est-ouest, mais non une percée correspondante dans le sens nord-sud. Plus d'un siècle auparavant, Karl Friedrich Schinkel avait tenté d'y remédier, et une étude réalisée au cours des années 20 était inspirée de son projet [11]. Depuis lors, toutes les études urbanistiques concernant Berlin avaient repris l'idée d'un axe nord-sud, compte tenu notamment des difficultés de circulation de plus en plus insolubles. Un élément central de ces projets était la suppression des nombreuses voies ferrées pénétrant jusqu'au cœur de la ville ; la superficie que cette mesure permettrait de récupérer dépassait un million de mètres carrés.

Speer et son équipe s'attaquèrent à ce projet souvent discuté mais jamais réalisé. La « grande avenue » qui percerait la ville de part en part, non seulement servirait à des fins de prestige, mais permettrait de réorganiser, de « redessiner » la ville entière. Grâce aux deux axes principaux se croisant un peu à l'ouest de la Porte de Brandebourg, Berlin serait divisée en quatre sections, tandis qu'un réseau de voies radiales et périphériques éviterait la paralysie qui menaçait la ville.

Juste derrière la majestueuse succession des bâtiments officiels et autres édifices de prestige se situeraient de vastes quartiers commerciaux, aux bâtiments de moins en moins hauts, qui eux-mêmes se fondraient dans des zones résidentielles aux immeubles relativement bas, et ainsi de suite jusqu'aux quartiers de villas de la périphérie. Or, tandis que l'Inspecteur général des bâtiments considérait cette transformation en profondeur de la ville, Hitler, lui, ne s'intéressait réellement qu'au jouet géant que constituaient les édifices de prestige, la « grande avenue » et les imposants blocs d'immeubles qui la bordaient, dont la conception d'ensemble avait été confiée à Rudolf Wolters [12].

Il s'agissait en dernière analyse de deux concepts différents qui se déroulaient parallèlement sans jamais se rencontrer. Contrairement à Hitler, Speer et ses collaborateurs se considéraient de plus en plus comme les héritiers du baron Haussmann qui donna à Paris son visage moderne au milieu du XIXe siècle. Partant des exigences structurelles d'une grande ville, ils se laissèrent emporter au fur et à mesure par la liberté de planification dont ils jouissaient, et envisagèrent de modifier radicalement le tissu urbain de Berlin, jusqu'au périphérique autoroutier qui l'entourait et parfois même au-delà. Le trafic ferroviaire devait par exemple être concentré dans deux gigantesques gares situées au nord et au sud de la ville, et reliées par un réseau souterrain à grande vitesse, tandis que des aéroports seraient implantés aux quatre extrémités des grands axes nord-sud et est-ouest.

Leurs interventions ne se limitaient pas, loin de là, à tenter de régler les problèmes de transports que poserait une métropole de près de dix millions d'habitants, selon leurs projections. Les planificateurs envisageaient également de réhabiliter les zones résidentielles construites à la hâte pour répondre aux besoins de l'industrialisation, et qui étaient souvent fort délabrées, de ponctuer la ville d'espaces verts et de créer de nouveaux centres d'intérêt, par exemple un quartier universitaire à l'extrémité ouest de l'axe est-ouest. Compte tenu du tracé souvent tortueux des rues existantes, un axe transversal devait relier la Heerstrasse à l'avenue Unter den Linden, en passant par une « colonne de la victoire » érigée près du Tiergarten. Pour le prolonger encore plus vers l'est, plusieurs variantes étaient à l'étude. Ils songeaient également à ajouter aux musées de l'île de la Spree au moins trois bâtiments nouveaux, et à construire au nord du quartier universitaire un grand centre médical réunissant des instituts de recherche, des cliniques et hôpitaux, et des laboratoires. De part et d'autre du périphérique, de vastes espaces de loisirs devaient voir le jour. Dans la foulée, l'on commença également à abattre les forêts de pins entourant Berlin pour reconstituer, à l'aide de dizaines de milliers de plants, la forêt mixte que Frédéric le Grand avait fait abattre pour financer les guerres de Silésie. Sur le modèle du bois de Boulogne de Paris, le Grunewald situé à l'ouest de la ville devait être pourvu de larges allées, de restaurants, de centres d'équitation et de jardins de sculptures.

Ces projets furent d'abord chaleureusement approuvés par Hitler, comme toujours partisan de solutions radicales, mais il ne tarda pas à revenir à son obsession, la Grande Avenue avec ses places et ses édifices de prestige, se concentrant souvent sur des détails tels que des façades isolées ou des frises décoratives. Seul le monumental l'intéressait réellement. Chaque fois qu'il venait de la chancellerie par le sentier spécialement aménagé conduisant à la petite porte percée dans la façade arrière de l'Académie, qui donnait directement accès au bureau de Speer, il se faisait d'abord montrer les plans d'ensemble, donnait son accord de principe, puis revenait à sa marotte. Ce qui l'intéressait vraiment, c'étaient les édifices, prenant progressivement forme sur la planche à dessin, qui devaient ponctuer la grande avenue au sud du croisement des deux grands axes. L'avenue ne réglait pas pour autant les problèmes de la circulation, au point qu'il fallut envisager de créer une voie de dégagement parallèle.

Berlin deviendrait « un jour la capitale du monde », aimait à répéter Hitler, se grisant de l'image du visiteur venu non seulement des diverses provinces allemandes mais aussi des quatre coins du monde, sortant de la gare du Sud pour découvrir avec émerveillement l'immense alignement de mille mètres de long orné de socles en granit portant des trophées guerriers, inspiré de l'allée des sphinx reliant Louxor à Karnak, avant d'être « écrasé de stupeur » par la majestueuse succession de bâtiments s'étendant devant lui. Le jour où Speer lui présenta, dans une des salles d'exposition de l'Académie, une maquette de trente mètres de long de la Grande Avenue, représentant à l'échelle le moindre détail architectural (elle avait été réalisée par des ébénistes d'art), Hitler ne se tint plus de joie et passa de longues heures à contempler la perspective imaginaire. La maquette était divisée en sections posées sur des tables à roulettes qu'il était possible de déplacer pour examiner telle ou telle partie de l'avenue sous tous les angles. De petits projecteurs réglables permettaient de juger de l'effet selon la hauteur du soleil dans le ciel. La maquette étant présentée à hauteur de taille, Hitler et les nombreux invités qu'il amenait devaient se courber en deux, s'agenouiller même, pour tenter de voir l'avenue et les monuments selon la perspective qu'en aurait un piéton [13].

Il ne fallait pas moins que ces édifices, ces places et colonnades, proclama Hitler un jour, pour que la nouvelle Berlin puisse « éclipser son unique rivale au monde, Rome » et réduire à l'échelle « de jouets Saint-Pierre et son parvis [14] ». Dans *Mein Kampf*, il envisageait déjà de faire de Berlin une des métropoles les plus prestigieuses de l'Histoire car, ajoutait-il en substance, un peuple ne peut trouver la force nécessaire pour dominer le monde que s'il se dote d'un centre « possédant la magie de La Mecque ou de Rome ». Revenant une fois de plus à son idée fixe de l'irrésistible pouvoir d'envoûtement des grands monuments, il déclara à une autre occasion que la coupole du Grand Dôme, du balcon duquel il s'adresserait aux peuples du Reich pangermanique pour dicter sa loi à un monde tombant en poussière, valait « davantage que trois guerres victorieuses ». De même, l'arc de triomphe devait extirper « une fois pour toutes de l'esprit du peuple l'idée pernicieuse... que l'Allemagne avait perdu la guerre mondiale ». Quant au « palais du Führer », quiconque y pénétrait devait « avoir l'impression... d'être en visite chez le maître du monde ». Ce genre de considérations psychologiques, issues du rêve d'omnipotence de Hitler, entrait également en ligne de compte lorsque, au début de l'été 1939, en montrant le sommet de la coupole qui se dressait à près de trois cents mètres du sol, il dit à Speer : « Il faut changer cela. Ce n'est plus la croix gammée que l'aigle doit tenir, mais le globe terrestre. Pour couronner le plus grand édifice du monde, il ne peut y avoir que l'aigle dominant le globe[15]. »

Ce leitmotiv idéologique, qui était à la base de tout le concept architectural, contribua davantage à l'oppressante uniformité de la nouvelle Berlin que ses dimensions uniformément colossales. La volonté d'assujettissement dont ces édifices témoignaient si visiblement les condamnait en tant qu'architecture. D'ailleurs, l'ambition de dépasser tous les critères traditionnels n'était pas seulement le fait de Hitler ou de Speer ; elle était due plus généralement à l'esprit du temps qui aspirait à atteindre, voire à dépasser, les ultimes limites, intellectuellement comme techniquement. L'architecture de verre visionnaire de Bruno Taut, le projet de gratte-ciel conçu par Mies van der Rohe pour la Friedrichstrasse de Berlin, les villes nouvelles de Le Corbusier ou le palais Lénine de Boris M. Iofan ainsi que ses plans d'urbanisme pour Moscou, témoignaient de la même arrogance que les gratte-ciel de New York ou de Chicago, rivalisant de hauteur, à cela près qu'il ne s'agissait pas en l'occurrence d'une volonté effrénée de domination mondiale, mais en général d'une utopie sociale mise au goût du jour. Il ne faut pas oublier qu'une partie de ces fantasmes architecturaux n'était que l'expression d'une idée qui n'exigeait pas nécessairement d'être concrétisée — rêves ou manifestes prenant la forme d'improvisations grandioses et puériles à la fois. Par contraste, Hitler démontra une fois encore qu'il était toujours prêt à prendre à la lettre les idées les plus délirantes et à les transposer dans la réalité avec une audace qui ne reculait devant rien — tendance qui, dans d'autres domaines, marqua à jamais la mémoire du monde.

En soi, le reproche de « gigantomanie » souvent fait à cette architecture n'est pas réellement pertinent. D'autres que Hitler cherchaient à provoquer le même effet de stupéfaction incrédule. L'époque elle-même l'incitait à frapper l'imaginaire du monde — et le sien — par des édifices cyclopéens. Hitler et Speer trouvèrent également une source d'inspiration dans l'architecture révolutionnaire française ; Claude-Nicolas Ledoux et Etienne-Louis Boullée, notamment, avaient été redécouverts récemment ; Speer, en tout cas, s'en inspira à divers égards. Le format architectural gigantesque qu'ils adoptèrent doit être attribué, non seulement au désir du dictateur de ponctuer le sévère paysage urbain berlinois de monuments colossaux, mais aussi au fait qu'il trouva en la personne de Speer un complice qui cherchait à l'éblouir.

Impressionner son maître : tel était le principal mobile qui poussa Speer à donner dès le début une telle échelle à ses projets. A l'en croire, il n'était nullement contaminé par la volonté de domination psychologique et politique de Hitler, il n'avait pas « l'âme abîmée ». Peut-être est-il exact, comme il le dit par ailleurs, qu'il ait par moments tourné en dérision la « folie des records » de Hitler. Ces réserves ne changent rien, cependant, au fait qu'il y participa avec empressement. A l'époque, affirme-t-il, il était « comme enivré par les tâches immenses et les projets, par le travail et le triomphe » ; et la singulière fureur qui s'emparait de lui devant la planche à dessin allait si loin que, à une occasion, Hitler se déclara « effrayé » par la démesure d'un projet que Speer lui présentait[16].

Dans son admiration sans bornes pour Hitler et ses grands desseins, Speer partageait également les motivations plus profondes du gigantisme architectural du dictateur : par exemple l'immémoriale vanité des pharaons, qui poussait Hitler à vouloir perpétuer son règne au-delà de son existence par nature éphémère en bâtissant des édifices à l'épreuve du temps ; ou encore le puissant effet psychologique qui émanait selon lui de toute grande œuvre architecturale. De même qu'il s'enorgueillissait d'avoir construit à Nuremberg le plus grand stade du monde, il projetait pour Hambourg le gratte-ciel le plus haut, pour Rügen la plus grande piscine d'eau de mer, pour Niederlausitz l'émetteur radio le plus puissant, et prévoyait pour l'Obersalzberg la plus grande baie vitrée escamotable jamais réalisée. A l'occasion, il justifiait ce penchant par l'argument suivant : « Dans mon cas, il ne s'agit pas de folie des grandeurs, mais de la réflexion parfaitement froide et objective que c'est le seul moyen de donner à un peuple la conscience de sa valeur », conscience dont il a besoin pour mener à bien sa tâche historique. Lorsqu'on lui apprit un jour que l'Union soviétique avait l'intention de construire à Moscou, en l'honneur de Lénine, un palais des congrès surmonté d'une coupole encore plus haute, il en fut « extrêmement irrité » et ne se calma que lorsqu'il s'avéra, en définitive, que l'édifice ferait vingt mètres de moins. Pourtant, même pendant la campagne de Russie, il lui arrivait d'en reparler, comme si cette idée le hantait[17].

En matière d'architecture, l'« idéologie » de Hitler pouvait se résumer en deux mots : gigantisme et jamais-vu. C'était la seule catégorie dont il tenait compte ; à part cela, il ne privilégiait aucun style particulier. Contrairement à ce que veut une idée fort répandue, sa préférence n'allait même pas au néoclassicisme, considéré à tort comme le style « totalitaire » par excellence. En dépit de toutes les expériences avant-gardistes de l'époque, le style « classique » dominait depuis le début du siècle l'architecture officielle, et pas seulement en Allemagne. Conformément à ses origines habsbourgeoises, Hitler était en revanche davantage attiré par le baroque impérial et le néobaroque, auxquels il revint d'ailleurs après la mort de Troost. Il est certain, en tout cas, que la simplicité quasi ascétique de la version prussienne du classicisme lui était profondément étrangère et allait à l'encontre de sa nature. Les chimères architecturales qu'il qualifiait de « style de l'éternité » n'étaient rien d'autre qu'une transposition dans la pierre de ses affects : besoin de décors dramatiques, recherche avide et jamais satisfaite de symboles étourdissants, constante volonté d'intimidation.

Il n'oubliait pas pour autant les maximes de Troost, même si celles-ci se concrétisaient par des emprunts au vocabulaire du classicisme tels que frontons, colonnes, plan axial ou entablements, etc. Ce qui séduisait Hitler dans ces principes, c'était la capacité d'adaptation quasi illimitée du classicisme, lequel, au contraire du jeu modernistique de la « nouvelle architecture », était directement accessible aux masses et pouvait, sous ses formes les plus vulgaires, exprimer tout aussi bien la démocratie que le despotisme[18]. En Italie, le classicisme était communément assimilé à la grandeur de la Rome antique, en France à un passé glorieux et à la légitimité démocratique, et à Washington, au pathos républicain des Pères fondateurs. Même Moscou en appréciait la « noblesse », et, après les expériences novatrices de la période post-révolutionnaire, revint à ce classicisme, expression des lois éternelles de l'Histoire. Mais quand Staline, au début des années 40, exprima le souhait de recevoir les conseils de Speer, joignant à son invitation les compliments les plus flatteurs, Hitler, à demi amusé et à demi irrité, lui interdit d'entreprendre ce voyage. Staline, assura-t-il, le fourrerait dans une cage à rats et ne le laisserait pas repartir avant que la nouvelle Moscou ait vu le jour[19].

Malheureusement, les adeptes modernes du classicisme, ici comme ailleurs, ignoraient pratiquement tout de la loi cachée mais fondamentale de toute architecture classique, à savoir le sens des proportions. A y regarder de plus près, les projets concernant Berlin révélaient en outre un goût de l'arabesque, un excès d'ornements et d'accessoires, et une propension à l'enjolivement qui relevaient d'un style et d'une époque totalement différents, style que Speer devait plus tard qualifier, à juste titre, de « néo-empire » — et qui offrait la possibilité, étrangère au classicisme, d'un gigantisme monumental. Pendant la campagne de Russie, alors qu'il croyait déjà tenir la victoire qui assurerait sa domination sur le monde entier, Hitler se prit à imaginer « une bande de Kirghizes auxquels l'on ferait visiter la ville, pour emplir leur âme de la puissance et de la majesté de ses monuments de pierre[20] ».

Non sans présomption, Speer a qualifié le style architectural qu'il pratiquait à l'époque de « dorique ». En réalité, c'était un pot-pourri de formes architecturales anciennes, dont l'origine était moins la Grèce que l'Egypte, Assur ou Ninive. Il rêvait d'être le successeur de Schinkel, mais ses réalisations évoquaient plutôt Cecil B. de Mille[21]. Même rétrospectivement, il n'estimait pas que le hall à coupole ou l'arc de triomphe étaient d'une échelle excessive, tout en reconnaissant que leur décoration pompeuse était extravagante et d'un goût douteux. Il n'en était pas moins conscient que, en dépit de toute sa diversité formelle, le monde qui était sorti de ses mains était étrangement dénué de vie. Il attribuait cet échec à la grisante liberté de planification dont il jouissait, aux moyens quasi illimités dont il disposait, et à son ambition démesurée, qui l'empêchait de se fixer des limites. D'autres facteurs jouaient certainement un rôle : le goût général de l'époque pour les constructions titanesques, et surtout la servilité de Speer à l'égard de « son » dictateur, lequel lui laissait, ainsi qu'à ses autres architectes, une plus grande marge de manœuvre qu'ils n'ont voulu le reconnaître par la suite.

En effet, la plupart des projets n'étaient pas dus à des architectes sélectionnés parmi les membres du parti ni même parmi les tenants d'une architecture « nationale » d'inspiration folklorique. Par principe, Speer et son équipe se limitaient à concevoir la planification générale, et ils faisaient appel à de jeunes architectes connus ou simplement prometteurs pour dresser les plans des divers édifices. Il y avait notamment Paul Bonatz et Wilhelm Kreis, Ernst Sagebiel, le bureau Hentrich und Heuser, Caesar Pinnau, Friedrich Tamms, Werner March et même Peter Behrens. Speer ne tenait compte ni des écoles ni des opinions, et tirait profit de sa position auprès de Hitler pour neutraliser les partisans de plus en plus véhéments d'une « architecture nationale et populaire » ainsi que la surveillance idéologique exercée par Alfred Rosenberg. De plus en plus d'adeptes de la « nouvelle architecture » ainsi que des collaborateurs du Bauhaus (pourtant réprouvé par les nationaux-socialistes) obtenaient des commandes ou des postes, par exemple Hanns Dustmann ou Ernst Neufert, qui n'ignoraient pas les possibilités uniques que leur offrait ce régime passionné d'architecture. Leur influence croissante fit obstacle au courant traditionaliste et « national ». Seul le courageux Tessenow garda ses distances et refusa toute collaboration, malgré des invitations répétées. A l'époque, il avait depuis longtemps perdu sa chaire à l'Académie des beaux-arts, et, faute de trouver trois citoyens pour le parrainer, il ne put être admis à la *Reichskulturkammer* (« chambre culturelle du Reich »), condition indispensable pour pouvoir exercer. Malgré tout, Speer lui demeura fidèle. Dans une lettre au ton respectueux, il s'efforça un jour de justifier son renoncement, du moins partiel, aux conceptions architecturales qu'ils partageaient jadis. Il continua à fréquenter Tessenow jusqu'à la fin, en dépit de l'hostilité générale dont celui-ci faisait l'objet. Grâce à une intervention de Speer, Tessenow finit par retrouver son poste de professeur [22].

Pour Speer, ce furent des années harassantes, interminable succession de réunions avec d'autres architectes, de présentations de maquettes, de calculs de résistance des matériaux et de nombreuses inspections du site, dont le comportement du sous-sol sablonneux fut éprouvé à l'aide de milliers de tonnes de blocs de béton. Pour échapper à cette activité fébrile, et aussi parce qu'il était effrayé par les « crises d'angoisse » de plus en plus fréquentes qu'il ressentait, accompagnées de palpitations cardiaques, de dyspnée et de brusques variations de la tension artérielle [23], il décida de faire en mars 1939, avec quelques amis, un circuit artistique en Sicile et en Italie du Sud. Plus de trois ans auparavant, il avait effectué un voyage similaire en Grèce, dans l'espoir de sortir de la confusion stylistique due aux influences contradictoires de Troost, de Tessenow et de Hitler. En compagnie de sa femme, il avait visité Athènes, Egine, le théâtre d'Epidaure, les sites archéologiques d'Olympie et surtout de Delphes, où il s'efforça de comprendre comment la richesse et l'ostentation avaient corrompu la rigueur et la pureté du style primitif. Il ne parvint pas cependant à déceler en quoi sa propre pratique architecturale évitait ces dangers et différait de l'architecture de l'Antiquité, de la Renaissance ou du néoclassicisme. Pour mieux analyser les édifices du passé, il se fit accompagner cette fois de plusieurs amis connaissant mieux que lui l'histoire de l'art, notamment les sculpteurs Arno Breker et Josef Thorak, l'architecte Wilhelm Kreis qui avait dessiné la « Soldatenhalle » de la grande avenue, Karl Brandt et quelques autres.

Il invita également Magda Goebbels, la femme du ministre de la Propagande, qui lui avait confié peu auparavant combien elle était malheureuse depuis que son mari avait une liaison avec l'actrice tchèque Lida Baarova. La décision d'aider cette femme inconsolable et à bout de nerfs lui fut d'autant plus facile qu'il avait eu récemment de vifs démêlés avec le ministre, que Hitler lui-même dut arbitrer. Speer avait en effet l'intention de créer dans le Grunewald des promenades, des allées cavalières et des courts de tennis, mais Goebbels s'y était opposé, affirmant que ces mesures étaient contraires au caractère « prolétarien » de la ville ouvrière qu'était Berlin, et donneraient à ce bois un caractère « féodal » inapproprié.

La situation se compliqua lorsque l'ancien protecteur de Speer, Karl Hanke, vit dans les problèmes conjugaux des Goebbels une occasion de favoriser sa propre carrière. Toujours est-il qu'il se mit à faire la cour à Magda Goebbels et à l'inonder de lettres passionnées. De fait, il semble que celle-ci ait songé un moment à divorcer pour épouser le modeste et fruste Karl Hanke, d'autant que ce dernier lui avait remis une liste « à la Leporello » énumérant les infidélités de son mari. Pour la tirer d'embarras et l'empêcher de prendre une décision inconsidérée, Speer l'avait convaincue de participer à ce voyage, et de s'opposer à ce que Hanke se joigne à leur groupe.

Ensemble, ils parcoururent la Sicile, visitèrent Syracuse et le temple de Ségeste. En découvrant les ruines imposantes d'Agrigente et de Selinonte, Speer constata « avec une profonde satisfaction » combien les Grecs eux-mêmes avaient renoncé à la mesure et aux proportions « classiques ». A Palerme, en visitant le tombeau de Frédéric II, il décida de proposer à Hitler de faire transférer les restes de l'empereur dans la crypte de la « Soldatenhalle ». Il admira aussi la solitude hautaine de Castel del Monte, mais rien ne l'impressionna autant que Paestum. « Paestum m'a subjugué, devait-il déclarer. C'est là, simplement, grand et évident. » Mais il n'y vit probablement aucune parenté avec ses propres projets, si ce n'est des objectifs qu'il poursuivait « comme dans le noir », sans jamais les atteindre. Il estimait que le monde « dorique » était infiniment supérieur, en dernière analyse, à tout l'héritage architectural de la Renaissance italienne, dont il n'avait d'ailleurs guère pu voir de témoignages dans le sud de la péninsule [24].

Ajoutons, pour la petite histoire, que, peu après le retour des voyageurs, Karl Hanke se mit à presser Hitler de donner son autorisation au divorce des Goebbels et à ses propres projets de mariage. Loin de lui prêter une oreille attentive, Hitler rejeta catégoriquement sa demande, en se référant, pas moins, à la « raison d'Etat ». A la fin d'une représentation de *Tristan* donnée pendant le festival de Bayreuth, il se fit expliquer par Speer les dessous de cette crise conjugale. Sur ce, il convoqua Goebbels et, en présence de Speer, lui intima l'ordre de mettre fin à sa liaison avec Lida Baarova, exigea que les époux se réconcilient, puis quittent Bayreuth sur-le-champ. Goebbels resta longtemps contrarié ; cet épisode demeura, pour citer Speer, « toujours une raison de mésentente entre eux ». Extérieurement, Goebbels cachait toutefois son déplaisir ; peu de temps après ces événements, il dit, non sans faire allusion à son rôle dans cette affaire, que Speer était son « vieux confident [25] ».

Berlin était sans doute le projet de réaménagement urbain le plus radical et le plus démesuré, mais nullement le seul. En octobre 1933, lors de la cérémonie de la pose de la première pierre de la « Maison de l'art allemand » de Munich, Hitler avait déclaré que c'était « le premier grand édifice du nouveau Reich », en précisant que Hambourg et Brême, Leipzig, Cologne, Essen et Chemnitz bénéficieraient également d'une rénovation architecturale tournée vers l'avenir, correspondant à leur importance retrouvée. En faisant cette énumération, il n'avait même pas mentionné l'immense chantier de Nuremberg. A l'occasion du Congrès du parti de l'année suivante, il répara cette lacune, en parlant des « énormes travaux préparatoires » entrepris depuis quelque temps, et ajouta : « Pour toute une série de grandes villes allemandes, des programmes de construction colossaux sont en cours... Compte tenu de leur envergure, ils ne pourront être pleinement appréciés que dans plusieurs décennies. » De telles réalisations ne pouvaient « être créées par magie du jour au lendemain [26] ». En tout, plus de quarante « Führerstädte » devaient être rénovées et parfois complètement transformées [27]. Les interventions ne devaient pas se limiter à une modernisation radicale de la voirie et des infrastructures dans leur ensemble, mais prévoyaient des « forums », centres communautaires réunissant des salles de réunions, champs de parade, édifices culturels, etc., bref, toute l'infrastructure nécessaire à la vie sous un régime totalitaire. Speer accepta d'abord de se charger de cette tâche pour la ville de Heidelberg, avant de se dédire, en expliquant sa décision par le fait qu'il ne pouvait se résoudre à démolir en partie et à transformer foncièrement la ville de sa jeunesse, avec ses vieilles ruelles, ses cafés fréquentés par les étudiants et ses nobles demeures bourgeoises [28].

Le nombre élevé de ces projets exigeait évidemment de faire appel à de nombreux architectes, et chaque nouvelle recrue diminuait d'autant l'influence de Speer. A aucun moment, il n'a été l'« architecte en chef » de Hitler ; sa compétence se limitait à Berlin et Nuremberg. Cette situation correspondait parfaitement au principe « diviser pour régner » qui importait bien plus à Hitler que les éventuels liens tissés par l'amitié. Lorsque Speer, mû par une volonté de puissance qui démentait son attitude « apolitique », voulut outrepasser ses attributions, il se heurta aussitôt à un mur infranchissable, et, après des années de vaines manœuvres, dut renoncer à ses ambitions.

Hermann Giessler, frère du futur gauleiter de Munich, ne tarda pas à devenir un de ses rivaux les plus redoutables. Issu comme Speer d'une famille d'architectes, il avait attiré l'attention par ses plans pour le monastère fortifié de Sonthofen qu'il avait réalisés de son propre chef, par dévouement à la cause du parti. Peu après, grâce d'ailleurs à une intervention de Speer, il fut invité à participer au concours pour le « Gauforum » de Weimar qui devait être construit entre la gare et la vieille ville, et décrocha le premier prix. Cela lui valut d'être présenté à Hitler qui reconnut en cet architecte solide et totalement dévoué, mais sans grande imagination, l'outil idéal pour ses projets.

Giessler fut chargé de la rénovation du célèbre hôtel « Elephant » qui avait joué un rôle important dans la vie littéraire et artistique allemande — Goethe et Schiller y étaient descendus —, mais cela ne dépassait toujours pas le cadre de Weimar. D'autres commandes relativement mineures suivirent, puis il fut chargé de construire un autre de ces forums qui voyaient le jour d'un bout à l'autre du pays, cette fois à

Augsburg, ainsi que l'« Ecole supérieure du parti » sur le lac de Chiemsee. Comme c'était le cas pour Speer, chacun de ses projets fut élaboré en étroite collaboration avec Hitler. Hitler appréciait sans conteste son travail et ne se privait pas de le lui dire, mais leurs relations en restèrent là ; Giessler était trop lourd, trop dénué d'imagination et sans doute aussi trop petit-bourgeois pour intéresser vraiment le Führer. Néanmoins, Speer éprouvait une jalousie de plus en plus vive à l'égard de son concurrent, et, lorsque Hitler nomma celui-ci d'abord « professeur », puis « conseiller architectural général pour la capitale du Mouvement », titre correspondant à celui de Speer lui-même, et le chargea de la planification de Munich, Speer le ressentit comme un affront.

De fait, il avait de bonnes raisons de se sentir humilié, car Munich faisait partie du fief architectural de Paul Ludwig Troost, dont il se considérait comme le successeur. Mais à Munich, comme d'ailleurs à Berlin, les travaux et les études d'urbanisation n'avançaient guère, de sorte que Hitler, estimant qu'il était urgent d'agir, fit appel au serviable et énergique Giessler qu'il pensait être l'homme de la situation. Ce qui alarmait sans doute Speer plus que tout, c'était que son adversaire disposait maintenant d'un portefeuille de commandes presque égal au sien ; quelques mois auparavant, il avait déjà dit à ses collaborateurs qu'il faudrait « tenir ce Giessler à l'œil[29] ».

Dans une lettre qu'il fit parvenir à Hitler, Speer se garda bien d'exposer ces mobiles personnels. Son argumentation était la suivante : compte tenu des nombreux chantiers et projets qui voyaient le jour, il importait de faire respecter un miminum d'unité architecturale, notamment face aux initiatives de certaines autorités locales. De fait, quelques gauleiters et municipalités, rivalisant avec la fièvre architecturale du Führer, s'étaient dotés de leurs propres services de planification urbaine et s'étaient arrogés le droit de commencer les travaux de démolition et d'établir des programmes de construction, ce qui entraînait une situation chaotique. Speer faisait remarquer en outre que ce désordre coûtait des sommes énormes, sans même parler de la pénurie de matériaux qui se faisait déjà sentir au détriment des chantiers de Berlin et de Nuremberg.

Pour toutes ces raisons, Speer recommandait vivement la nomination d'un « mandataire du Führer responsable de l'architecture et de l'urbanisme au sein du NSDAP », poste pour lequel il se considérait évidemment comme l'unique candidat envisageable. Cela lui donnerait un droit de regard et au besoin d'intervention sur tous les projets architecturaux et lui permettrait d'exercer une sorte de « surveillance générale » des architectes ayant reçu des commandes officielles. Speer avait cependant commis une erreur tactique : au lieu d'exposer son projet à Hitler de vive voix, au cours d'un entretien personnel, il avait suivi la voie hiérarchique, avec l'assurance de ceux qui n'ont jamais rencontré d'obstacles.

En agissant de la sorte, Speer faisait intervenir Martin Bormann, le retors secrétaire particulier de Hitler qui venait de commencer son ascension et était en passe de devenir le tout-puissant et incontournable intermédiaire du dictateur. Le massif et fruste Bormann, dans son uniforme de fonctionnaire mal coupé, avait grimpé les échelons un à un, toujours sur ses gardes, toujours obséquieux et calculateur. Bormann n'avait au fond que des ennemis, mais Hitler appréciait sa fiabilité, et Bormann s'accommodait fort bien de l'antipathie générale dont il faisait l'objet, d'autant plus que ceux qui le méprisaient le sous-estimaient. Avec la méfiance innée qui avait facilité son ascension, il s'était rendu compte depuis longtemps que Speer cherchait à se mêler de politique bien plus qu'il ne convenait à un artiste, et devinait en lui un adversaire potentiellement dangereux. Le grossier et inculte Bormann était l'une des rares personnes qui fussent insensibles au charme de Speer, charme qui lui paraissait au contraire confirmer ses pires soupçons. Afin de lutter contre l'influence croissante de Speer, il avait déjà chargé Giessler de superviser l'aménagement de l'Obersalzberg ; il lui demandait maintenant de donner son avis « personnel » sur la proposition de l'Inspecteur général des bâtiments.

Giessler comprit aussitôt que la nomination de Speer au poste de « responsable de l'architecture et de l'urbanisme » le mettrait dans une position de dépendance accrue. Speer lui avait déjà refusé à plusieurs reprises des matériaux de construction qu'il avait demandés et avait réduit les devis de plusieurs de ses projets. Plus que jamais méfiant, Giessler rejeta catégoriquement la proposition de Speer, en réfutant son argumentation « sur des points fondamentaux [30] ».

Bormann n'attendait que ce signal. Intrigant consommé, il n'ignorait pas que l'appétit de pouvoir doit prendre le masque de l'impartialité. Apparemment dénué de parti pris, il fit office de médiateur, conférant avec les uns et avec les autres, faisant valoir des arguments apparemment objectifs en citant à l'occasion telle ou telle remarque du Führer, exprimant des doutes sous forme de questions impersonnelles, sans perdre un instant de vue son objectif, à savoir endiguer l'influence de Speer ; il fit traîner les choses en longueur.

Cela dura des mois. Une première étape fut franchie en 1940, lorsque Hitler chargea Giessler, en plus de ses autres prérogatives, de la restructuration architecturale de Linz, « ma ville d'origine, la ville de mon enfance, et... du soir de ma vie », comme il le déclara à cette occasion. Désireux de faire de cette petite ville de province une « vraie métropole », dotée d'une salle de réunion gigantesque, de tours, d'un grand théâtre et d'un stade, d'une galerie d'art et de « jardins architecturaux », etc., il demanda à Giessler de dessiner en personne, outre les édifices qui l'intéressaient particulièrement, une série d'immeubles d'apparat sur les deux rives du Danube [31].

Pour Giessler, c'était une marque de faveur exceptionnelle ; pour

Speer, ce fut la première défaite majeure — et elle ne passa pas inaperçue. En repensant plus tard à cet épisode, il fit observer que la promotion de Giessler, non seulement provoqua sa jalousie, mais fut à l'origine de la « première crise » dans ses relations avec Hitler, après de longues années d'entente profonde. Jusqu'alors, Speer n'avait connu que des succès et était tellement sûr de lui qu'il ne se rendait même pas compte de l'envie et de l'hostilité que sa position privilégiée suscitait dans l'entourage de Hitler. Pour la première fois, il prit conscience que son pouvoir avait des limites — et le choc fut d'autant plus grand qu'il ne s'en expliquait pas les raisons. Il ne lui était jamais venu à l'idée, affirmera-t-il, que les imprévisibles sautes d'humeur de Hitler, dues à des facteurs émotionnels impénétrables, avaient pu jouer un rôle dans sa soudaine disgrâce [32].

Profondément blessé, il ne tarda pas à capituler. Dans une lettre à Bormann, il déclara qu'il retirait définitivement son mémorandum et renonçait à toute discussion à ce sujet, ajoutant que « bien des choses s'étaient brisées en lui ». Par dépit, il alla encore plus loin, en demandant à Hitler de l'autoriser à démissionner des six fonctions qu'il occupait au sein du parti, et dont certaines lui prenaient trop de temps, ainsi que du poste de responsable des « questions architecturales générales » ; il renonça même à la direction du service « Beauté du travail » qui lui tenait pourtant à cœur. A l'avenir, il voulait se consacrer « aux seuls chantiers dont il avait la charge à Berlin et à Nuremberg ». Sa déception s'accrut sans doute encore lorsque Hitler lui donna aussitôt raison et accepta sans hésiter qu'il renonce à ces fonctions. Quelques semaines plus tard, Speer obtint une certaine compensation, d'ailleurs pas très alléchante : à l'issue de la campagne de Norvège, Hitler lui confia « la planification d'une ville nouvelle de quelque deux cent cinquante mille habitants à proximité de Trondheim », où l'on devait construire « la plus grande base navale allemande », l'ensemble étant rattaché au Reich [33].

Cela ne remplaçait pas Linz, évidemment. Cette défaite continua longtemps à le tracasser, comme en témoigne son attitude lors de l'anniversaire de Hitler, quelques mois après ces événements. Speer était arrivé au quartier général du Führer dans la soirée, afin de pouvoir lui présenter ses vœux de bonheur au premier coup de minuit. Le lendemain matin, il fit remettre à Hitler une pétition, signée par plusieurs architectes et artistes amis pour lui donner plus de poids, alors qu'il s'agissait en fait d'une requête personnelle. Les signataires demandaient à « être autorisés à participer à un concours impartial concernant la reconstruction de la ville de Linz sur le Danube [34] ».

Au cours de ce conflit avec Giessler, Speer avait certainement souffert plus que tout de l'indifférence glaciale de Hitler, qui ne se souciait apparemment pas de la défaite qu'avait essuyée son « protégé ». Il n'est pas exclu que Hitler estimait lui aussi que Speer était monté trop haut en trop peu de temps et commençait à se permettre des libertés excessives, en particulier lorsqu'il prenait un ton autoritaire qui ne convenait pas à sa position. Les vieux membres du parti, connus pour leur pugnacité, n'étaient nullement diposés à laisser faire ce nouveau venu. Tous avaient des camarades sur lesquels ils pouvaient compter et connaissaient les règles de jeu ; pour être admis dans leur coterie, il ne suffisait pas de bénéficier de l'appui de Hitler, et nul ne s'y attaquait impunément.

La volonté de puissance et de domination de Speer ne se limitait pas à l'organisation de ses propres services. Par exemple, il interdisait aux architectes indépendants auxquels il avait fait appel pour la rénovation de Berlin d'accepter des commandes venues de l'extérieur sans son autorisation expresse [35]. Il trouva une autre occasion de manifester son pouvoir dans le cas, toujours pas résolu, de Julius Lippert, qui s'acheminait vers une crise finale à la même époque que l'« affaire Giessler ». Il est probable que Speer se montra d'autant plus inflexible qu'il voulait faire oublier son échec récent. En l'occurrence, il était d'autant plus sûr de son fait qu'il pouvait compter sur l'entier soutien de Hitler.

En dépit des pouvoirs exceptionnels dont il disposait en sa qualité d'Inspecteur général des bâtiments, Speer devait consulter la municipalité de Berlin sur de nombreux points de détail. Habitué au style autoritaire du régime, il ne tarda pas à trouver fastidieuse cette nécessité de conciliation, d'autant que Lippert continuait à voir d'un mauvais œil la restructuration de sa ville. A de nombreuses reprises, les services de l'Inspecteur général avaient contesté, ou tout simplement ignoré, les prérogatives de la municipalité. Il ne saurait être question d'accords ou de compromis, fit savoir Speer à l'administration de la ville, laquelle avait proposé la création d'un bureau qui serait chargé de formuler au moins quelques règles fondamentales concernant cette querelle sans fin. « La nature unique de ma tâche, écrivit-il à Lippert, exige la primauté absolue d'une entité portant la responsabilité de l'ensemble des travaux. » Sur le ton digne d'un proconsul, il ajouta : « Et cela, c'est moi [36]. »

Lippert n'était nullement disposé à se laisser faire. Lorsque Speer lui adressa une « ordonnance » établissant une fois pour toutes les droits et pouvoirs du GBI, il objecta que de telles mesures ayant force de loi ne pouvaient « être prises que par le Führer en personne ». Comme la controverse menaçait de s'éterniser, Speer décida d'appliquer son « ordonnance » sans autre forme de procès. La réaction de Lippert ne se fit pas attendre : il refusa purement et simplement d'en informer ses collaborateurs et subordonnés, et accusa Speer d'humilier l'administration de la capitale du Reich. Au comble de l'indignation, Speer en référa à Hitler en personne. Celui-ci, qui n'avait pas oublié les intrigues du maire de Berlin, ordonna au « Reichsminister Lammers d'informer sans tarder le Dr. Lippert qu'il était relevé de ses fonctions ».

C'était sans doute une victoire, mais elle avait entraîné Speer plus loin que jamais dans les eaux troubles de la politique. Jusqu'alors, il lui était arrivé de conclure des alliances tactiques, mais en évitant soigneusement de se mêler aux luttes pour le pouvoir et aux sombres intrigues des dignitaires du régime. Des années après, il continua à proclamer qu'il était « apolitique par nature ». Mais en l'occurrence, Goebbels, qui n'avait pas oublié le rôle joué par Speer lors de sa crise conjugale, et dont le maire de Berlin était un des protégés, estima que Speer « avait agi très injustement envers Lippert ; qu'un jour, il recevrait la monnaie de sa pièce ». Dans une autre note, Goebbels ajoute que Speer avait littéralement « torturé » son ami de longue date, et termine sur une de ces devises qui lui étaient chères : « Il faut toujours verser de l'huile sur le feu [37] ! » Il ne restait qu'à attendre une occasion propice.

Bien que ce ne lui fût d'aucune utilité réelle, Speer fit encore un pas de plus. A l'issue de ses démêlés avec Lippert, comme s'il ne lui suffisait pas d'avoir évincé son adversaire le plus opiniâtre, il décida de communiquer « pour information confidentielle » tout le courrier échangé avec la municipalité de Berlin au *Reichssicherheitshauptamt* (« Office central de la Sûreté du Reich ») de la SS [38].

La nouvelle Berlin devait être terminée en 1950, après l'issue victorieuse de toutes les guerres en cours et à venir. A l'occasion de festivités sans pareilles, Hitler voulait proclamer le nouvel « Empire germanique » et donner officiellement à sa capitale le nom de « Germania ». Dans ses moments d'exaltation, il imaginait un peu prématurément le faste et les parades du grand défilé de la victoire, les cérémonies solennelles et les feux d'artifice qui couronneraient son triomphe. Lorsque Speer fit suspendre les travaux en septembre 1939, juste après le début de la guerre, Bormann lui adressa une sévère réprimande, manifestement inspirée par Hitler. Quelques mois plus tard, après la victoire sur la France, le dictateur lui fit savoir que la reconstruction de Berlin restait une « entreprise prioritaire », quelles que fussent les circonstances. Dans un décret rédigé quelque temps après, mais que Hitler tint à dater du jour de l'armistice, il stipula : « La réalisation de ces travaux devient désormais la grande mission architecturale du Reich..., la contribution la plus remarquable à la sauvegarde définitive de notre victoire [39]. »

Berlin ne devait pas être seulement le centre et la gloire du nouveau Reich mondial. L'intention première et toujours présente à l'arrière-plan était de créer un espace cultuel entouré d'un décor propre à éveiller la crainte et le respect. La « Grande Avenue » prendrait le caractère d'une voie sacrée destinée aux processions, et l'« Edifice T » portant les noms des morts au champ d'honneur ferait l'objet d'un culte évoquant celui des saints, tandis que l'immense salle destinée aux meetings serait coiffée d'une coupole dépassant en grandeur et en majesté celles des églises de Rome. D'ailleurs, lorsque Speer, à la fin de son voyage en Italie, avait visité l'église Saint-Pierre de Rome, il avait été « déçu » par les dimensions modestes de l'édifice central de la chrétienté. « Comme cela me paraissait petit ! » fit-il observer par la suite, allant jusqu'à dire que ce fut « une expérience terrifiante ». Il se rendit compte aussi que, « déjà pour cet ordre de grandeur, l'impression n'est pas proportionnelle aux dimensions de l'édifice », et dépendait de celles des bâtiments voisins. En observant le balcon du haut duquel le pape bénissait la foule, il se demanda si l'immensité du « Grand Dôme », comme l'on appelait la salle de réunion surmontée d'une coupole, ne constituerait pas un obstacle insurmontable, car elle risquait de réduire à l'insignifiance à la fois l'orateur et les centaines de milliers d'auditeurs assemblés dans le hall. Pour la première fois, il se demanda si le principe même de ces constructions monumentales, voulant que la puissance d'un édifice fût avant tout fonction de son volume, n'était pas erroné. Ce n'était toutefois que l'ombre d'un doute qui ne troubla guère l'ivresse qui le possédait. Ce ne fut que bien plus tard, à la prison de Spandau, en étudiant des ouvrages sur l'architecture des débuts de la Renaissance française, qu'il réalisa que « quelque chose peut être grand sans être massif[40] ».

En considérant l'ensemble des projets de Speer, les faiblesses de ses conceptions architecturales sautent aux yeux. C'était une architecture despotique qui, en dépit de ses objectifs « élevés », ne célébrait rien de plus que la force brutale, une architecture froide, morte, inhumaine, témoignant de surcroît d'une manifeste pauvreté d'imagination. Encore et toujours une « grande avenue », cet axe central que Speer avait projeté pour Nuremberg et Berlin, puis Giessler pour Munich ; encore et toujours un grand édifice à coupole (pour la gare centrale de Munich, Giessler envisageait de construire une coupole encore plus gigantesque qu'à Berlin) ; encore et toujours une interminable et lassante succession de colonnades et d'entablements, de monolithes dressés vers le ciel, comme la « Colonne du Mouvement » dessinée pour Munich par Hitler lui-même et qui devait réduire à « la dimension de jouets » les tours de l'église gothique de la Frauenkirche.

Divers commentateurs ont fait observer que ces projets et réalisations — qui s'inscrivaient dans une tendance plus générale, manifeste un peu partout dans le monde, de New York à Rome — constituaient une réaction contre la dégradation du style et contre l'« arbitraire » de l'esthétique contemporaine. Speer lui-même a écrit que ses édifices constituaient une « protestation romantique » contre l'irrésistible enlaidissement d'un monde en voie de sombrer dans l'« informe », dont le spectacle l'emplissait de « panique et de douleur[41] ».

Ces remarques ne manquent sans doute pas de pertinence, mais ce que Speer, en accord avec Hitler, cherchait à opposer à ce modernisme censé « enlaidir le monde », ne témoignait nullement d'une force ou d'une vitalité intrinsèques, mais uniquement de la peur, voire de la haine, du nouveau. Malmenant l'échelle et les proportions, ces édifices démesurés n'incarnaient ni la noblesse du classicisme ni la révolte romantique dirigée contre ce dernier ; en dernière analyse, ils n'étaient rien d'autre qu'une expression de cet « arbitraire » honni qu'ils attribuaient à l'architecture moderne. Le caractère systématique et excessif, pour ne pas dire hystérique, de cette architecture est évident, et il suffit d'un coup d'œil sur le hall d'entrée du palais de Hermann Göring, avec le « plus grand escalier du monde », pour réaliser jusqu'à quel point le néoclassicisme peut devenir la caricature de son modèle antique[42].

Ces édifices monumentaux ne devaient pas leur caractère si particulier au seul rejet viscéral de la modernité sous toutes ses formes. Leur aspect étonnamment dénué de vie était également attribuable à la volonté d'autodéification qui les animait. Littéralement, ils n'avaient pas besoin de ces masses humaines qui apparaissaient sous forme de traits ou de points sur les esquisses, et qui n'étaient, selon une formule révélatrice de Hitler, rien de plus que des « bacilles planétaires ». Cette architecture hostile à la vie célébrait avant tout la mort. Ces monuments colossaux évoquant des temples, ces salles à colonnades, ces candélabres et ces frontons ornés de statues font irrésistiblement penser à un univers de mausolées et de sarcophages sur lesquels plane déjà l'ombre de la mort. Cette impression n'a rien d'excessif, comme en témoigne le fait, à proprement parler incroyable, que la Grande Avenue de Berlin devait être interdite à la circulation !

Involontairement, Speer a sans doute révélé la signification cachée de son architecture le jour où il développa, au début de son activité à Nuremberg, la « théorie de la valeur des ruines ». Alors qu'il assistait à la démolition d'un hangar de tramways, il avait été frappé par le manque d'intérêt des décombres de bâtiments modernes, qui ne suscitent pas la moindre émotion. Ces débris de béton informes et ces ferrailles tordues et rouillées étaient incapables de faire naître ce frisson historique que nous ressentons à la vue des ruines antiques. Partant de cette constatation, il eut une inspiration soudaine : en utilisant des matériaux traditionnels et une statique inspirée de l'Antiquité, il serait possible d'ériger des édifices dont les ruines elles-mêmes supporteraient la comparaison avec les vestiges du mont Palatin ou des thermes de Caracalla.

Pour illustrer sa nouvelle théorie, il fit réaliser un grand dessin représentant le « Zeppelinfeld » parsemé de restes de murs couverts de lierre. En dépit des réserves formulées par divers dignitaires du régime, qui estimaient que ce dessin exprimait des doutes sacrilèges quant à la pérennité du « Reich de mille ans », Speer se décida à le montrer à

Hitler. Cela ne suscita pas l'explosion de rage que prédisaient les pessimistes. Hitler resta un long moment silencieux et songeur, avant de se référer à l'exemple de l'Italie qui avait retrouvé l'esprit des grandes époques du passé grâce à l'héritage architectural de la Rome antique. La grande architecture, déclara le dictateur, résiste à l'épreuve du temps. Un passage du discours qu'il prononça à l'occasion de la pose de la première pierre du hall des congrès de Nuremberg peut être interprété comme une réaction à la théorie de Speer : « Et, si jamais le Mouvement était un jour réduit au silence, cet édifice continuera à en témoigner pendant des millénaires. Au sein d'un bosquet sacré de chênes vénérables, les hommes contempleront avec une stupeur émerveillée ce premier géant parmi les constructions du Troisième Reich [43]. »

Pour assurer la « valeur éternelle » des édifices, il fit venir des quatre coins du monde des quantités énormes de granit, pierre durable entre toutes. Ce matériau et sa mise en œuvre étant extrêmement onéreux, il ne l'imposa que pour quelques édifices jugés particulièrement importants : le stade et le champ de Mars de Nuremberg, ainsi que la Soldatenhalle et le palais du Führer à Berlin. Pour le grand hall de réunion de Berlin, Hitler estima qu'une ossature en acier était indispensable, ne serait-ce que pour soutenir l'immense coupole, bien que Speer eût préféré s'en passer. Pour l'arc de triomphe, qui posait lui aussi des problèmes de statique, le mode de construction basé sur la « théorie des ruines » fut jugé « probable », mais non définitivement adopté [44].

Rétrospectivement, Speer a décrit le « grouillement des faiseurs de projets et des réformateurs... qui surgissaient soudain de partout et emplissaient les antichambres » après l'arrivée au pouvoir de Hitler en 1933. Tous, ajoute-t-il, « arrivaient avec des propositions dont dépendait le salut du monde, ou du moins le progrès... Le dilettantisme était florissant ». Parfois, il lui arrivait même de se demander « si les projets architecturaux pour Berlin et ailleurs n'entraient pas eux aussi dans cette catégorie [45] ».

Un jour, pendant ces années de rêves et de plans grandioses, le père de Speer vint à Berlin. Non sans fierté, le fils devenu célèbre lui fit visiter l'Académie, lui montra les innombrables projets qui s'étaient accumulés, ainsi que la maquette de la nouvelle Berlin, en lui donnant des précisions sur les divers édifices. Hochant la tête avec stupéfaction, le vieil homme regarda tour à tour la maquette et son fils transporté d'enthousiasme, puis déclara avec un haussement d'épaules : « Vous êtes devenus complètement fous [46] ! »

IV

BAS-FONDS

Au début de 1935, Speer avait acheté dans une haute vallée des Alpes bavaroises un modeste pavillon de chasse où il voulait se retirer de temps en temps pour travailler et se consacrer davantage à sa famille. Il y avait tout juste assez de place pour installer quelques planches à dessin et héberger à l'occasion un ou deux collaborateurs. C'était une nouvelle tentative d'échapper à l'ambiance fiévreuse et aux intrigues de la capitale, où ses fonctions politiques et ses nombreuses tâches officielles l'attiraient plus que jamais. « Ce furent des temps heureux », comme il l'écrit dans ses Mémoires[1]. Mais ce bonheur fut de courte durée.

Il était en effet tellement heureux d'avoir trouvé ce refuge qu'il ne résista pas à l'envie d'en parler à Hitler. Il n'aurait pu choisir pire moment, car c'était le début de l'amitié entre les deux hommes qui se découvraient de plus en plus de points communs. Spontanément, Hitler proposa à Speer d'abandonner son pavillon de chasse pour s'installer dans une maison de vacances de l'Obersalzberg, située un peu à l'écart du Berghof, que la famille des fabricants de pianos Bechstein lui avait offerte des années auparavant. Speer accepta sans guère hésiter. Certes, il ne renonçait pas de gaieté de cœur à son idyllique retraite de la vallée de l'Oster, mais il était conscient que cela le ferait entrer dans le cercle privilégié des « Obersalzbergeois », aux côtés des seuls Hitler, Göring et Bormann. Sans compter qu'il eût été quelque peu grossier de décliner cette invitation à s'établir sur la « montagne du Graal[2] ». Peu après son emménagement, il se rendit compte que la maison Bechstein était trop petite et commença à dessiner pour lui et sa famille une maison avec atelier, au moment même où il préparait la transformation du modeste Berghof en une résidence de prestige. Ce furent des mois de coopération enthousiaste entre Speer et Hitler, qui faisaient en outre des projets concernant Nuremberg et Berlin. Finalement, les plans furent terminés et Bormann reçut l'ordre de faire construire les deux bâtiments. Au début de l'été 1937, Speer déménagea une deuxième fois.

Le caractère provisoire de cette période avait introduit dans la vie de Speer une certaine inquiétude, d'autant plus qu'il ne tarda pas à douter des avantages de sa nouvelle maison. L'enceinte, protégée par de hautes clôtures et par deux portails gardés par des hommes en armes, était envahie presque tous les jours par une multitude de visiteurs venus voir « le Führer », qui apparaissait de temps à autre sur la terrasse pour recevoir les hommages de la foule. De surcroît, l'infatigable Bormann, nommé depuis peu responsable de l'aménagement de l'Obersalzberg, transformait à grands frais l'environnement naturel en un immense parc de loisirs. Il achetait des fermes et des exploitations forestières, faisait goudronner les chemins de terre et construire des casernes, des garages, des habitations pour les domestiques, des auberges pour accueillir les invités. Les équipes d'ouvriers travaillaient jour et nuit, transformant les paisibles alpages en un gigantesque chantier ; les travaux se poursuivirent jusqu'aux dernières années de la guerre.

Speer était sans doute encore plus irrité par les gens qu'il se voyait contraint de fréquenter. Toujours accompagné d'une cohorte d'aides de camp, de collaborateurs et de vétérans du parti triés sur le volet qui faisaient déjà partie de son entourage à Berlin ou à Munich, Hitler séjournait souvent des semaines d'affilée à l'Obersalzberg. Il y avait notamment son photographe attitré, Heinrich Hoffmann, qui amena un jour le Dr. Theodor Morell ; Sepp Dietrich, commandant de la *Leibstandarte*, la garde personnelle du Führer ; le Dr. Karl Brandt, médecin attitré de Hitler ; le diplomate Walter Hewel ; plusieurs officiers d'ordonnance de la Wehrmacht et dignitaires du parti ; et bien entendu l'inévitable Martin Bormann. Contrairement à ce qui était le cas à Berlin, les femmes étaient admises à l'Obersalzberg. Maintenant qu'il faisait partie du cercle des intimes, Speer fit aussi la connaissance d'Eva Braun, pour laquelle il ne tarda pas à éprouver une certaine sympathie. A l'époque, elle était encore si peu sûre d'elle qu'elle s'adressait toujours à Hitler en l'appelant « Mein Führer », même en petit comité, mais elle ne tarda pas à jouer son rôle difficile avec davantage de naturel. Elle tolérait patiemment les nombreuses humiliations que lui valait sa qualité de maîtresse du dictateur et n'exigeait jamais rien. Speer remarqua les bijoux « d'une insultante modestie » que Hitler lui avait offerts. Chaque fois que le groupe partait pour le Berghof, en général depuis Munich, on la « fourrait dans une petite auto, écrit Speer, en veillant soigneusement à ce que celle-ci reste à l'écart de la colonne des voitures officielles[3] ». Lorsqu'arrivaient des visiteurs importants ou moins au fait de leurs relations, elle devait se retirer ; même quand Göring venait de sa demeure située à proximité, elle était reléguée dans sa chambre de l'étage supérieur. Les autres jours, toutefois, elle prenait place à côté de Hitler qui lui tenait parfois la main ; elle s'entretenait avec lui, s'efforçant de suivre ses pensées. Quand celui-ci se taisait et fixait songeusement les bûches qui brûlaient dans la cheminée, elle poursuivait la conversation à voix basse avec les autres invités, ou se taisait respectueusement pour ne pas troubler ses réflexions.

Mais chaque fois qu'il émergeait de sa sombre rumination, les pensées qui s'étaient accumulées se déversaient en un flot de paroles ininterrompu : proclamations politiques maintes fois répétées et souvenirs des légendaires « années de combat » alternaient avec le récit non moins ressassé de la façon dont il avait réussi, en dépit de mille obstacles et de l'égocentrisme des uns et des autres, à unir au sein d'un parti fort des recrues venant de tous les horizons, dont beaucoup n'étaient au début pas certaines d'avoir fait le bon choix. A la suite d'une remarque quelconque, il changeait brusquement de sujet et se mettait à discourir de Henri le Lion, de recettes diététiques ou de l'élevage des chiens de berger, avant de revenir à des maximes sur l'art de gouverner, expliquant par exemple que, pour être certain de pouvoir déclencher une guerre au moment opportun, il fallait inclure dans tout accord conclu avec une puissance rivale quelques problèmes non résolus, susceptibles de fournir un *casus belli* ; à cet égard, il se référait à l'exemple de Rome qui avait toujours intégré à ses traités de paix des motifs pour une nouvelle guerre : « C'est cela, Rome ! C'est cela, l'art de gouverner ! » s'exclamait-il devant le cercle de ses fidèles « muets de stupeur[4] ». Ensuite, il lui arrivait souvent d'aborder des points de détail ou des anecdotes dénués de toute importance politique. Speer s'est efforcé de restituer le caractère haché de ces monologues ; Hitler passait abruptement d'un sujet à un autre, commençant par exemple par fustiger l'opposition aux nouvelles prescriptions relatives à l'éclairage des véhicules à moteur, puis, commentant le cas du chauffeur d'un Obergruppenführer SS qui s'était fait retirer son permis suite à un accident, il menaça de faire emprisonner même les gauleiters coupables d'infractions au code de la route ; ensuite, changeant totalement de sujet, il exigeait que le mémorial de Niederwald et le château de Kaub sur le Rhin soient illuminés la nuit, avant de s'enquérir brusquement de la meilleure méthode pour fabriquer le miel artificiel ; sans transition, il enchaînait sur le dernier film qu'il avait vu et sur l'interdiction de fumer dans tous les locaux du parti — et ainsi de suite sans discontinuer, sans oublier bien sûr les constantes diatribes antisémites[5]. Il parlait des sujets les plus insignifiants avec une véhémence que rien ne semblait justifier, se laissant guider par son inspiration ou par une quelconque remarque d'un de ses auditeurs, une idée entraînant l'autre ; cela pouvait durer ainsi des heures. Ou encore, changeant de registre, il tournait ouvertement en dérision certains de ses fidèles, comme Robert Ley, le chef du « Front du travail », Alfred Rosenberg, le « philosophe » du parti, ce « Balte obtus », ou encore Heinrich Himmler et sa « passion des vieux débris de poterie ». A d'autres occasions, il s'amusait à terroriser certains dignitaires du régime, par exemple le vieux camarade de route et chef du service de presse pour l'étranger Ernst « Putzi » Hanfstaengl, qui fut tellement affecté par une de ces blagues plus que douteuses qu'il décida sur-le-champ de prendre le chemin de l'exil[6].

Après la chute du régime national-socialiste, Speer a reconnu, non sans embarras, qu'il s'était joint aux rires qui accueillaient ces plaisanteiries humiliantes ou brutales, bien que cela ne correspondît guère à sa nature. Ces bouffonneries avaient pourtant leur raison d'être : non seulement elles créaient une ambiance de complicité, mais elles pouvaient procurer des avantages tactiques dans un milieu où chacun était en secret l'adversaire acharné de tous les autres. Quant à Speer, bien qu'il lui coutât de l'admettre, il était de moins en moins un observateur extérieur et de plus en plus un partenaire à part entière de ces jeux. Lui-même a parlé des « bas-fonds » dans lesquels s'enfonce inéluctablement quiconque se rapproche du centre et du sommet du pouvoir[7].

Les journées suivaient un programme immuable, qui commençait en fin de matinée sur la terrasse du Berghof. Formant de petits groupes, les invités attendaient, debout ou installés sur des chaises longues en rotin, jusqu'à ce que Hitler fasse son apparition, en général peu avant midi. Le repas était suivi de la promenade rituelle : suivant toujours le même itinéraire, les convives gagnaient le « pavillon de thé » situé à flanc de colline, où les conversations se poursuivaient, tournant inlassablement autour des mêmes thèmes. En fin d'après-midi, tous prenaient le chemin du retour en ordre dispersé. Deux heures plus tard, ils se retrouvaient déjà pour le dîner qui ressemblait en tous points au déjeuner. Parfois, lorsqu'il était d'humeur enjouée, Hitler lançait une fleur à une des dames au moment de se lever de table et, donnant le bras à l'élue du jour, gagnait le vaste salon pour regarder avec ses hôtes un ou plusieurs films, en général récents. Hitler avait un faible pour les comédies de mœurs pleines de gags et de péripéties amusantes et se terminant par une réconciliation générale. Il aimait particulièrement *Quax, der Bruchpilot* de Heinz Rühmann, les portiers bougons interprétés par Hans Moser, les comédies de Willy Forst, mais aussi les mélodrames et films catastrophe tels que *San Francisco* ou *King Kong*. Il lui arrivait de voir certains de ces films jusqu'à dix fois.

La projection terminée, les invités se levaient péniblement de leurs fauteuils, mais ils n'étaient généralement pas au bout de leurs peines. Exténués, les jambes lourdes, ils prenaient place autour de l'immense cheminée et la conversation reprenait une fois de plus, ou plutôt languissait. Presque tous les visages trahissaient la fatigue et la tension, tandis que les invités s'efforçaient de trouver une réplique susceptible de faire rebondir la conversation, qui ne dépassait jamais le niveau superficiel qui la caractérisait déjà à la table du déjeuner et à l'heure du thé. Les participants étaient comme paralysés par la présence de Hitler, qui était d'ailleurs souvent absent et écoutait à peine ce qu'on lui disait. Vers 2 ou 3 heures du matin, enfin, Eva Braun demandait l'autorisation de se retirer et prenait poliment congé de chacun ; Hitler lui-même restait encore un moment avant de l'imiter. Après son départ, la conversation reprenait, toujours aussi décousue mais un peu plus détendue, puis tous regagnaient leurs chambres.

Presque tous les hôtes du Berghof souffraient de la monotonie et de la trivialité de ces entretiens, mais aucun n'osait se soustraire à cette pénible obligation. Speer a dit que ces longues heures passées en compagnie de Hitler le rendaient « fatigué, vidé de toute énergie ». L'hiver apportait parfois une diversion, lorsqu'il allait faire une petite randonnée à skis avec Eva Braun et quelques autres, mais Hitler était visiblement excédé par ces « extravagances », ajoutant qu'il avait horreur du froid et de la neige. A l'occasion, Speer réussissait à faire remplacer le film quotidien par un opéra, mais le choix de disques était limité : encore et toujours Richard Wagner, *La Veuve joyeuse* ou *La Chauve-souris* ; après avoir écouté une fois de plus *Tristan*, Hitler n'avait-il pas déclaré que c'était cela qu'il voulait entendre « sur son lit de mort » ? Speer essaya d'inviter à l'Obersalzberg un grand scientifique, artiste ou musicien, mais il n'arriva jamais à ses fins et se heurta même, lorsqu'il réitéra sa proposition, à un refus « presque irrité[8] ».

Peut-être, a supposé Speer, Hitler avait-il besoin de la monotonie et de la banalité de ces jours pour compenser la « stylisation » qu'exigeaient ses innombrables apparitions en public. Ou alors, comme l'a noté un autre observateur, « pareil à un crocodile dans la boue du Nil », ces périodes d'hébétude lui redonnaient des forces en prévision des coups de théâtre qui faisaient régulièrement trembler le monde. Il aimait aussi montrer à ses hôtes ou à des invités de passage l'Untersberg, montagne voisine au cœur de laquelle, à en croire la légende, l'empereur Frédéric II dormait depuis des siècles et reviendrait un jour rétablir l'empire dans toute sa magnificence. « Ce n'est pas un hasard, assurait-il, si j'ai ma résidence en face de cette montagne. » Tous les jours, cela lui rappelait sa mission, libérer le pays et le rendre puissant : « C'est à partir de ce lieu que l'ancienne légende se réalisera. » Parfois, avant de quitter le salon, il s'approchait de l'immense fenêtre escamotable pour contempler la paroi plongée dans la nuit[9]. En dernière analyse, le vide de ces jours et de ces nuits sur l'Obersalzberg, ainsi que la futilité des conservations, étaient la conséquence inéluctable d'un système qui ne tolérait aucune opinion divergente ; l'uniformisation de la pensée excluait tout débat digne de ce nom, de sorte qu'aucun thème tant soit peu important ne pouvait être abordé.

Lorsque la mère de Speer vint à l'Obersalzberg pour s'occuper des enfants pendant quelques jours, Hitler l'invita à plusieurs reprises au Berghof. Prenant visiblement plaisir à la compagnie de cette maîtresse femme qui était depuis longtemps son adepte convaincue, il l'entourait d'égards et déployait tout le charme et l'amabilité dont il était capable, mais elle était bien trop perspicace et expérimentée pour être dupe. Bien au contraire, elle changea d'avis sur Hitler et son entourage, jugeant le cadre « nouveau-riche » et l'accueil « emprunté » ; Hitler était sans doute « terriblement gentil », mais il avait créé autour de lui un « univers de parvenu [10] ».

Dans toute la mesure du possible, Speer ne se mêlait pas aux intrigues de la cour. Il a fait valoir par la suite que son activité comme ses ambitions étaient d'ordre purement artistique et technologique — encore que de nombreux observateurs estiment qu'il s'agissait d'une simple manœuvre tactique. Quoi qu'il en soit, il n'assistait que rarement aux réunions ou manifestations du NSDAP et négligeait de plus en plus ses liens avec le parti, qui auraient pourtant pu lui être utiles pour accroître son influence. Il pouvait se permettre d'agir avec cette désinvolture car il jouissait de la confiance de Hitler, ce qui abolissait tous les obstacles et faisait taire les critiques. Pour sa part, à moins que les apparences ne soient trompeuses, Hitler le considérait comme un « artiste » ne comprenant rien à la politique ; aussi ne lui parla-t-il jamais des « grandes manœuvres » qu'il entreprenait à l'époque, surtout dans le domaine de la politique étrangère. A cet égard, Speer n'était pas jugé digne de confiance. « Il me manquait sans doute je ne sais quelle consécration mystérieuse », a-t-il fait observer, révélant du même coup combien cette mise à l'écart humiliante lui pesait [11].

Il est permis de se demander pourquoi Speer restait néanmoins si proche de Hitler. Sans même parler de cette humiliation, ce n'était pas seulement ces journées et soirées exténuantes, avec leur cérémonial absurde et leurs conversations aussi interminables que vaines, qui lui étaient intolérables. Sur l'Obersalzberg, il côtoyait quotidiennement des gens dont la bassesse et la vulgarité intrinsèques n'échappaient pas à son regard resté lucide. En dépit de la feinte familiarité de leurs relations, il savait que c'était un monde qui lui était profondément étranger. Rien ne pouvait compenser le sentiment d'humiliation et de déchéance qui le submergeait fréquemment — pas plus les attraits du pouvoir que sa réputation de grand architecte, ni même sa vision de Hitler en tant que nouveau Périclès ou Piero di Cosimo, lui-même étant un deuxième Schinkel, vision à laquelle, dans son infatuation, il continuait à s'accrocher. Ce qui le maintenait plus que tout dans cette captivité singulière, ce qui lui faisait accepter les innombrables obligations qui allaient à l'encontre de tout ce qu'il était de par son origine, ses intérêts, ses inclinations et sa tournure d'esprit, c'était l'ascendant « magique » que Hitler exerçait sur lui depuis qu'il avait, comme l'écrit Speer, « pris possession de lui [12] ». Ce pouvoir survécut même à la rupture dont, à l'en croire, il prit l'initiative à la dernière heure.

Plus son malaise devenait sensible, plus il se consacrait avec acharnement à ses projets architecturaux pendant le peu de temps qui lui restait durant ses séjours à l'Obersalzberg. Il dirigeait son bureau avec le même mélange de discrétion, de distanciation et de froide objectivité qui caractérisait toutes ses relations avec autrui. Cette attitude lui valait le respect de ses nombreux collaborateurs. Ils admiraient son autorité et son intégrité et considéraient que ses relations privilégiées avec Hitler rejaillissaient favorablement sur eux. Speer les protégeait contre toute ingérence du parti et se considérait de plus en plus comme le chef de file d'une association d'artistes jouissant d'une relative liberté, qui n'avait rien à voir avec « ces gens-là ». Lorsque Wilhelm Kreis lui demanda, par l'intermédiaire de Rudolf Wolters, de lui procurer un uniforme de fonction, il rejeta catégoriquement sa requête : « Dis-lui que s'il porte un veston de velours pour afficher sa qualité d'artiste, il est davantage que n'importe quel Obergruppenführer et n'est sous les ordres d'aucun d'eux [13] ».

« Nous allons fonder un grand empire... Il s'étendra de la Norvège à l'Italie du Nord », avait dit un jour Hitler à Speer [14]. A la fin de l'automne 1937, il s'estima prêt à entamer la partie décisive. Au début, ce ne furent que des coups d'ouverture, pour mettre les pions en position sur l'échiquier : l'Autriche, les Sudètes et peut-être la Tchécoslovaquie, Klaïpeda et pour finir Dantzig. Hitler n'en oubliait pas pour autant le décor. Fin janvier 1938, il convoqua Speer dans son bureau ; se tenant debout au milieu de la pièce, il lui demanda avec solennité s'il pouvait lui construire une nouvelle chancellerie pour le 10 janvier de l'année à venir, jour de la réception du corps diplomatique ; cela revêtait « une extrême importance » pour le développement futur de sa politique. Cette proposition prit Speer par surprise ; il en resta muet de stupeur. Il connaissait évidemment l'esquisse faite par Hitler en 1935 en vue de l'extension de la chancellerie du Reich et il avait lui-même, quelques mois auparavant, soumis un projet provisoire à cet effet. Mais il n'avait jamais été question d'une construction imminente, sans compter qu'il serait selon toute vraisemblance impossible de mener les travaux à bien dans un délai aussi court. Pourtant, il était tenté de relever le défi, d'autant plus que l'urgence dans laquelle il devrait travailler ne ferait que rajouter du piment à l'affaire. Il demanda quelques heures de réflexion, consulta ses collaborateurs et laissa progressivement son orgueil prendre le dessus. Dans la soirée, il retourna voir Hitler et lui donna son accord. « De fait, écrira Speer, en acceptant ce travail, je commis l'acte le plus léger de ma carrière [15] ».

Il tint les premières réunions de planification la nuit même et donna sans tarder le signal de départ de la course contre la montre la plus fébrile de sa vie. Tandis que les travaux de démolition commençaient déjà sur toute la longueur de la Voss-Strasse qui devait céder la place au nouveau bâtiment, Speer et son équipe établissaient les plans au fur et à mesure ; pas plus l'aspect extérieur de la nouvelle chancellerie que son ordonnancement interne n'étaient définitivement arrêtés. Cette situation faite d'improvisation constante continua jusqu'à la fin. Les travaux de construction proprement dits ne durèrent que neuf mois ; presque toujours les plans définitifs étaient en retard sur l'état d'avancement des travaux. Les matériaux furent commandés alors que la disposition de nombreuses pièces demeurait incertaine. Il fallut trouver et engager près de quatre mille cinq cents ouvriers du bâtiment et les répartir en deux équipes. Comme Speer était également responsable de l'aménagement intérieur, il sous-traita le mobilier, les tentures murales et les immenses tapis noués à la main, les mosaïques et portes ornementales, les bas-reliefs destinés à décorer les linteaux et d'innombrables autres objets artisanaux. Ignorant les conseils de ses collaborateurs, il refusa d'établir un planning qui ne ferait, estimait-il, que prouver qu'il serait impossible de respecter les délais. A cette occasion, Speer témoigna pour la première fois de ce génie de l'improvisation que personne, pas plus ses admirateurs que ses détracteurs, ne songe à lui contester.

Les travaux furent entourés du plus grand secret et il était interdit aux journaux d'en parler, pour ne pas nourrir les rumeurs faisant état de coûts astronomiques et de gaspillage éhonté. Début août, lors de la fête traditionnellement organisée pour l'achèvement du gros œuvre, Hitler se sentit tenu de réagir à ces critiques. S'adressant aux architectes, ingénieurs et ouvriers, il déclara : « Je suis trop fier pour résider dans des châteaux du temps jadis... Notre nouvelle République allemande n'est pas un rentier prodigue qui se prélasse dans des appartements royaux. D'autres se sont installés au Kremlin... ou dans de vieux châteaux, mais nous voulons donner aux représentants du Reich des édifices de notre temps [16] ».

Le principal problème architectural était lié à la forme du site, long et étroit, avec une façade s'étendant sur trois cents mètres le long de la Voss-Strasse, dont l'axe devait de surcroît être brisé pour profiter au maximum de la largeur disponible. En franchissant le portail principal de la Wilhemplatz, le visiteur accédait à la « cour d'honneur » pavée d'immenses dalles de pierre et dominée par quatre colonnes monumentales. Un large escalier flanqué de deux bronzes d'Arno Brecker représentant *La Wehrmacht* et *Le Parti*, donnait accès à l'édifice. L'entrée, située derrière les colonnes, s'ouvrait sur une succession de couloirs et de salles d'apparat qui montaient de quelques marches jusqu'à une salle ronde à coupole, dont les murs rythmés par des pilastres cannelés devaient être ornés de statues.

Cette rotonde qui était notamment destinée à absorber la cassure axiale de l'édifice, donnait sur la « galerie de marbre », inspirée de la célèbre galerie des Glaces du château de Versailles, mais qui la surpassait par sa longueur : près de cent cinquante mètres, soit environ le double ! A l'extrémité opposée de la galerie se trouvaient la grande salle de réception et la salle du Conseil des ministres. Les sols et les murs en pierre d'un rouge mat, éclairés par des lampes à abat-jour verts, créaient une ambiance de gravité solennelle qui préparait le visiteur à accéder au saint des saints : le bureau personnel de Hitler, situé un peu de côté. La porte principale était surmontée d'une massive cartouche en marbre frappée des initiales A. H. Le cabinet de travail faisait près de quatre cents mètres carrés ; en repoussant contre les murs les meubles et les groupes de fauteuils dessinés par lui-même, la table des cartes et le gigantesque globe terrestre, Speer en avait dégagé le centre, augmentant encore l'impression de grandeur et de majesté.

Pour aller de la porte à deux battants jusqu'à la table de travail de Hitler, il fallait encore parcourir une quinzaine de mètres. Le visiteur qui n'aurait pas été suffisamment impressionné par l'interminable galerie de marbre ne pouvait qu'être empli d'une crainte respectueuse en se trouvant finalement en présence du Führer. Dans ses Mémoires, Speer parle des quatre vertus de l'homme d'Etat : « la Sagesse, la Circonspection, la Bravoure et la Justice », dont des représentations allégoriques ornaient les panneaux dorés surmontant les quatre portes de la pièce. Hitler se montra encore plus impressionné par la marqueterie de sa table de travail qui figurait une épée à moitié dégainée, parachevant l'effet intimidant que devait produire l'édifice entier. « Très bien, très bien, commenta Hitler lorsque Speer lui fit visiter l'édifice, quand les diplomates assis à la table devant moi verront cela, ils apprendront à avoir peur[17] ». Sur les murs revêtus de marbre rougeâtre étaient accrochés des tableaux de l'école italienne ; au-dessus de la cheminée trônait un portrait de Bismarck par Franz von Lenbach. Sur un des côtés du bureau, cinq portes-fenêtres s'ouvraient sur une terrasse flanquée de deux sculptures de Josef Thorak représentant des chevaux. Sur le côté, des marches donnaient accès aux jardins et à la serre situés en contrebas.

Curieusement, la nouvelle chancellerie ne témoignait pas de la mégalomanie qui caractérisait les autres projets de Speer pour « Germania, capitale du monde », qui étaient en partie achevés. L'on a parfois l'impression qu'il avait voulu, ne serait-ce qu'à titre de démonstration, illustrer le néoclassicisme plus rigoureux de Paul Ludwig Troost, peut-être pour rendre hommage à l'homme qui lui avait fait connaître Hitler à l'occasion de la rénovation de l'ancienne chancellerie. Il est cependant plus probable que les limites imposées par la forme du terrain, long et étroit, avaient eu sur son inspiration un effet plus heureux que l'excessive liberté dont il jouissait pour ses grands projets de Nuremberg et de Berlin. Il s'agissait, certes, d'une architecture voyante, visant continuellement à l'effet, mais pas plus que les édifices de prestige de toutes les époques, du Palatin au château de Versailles ou aux palais de Saint-Pétersbourg. Lorsqu'il écrivait dans la préface de la plaquette commémorative publiée à l'occasion de l'achèvement des travaux que l'ancienne chancellerie était « pourrie de part en part » et que « les solives étaient complètement vermoulues », Hitler exagérait manifestement ; il n'en est pas moins certain que, fonctionnellement comme du point de vue du prestige, le vieil édifice ne correspondait plus aux besoins du Reich. En dépit d'une recherche excessive de l'effet, la nouvelle chancellerie était indubitablement la réalisation la plus intéressante de Speer et la plus éloignée de la pompe grandiloquente du régime, bien que Speer lui eût toujours préféré les projets de Nuremberg [18].

Au beau milieu de cette course contre la montre effrénée qui s'accélérait de plus en plus tandis que la date fatidique approchait, il se produisit un événement dont Speer prit à peine conscience, ce qui lui vaudrait plus tard de graves ennuis. Le soir du 9 novembre 1938, d'un bout à l'autre du pays, des commandos de la SA se répandirent dans les rues et maltraitèrent sauvagement d'innombrables citoyens juifs sous les yeux de la police qui laissa faire sans intervenir. Ils brisèrent les vitrines des magasins, pillèrent et détruisirent de nombreux appartements et incendièrent les synagogues. Ce pogrom mûrement planifié — comme en témoigne le fait que les SA étaient passés aux actes au même moment dans toutes les régions du pays — avait été déclenché sur un signal de Goebbels. En ce jour où l'on commémorait l'anniversaire du putsch manqué de novembre 1923, le ministre de la Propagande s'était rendu à Munich ; après s'être entretenu avec Hitler (« son attitude est au plus haut point radicale et agressive »), il demanda aux chefs du parti et aux autres dignitaires réunis à cette occasion de mobiliser la « colère populaire ». Dans son Journal, il note à ce propos : « Je donne des instructions adéquates à la police et au parti... Applaudissements frénétiques. Tous se précipitent vers les téléphones. Maintenant, le peuple va passer aux actes. » Le lendemain, lorsque le « chaudron en ébullition du peuple » reçut l'ordre de se calmer, l'on dénombra deux cent soixante-dix synagogues détruites et plus de sept mille cinq cents magasins dévastés ; quatre-vingt-onze Juifs avaient été assassinés, tandis que quelque cent autres avaient préféré mettre fin à leur jours plutôt que de subir cela. « Bien envoyé ! » commente Goebbels sur ce ton de vulgarité joyeuse qu'il affectionnait [19].

En se rendant à son bureau le matin qui suivit ce sinistre épisode, que le peuple ne tarda pas à baptiser *Reichskristallnacht* (« nuit de cristal »), Speer passa, dans la Fasanenstrasse, devant les décombres encore fumants de la grande synagogue de Berlin, dont la destruction avait été expressément ordonnée par Goebbels. Selon ses propres dires, Speer a vu les « poutres calcinées, parties de façades effondrées, murs détruits par le feu... », mais, préoccupé comme il l'était par mille problèmes urgents, il n'est nullement certain qu'il se soit vraiment rendu compte de ce que cela signifiait. La première, et selon lui-même provisoire, version de ses Mémoires ne contient aucun commentaire concernant cette tragédie, qui n'est même pas mentionnée. Lorsque ses conseillers littéraires lui firent observer qu'un tel événement, se produisant en pleine période de paix et dans un pays civilisé, ne pouvait être passé sous silence, il exprima d'abord son désaccord, estimant qu'il n'y avait pas lieu d'en parler. Il s'obstina dans son refus même quand ils lui demandèrent comment il se faisait que son sens civique ne s'était pas rebellé. Il était incapable de répondre à cette question, objecta-t-il ; à une autre occasion, il ajouta que c'était précisément là son problème : il ne comprenait plus rien à l'homme qu'il était à l'époque. Il ne modifia son attitude que lorsqu'il lui fut instamment demandé d'essayer au moins de découvrir et si possible de décrire, les raisons pour lesquelles cet événement l'avait laissé tellement indifférent [20].

Ces réticences montrent bien à quel point il continuait à pratiquer la distinction traditionnelle entre sphère publique et sphère privée — ou, dans son cas, « artistique ». Il était architecte et cette qualité définissait les limites de sa compétence et de sa responsabilité, non seulement professionnelles, mais aussi humaines. La « double pensée » encouragée par le régime nazi ne faisait que renforcer cette tendance. C'était pour les hommes au pouvoir le moyen le plus efficace de s'assurer l'obéissance de tous et d'éviter les conflits de conscience. C'était aussi un alibi, le prétexte parfait pour justifier l'indifférence et la passivité. La déclaration de Speer selon laquelle « les événements de la vie politique ne le concernaient pas [21] » nous livre en quelque sorte la clef de cette période. Cette « formule magique » permettait par exemple de se distancier des événements qui avaient été déclenchés par une conversation apparemment anodine à l'heure du thé au Berghof, de nier leur dimension morale (alors que tout événement politique en possède une) et de garder ainsi le respect de soi. Cette attitude générait également les paradoxes qui avaient caractérisé, jusqu'aux derniers jours du régime national-socialiste, le comportement de nombreux Allemands : la notion que l'on pouvait servir Hitler en quelque sorte « aveuglément », tout en méprisant ses acolytes et ses instruments ; admirer sa stratégie et se réjouir de ses succès sans endosser la responsabilité des moyens utilisés ; bref, qu'il était possible de s'asseoir à la table des puissants tout en gardant ses distances.

Ce n'était là qu'un aspect des procédés utilisés par Speer pour se donner bonne conscience. A un autre niveau, il est fort possible qu'il ait voulu préserver, en dépit de toutes les preuves du contraire, l'image idéalisée qu'il s'était faite de son ami et protecteur. En tout état de cause, lorsque Hitler qualifia les événements du 9 novembre d'« excès », allant même jusqu'à exprimer quelques regrets, cela suffit à apaiser les éventuels doutes ou scrupules de Speer. A sa décharge, il faut préciser qu'il ignorait tout de l'accord tacite entre Hitler et Goebbels, selon lequel la personne du Führer ne devait sous aucun prétexte être liée à ces événements. Mais Speer avait aussi des relations quasi quotidiennes avec des personnalités de second rang qui avaient participé plus ou moins activement auxdits événements, ou avaient contribué à les organiser. Et s'il avait été si exténué, à l'en croire, qu'il avait à peine pris conscience des ruines calcinées de la Fasanenstrasse, elles furent rappelées à son souvenir peu après, lorsque Hans Simon, un de ses plus proches collaborateurs, démissionna en déclarant : « Je ne travaille pas pour des gens de cette espèce [22] ! » Speer avait pris un jour ses distances à l'égard des partisans les plus brutaux de Hitler qui n'étaient à ses yeux rien de plus que de « répugnants révolutionnaires bourgeois ». Lui-même, avait-il ajouté, représentait plutôt l'autre aspect du régime ; il était de ceux dont « l'idéalisme et le dévouement soutenaient Hitler [23] ». L'on pouvait à juste titre se demander s'il existait encore une différence entre ces deux catégories.

Le 7 janvier 1939, Hitler quitta Munich pour Berlin afin de réceptionner la nouvelle chancellerie. Désireux d'éviter tout problème éventuel, Speer avait depuis longtemps programmé les travaux de sorte qu'ils soient achevés quelques jours avant la date prévue. Hitler, qui n'avait cette fois ni participé à leur planification ni suivi leur avancement, n'en fut que plus impressionné. Les regards admiratifs qu'il ne cessait de jeter sur Speer pendant la visite de l'édifice semblaient donner pleinement raison au conseiller financier de Speer, Karl Maria Hettlage, qui lui avait déclaré un jour : « Savez-vous que vous êtes l'amour malheureux de Hitler [24] ? »

Dans la grande salle à manger de la nouvelle chancellerie, Hitler offrit un repas de gala aux architectes, artistes et maîtres artisans. Les quatre mille cinq cents ouvriers qui avaient construit le bâtiment et les milliers de fournisseurs qui y avaient participé furent invités au Palais des sports de Berlin pour écouter une allocution de Hitler. Il parla avec fierté du « premier édifice du nouveau grand Reich allemand », sans oublier de préciser qu'il « résistera aux siècles ». Il rendit un hommage exceptionnel à Speer, en le qualifiant à plusieurs reprises de « créateur et architecte génial ». Il le décora en outre de l'« insigne d'or du parti » et lui offrit une aquarelle datant de sa jeunesse — une carte postale illustrée sur laquelle il avait représenté, dans un style pédant et conventionnel, l'église des Frères mineurs de Vienne. Seul l'impassible Tessenow ne mêla pas sa voix au chœur des louanges. Lorsque Speer lui montra les plans et les dessins, en précisant que l'ouvrage avait été construit en moins de neuf mois, il se contenta de commenter sèchement : « J'aurais préféré que vous consacriez neuf années à cette tâche [25]. »

Il se produisit tout de même un incident, par nature totalement imprévisible. Pendant le transport du mobilier, quelques jours avant la remise officielle du bâtiment, un ouvrier laissa tomber le buste de Bismarck dû à Reinhold Begas qui faisait partie de l'inventaire de la chancellerie depuis des décennies. Speer demanda aussitôt au sculpteur Arno Breker d'en effectuer une copie. Lorsque celle-ci fut livrée quelques mois après, il la frotta avec du thé pour la patiner et demanda à tous les témoins de garder le silence.

Personne ne remarqua donc cet incident, mais Speer y vit un mauvais présage qui ne fit que renforcer les sombres pressentiments qu'il nourrissait depuis un certain temps [26]. Huit mois plus tard, la Deuxième Guerre mondiale éclatait. Lorsqu'elle prit fin, le Reich de Bismarck n'existait plus.

Pour le cinquantième anniversaire de Hitler, qui fut fêté avec pompe — grand gala, défilés fastueux, salut au drapeau, etc. — sur le grand axe est-ouest qui avait été inauguré la veille, Speer avait fait construire dans la salle d'expositions de la Pariserplatz une maquette de l'arc de triomphe, haute de près de quatre mètres. Vers minuit, au moment où tous les membres de la cour présentaient leurs vœux à Hitler, Speer en informa ce dernier qui, abandonnant aussitôt l'assemblée, se hâta de gagner l'Académie. Le regard brillant, il examina le monument sous tous les angles, s'attardant sur de nombreux détails. Finalement, rendu muet par l'émotion, il serra longuement la main de Speer. Au cours de la nuit, il revint à plusieurs reprises à l'Académie pour voir la maquette ; à une occasion, il fit observer en hochant sombrement la tête : « Si seulement j'étais en bonne santé [27] ! »

Cette étrange alternance de surexcitation joyeuse ou féroce et de profonde mélancolie avait déjà été observée chez Hitler à la fin des années 20. Un leitmotiv constant de sa conversation était la crainte de ne pas vivre assez longtemps pour mener à bien la « tâche gigantesque » qu'il s'était fixée : faire de « son peuple... un unique bloc d'acier », conquérir des espaces immenses et commémorer chaque victoire par des édifices à l'épreuve du temps... Au plus tard à partir de l'été 1939, ce fut aussi cette peur qui le poussa à déclencher ses guerres de conquêtes alors que le pays n'était nullement prêt. Mais le calcul de Hitler était que la guerre créerait ses propres conditions : psychologiquement, en soudant la population en une seule entité endurcie et résolue à se battre jusqu'au bout — en créant cette unité sacrée qu'il n'avait cessé de regretter depuis la Première Guerre mondiale ; matériellement, en donnant au pays les ressources qui lui manquaient. Le pacte conclu avec Staline lui donnait, pensait-il, une garantie politique suffisante. Une semaine plus tard, le 1er septembre 1939, il attaqua la Pologne, déclenchant ainsi la Deuxième Guerre mondiale.

Pendant les jours agités qui précédèrent le début des hostilités, Speer s'était rangé dans le camp des partisans les plus déterminés de la guerre, bien qu'il fût conscient que cela mettait en danger l'œuvre de sa vie. Le soir du jour où l'Angleterre et la France déclarèrent la guerre au Reich, il entra dans le bureau de Wolters et dit, en montrant les plans étalés sur la table, le visage défait : « Tout est fini[28] ! » Mais c'était précisément cet « idéalisme » dont il était si fier qui le poussait à subordonner ses intérêts personnels au destin de la nation — tel que le voyaient les maîtres du pays. Quelques semaines auparavant, il avait déjà qualifié les modérés du « parti de la paix » tels que Göring ou Goebbels d'« êtres faibles, dégénérés par leur vie facile d'hommes au pouvoir, ne voulant pas mettre en jeu les privilèges acquis[29] ». Pour la même raison, Speer se sentait tenu de participer activement au combat qui s'engageait. Il demanda au chef de son secrétariat de constituer avec des ouvriers de ses chantiers un « groupe d'intervention technique » pour la construction ou la remise en état de ponts, routes, pistes d'atterrissage, etc. Le jour même de la mobilisation, il mit son groupe à la disposition du haut commandement militaire.

A la surprise de Speer, Hitler déclina cette offre dès qu'il en eut connaissance ; sans doute n'y voyait-il qu'une nouvelle initiative que rien ne l'autorisait à prendre. Excédé, il lui fit savoir que nul n'avait le droit de négliger les tâches qui lui avaient été fixées et de s'en inventer d'autres selon son bon plaisir. Pourtant, submergé par la gravité de l'heure et profondément impressionné par les déclarations de Hitler qui proclamait un « défi au destin » et une « lutte à la vie à la mort », Speer ne tint pas compte de cette injonction. Il écrira plus tard : « Ce fut le premier ordre [de Hitler] que je tournai[30]. »

Dans l'ensemble, toutefois, la guerre fit passer Speer au second plan. Dès que ses activités lui laissaient un peu de répit, Hitler se faisait sans doute présenter les derniers plans, en insistant toujours pour qu'ils fussent réalisés au plus vite, de telle sorte que Speer pouvait avoir l'impression que les opérations militaires n'étaient que l'indispensable prélude à l'érection de monuments commémorant les victoires et que, en quelque sorte, l'armée travaillait pour lui. Son admiration pour Hitler était sans bornes : « Il m'apparaissait alors comme un héros des légendes antiques qui, sans la moindre hésitation, conscient de sa force, se lançait dans les entreprises les plus aventureuses et en sortait victorieux[31]. » Il n'en était que plus dépité d'être exclu de toutes les conférences d'état-major, bien qu'il fît partie de l'entourage immédiat de Hitler. Et s'il fut informé de l'imminence de la campagne de France, ce ne fut que sous la forme d'une commande : aménager un vieux manoir situé à l'ouest de l'Allemagne, près de Bad Nauheim, qui devait servir de quartier général au Führer. Les travaux achevés, Hitler se refusa d'ailleurs à utiliser le luxueux bâtiment : à la guerre, déclara-t-il en substance, il fallait savoir se contenter de conditions modestes, même si l'on était le Führer. Peu après, un autre quartier général fut construit dans le massif de l'Eifel.

L'offensive allemande fut d'une violence extrême : le 28 septembre

1939, la Pologne était vaincue ; les campagnes contre la Norvège et le Danemark, les Pays-Bas, la Belgique et le Luxembourg ne durèrent que quelques jours, tout au plus quelques semaines ; la France elle-même reconnut sa défaite après une brève résistance. Trois jours seulement après la signature de l'armistice du 22 juin 1940, Speer reçut un appel de l'aide de camp de Hitler, lui demandant de se rendre immédiatement au quartier général de Bruly-le-Pêche, petite localité des environs de Sedan. A son arrivée, Hitler l'informa qu'il avait l'intention de gagner Paris quelques jours plus tard, en se faisant accompagner de Speer lui-même et de Giessler : ce n'était pas en général victorieux qu'il voulait visiter la capitale, mais en amoureux de l'architecture.

Speer était à la fois flatté et inquiet. En effet, la décision de Hitler d'emmener, outre l'habituelle cohorte comprenant Keitel, Bormann, Karl Brandt et une poignée d'aides de camp, non seulement Speer lui-même mais aussi Giessler, rehausserait inévitablement le prestige de son rival. Pour cette raison, il suggéra à Hitler d'inviter également Arno Breker qui connaissait parfaitement Paris car il y avait vécu de longues années. Cette manœuvre quelque peu surprenante montre combien était acharnée la lutte pour s'assurer les bonnes grâces du dictateur. Quoi qu'il en soit, lorsque Hitler accepta la proposition de Speer, cela transforma complètement le caractère de cette excursion : il n'était plus accompagné de ses deux architectes préférés, mais simplement « entouré d'un groupe d'artistes [32] ».

Le 28 juin, entre 4 et 5 heures du matin, l'appareil se posa à l'aéroport du Bourget ; aux premières lueurs du jour, la colonne de voitures qui attendait le groupe se dirigea vers le centre de Paris. La première étape fut l'opéra de Charles Garnier. Lorsqu'ils eurent admiré l'escalier d'honneur aux proportions grandioses, Speer remarqua que Hitler était « perdu dans une extase qui ne laissa pas de [l]'inquiéter [33] ». Hitler profita également de l'occasion pour faire étalage de ses connaissances ; il fit observer que, par rapport aux plans, il manquait un petit salon derrière la loge d'avant-scène gauche. De fait, le vieux portier se souvint que, lors des travaux de rénovation entrepris des années auparavant, la pièce en question avait été murée. Suivant ensuite des rues entièrement vides, la colonne de voitures se dirigea vers la Madeleine et la place de la Concorde, puis remonta les Champs-Elysées jusqu'à l'Arc de triomphe, dont Hitler justifia les dimensions relativement modestes par sa position dominante, ajoutant que les avenues qui l'entouraient « se précipitaient littéralement vers lui [34] ». Les voitures gagnèrent ensuite le Trocadéro et l'esplanade du Palais de Chaillot. A l'hôtel des Invalides, Hitler se recueillit longuement devant le tombeau de Napoléon ; au moment de partir, il dit à Giessler qu'il le chargeait d'édifier son monument funéraire.

La deuxième partie du circuit passait devant le Louvre pour gagner Notre-Dame puis la place des Vosges. Pour diverses raisons,

Hitler trouva tous ces sites et monuments décevants. Seules les arcades de la rue de Rivoli, qui lui rappelaient manifestement les longues colonnades prévues pour Berlin, ranimèrent son intérêt. Ensuite, il voulut revoir l'Opéra en pleine lumière. La randonnée se termina en faisant un crochet par Montmartre, car il voulait admirer le panorama de Paris depuis la terrasse du Sacré-Cœur. Il arriva au moment où de nombreux fidèles sortaient de l'église après la messe ; beaucoup le reconnurent, mais ne tinrent pas compte de sa présence. A 9 heures, la visite était terminée ; la colonne regagna rapidement Le Bourget. Dans la soirée, Hitler, encore tout heureux d'avoir réalisé « le rêve de [sa] vie », dit à Speer : « N'est-ce pas que Paris était beau ? Mais Berlin doit devenir beaucoup plus beau !... lorsque nous aurons terminé Berlin, Paris ne sera plus que son ombre[35]. » En dépit de cette déclaration péremptoire, il avait été suffisamment impressionné pour ordonner de revoir tous les projets de reconstruction des villes allemandes à la lumière de ce qu'ils avaient vu à Paris.

Au cours de cette même conversation, Hitler, persuadé qu'après cette rapide victoire sur la France rien ne lui était impossible, demanda à Speer de poursuivre et même d'accélérer leurs divers projets architecturaux. Il lui remit un document préparé à l'avance, assurant à Speer une entière assistance et qu'il avait daté à la main du jour de l'armistice. Quatre semaines plus tard, Hitler signa un décret portant le titre significatif « Pour la consolidation de la victoire », ordonnant la reprise immédiate des travaux interrompus. Interprétant le document de manière toute personnelle, Speer déclara dans sa réponse, adressée à Lammers, qu'il n'avait pas l'intention de se « fonder sur ce décret du Führer pour réouvrir pendant la guerre les chantiers du réaménagement architectural de Berlin ». Sur ce, Hitler lui donna l'ordre formel de poursuivre aussi bien la planification que les travaux effectifs[36].

Pourtant, Speer resta sur ses positions. A cette époque de mobilisation de toutes les forces, il lui paraissait inadmissible et psychologiquement désastreux d'entreprendre à Berlin des travaux extrêmement coûteux et de construire à Nuremberg un cadre somptueux pour les congrès du parti qui, de toute façon, avaient été ajournés depuis le début de la guerre. Pour la première fois, Speer commençait à douter sérieusement que ces édifices verraient jamais le jour et il ne pouvait chasser de son esprit la remarque étonnamment pessimiste faite par Hitler au tout début de la guerre : « *Finis Germaniae* ». A en croire ses déclarations ultérieures, il lui arrivait parfois d'appeler Berlin, du moins en pensée, « ma belle ville-fantôme[37] ». En conséquence, il se consacra avec une énergie renouvelée aux plans et projets, tout en mettant ses équipes techniques à la disposition de l'armée de terre et par la suite de la Luftwaffe, pour effectuer des interventions urgentes. De surcroît, il construisit en l'espace de quelques mois d'importants sites de fabrication du nouveau bombardier en piqué JU-88 à Graz, Brünn et Vienne, ainsi qu'un grand chantier naval en Norvège.

Speer était donc nettement plus réaliste que Hitler, qui voulait toujours tout à la fois. Il ne tarda pas à étendre ses activités à la construction d'abris antiaériens ; au début de l'automne 1941, environ trente mille abris avaient été construits ou aménagés à Berlin et plus de quatre-vingt mille étaient en projet. Pour répondre aux besoins croissants de ces diverses entreprises, Speer constitua plusieurs « unités de transport » qui disposèrent bientôt de centaines, puis de milliers de camions. Il créa également une « flotte de transport Speer » équipée d'environ trois cents péniches (un millier d'autres devaient sortir des chantiers navals qu'il avait lui-même construits), afin d'amener à Berlin la pierre, le granit et les autres matériaux de construction nécessaires et d'enlever les gravats des bâtiments abattus. En fait, depuis l'intensification de la guerre aérienne, cette flotte servait surtout à évacuer les décombres des immeubles bombardés, plus ou moins à l'insu de Hitler.

Par la force des choses, Speer se trouva donc contraint d'abandonner le « monde idéal » dans lequel il avait vécu si longtemps, pour s'enfoncer dans ces « bas-fonds » auxquels il avait fait allusion. Il s'aventurait là en terrain dangereux et fut conduit à prendre des décisions qui se révélèrent plus fatales que tout ce qu'il avait fait par le passé. Une des premières mesures qu'exigeait la construction de la « nouvelle Berlin » était la démolition de maisons, d'immeubles et de quartiers entiers pour faire place à la Grande Avenue et aux édifices de prestige qui devaient la border. A cette fin, Speer avait créé dès janvier 1939 un « service du relogement » (*Hauptabteilung Umsiedlung*), à la tête duquel il avait placé Dietrich Clahes, qu'il avait recruté peu de temps auparavant. Ce service était responsable de l'ensemble des propriétés situées sur les sites de construction et du relogement de leurs occupants. En pratique, cette activité concernait surtout les habitants juifs de la capitale, dont certains résidaient eux-mêmes dans les rues vouées à la démolition, tandis que d'autres devaient céder leurs logements actuels aux locataires ou propriétaires non juifs des immeubles condamnés.

S'efforçant comme toujours de donner une forme légale à ses actes les plus arbitraires, le régime avait ajouté fin avril 1939 aux notoires lois de Nuremberg un « décret réglementant la situation des locataires juifs », aux termes duquel tout locataire juif pouvait être congédié, à la seule condition qu'une « autre possibilité d'hébergement » fût possible. Cela entraîna, souvent sous la pression de diverses instances du parti, une masse d'expulsions. Les offices du logement de la plupart des grandes villes ouvrirent des « services du relogement » chargés de veiller au bon déroulement des opérations et d'assurer le relogement des personnes expulsées, généralement en faisant appel aux organisations d'entraide juives. Dans le jargon bureaucratique de l'époque, il s'agissait d'*entmieten* (littéralement : « dé-louer ») les résidents juifs et de les *schachteln* (« caser, emboîter ») dans des logements juifs disponibles. A Berlin, cette tâche était assurée par le « service du relogement » de l'Inspecteur général des bâtiments.

Speer passait ainsi de la sphère prétendument apolitique de l'architecture au domaine de l'exécutif. Jusqu'alors, le bureau de Speer traitait surtout avec des entreprises de bâtiment, des marchands de matériaux et des administrations municipales ; maintenant, ses collaborateurs se trouvaient face aux représentants de la communauté juive, aux émissaires de l'Office central de la Sûreté de la SS et, surtout, à Joseph Goebbels lui-même, connu depuis toujours pour son antisémitisme virulent. Avant même le début de la guerre, pour désigner aux yeux de tous les responsables des conflits mondiaux, celui-ci avait commandité le film *Le Juif Süss* ; la première, en septembre 1940, avait été précédée d'une campagne de presse « véritablement satanique », laquelle, selon une note du même Goebbels, était indispensable pour mobiliser la population[38].

En apprenant vers le 15 mars 1941 que la ville de Vienne serait « bientôt nettoyée de ses Juifs », Goebbels fut piqué au vif. Trois jours plus tard, il organisa dans son ministère une conférence dont les participants furent chargés d'élaborer des propositions en vue de la solution de la « question juive » dans la capitale du Reich. Aux côtés des chefs de service de son ministère, y assistaient notamment des représentants de la Gauleitung de Berlin, mais aussi Adolf Eichmann, ainsi que le chargé de mission de l'Inspecteur général des bâtiments, Dietrich Clahes. Pour faire avancer les choses, Goebbels s'adressa directement à Hitler, avec lequel il eut plusieurs entrevues en tête à tête durant le mois d'août. Suite notamment à ces entretiens, un décret promulgué le 1er septembre 1941 établit l'obligation, pour tout Juif âgé de six ans ou plus, de porter visiblement une étoile jaune sur ses vêtements.

Berlin posait cependant un problème particulier. Sur les plus de soixante-quinze mille habitants juifs que comptait la capitale, près de trente mille travaillaient dans les usines d'armes locales (selon les chiffres donnés par Goebbels lui-même dans son Journal). Compte tenu de leur habileté manuelle et de leurs capacités dans le domaine de la mécanique de précision, ils avaient été contraints de travailler pour l'industrie de guerre ; leur départ aurait eu des conséquences désastreuses pour la production. Hitler lui-même avait tenu compte de ce facteur au cours de ses entretiens avec Goebbels ; il fallait donc remettre à plus tard le « nettoyage ethnique » de la capitale. Pourtant, à l'occasion de la conférence au ministère de la Propagande, Goebbels fit savoir par la bouche de son assistant Leopold Gutterer qu'« une proposition d'évacuation appropriée obtiendrait certainement l'accord du Führer ». Sur ce, Clahes s'empressa de déclarer que l'Inspection générale des bâtiments avait besoin de pouvoir disposer des quelque vingt mille appartements berlinois toujours occupés par des Juifs, « en tant que réserve dans l'éventualité de dommages plus importants causés par les bombardements... et par la suite pour libérer les logements qui devront être démolis en vue de la reconstruction de Berlin ». Finalement, Eichmann fut chargé de « préparer à l'intention du Dr. Goebbels une proposition relative à l'évacuation des Juifs de Berlin[39] ».

Quelque temps auparavant, Rudolf Wolters avait proposé à l'Inspecteur général des bâtiments, compte tenu de la complexité croissante des tâches et des responsabilités qui lui incombaient, de tenir une « chronique » dans laquelle seraient consignés tous les événements importants concernant le fonctionnement de ses services. Speer avait donné son accord et il avait de surcroît demandé à ses chefs de service de fournir à Wolters toutes les données nécessaires. En avril 1941, l'on peut lire dans la « Chronique » : « Depuis le début de l'année, les mesures d'évacuation des zones de démolition ainsi que le transfert des locataires des logements juifs ont été accélérés. Les logements de ces zones louées à des Juifs ont été libérés et les locataires juifs ont été transférés dans des locaux juifs de propriétés foncières juives. L'objectif stratégique de cette évacuation des zones concernées était de pouvoir disposer de ces appartements de la capitale du Reich en cas de catastrophe (dommages causés par l'aviation). Pour la période du 1.1.1941 au 15.4.1941... au total 366 locataires ont été mis en demeure de déménager[40]. »

Ce n'était que le début d'une longue série de mesures qui, conformément à la loi de la radicalisation progressive à laquelle le régime obéissait dans tous les domaines, devaient aboutir en l'espace de deux ans à l'élimination des Juifs de Berlin. Dès le mois d'août 1941, un autre article de la « Chronique » mentionne ce qui suit : « Conformément aux instructions de Speer, une nouvelle opération a été lancée en vue de libérer environ cinq mille logements de Juifs (*Judenwohnungen*). Le dispositif existant sera renforcé en conséquence, afin que, malgré les nombreuses difficultés liées à l'état de guerre, les appartements juifs soient remis en état dans les meilleurs délais pour être mis à la disposition des locataires des immeubles situés dans les zones de démolition prioritaires. » De nouveau quelques semaines plus tard, l'on peut lire ceci : « Durant la période du 18 octobre au 2 novembre, en gros 4 500 Juifs ont été évacués de Berlin. Cela a permis de libérer 1 000 appartements supplémentaires qui ont été mis à la disposition des victimes des bombardements par l'Inspecteur général des bâtiments. Ces appartements serviront par la suite à héberger les locataires des immeubles démolis[41]. »

Cette note contient un terme révélateur : elle précise que ces Juifs ont été « évacués » alors qu'auparavant il n'était question que de « relogement ». Cela cachait le fait que l'Inspection générale des bâtiments avait entre-temps renoncé à assurer la responsabilité administrative des « questions liées au relogement », peut-être parce que ses services étaient incapables de gérer les innombrables formalités officielles que cette tâche exigeait, peut-être aussi pour ne pas être obligés de faire face aux constants différends que cela entraînait. Toujours est-il que Goebbels prit en main les mesures liées à l'expulsion des Juifs, mesures qui lui paraissaient depuis longtemps trop peu énergiques, voire délibérément freinées par certains ; du jour au lendemain, la politique de « relogement » devint une politique de « déportation ». A en croire quelques déclarations de témoins oculaires, les représentants de l'Inspection générale des bâtiments s'étaient comportés « de façon irréprochable, du moins dans la forme [42] ». Maintenant, Goebbels passa aux actes avec la plus extrême brutalité et confia l'exécution de toute l'opération à la SS et à la Gestapo. Le soir du 15 octobre, leurs commandos firent irruption dans des logements dont les locataires avaient reçu congé la veille, leur ordonnèrent d'emballer sur-le-champ quelques effets personnels et de les suivre. Ils les emmenèrent dans un camp de regroupement que la communauté juive avait reçu l'ordre d'aménager dans la synagogue de la Levetsowstrasse. Le surlendemain, par une pluie torrentielle, la misérable procession gagna sous haute surveillance la gare de Grunewald, sous le regard stupéfait ou indifférent des passants. Le 18 octobre, le premier convoi partit pour Lodz ; d'autres suivirent, d'abord pour Riga, puis pour Minsk et d'autres destinations. En guise de commentaire sur ces événements, la presse contrôlée par Goebbels publia le communiqué suivant : « Ces derniers jours, de nombreux Juifs se sont enfuis d'Allemagne sans régler les dettes qu'ils avaient contractées [43] ».

Dans son rapport final sur l'activité du Service du relogement depuis le 1er février 1939, Dietrich Clahes écrit dans le style administratif de rigueur : « La tâche du Service du relogement consistait à recenser l'ensemble des logements juifs situés sur le territoire de la capitale du Reich, à les libérer et à les attribuer aux locataires ayant perdu leur logement suite aux mesures de reconstruction. Ont été recensés au total : 23 765 logements juifs. Sur proposition de l'Inspecteur général des bâtiments et sur ordre du Führer, le cercle des personnes concernées a été étendu aux invalides de guerre, aux porteurs de la croix de chevalier et aux soldats et sous-officiers décorés de l'EK 1 [croix de fer de 1re classe]. 9 000 logements juifs recensés ont été attribués. Le nombre des personnes déplacées s'élève à 75 000 [44]. »

Si l'on considère isolément les événements qui font l'objet de ce document, ils se fondent dans le contexte infiniment plus vaste des crimes commis durant ces années. Peu de temps après sa rédaction, le rapport de Clahes semblait déjà dater d'une autre époque, surtout depuis qu'en 1942 le *Sturmbannführer* Alois Brunner, d'origine autrichienne qui avait déjà dirigé l'évacuation des Juifs de Vienne, était arrivé à Berlin avec son unité de SS. Usant de pratiques particulièrement brutales — chasses à l'homme dans les rues, perquisitions, « déblaiements » de logements collectifs, « wagonnages »... —, il transforma les évacuations souvent lentes et incomplètes en déportations massives où les hommes étaient traités comme du bétail. Comme le nombre de suicides augmentait parmi les victimes de ces mesures, il demanda avec exaspération aux représentants de la communauté juive de prendre toutes les mesures nécessaires pour mettre fin à cette « fuite volontaire dans la mort[45] ». Pas plus de neuf mois après le début de son activité, un agent de la Gestapo se présenta au bureau de la communauté de l'Oranienburger Strasse et déclara que la communauté juive de Berlin avait cessé d'exister.

Depuis que ses services avaient renoncé à s'occuper de ces questions, Speer n'avait sans doute aucune responsabilité directe concernant ces événements. Du point de vue biographique, il est cependant significatif qu'il ne fasse pas la moindre allusion au rôle qu'il joua dans ce processus, ne serait-ce qu'au début. Il est pourtant indubitable qu'il était, pour le moins, informé des « mesures d'expulsion de locataires ». Dans une note de service adressée à Clahes le 27 novembre 1940, il demande par exemple avec une impatience manifeste : « Où en est l'opération d'évacuation des 1 000 logements juifs[46] ? » Mais, dans ses Mémoires comme dans les Journaux écrits pendant sa détention à Spandau, l'on chercherait en vain le moindre commentaire sur ces faits. Dans son livre *Der Sklavenstaat*, où il décrit ses « démêlés avec la SS », il consacre effectivement un chapitre entier à la déportation des Juifs de Berlin, mais sans faire la moindre allusion au fait que les évacuations effectuées par ses propres services étaient, dicectement ou non, à l'origine de ces déportations. A plusieurs reprises, il fait état de la volonté de vider Berlin de sa population juive, volonté exprimée en des termes particulièrement catégoriques par Goebbels. Il mentionne également les efforts entrepris par ceux qui tentaient de s'y opposer en faisant valoir le manque d'ouvriers spécialisés « indispensables à la politique de l'armement » et relate comment ils réussirent, à l'aide de mises en garde, de documents falsifiés et autres moyens, à sauver quatre mille des onze mille Juifs qui restaient encore à Berlin des griffes de la Gestapo et de la déportation. Mais dans l'ensemble et en dépit des reproches qu'il se fait, sa description et ses commentaires ne dépassent jamais les généralités :

« Lorsque je pense au sort des Juifs de Berlin, écrit-il pour conclure, je suis submergé par un sentiment d'échec et d'insuffisance. Souvent, en me rendant quotidiennement à mon bureau d'architecte... je voyais depuis l'Avus des masses humaines sur les quais de la gare de Nikolassee. Je savais qu'il ne pouvait s'agir que de l'évacuation des

Juifs de Berlin. Il est certain que, pendant un instant, ce spectacle aperçu en passant m'angoissait, peut-être aussi avais-je le pressentiment d'événements plus sinistres encore. Mais je restais attaché aux principes du régime à un point qui m'est aujourd'hui difficilement compréhensible[47]. »

Speer a parlé un jour de l'inquiétante capacité des hommes au pouvoir d'étouffer, voire de prévenir, tous les scrupules moraux et conflits de conscience. Il est certain que le régime est parvenu à pousser d'innombrables hommes et femmes en principe honnêtes à accomplir, ou du moins à laisser faire, des actes dans lesquels ils ne se reconnaîtraient pas par la suite. Speer était l'un de ces hommes. Qu'aurait-il donc fallu pour éveiller sa conscience, puisque même les ruines de la synagogue de la Fasanenstrasse ou les scènes de détresse sur les quais de cette gare de banlieue n'avaient réussi à éveiller en lui une quelconque réaction ? Admettons, comme Speer l'affirme à maintes reprises, qu'il n'avait aucune idée tant soit peu précise du sort qui attendait les déportés dans les camps de l'Est. Mais la flagrante privation de tous les droits civiques et les violations des Droits de l'homme, les innombrables abus auxquels ils étaient soumis avant même les « transports », ainsi que les procédures d'« évacuation et de relogement » elles-mêmes, ne constituaient-elles pas une raison amplement suffisante de se révolter ?

La vérité, c'est sans doute que Speer avait déjà commencé depuis longtemps à s'enfoncer dans cet univers de « compétences » étroitement techniques et fonctionnelles, où les considérations humaines ou humanitaires n'ont plus cours. Dans ses Journaux, Speer affirme ne jamais avoir été antisémite aussi peu que ce fût et ajoute avec une évidente satisfaction qu'au cours du procès de Nuremberg « pas un seul document [le] chargeant à cet égard n'[avait] fait surface[48] ». L'observateur n'en est que plus perplexe. Ces « sinistres plaisantins » dont Speer parle avec mépris avaient au moins un semblant de mobile affectif, pour aussi monstrueux qu'il fût, tandis que, dans le monde d'efficacité et d'utilitarisme qui était celui de Speer, tout se transformait en simples processus techniques et administratifs ; le destin tragique des soixante-quinze mille victimes, auquel il avait incontestablement contribué, se réduisait pour lui à un processus d'ordre uniquement administratif et technique, à des « mesures ayant trait à la politique architecturale ». Sans oublier le privilège de l'artiste, — qui a tous les droits ; indubitablement, il aurait considéré comme un impardonnable signe de faiblesse de sacrifier sa « mission historique » à de quelconques considérations juridiques ou humanitaires. Rudolf Wolters a fort bien décrit leur état d'esprit commun : « L'on pourrait dire que nous nous tenions en plein soleil et nous ne pouvions pas, ne voulions pas en fait, prendre conscience de ce qui se passait dans les ombres qui nous entouraient[49]. »

La situation devient encore plus complexe si l'on considère son épilogue judiciaire et les problèmes relatifs aux sources. La « Chronique » rédigée de début 1941 à 1944 par Rudolf Wolters comportait au total huit cents pages. Il en existait deux exemplaires complets, plus trois ne concernant que les années 1942-1943. Pour plus de sûreté, Wolters avait caché les copies en divers endroits peu avant la fin de la guerre. Une grande partie fut perdue, mais Wolters réussit à retrouver en 1946 un exemplaire de la version complète. A l'insu de Speer, emprisonné à Spandau, Wolters en fit effectuer quelques années plus tard une copie à laquelle il avait apporté des améliorations stylistiques et ajouté un index [50].

Il effectua également quelques autres modifications qui n'étaient plus de nature stylistique et supprima « quelques rares passages... qui n'étaient malheureusement pas dénués d'une certaine importance historique », comme il l'écrivit ultérieurement à Speer. En fait, Wolters supprima en particulier tous les passages relatifs à l'expulsion et à la déportation des Juifs de Berlin. En même temps que de nombreux autres documents, il remit cette version « expurgée » à son ami lorsqu'ils se revirent en octobre 1966, après l'élargissement de Speer. Pendant qu'il était en fonction, ce dernier avait régulièrement reçu une copie des articles de la « Chronique », mais comme il ne les avait jamais vérifiés ni révisés, il ne remarqua évidemment pas les coupures effectuées par Wolters, d'autant que celui-ci n'avait fait état que de « quelques modifications mineures ». Estimant apparemment qu'il n'y avait pas lieu de s'en préoccuper, Speer fit faire une photocopie de ce document qu'il envoya aux Archives fédérales de Coblence en juillet 1969, « pour l'usage futur des historiens ».

Or, l'historien britannique David Irving avait découvert quelque temps auparavant la partie de la « Chronique » concernant l'année 1943 à l'Imperial War Museum de Londres (sa provenance exacte était d'ailleurs inconnue). Bien que Wolters n'eût effectué que peu de modifications dans cette partie, Irving remarqua quelques variantes par rapport à la version conservée à Coblence et il demanda par écrit à Speer, non seulement des éclaircissements, mais aussi, si possible, de lui communiquer les autres années de la « Chronique ». Ignorant toujours l'étendue du « nettoyage » effectué par Wolters, Speer qui était alors en vacances dans le sud du Tyrol, proposa à son ami de régler cette affaire une fois pour toutes : « Heureusement », lui écrivit-il, la partie de la chronique qu'Irving avait consultée ne présentait que « des modifications mineures, que je te joins. Néanmoins, ne serait-il pas préférable de faire nous-mêmes le premier pas, en remplaçant la copie de la Chronique actuellement conservée par les Archives fédérales par une photocopie de l'original qui est en ta possession ? »

Dans une longue réponse datée du 10 janvier 1970, Wolters donne à Speer les explications demandées, mentionnant en particulier la suppression des passages ayant trait à l'évacuation des Juifs. Il se réfère à son droit de retravailler le texte, dont il est après tout l'auteur et justifie les coupures par la volonté de protéger Speer et certains de leurs collaborateurs ainsi que leurs familles. Lorsqu'il avait effectué ces modifications en 1964, écrit-il, quelques nouveaux « procès en sorcellerie » étaient en cours, tandis que Speer lui-même qui était toujours détenu à Spandau, risquait de passer de nouveau en jugement, car l'« évacuation » des Juifs n'avait pas été retenue contre lui à Nuremberg. Wolters ne cachait pas qu'il ne lui serait « nullement agréable » de communiquer l'original aux Archives de Coblence. Plus tard, affirmait-il, tout serait rendu public, il avait pris des dispositions à cet effet. Pour le moment, la meilleure solution serait simplement de faire savoir aux Archives fédérales que « ce type se refuse à communiquer les originaux. » Avec suffisance, il ajoutait qu'il « se ferait un plaisir d'exposer ses raisons » à ces Messieurs des Archives.

Speer commit alors un énorme impair. Non seulement il suivit la suggestion de Wolters, mais il alla encore plus loin. Il informa sans tarder les Archives fédérales de la situation, *mais* écrivit à Wolters ce qui suit : « Je propose que les pages en question n'existent plus. Qu'elles n'existent tout simplement plus, contrairement à ce que tu écris dans ta lettre. Repousser leur publication à une époque historique à venir serait désastreux ; qui prendait la responsabilité d'expliquer pourquoi elles ont été dissimulées pendant tout ce temps ? Cela ne ferait qu'aggraver la situation. Tout le monde trouvera parfaitement légitime que tu aies omis quelques feuillets d'une longue série de documents... En dépit des nappes de brouillard qui traversent parfois la maison, j'espère m'être exprimé avec une clarté suffisante. »

Ce n'était certainement pas le cas. En effet, Speer n'avait pas abordé la question cruciale : que faire de l'original de la « Chronique » ? Wolters devait-il le détruire, ou continuer à le garder sous clef jusqu'à ce qu'il ne puisse plus nuire à quiconque ? Quoi qu'il en soit, Wolters adressa à Speer une lettre que celui-ci devait communiquer aux Archives fédérales ; il y expliquait que lui-même et sa secrétaire Marion Riesser avaient « cherché pendant tout ce temps... l'original de la Chronique. Pour tout dire en deux mots : il a disparu sans laisser de traces, il n'est nulle part, il n'existe plus. Et je pense que c'est bien mieux ainsi »... Dans un mot d'accompagnement adressé à Speer, il ajoutait : « S'il y avait des complications, mets tout sur mon dos — et sur celui de Marion ; c'est une artiste et, en tant que telle, elle est notoirement désordonnée et négligente en ce qui concerne le classement des documents [51]. »

L'on ne peut qu'émettre des hypothèses sur les raisons qui ont poussé Speer à vouloir supprimer ces documents. Il y avait certainement une part d'inconscience, sans oublier cet esprit de conciliation qui l'a si souvent induit en erreur. En dépit de son attitude ironique à l'égard du « grand maître de l'armement », comme il aimait appeler Speer, Wolters lui avait fait comprendre à plusieurs reprises qu'il considérerait comme un flagrant manque de loyauté la révélation de ses interventions destinées à expurger le texte et Speer n'ignorait pas tout ce qu'il devait à son meilleur ami. Il se sentait donc tenu d'obliger celui-ci. De surcroît, Speer n'avait toujours pas analysé avec une clarté suffisante le rôle qu'il avait joué dans les opérations d'évacuation de Berlin, à moins qu'il ne l'eût trop bien refoulé. Toujours est-il que la naïveté avec laquelle il demanda d'abord de remettre aux Archives fédérales la version intégrale de la « Chronique » est aussi remarquable que son empressement à accepter la manœuvre suggérée par Wolters.

Ses négligences deviennent encore plus incompréhensibles à la lumière de son attitude de négation et de refus passionné lorsque, des années plus tard, Matthias Schmidt, étudiant préparant une thèse de doctorat, lui déclara son intention de faire toute la lumière sur cette affaire. Certes, l'intention de Schmidt était de prouver que Speer lui-même était sinon l'auteur, du moins l'instigateur de cette « falsification de l'Histoire » ; Schmidt avait en outre conclu des données dont il disposait que, en dépit de toutes ses affirmations, Speer avait été très tôt informé du sort qui attendait les Juifs de Berlin. Mais la première de ces hypothèses était en contradiction avec les faits tels qu'ils ont été établis depuis, tandis que la seconde ne faisait qu'en découler. Les matériaux à charge lui avaient d'ailleurs été fournis par Rudolf Wolters lui-même qui, dès la parution des Mémoires et à chaque nouvelle publication ou interview de Speer, avait été consterné par l'« esprit de pénitence » de celui-ci et s'était pour finir irrémédiablement brouillé avec lui[52]. La vérité tout entière fut enfin connue lorsque Wolters, comme il l'avait toujours assuré, remit la majeure partie de sa documentation, y compris l'original de la « Chronique », aux Archives fédérales de Coblence. En juillet 1983, Marion Riesser, exécutrice testamentaire de Rudolf Wolters, déposa aux Archives les documents restants.

Le 22 juin 1941, Hitler déclencha l'« Opération Barbarossa », nom de code de l'offensive contre l'Union soviétique, ce qui illustrait une fois de plus son incapacité à respecter ses propres principes. Il avait toujours affirmé qu'une des règles fondamentales de la politique étrangère allemande consistait à éviter à tout prix une guerre sur deux fronts. Maintenant, il justifiait sa décision par d'autres arguments. Bien que la guerre ne fût pas terminée à l'ouest, il convoqua au mois de janvier 1941 les commandants en chef de la Wehrmacht pour les assurer que, comme par magie, la campagne orientale résoudrait tous les problèmes stratégiques et rendrait le Reich « inattaquable », ajoutant que « les gigantesques espaces russes contenaient des richesses inestimables », lesquelles permettraient à l'Allemagne « de mener le combat contre des continents » entiers [53].

Comme toujours, il ne pensait pas seulement aux victoires qui confirmeraient sa réputation de grand général, mais aussi aux édifices et monuments impérissables qui les commémoreraient. La veille du déclenchement de l'offensive, après le dîner, il se rendit avec Speer dans l'immense salle de séjour de la nouvelle chancellerie et joua au piano quelques mesures des *Préludes* de Liszt. « Vous allez avoir l'occasion d'entendre souvent cette musique, lui expliqua-t-il, car c'est la fanfare qui annoncera nos victoires en Russie. » Il enchaîna aussitôt sur ses projets architecturaux : « Nous trouverons là-bas du granit et du marbre autant que nous voudrons [54]. »

Comme tant de fois auparavant, Speer resta sceptique. Un mois et demi après le début de l'offensive, alors que les forces allemandes avançaient encore à une vitesse foudroyante, il s'adressa à Fritz Todt, en sa qualité de responsable de l'industrie du bâtiment, pour lui proposer de mettre en sommeil toutes les constructions non indispensables à l'effort de guerre. Lorsqu'il en fut informé, Hitler exigea une fois de plus la poursuite immédiate de tous les projets architecturaux. Sans tenir compte des objections de Speer, il alla jusqu'à augmenter le nombre des trophées — blindés et armes lourdes — qui devaient orner la Grande Avenue, portant leur nombre à quelque deux cents. Lors d'un entretien qui eut lieu fin novembre 1941, il demanda instamment de commencer les travaux sans tarder : « Je n'attendrai pas la fin de la guerre pour ouvrir les chantiers. Ce n'est pas la guerre qui m'empêchera de réaliser mes projets [55]. »

Speer remporta néanmoins une victoire : l'Inspection générale des bâtiments, uniquement associée aux projets berlinois, changea de nom pour devenir le « *Baustab Speer* » (« état-major du bâtiment Speer »). Et, lorsque l'arrivée précoce de l'hiver russe ainsi que les destructions effectuées par les forces soviétiques au cours de leur retraite entraînèrent une situation catastrophique des transports et du ravitaillement, Speer proposa d'affecter la moitié de ses soixante-cinq mille ouvriers du bâtiment à la remise en état des réseaux routier et ferroviaire. En dépit des nouvelles catastrophiques qui se succédaient sans interruption, Hitler hésita quinze jours avant de donner son accord, non sans préciser que les programmes de construction ne devaient pas être retardés pour autant. Il profita également de l'occasion pour alimenter la jalousie de Speer en ordonnant de confier une tâche similaire au groupe de Giessler. Sur ce, Todt confia à Speer la réparation des routes et des infrastructures ferroviaires dans l'ensemble de l'Ukraine, tandis que Giessler était chargé du secteur des groupes d'armées Centre et Nord.

Fin janvier 1942, Speer se rendit à Dniepropetrovsk en avion pour inspecter ses « troupes ». A cause des constantes tempêtes de neige, le vol du retour dut être retardé à plusieurs reprises. Un jour, un groupe de blindés soviétiques effectua une percée jusqu'à quelques kilomètres seulement de son quartier général. La tentative de faire au moins une partie du chemin vers l'ouest en train s'enlisa dans l'immensité blanche où les congères atteignaient quatre mètres de haut. Malgré l'aide de centaines d'ouvriers qui s'efforçaient de dégager la route, plusieurs tentatives d'atteindre le terrain d'aviation échouèrent également ; une fois, ils errèrent si longtemps dans cet effrayant désert de glace et de neige que Speer fut atteint de gelures au second degré. Finalement, le 7 février, un avion l'emmena à titre de passager supplémentaire ; sa destination n'était toutefois pas Berlin, mais Rastenburg.

C'était la première fois que Speer voyait le quartier général du Führer. Lorsqu'il en repartit au bout de deux jours pour gagner Berlin par le train de nuit, rien n'était plus comme avant.

V

MINISTRE ET DICTATEUR DE L'ÉCONOMIE

Lorsque Speer débarqua à l'improviste à Rastenburg (Prusse-Orientale) le 7 février 1942, il crut d'abord que sa présence n'était pas souhaitée. Son arrivée fut aussitôt signalée mais, bien qu'il n'eût pas vu Hitler depuis plus de deux mois, il ne fut même pas convié à le saluer brièvement, alors que le dictateur avait toujours au moins un moment à lui consacrer. Le Führer était en conférence avec le Dr. Todt, lui expliqua-t-on ; par la suite, il apprit que leur entrevue était orageuse. De fait, tous les initiés étaient au courant des vives tensions qui opposaient depuis quelques mois Hitler à son ministre et qui avaient déjà occasionné au moins un affrontement sérieux.

Fritz Todt était indubitablement une des figures dirigeantes du Troisième Reich, bien qu'il n'eût jamais fait partie du cercle des intimes de Hitler. Comme Speer, il était issu d'une famille de la bourgeoisie fortunée du Bade-Wurtemberg ; comme lui, il avait été officier pendant la Première Guerre mondiale et avait fait ensuite des études d'ingénieur. Il avait adhéré au NSDAP dès 1922. Compte tenu de ses capacités et de son expérience professionnelle, Hitler l'avait nommé « Inspecteur général des routes du Reich » six mois après la prise du pouvoir ; à ce titre, Todt était notamment responsable de la construction des autoroutes, tâche à laquelle il se consacrait avec un grand sens de l'organisation, doublé de solides connaissances techniques et d'un certain respect de l'environnement. Au fil des années, il occupa divers postes importants ; son nom est surtout entré dans l'Histoire grâce à la célèbre « Organisation Todt » fondée en 1938, qui construisit d'abord la « ligne Siegfried » et ne tarda pas, après le début de la guerre, à employer une armée d'un million d'ouvriers. En mars 1940, Hitler le nomma ministre de l'Armement et des Munitions et l'année suivante, « Inspecteur général des ressources en eau et en énergie ».

Encore plus qu'à ses nombreuses et importantes fonctions, Todt devait son prestige au « respect proche de la vénération » que lui vouait

Hitler, sans oublier son caractère chaleureux et son intégrité personnelle. A elle seule, son apparence physique (ses admirateurs lui prêtaient un « profil de médaille romaine ») suffisait à le distinguer de la cohorte des intrigants aussi machiavéliques que plébéiens qui se trouvait à la tête du pays et en faisait un personnage respecté dans de nombreux cercles de la population[1]. Conscient de sa valeur et désireux de préserver sa dignité, il se tenait à l'écart des luttes pour le pouvoir et l'admiration sincère qu'il vouait à Hitler n'allait jamais jusqu'à la basse flagornerie dans laquelle se complaisaient les membres de la cour du dictateur. Typiquement, il vivait dans un modeste pavillon (un ancien poste des douanes) sur le lac de Hintersee, dans la région de Berchtesgaden ; pourtant, bien qu'il habitât dans le voisinage de Hitler, il ne fréquentait pas le Berghof, préférant garder son indépendance et son respect de soi. Bien plus que Speer qui se targuait volontiers de cette qualité, il représentait le type du « technocrate apolitique ». Les deux hommes entretenaient d'ailleurs d'étroites relations professionnelles, faites de respect mutuel. Pendant les démêlés de Speer avec Giessler, Todt lui avait écrit spontanément ce qui suit : « J'aurais peut-être pu vous aider à considérer que vos... problèmes sont liés aux circonstances ; peut-être auriez-vous pu tirer quelque réconfort de la position que je me suis forgée peu à peu, à savoir que, dans une conjoncture de cette importance, toute activité se heurte à une opposition, tout homme qui agit doit compter avec des rivaux, voire des adversaires : ce n'est pas que les êtres veuillent se combattre, mais la nature des tâches à accomplir et les circonstances les amènent à adopter des points de vue différents[2]. »

Contrairement à Speer, Todt n'était nullement porté à l'exaltation et s'il détonnait dans l'entourage de Hitler, c'était par son sens aigu des réalités. Lorsque l'arrivée précoce de l'hiver russe eut, non seulement stoppé l'avance allemande, mais aussi révélé l'éparpillement excessif des forces allemandes, il ne tarda pas, après une inspection du front, à tirer les conclusions qui s'imposaient. A plusieurs reprises, il tenta de convaincre Hitler, après l'échec de la stratégie de la guerre éclair, de mettre fin politiquement à une guerre qui, techniquement, était déjà perdue ; il se fit plus que jamais insistant le 29 novembre 1941, à la chancellerie de Berlin, lors d'une entrevue d'une froideur remarquable à laquelle assistait le maréchal von Brauchitsch. Le jugement de Todt était partagé par l'industriel Walter Rohland (dit « Panzer-Rohland »), lequel estimait qu'il n'était plus possible de gagner la guerre[3]. Hitler avait repoussé leurs arguments en arguant qu'il ne voyait « plus guère de solution *politique* », que la victoire n'était pas seulement une question d'armes et de matériel, mais avant tout de volonté ; comme Todt restait sur ses positions, Hitler avait brusquement mis fin à l'entretien. Il n'avait nullement l'intention de se laisser influencer par les remontrances de son ministre, comme en témoigne sa détermination d'intensifier la guerre sur tous les fronts, ainsi que la décision, prise une quinzaine de jours plus tard et sans raison impérieuse, de déclarer la guerre aux Etats-Unis — tous ces actes pouvant être interprétés comme des réactions de défi face à la situation désespérée que Todt lui avait décrite.

Ce 7 février, Todt ne regagna la salle commune du quartier général que peu avant minuit et il prit place non loin de Speer. Il paraissait très las et fatigué. Bien qu'il se fût peu auparavant confié à Speer et l'eût informé de son différend avec Hitler, il ne fit aucun commentaire sur l'entretien qu'il venait d'avoir avec le dictateur. Dans le cours de la conversation, « qui traînait quelque peu », il proposa à Speer une place dans l'avion qui devait le ramener à Berlin aux premières heures du jour ; Speer accepta avec reconnaissance. Lorsque Todt se retira pour la nuit, Speer ne le suivit pas, en dépit de sa fatigue, car il espérait toujours un quelconque signe de Hitler. Vers 1 heure du matin, un aide de camp vint lui annoncer que le Führer désirait le voir.

En entrant dans la pièce qui lui servait de bureau, Speer put constater que Hitler était lui aussi exténué et de mauvaise humeur. Il écouta sans un mot le rapport de Speer sur ses impressions de Dniepropetrovsk et ne s'anima un peu que quand ils abordèrent le sujet des constructions prévues à Berlin et à Nuremberg. Comme toujours, l'évocation de leurs projets architecturaux exerça une action souveraine ; Speer sentit renaître l'espoir de réaliser un jour ces plans qui n'existaient encore que sur le papier. Hitler ne lui donna congé que vers 3 heures du matin ; compte tenu de l'heure, Speer fit savoir qu'il ne profiterait pas de l'avion de Todt, puis il gagna sa chambre. Au petit matin, la sonnerie du téléphone le tira du sommeil. C'était le Dr. Brandt ; d'une voix bouleversée, il lui apprit que Todt venait d'être mortellement blessé dans un accident : l'appareil qui devait l'emmener à Berlin s'était écrasé peu après le décollage.

A la consternation et à l'affolement des premiers moments se mêlaient de sombres doutes. Il n'était effectivement pas exclu qu'il s'agisse d'un attentat. Il y avait trop de détails étranges, de concordances apparemment inexplicables : l'opinion, exprimée avec une insistance importune par le ministre, selon laquelle la guerre était perdue depuis l'échec subi aux portes de Moscou ; le « hasard » qui avait voulu que Speer fît à ce moment précis une première apparition au quartier général, après des mois d'absence ; sa longue « attente » d'une audience avec Hitler, à une heure avancée de la nuit et en dépit de sa grande fatigue ; le fait que Speer eût finalement renoncé à prendre cet avion ; enfin, les circonstances de l'accident lui-même. Il fut rapidement établi que le décollage s'était effectué normalement ; mais, alors que l'avion était encore visible de l'aérodrome, le pilote fit brusquement demi-tour et, comme il est de règle en cas de difficultés, essaya de se poser sous le vent. Juste avant qu'il n'atteigne la limite du terrain, une flamme jaillit à la verticale du fuselage, apparemment à la suite d'une explosion ; l'appareil fut projeté d'une vingtaine de mètres vers le bas et percuta le sol dans la direction opposée à celle du vol, tandis que l'on entendait plusieurs détonations ; l'appareil prit feu immédiatement. Lorsqu'il fut possible d'approcher de la carcasse, il ne restait des occupants que des restes calcinés [4].

La cause de l'accident ne fut jamais éclaircie. Hitler ordonna immédiatement au ministre des Transports aériens d'effectuer une enquête, mais la commission qui en fut chargée ne put pas davantage établir le déroulement exact de la catastrophe que les inspecteurs de la SS envoyés d'urgence à Rastenburg. La conclusion du rapport d'enquête était pour le moins étrange : « On n'a découvert aucun indice particulier permettant de conclure à un sabotage. Il est inutile de poursuivre les recherches [5]. »

L'hypothèse la plus souvent avancée est que le pilote, ou bien Todt lui-même, aurait par erreur déclenché le dispositif d'autodestruction dont tous les appareils opérant à proximité du front étaient équipés dans l'éventualité d'un atterrissage forcé en territoire ennemi. Il est incompréhensible que cette éventualité n'ait pas fait l'objet d'une vérification approfondie. En fait, comme son avion personnel était en réparation, Todt était venu à Rastenburg dans un Heinkel 111 mis à sa disposition par un ami, le maréchal Hugo Sperrle. Plusieurs mois après l'accident, l'on apprit d'ailleurs que l'avion de Todt n'était pas pourvu d'un tel dispositif.

Des rumeurs ne tardèrent pas à circuler. L'on soupçonnait soit Hitler, soit la SS, ainsi que, du moins en tant que complice passif, Speer lui-même. Hitler fut sans doute parmi les premiers à estimer que les circonstances de la mort du ministre avaient quelque chose de suspect et à ordonner une enquête ainsi que la mise en place d'« enregistreurs de vol » ; mais cela ne le disculpe nullement, car il pouvait fort bien s'agir de la manœuvre d'un politicien rompu à ces jeux. L'émotion qu'il manifesta en apprenant que l'avion s'était écrasé et plus encore lors de la cérémonie funèbre organisée dans la « salle des mosaïques » de la Chancellerie quelques jours plus tard — il était au bord des larmes — ne le lave pas de tout soupçon. La froideur de l'exécutant et la douleur du deuil étaient parfaitement compatibles chez un homme tel que Hitler ; au contraire, elles se fondaient dans la vision tragique du grand homme qui ne peut se permettre aucune émotion humaine et n'obéit qu'aux impératifs de sa « mission historique », comme il l'avait déjà démontré lors de l'assassinat de son ami Ernst Röhm. D'ailleurs, comme l'a fait observer Speer, Hitler avait retrouvé peu après l'accident une attitude « calme et stoïque ». Lors du déjeuner et du dîner de ce 8 février, auxquels Himmler et Speer étaient conviés, Hitler ne mentionna pas une seule fois Todt, comme en témoignent les *Tischgespräche* (« propos de table »). Au lieu de cela, il aborda les habituels thèmes généraux : la justice, les « calotins » et la « méprisable confusion culturelle » des Eglises chrétiennes. Il est également significatif que Hitler n'ait pas tardé à réagir avec « agacement, souvent même avec exaspération », dès que l'on abordait le sujet de l'accident ou critiquait les conclusions de la commission d'enquête, en justifiant son attitude par ces mots qui sonnent singulièrement faux : « Vous le savez, la perte de cet homme me touche trop, aujourd'hui encore, pour que je veuille en parler[6]. »

L'on ne peut exclure l'hypothèse que la SS de Himmler avait provoqué cet accident, au su ou à l'insu de Hitler. Peut-être supposaient-ils qu'en éliminant ce prophète de malheur ils rendraient service à un Hitler visiblement affecté par la première grande défaite de sa vie. Une motivation plus importante encore était que la SS avait intérêt à se débarrasser de ce rival devenu trop puissant dans le domaine de l'armement, dont elle cherchait précisément à prendre le contrôle vers cette époque. Quoi qu'il en soit, il faut noter que Himmler fut longuement reçu par Hitler peu de temps avant l'accident, le soir du 1er février et de nouveau le soir du 4 février, puis, cette fois en présence de Speer, le midi et le soir du 8 février. L'on peut considérer comme un indice supplémentaire le fait que Himmler, contrairement à ses habitudes, se déclara satisfait du rapport d'enquête cosigné par la SS — qui était pourtant fort peu substantiel. Autre circonstance singulière, Todt avait peu auparavant déposé dans son coffre-fort une somme assez importance qui devait revenir à sa secrétaire personnelle et collaboratrice de longue date, « pour le cas où quelque chose lui arriverait[7] ».

Il est certain que Speer lui-même ne peut être soupçonné de complicité directe. Malgré toute la volonté de puissance qui l'habitait, il avait préservé ne serait-ce qu'une partie de cet « idéalisme » qui le rendait incapable de ce genre d'« infamie commise de sang-froid ». Tout au plus pourrait-on retenir contre lui quelques vagues indices, son unique mobile éventuel étant les avantages supposés qu'il pourrait tirer de la disparition de Todt. Or, il est permis de douter que Speer considérait comme « avantageux » le fait de prendre la succession de Todt. Dès le printemps de 1939 et de nouveau au début de la campagne de France, Hitler lui avait demandé si, compte tenu de la surcharge de travail du « triple ministre », il accepterait de se charger d'une partie des tâches de Todt, en particulier celles qui touchaient au bâtiment, y compris la construction du mur de l'Atlantique. Chaque fois, Speer avait décliné cette proposition, en faisant valoir, argument qui convainquit apparemment Hitler, que le bâtiment et l'armement devaient rester dans une seule et même main, sans compter que Todt serait certainement ulcéré de voir diminuer ses prérogatives. A une occasion, Speer a d'ailleurs qualifié l'accusation de complicité de « pure absurdité[8] ».

Un aide de camp de la Luftwaffe décrit ainsi la réaction de Hitler lorsqu'il fut informé de l'accident : « Il était consterné et resta un long moment immobile. » Ensuite, il décida « de confier sans tarder la succession de Todt au professeur Speer[9] ». Lorsque Speer fut convoqué par Hitler vers 13 heures, il supposait naturellement qu'une partie plus ou moins importante des fonctions de Todt lui reviendrait. Il fut cependant stupéfait lorsque Hitler, qui l'avait reçu debout pour souligner le caractère officiel de l'entrevue, après avoir accepté ses condoléances avec raideur, se redressa puis lui annonça sur un ton solennel : « Monsieur Speer, je vous nomme ministre et successeur du Dr. Todt, vous le remplacerez dans toutes ses fonctions. » Sur ce, il lui tendit la main pour prendre congé, comme si l'affaire était entendue. Speer fit tout de même une timide tentative, en bégayant qu'il ferait tout son possible pour « remplacer le Dr. Todt dans sa charge de responsable de la construction », mais Hitler lui coupa la parole pour l'assurer de son entière confiance, en ajoutant qu'il pouvait à tout moment se référer à son autorité. Speer eut alors, comme il le dirait plus tard, « une des inspirations les plus brillantes de [sa] vie et certainement une des plus utiles ». Il demanda au Führer un ordre exprès « ne comportant rien moins qu'un engagement de soutien inconditionnel... qui lierait Hitler en personne ». Après un bref instant d'hésitation, pendant lequel il pesa visiblement « les conséquences à la vitesse de l'éclair », Hitler donna son accord[10].

Presque tous les observateurs ont estimé que c'était probablement la décision personnelle de Hitler la plus risquée et en même temps la plus heureuse, tout en se demandant pourquoi il avait précisément jeté son dévolu sur Speer. Il existait, ne serait-ce qu'au sein même du ministère de Todt, plusieurs spécialistes de l'armement plus jeunes que Speer, des hommes actifs et compétents et qui, de plus, jouissaient de la confiance de Hitler. Speer par contre était dans une grande mesure un profane dans presque tous les domaines dont il avait maintenant la responsabilité, qu'il s'agît de l'ingéniérie, de l'armement proprement dit, ou de la gestion de l'énergie, pour n'en citer que quelques-uns. Mais ce manque d'expérience était précisément un avantage aux yeux de Hitler qui avait toujours éprouvé une méfiance quasi viscérale à l'égard des « spécialistes » et chantait volontiers les louanges du dilettante à l'imagination fertile. Un autre fait jouait en sa faveur : Speer n'exerçait aucun pouvoir politique et n'était soutenu par aucune clique, de sorte que Hitler pouvait se dire qu'il aurait toujours le dernier mot en matière d'armement, comme c'était déjà le cas depuis longtemps en ce qui concernait les décisions militaires. L'image qu'il s'était faite de Speer ne pouvait que renforcer cette impression : il croyait le connaître suffisamment bien pour supposer que, contrairement à Todt, connu pour son obstination, il serait un « instrument... docile » au service de ses desseins[11]. Depuis l'achèvement de la nouvelle chancellerie dans un délai record, il ne jurait que par les extraordinaires capacités de planificateur de Speer — et il avait réalisé que les difficultés que connaissait l'économie de guerre étaient attribuables pour une part non négligeable au chaos administratif et aux querelles d'attributions de plus en plus inextricables, situation qui, depuis la tragédie hivernale aux portes de Moscou, menaçait sérieusement la capacité opérationnelle sur le front Est. Hitler avait bon espoir que Speer, notamment dans le domaine de l'organisation et surtout s'il était soutenu par l'autorité du Führer, serait capable d'effectuer le tournant décisif dont dépendait le succès ou l'échec de la guerre.

Speer lui-même n'était nullement certain d'être à la hauteur de ses nouvelles fonctions et il ne savait trop s'il devait se réjouir de cette promotion. Il se savait peu doué pour les relations humaines et les discours et craignait en outre que la décison de Hitler ne mît un terme à tous ses rêves architecturaux, en tout cas pour de longues années. Qui plus est, il n'avait pas oublié le jugement, mûrement réfléchi et étayé par des statistiques, de Todt sur la vanité totale d'une guerre perdue d'avance. Pourtant, son ambition finit par balayer toutes ces considérations. Speer prétendit par la suite qu'il n'était définitivement « entré en politique » qu'au début de 1943. En réalité, il franchit le pas au plus tard ce 8 février 1942 — non seulement parce qu'il ne pouvait que céder aux instances du dictateur tout-puissant mais aussi parce que Hitler avait éveillé en lui le désir de devenir lui aussi un « acteur du processus historique ». « Je me souviens encore, écrira-t-il, du sentiment de puissance qui m'emplissait lorsque ma signature me permettait de disposer de milliards et de diriger des centaines de milliers d'hommes vers tel ou tel chantier[12]. » Bien qu'il eût l'habitude de penser en signes et en symboles, il ne se souciait guère du fait que, pour la deuxième fois de sa carrière, il devait sa promotion à la mort d'un autre homme ; cela fait partie du pacte avec le diable, a écrit un commentateur à ce propos et Speer lui a donné raison[13].

Hitler avait donc signifié à Speer que l'entretien était terminé, mais, alors que celui-ci s'apprêtait à sortir, on annonça l'arrivée de Göring. Le maréchal était venu en toute hâte de sa chasse de Rominten, en Prusse-Orientale, pour être parmi les premiers à bénéficier du partage de l'héritage de Todt. En sa qualité de directeur du plan quadriennal, il s'était toujours estimé responsable de l'économie de guerre, ce qui avait inévitablement entraîné des frictions avec Todt, d'autant que le ministre était, en plus de ses autres attributions, chargé des travaux publics *dans le cadre* du plan quadriennal. Göring voulait profiter de l'occasion pour récupérer au moins cette prérogative. Mais, à peine eût-il terminé sa grande tirade de condoléances, en cachant mal son avidité, que Hitler lui annonça sèchement qu'il avait déjà nommé Speer à toutes les fonctions auparavant exercées par Todt.

Le lendemain soir, Speer regagna Berlin. Avant même son départ, il avait eu un avant-goût du terrain dangereux sur lequel il s'aventurait. Un cadre supérieur du ministère, Konrad Haasemann, arriva au quartier général sans être annoncé, pour l'initier au fonctionnement et à la hiérarchie de cette administration et l'informer des rivalités en son sein. Excédé, Speer l'éconduisit presque aussitôt. Le lendemain matin, nerveux et fatigué après une nuit de train, Speer arriva au ministère de Todt, Pariserplatz et donna d'emblée une preuve de son style très personnel et de son mépris du protocole. Au lieu de les recevoir l'un après l'autre dans son bureau, en respectant scrupuleusement l'ordre hiérarchique, il alla lui-même de porte en porte pour se présenter à ses principaux collaborateurs. Ce témoignage d'humilité un peu trop transparent ne suffit pas à tempérer les réserves que nourrissaient à son égard les fonctionnaires du ministère, surtout les plus haut placés. Il prit une mesure qui fut mieux accueillie en intégrant le « Baustab Speer » à l'« Organisation Todt ». Presque tous regrettaient, à en croire leurs témoignages ultérieurs, le caractère chaleureux de Todt. Lorsque Speer réunit ses futurs collaborateurs dans la cour du ministère pour se présenter et leur demander de lui faire confiance, un des principaux conseillers de Todt, le dirigeant du service des travaux publics Xavier Dorsch, lui fit la morale en déclarant sans ménagements dans sa réponse à l'allocution de Speer : « Le Dr. Todt jouissait de notre entière confiance. La confiance ne vient pas toute seule, elle se mérite [14]. »

Pendant ces premiers jours, Speer dut faire face à diverses tentatives de morceler l'empire de Todt, ce qui allait à l'encontre des instructions formelles de Hitler. Le ministère de l'Economie voulait mettre la main sur la production d'énergie. Ley voulait récupérer au nom du parti l'Office central de la technologie. Avant la nomination de Speer, une réunion avait été prévue pour le 13 février au ministère de l'Aviation ; des représentants des trois armes de la Wehrmacht et de l'industrie devaient y examiner tous les problèmes relatifs à l'armement. Après avoir tenté en vain d'ajourner la conférence, Speer s'était adressé à Hitler et lui avait rappelé sa récente promesse de lui apporter son soutien total. Hitler lui conseilla, en cas de difficultés, de suspendre la séance sans autre forme de procès et d'envoyer les participants à la chancellerie où il leur dirait tout ce qui était nécessaire.

Le soir précédant la réunion, Göring fit savoir à Speer qu'il désirait le voir. Témoignant d'une amabilité inhabituelle, le Reichsmarschall proposa au nouveau ministre un marché qu'il aurait déjà conclu avec Todt : cet accord stipulait, expliqua-t-il, que le ministre de l'Armement, en l'occurrence Speer, ne pourrait prendre aucune décision empiétant sur le plan quadriennal. Comme ledit plan concernait tous les aspects de l'économie, ce que Göring lui proposait n'était rien moins qu'une capitulation ; Speer n'ignorait pas, d'ailleurs, que l'accord conclu avec Todt avait suscité de nombreux et parfois violents désaccords. Plus habile que son prédécesseur, Speer discourut longuement et avec une affabilité égale à celle de son interlocuteur, tournant en quelque sorte autour du pot et détournant la conversation dès que Göring essayait d'en venir aux faits ; il s'abstint de tout engagement et, pour finir, refusa de signer le document que Göring avait fait préparer.

Le lendemain à l'heure convenue, Speer se rendit au ministère de l'Aviation, situé dans la proche Leipziger Strasse. Le secrétaire d'Etat compétent, le Feldmarschall Erhard Milch, présidait la séance. Il ouvrit les débats en faisant un bref exposé. Plusieurs intervenants déplorèrent la définition chaotique des responsabilités qui entraînait une succession d'ordres et des contrordres, la rivalité entre les trois armes de la Wehrmacht, ainsi que les changements constants dans la détermination des priorités. Ensuite, lors d'interventions habilement dosées et manifestement concertées, d'autres participants soulignèrent la nécessité d'une administration rigoureuse et centralisée de l'économie de guerre. Sur ce, le ministre de l'Economie Walter Funk se leva pour déclarer, « au nom de tous », que nul n'était mieux qualifié pour cette tâche difficile qu'Erhard Milch. Avant même que Funk eût terminé, Speer murmura à l'oreille de Milch qui était assis à côté de lui, que Hitler allait convoquer tous les participants dans la salle du Conseil des ministres. Milch eut suffisamment de présence d'esprit pour refuser la proposition de Funk. Speer prit alors la parole, pour annoncer aux participants que le Führer voulait leur parler, non sans ajouter que ces débats avaient été vains : la décision concernant la direction de l'industrie de guerre avait déjà été réglée par sa nomination, « car toutes ces questions entreraient probablement dans [ses] attributions[15] ».

Peu après, Hitler lui-même tint à peu près le même langage, après avoir été brièvement informé de la situation par Speer qui lui donna quelques repères pendant que les autres gagnaient leurs places. Il parla une heure durant, déclarant qu'il était favorable à une attitude d'ouverture, libre de tous préjugés, à l'égard de l'industrie et du corps des ingénieurs, évoqua les difficultés que connaissait l'industrie de l'armement, lesquelles ne pouvaient être résolues que grâce à une simplification de l'organisation et à une rationalisation des armes, alors que l'augmentation de la production de matériel militaire était d'une importance vitale. Il était « scandaleux », précisa-t-il, que l'on n'ait toujours pas réussi à faire venir de la main-d'œuvre des territoires occupés — « n'importe quel abruti » en serait capable. « Tout cela se fera, ajouta-t-il. Sans quoi, je me tirerais une balle dans la tête[16] ». Ensuite, il fit l'éloge de Speer et de son organisation du bâtiment et demanda instamment aux assistants d'apporter leur entier soutien au nouveau ministre. Après leur départ, il conseilla à Speer de ne pas trop se préoccuper des bureaucrates tatillons et de s'en tenir plutôt aux pratiques de l'industrie. Speer profita de l'occasion pour attirer l'attention de Hitler sur le fait que les spécialistes dont il avait l'intention de s'entourer se tenaient souvent à l'écart de la politique ; il ne pourrait cependant mener sa mission à bien que si le parti n'inquiétait pas ses collaborateurs. Lorsque Hitler se montra compréhensif et prononça son habituel « D'accord ! », Speer avait du même coup réussi à neutraliser son adversaire le plus acharné, Bormann, qui voulait imposer la prédominance du parti dans l'industrie, comme partout ailleurs.

Ce n'était pas tout. Apparemment désireux d'étendre à tout son appareil la position privilégiée qui lui était consentie depuis toujours, Speer fit un pas de plus. Sans tenir compte des objections du ministre de la Justice et du chef de la chancellerie, et à la vive indignation de Göring, il soumit quelques jours plus tard à Hitler un projet de « décret pour la protection de l'industrie de l'armement ». Ce décret prévoyait des sanctions sévères — de la prison à la peine de mort — pour quiconque donnait de fausses indications sur les besoins de main-d'œuvre, de machines ou de matières premières, ou stockait frauduleusement des matériaux. Il prévoyait en outre que d'éventuelles poursuites pénales ne pourraient être engagées que sur la demande expresse du ministre de l'Armement, autrement dit en passant outre aux prérogatives de l'administration judiciaire. Par la suite, Speer étendit les dispositions de ce décret sans précédent dans l'histoire de l'industrie de l'armement à l'ensemble de l'industrie du bâtiment. Il faut préciser que, pour autant que l'on sache, aucune poursuite ne fut jamais engagée au titre de ce décret et ce, jusqu'à la fin de la guerre [17].

En l'espace de quelques jours, le nouveau ministre, pourtant dénué de toute expérience politique, avait fait ses preuves et en quelque sorte terminé son noviciat. Par la suite, son assurance ne fit que croître. Comme l'a fait observer un de ses principaux « commissaires à l'économie », il prit « les rênes à la vitesse de l'éclair et avec une hardiesse souveraine [18] ». Très vite, il vint à bout des diverses cabales rivalisant pour le pouvoir et neutralisa la plupart de ses adversaires potentiels par d'habiles manœuvres ; en prime, son incroyable confiance en soi lui valut le respect des dirigeants de l'industrie. Tout aussi rapidement, il maîtrisa avec une habileté consommée les arts de « la dissimulation, de l'hypocrisie, de la duplicité et sut tirer parti des sautes d'humeur de Hitler [19] » — à croire qu'il avait changé de personnalité en accédant à ces nouvelles fonctions, encore que certains estiment au contraire que sa véritable nature s'était alors révélée.

A l'occasion de la première conférence qu'il convoqua, qui constituait en fait la deuxième séance de la réunion du 13 février, Speer fit encore un pas de plus et sidéra les participants par une exigence d'une arrogance sans précédent. Il fit circuler autour de la table une procuration qui plaçait l'ensemble de l'industrie de l'armement « sous une autorité unique, la [sienne] [20] » et il demanda à tous les assistants de contresigner ce document. Après un moment de réflexion mêlée de stupeur, Milch signa le premier, suivi par Friedrich Fromm, commandant en chef de l'armée de réserve, puis par le général Georg Thomas, chef du bureau de l'armement et des questions économiques de l'OKW (Oberkommando West : Haut Commandement Ouest) et par le général von Leeb, chef de la Direction de l'armement et du matériel de l'armée de terre. Le ministre de l'Economie Walter Funk, les industriels Albert Vögler et Wilhelm Zangen firent de même, bientôt suivis par les autres. Par contre, l'amiral Karl Witzell, directeur des services d'armement de la Marine, ne donna son accord qu'après avoir longuement hésité et en émettant des réserves. Avec une feinte innocence, Speer justifia sa façon inhabituelle de procéder par sa connaissance insuffisante des rituels de l'Administration, argument dont il se servirait à de nombreuses reprises. Autre exemple de ses pratiques non orthodoxes : pour endiguer l'incessant flot de courrier, il fit confectionner un tampon portant la mention « Retour à l'envoyeur. Non essentiel à l'effort de guerre ! » Après son « opération signature », il confia à l'un de ses collaborateurs que cela lui donnait « d'ores et déjà davantage de pouvoirs que Todt n'en [avait] jamais possédés[21] ».

Speer était conscient de la difficulté de la tâche à laquelle il s'attaquait : il s'agissait rien moins que de transformer un ministère relativement modeste et pas particulièrement influent en une machine capable de contrôler tous les aspects de l'économie de guerre. Pour commencer, il dut une fois de plus apaiser un Göring outré par les « fantoches et les lâches » qui l'entouraient : en signant ce document, « qui plus est sans en référer », ils avaient sapé son autorité, lui retirant d'importantes reponsabilités qui étaient jusqu'alors de sa compétence et ruiné sa position et son prestige. Au cours d'un entretien rendu particulièrement pénible par la vanité et par la susceptibilité de Göring, Speer assura ce dernier qu'il n'avait en aucune façon l'intention de réduire ses attributions et il se déclara finalement prêt à mener à bien ses tâches « *dans le cadre* du plan quadriennal ». Dans la forme, c'était plus que Göring n'en demandait, mais dans les faits c'était moins. Speer avait appliqué le principe qu'il respecterait toujours à l'avenir et qui reflétait fidèlement les maximes de Hitler sur l'art de gouverner : céder sur toutes les questions de pure forme, tout faire pour ménager la suffisance et la susceptibilité de l'interlocuteur, mais éviter soigneusement toute description trop précise des droits et des obligations, afin de disposer d'une grande marge de manœuvre permettant d'agir presque à sa guise[22]. Le 1er mars, Göring, très content de lui, signa le document qui préparait sa mise à l'écart.

De fait, au moment où Speer prit la succession de Todt, l'industrie de l'armement souffrait de nombreux maux, attribuables à deux causes principales. En premier lieu, le concept cher à Hitler de la « guerre éclair », consistant à mener une série d'opérations ponctuelles d'une extrême violence ; au début de la guerre, cette stratégie lui avait d'ailleurs permis de remporter une succession de victoires qui stupéfièrent le monde. La production de matériel militaire n'était pas maîtrisée, car la nature même de ce concept exigeait de l'industrie une grande adaptabilité, en augmentant la production dans tel secteur et en la diminuant ailleurs, selon les besoins du moment. Hitler était resté fidèle à cette stratégie même en préparant l'offensive à l'est, certain de pouvoir détruire la Russie en l'espace de quelques mois, comme le proverbial « château de sable » dont il était souvent question au QG du Führer. Au début de 1941, la production de matériel militaire était par conséquent ralentie, ne dépassant pas un tiers environ de la capacité de production. Mais lorsque l'offensive allemande s'enlisa dans l'hiver russe, Hitler se rendit compte que cette stratégie avait abouti à un échec. La guerre éclair avait abouti à un conflit de longue durée, avec des exigences totalement différentes en matière d'armes et de matériel. Mais pour l'indispensable reconversion, il aurait fallu à la machine de guerre nazie une souplesse et un esprit de décision qui lui faisaient défaut.

La deuxième cause de cette situation était étroitement liée à la première. Elle avait pour origine la volonté de Hitler de ne pas soumettre la population allemande à des privations ou efforts excessifs. Il n'avait pas oublié la leçon traumatisante de 1918, lorsque les masses exténuées et à bout de patience étaient descendues dans la rue et avaient réussi à renverser un ordre séculaire. A cela se mêlait sans doute chez Hitler une vague conscience de la fragilité de son pouvoir et de son caractère « illégitime » ; il savait combien il était difficile, selon ses propres termes, de « contraindre à la grandeur » un peuple timoré, sans oublier la crainte des fluctuations d'une opinion créée artificiellement et que seuls des efforts de propagande répétés réussissaient à mobiliser en permanence.

Mis à part quelques reconversions et aménagements mineurs, l'industrie continuait à fonctionner comme en temps de paix. Par contraste avec la Grande-Bretagne, où Churchill avait exigé des sacrifices croissants avec une détermination farouche et bientôt aussi avec les Etats-Unis, la production de biens de consommation n'avait pratiquement pas été réduite en Allemagne, le travail des femmes restait un phénomène marginal en dépit du manque croissant de main-d'œuvre, il était d'ailleurs loin d'atteindre le niveau de la Première Guerre mondiale. Même dans les usines d'armement, le travail par équipes n'avait fini par s'imposer qu'au début de l'année 1942 ; lorsque Speer visita un soir une grande manufacture d'armes berlinoise, les machines étaient arrêtées et les halls étaient vides.

Le manque de coordination ainsi que la rivalité constante entre les diverses instances, causant un désordre proche de l'anarchie dans le fonctionnement de l'économie, avaient sans doute des conséquences encore plus désastreuses. Pas moins de cinq services publics exerçaient leur autorité dans le domaine de l'industrie de guerre : l'administration du plan quadriennal de Göring, le ministère de l'Economie, le ministère du Travail, l'OKW et pour finir l'appareil ministériel de Speer lui-même. Sans compter que chacun des « bureaux de l'armement » des trois armes de la Wehrmacht tentait d'imposer son programme, avec pour objectif d'assurer en priorité ses propres besoins ; c'était « comme dans une boulangerie », a pu dire Speer à ce propos, où chacun veut autre chose et veut être servi le premier [23].

Cette pagaille ne faisait d'ailleurs que refléter le désordre des compétences caractéristique de tous les aspects du régime. Contrairement à une opinion très répandue, le régime national-socialiste était tout sauf le bloc monolithique qu'il prétendait être, mais bien plutôt ce « chaos au pas cadencé » qu'un observateur perspicace avait déjà décelé dans le Reich impérial [24]. Aucun office central n'était responsable de la répartition des matières premières, aucun service n'était chargé de fixer des priorités, aucun bureau ne veillait à la standardisation des munitions et des armes, tandis que les transports militaires eux-mêmes relevaient du ministère des Transports. Un dirigeant de l'industrie a déclaré qu'au cours de ces années il avait parfois l'impression que le Reich s'était engagé dans une guerre mondiale sans être vraiment gouverné.

Cette confusion n'était pas entièrement due au hasard et pas davantage spontanée. Elle correspondait en effet au darwinisme social de Hitler, à cette théorie de la sélection naturelle selon laquelle les affrontements et rivalités internes permettaient aux plus forts de triompher. En outre, ce désordre anarchique répondait parfaitement à son objectif qui était de subordonner tout l'appareil de l'Etat à une autorité unique, dont la loi ultime n'était autre que sa propre volonté. Il est significatif à cet égard que Hitler n'allait presque jamais au siège du gouvernement et ne convoquait pas davantage le Conseil des ministres. En revanche, il lui arrivait à maintes reprises, en recevant de quelconques invités, d'obéir à une impulsion soudaine en leur donnant des pouvoirs qui empiétaient sur ceux d'autres personnes ou instances, de sorte qu'il lui arrivait de demander avec surprise qui avait pris telle ou telle décision. Ou alors, il refusait de recevoir un dignitaire qui avait perdu sa faveur, par exemple le ministre de l'Economie Funk, un faible qui n'arrivait pas à imposer ses décisions ; bien d'autres — y compris Göring qui, en tant que responsable du plan quadriennal, dirigeait une sorte de « centre de commandement de l'économie globale » mais qui se distinguait par ses excentricités vestimentaires et autres bizarreries — furent en butte au déplaisir du dictateur, même lorsque cela allait à l'encontre des nécessités de l'heure. Comme l'écrit avec justesse un observateur, « le terrain... tout entier n'était qu'un bourbier [25] ». Dès novembre 1941, le ministre de l'Economie avait déclaré qu'en l'état actuel des choses aucune augmentation de la production globale n'était envisageable ; la résignation et le fatalisme affiché de Todt s'expliquaient en grande partie par la certitude qu'il menait un combat sans issue, pour lequel il usait en vain ses forces.

Il est étonnant de constater avec quelle rapidité Speer parvint à s'orienter dans le labyrinthe de compétences, de chiffres et de rapports contradictoires. « J'avais une idée précise des principes essentiels que je voulais appliquer » pour « conduire la production d'armements au succès », a-t-il écrit dès le début, ce qui exigeait en fait de réorganiser le pays entier en vue d'une économie de guerre[26]. Il savait qu'il lui faudrait prendre des mesures radicales dès le départ, tant que sa force et sa position restaient intactes et il était conscient que le temps travaillait, non seulement contre lui, mais contre toutes les forces du pays engagées dans la guerre. Après les graves pertes subies sur le front russe au cours de l'hiver et l'entrée en guerre des Etats-Unis, tout atermoiement aurait des conséquences désastreuses. Son opinion maintes fois répétée était que seule une mobilisation totale de toutes les forces et ressources du pays pourrait conduire à une issue victorieuse de la guerre avant l'arrivée d'un second hiver russe ; autrement, ajoutait-il, reprenant à son compte les prophéthies pessimistes de Todt, « nous l'aurons perdue une fois pour toutes ». L'organigramme qu'il mit au point dix jours seulement après son entrée en fonctions prévoyait certaines réformes pour lesquelles Todt avait déjà reçu les pleins pouvoirs à la fin du mois de janvier[27]. Le principal avantage de Speer sur son infortuné prédécesseur était qu'il pouvait compter sur l'appui total du Führer. Comme jadis face aux projets audacieux de son ami architecte, Hitler observait maintenant avec un mélange de joie et d'émerveillement ému l'énergie et l'efficacité avec lesquelles Speer s'attelait à la tâche, comme s'il avait fait cela toute sa vie durant.

Son idée de départ était de diviser toute l'industrie de l'armement en catégories correspondant à des systèmes d'armes tels que blindés, avions, pièces d'artillerie, véhicules sur rails, etc., et de placer à la tête de chacune de ces sections une « commission » qui portait la responsabilité du produit fini. Il créa en peu de temps treize de ces commissions, auxquelles étaient adjoints des « anneaux » responsables des livraisons de matières premières, de pièces détachées, de fournitures diverses et des moyens de transport. Il nomma à la tête de l'ensemble de ces commissions Karl Otto Saur, homme au tempérament volcanique qui avait déjà exercé de hautes fonctions dans l'organisation de Todt ; la direction générale des « anneaux » revint à Walter Schieber, lui aussi un ancien collaborateur de Todt et, selon la description d'un collègue, véritable « taureau débordant d'énergie et de puissance de travail[28] ».

Le point essentiel était que Speer avait placé à la tête de ces services, non des fonctionnaires ou des bureaucrates militaires, mais des industriels, ingénieurs ou techniciens confirmés : des hommes de terrain, habitués à penser en termes de résultats. Comme par miracle, la bureaucratie tournant à vide, les incessantes querelles d'attributions et l'esprit de corps égoïste furent remplacés par le libre échange des idées et des expériences, par une rationalisation de la fabrication et une normalisation des produits et fournitures, le tout autorisant une fructueuse division du travail et évitant d'inutiles développements parallèles. En dernière analyse, le principal objectif de la structure mise en place par Speer était de supprimer le système inutilement compliqué des autorisations multiples et des contrôles exercés par les divers ministères et les bureaux de l'armement des armées, de donner ainsi à l'industrie une plus grande souplesse tout en lui évitant de coûteuses pertes de temps. Speer avait également décrété qu'aucun chef de service ne devait avoir plus de cinquante-cinq ans, car à cet âge, se plaisait-il à répéter, la « présomption et la routine » se sont installées ; en ce qui concernait leurs adjoints, quarante ans était déjà considéré comme un maximum.

Speer, qui avait fondé son nouveau système d'organisation sur le principe de l'« autonomie de l'industrie », n'en était d'ailleurs pas l'inventeur. Des premières mesures allant dans ce sens avaient déjà été prises par son prédécesseur, en étroite collaboration avec le « patron de l'aviation » Erhard Milch qui lui-même avait emprunté cette idée à Walter Rathenau, le grand organisateur juif de l'économie de guerre allemande pendant la Première Guerre mondiale. L'unique élément réellement nouveau était l'impétuosité avec laquelle Speer s'attaqua à cette tâche. Sa façon péremptoire d'engager ou de congédier des collaborateurs, d'attribuer ou de retirer des responsabilités, coupait le souffle à tous ceux qui étaient concernés. L'on en trouve un écho dans le compte rendu d'une conférence organisée le 23 mars 1942 par le Bureau de l'armement et de l'économie de l'OKW : « Aujourd'hui, seul Speer a le pouvoir de décision. Il peut intervenir dans tous les services. Et il se situe d'ores et déjà au-dessus de tous les ressorts... Le chef du bureau estime que nous devons absolument nous intégrer à l'organisation Speer ; sans quoi, Speer n'en fera qu'à sa tête. Sans oublier, dans l'ensemble, l'optique pragmatique de Speer [29]. »

Comme en témoignent clairement ces remarques, l'action de Speer dépassait les limites de son ministère et cela, dès le début. L'instrument qu'il avait créé à cet effet était un triumvirat baptisé « Office central de planification ». Comme sa position ne l'autorisait pas à donner des instructions aux autres ministères, il avait d'abord songé à créer un comité de contrôle de plusieurs membres qui serait responsable de la répartition des matières premières, non seulement entre les diverses branches de l'industrie de l'armement, mais aussi entre l'économie de guerre et l'économie civile et dont les décisions seraient sans appel. En ce qui concernait la direction de cette « instance ultime », il ne doutait pas de pouvoir imposer son autorité aux autres membres. Au terme de nouvelles délibérations, il finit par abandonner ce concept et décida d'assurer lui-même, avec Erhard Milch, la direction de l'« Office central de planification ».

Avant de pouvoir concrétiser ce projet, il dut une fois encore apaiser Göring qui, en sa qualité de délégué au plan quadriennal, exerçait jusqu'au début de la guerre une fonction similaire, mais qui avait gaspillé ses chances à force de léthargie. Le 3 mars, Speer, accompagné de quelques collaborateurs dûment respectueux, rendit donc visite à Göring dans sa résidence de chasse de Karinhall, située à quelque soixante-dix kilomètres de Berlin dans une lande nommée la Schorfheide. Après une brève entrée en matière, il informa Göring que le Führer l'avait chargé de constituer un service responsable de la planification économique générale. Il n'est toujours pas établi avec certitude s'il avait effectivement été chargé d'une telle mission ; quoi qu'il en soit, aucun document connu n'en fait état [30]. Toujours est-il que Speer mit en œuvre les tactiques de mystification qu'il avait si rapidement maîtrisées et qui, compte tenu des circonstances, pouvaient seules conduire au succès. Finalement, le puissant Göring, qui avait vu fondre semaine après semaine tous ses pouvoirs en matière de politique économique, ne put que s'incliner. Il posa toutefois une condition : son secrétaire d'Etat Wilhelm « Billy » Körner devrait faire partie du directoire. Au terme de négociations opiniâtres, Speer donna son accord, d'ailleurs sur le conseil de Milch. Par la suite, il expliqua au général Thomas que l'Office devait jouer dans le domaine économique le même rôle que l'état-major général dans la conduite de la guerre. Quelques jours plus tard, Hitler confirma par décret la création de l'Office central de planification en tant qu'« instance supra-ministérielle ».

Dans l'ensemble, la structure mise en place par Speer n'était guère plus transparente que le système antérieur. Les fonctions de plusieurs collaborateurs se recoupaient, d'autres exerçaient plusieurs fonctions ; en particulier, de nombreux spécialistes auxquels il avait fait appel étaient actifs à la fois au sein des « commissions » et des « anneaux ». De surcroît, la séparation mal définie entre production de guerre et économie civile créait une situation confuse et de constantes querelles d'attributions. Mais ce n'était pas nécessairement un mal. Depuis son entrée en fonctions, Speer avait appris une importante leçon : plus une organisation paraît compliquée et indéchiffrable de l'extérieur, plus il est facile de désarmer les critiques et de repousser les ingérences, de tirer personnellement toutes les ficelles et de faire passer ses décisions pour des « marques de faveur » auprès des intéressés. Pour la même raison, Speer ne s'entoura d'aucun secrétaire d'Etat, se chargeant lui-même de la répartition des tâches et des contrats, des vérifications et contrôles, de sorte que son ministère demeurait une petite structure d'une grande souplesse. Le nombre de fonctionnaires qui y étaient directement attachés dépassait rarement les deux cents — auxquels il fallait toutefois ajouter une gigantesque armée de plus de dix mille consultants, souvent à titre honorifique, industriels et techniciens. Il qualifiait cette façon de procéder, dans laquelle il ne tarda pas à passer maître, d'« improvisation organisée [31] ».

Grâce à cette étrange mixture de direction centralisée, de bureaucratie limitée à l'essentiel et de responsabilité élargie qui caractérisait son organisation, Speer avait créé une sorte de contre-modèle de la structure de commandement hyperorganisée caractérisant l'Administration et l'Etat nationaux-socialistes. Il alla même plus loin, en demandant l'abolition du principe de méfiance généralisée propre au régime et de faire davantage confiance, non seulement à l'industrie, mais à la population dans son ensemble. Il espérait pouvoir diminuer du même coup un appareil de surveillance hypertrophié et labyrinthique qui employait quelque trois millions de personnes, dont une partie pourrait alors travailler pour l'industrie de l'armement. En fin de compte, il n'obtint pas gain de cause, car ces conceptions remettaient en question la nature même du régime. Néanmoins, il put par la suite se prévaloir du fait qu'avec son principe de l'« autonomie de l'industrie » il avait suivi une voie diamétralement opposée à celle de l'ennemi : alors que la Grande-Bretagne et, moins systématiquement, les Etats-Unis pratiquaient les méthodes de l'économie planifiée, ou du moins établissaient des structures autoritaires, il s'efforçait de réveiller l'esprit d'initiative et l'imagination des entrepreneurs et de rétablir une sorte de « mode de travail démocratique [32] ». En réalité, l'industrie « autonome » restait soumise à une autorité supérieure. L'avantage était que, au lieu de dépendre d'un ensemble chaotique d'instances dirigeantes, elle n'était plus soumise qu'aux directives du ministère de Speer.

Au bout d'un temps relativement court, Speer déclara que la réorganisation de l'industrie de guerre était chose faite ; pourtant, comme dans une sorte d'ivresse, il continuait inlassablement à effectuer des réformes. Au début, la compétence de ses commissions se limitait à l'armée de terre. Faisant valoir que seule son extension à toutes les armes de la Wehrmacht permettrait une amélioration sensible de la production d'armements, il décida le 20 mars d'étendre le principe de l'« autonomie » à la Marine, du moins en partie. Le problème de l'armée de l'air était plus complexe. En termes de valeur, son armement représentait près de 40 pour cent du budget total et la Luftwaffe s'était déjà dotée d'un « comité de l'industrie », anticipant ainsi sur le système développé par Speer et en fait déjà établi par Todt. Cela n'empêcha pas Speer de poursuivre sa politique de conquêtes dans de nombreux domaines, par exemple en s'attribuant certaines fonctions qui étaient jusqu'alors du ressort du ministère de l'Economie de Funk, ou bien en prenant le contrôle de l'« inspection des armements » dans les territoires occupés (il l'exerçait déjà dans une grande mesure au sein du Reich) ; il arracha de surcroît au « ministre de l'Est » Rosenberg, d'abord le contrôle des transports (en sa qualité d'« inspecteur général de la voirie »), puis celui des constructions (qu'il intégra au « Baustab Speer »). Le 7 mai, il réussit à obtenir la dissolution du Bureau de l'armement et de l'économie de l'OKW sous sa forme existante, dont il reprit les principales attributions. De même, il imposa au ministre des Transports comme secrétaire d'Etat un homme de confiance en la personne de Theodor Ganzenmüller et, un peu plus tard, plaça un de ses collaborateurs à l'« Office du Fer et de l'Acier » qui appartenait une fois encore au domaine du malheureux Göring. Et ainsi de suite. « Speer, je signerai tout ce qui vient de vous », lui assura Hitler vers cette époque. Personne n'avait encore obtenu du dictateur une pareille « carte blanche [33] ».

Par la force des choses, l'insatiable avidité de Speer et les succès qu'il remportait lui valurent de nombreux adversaires. Göring grondait, Funk et Rosenberg étaient ulcérés, sans oublier Bormann qui n'avait pas oublié sa défaite du 13 février. La Wehrmacht était furieuse et la Marine était contrariée de ne pas être représentée à l'Office central de planification. Même au sein de son propre ministère, d'aucuns déploraient vivement les limitations apportées à leur action par le principe d'« autonomie ». Les anciens collaborateurs de Todt se sentaient particulièrement désavantagés ; dans la « Chronique », Wolters donne la mesure de leur mécontentement en écrivant qu'il s'attendait à ce qu'une réunion du personnel qui avait précisément pour objet de metre fin aux tensions au sein du ministère, dégénère en « bataille de salon [34] ». Enfin, de nombreux cadres du parti, se souvenant de leurs anciennes convictions « socialistes », voyaient d'un mauvais œil les libertés que l'« intrus » Speer accordait à l'industrie.

Speer était à peine conscient de cette contestation. Au contraire, il devenait de plus en plus combatif et même arrogant au fur et à mesure qu'il voyait de puissantes institutions succomber à ses attaques. Deux semaines seulement après son entrée en fonctions, il s'était rendu à Munich pour prendre la parole devant le « plus difficile de tous les forums », l'Assemblée des gauleiters. Il connaissait leur puissance et savait aussi qu'il avait absolument besoin d'eux pour réaliser son objectif : amener le peuple allemand à mobiliser toutes ses forces. Après leur avoir décrit le caractère critique de la situation, il leur exposa sa conviction que, dorénavant, la guerre ne devait pas se limiter aux fronts mais être menée dans le pays entier et il exigea de renoncer à toutes les constructions civiles non indispensables ainsi qu'au système des privilèges ; pour terminer, se référant au « décret relatif à la protection de l'industrie de l'armement », il menaça de signaler au Führer tout fait susceptible de nuire à la conduite de la guerre. Au lieu de l'assentiment enthousiaste qu'il escomptait, Speer n'eut droit qu'à des applaudissements mesurés. Après la réunion, il fut assailli de demandes d'autorisations exceptionnelles concernant des salles de réunions de district, des pavillons de chasse, du personnel de service, des automobiles de luxe, etc. Speer avait manifestement manqué son coup. Le premier à obtenir satisfaction fut Bormann, qui obtint de Hitler un contrordre autorisant la poursuite des travaux de l'Obersalzberg ; la plupart des autres gauleiters parvinrent eux aussi à leurs fins. Speer lui-même devait qualifier son intervention d'« erreur de débutant [35] ».

L'expérience de Munich lui fit prendre conscience de l'étendue de la corruption des couches dirigeantes du régime. Il avait pu constater à quel point le corps des gauleiters, jadis tellement intransigeant, s'était transformé en une communauté d'intérêts de petits seigneurs locaux et de parasites. Surtout, cela lui fit comprendre qu'il devrait dorénavant agir avec davantage de circonspection. Pour le moment en tout cas, les adversaires de Speer furent réduits au silence par les résultats obtenus : dès l'été, il avait réorganisé l'ensemble des transports, éliminant ainsi les encombrements et les retards souvent constatés dans le transport et la distribution du matériel de guerre et l'acheminement des renforts. L'annonce des derniers chiffres concernant la production d'armements provoqua une stupéfaction générale. Dans ce secteur crucial, la production globale avait progressé de près de 60 pour cent, alors que le nombre des ouvriers et employés demeurait pratiquement constant, uniquement grâce à une meilleure organisation et à des contrôles renforcés. La production de munitions avait même presque doublé, avec une augmentation de 97 pour cent. Néanmoins, les indices restaient largement inférieurs à ceux de la Première Guerre mondiale ; jusqu'à la fin de la guerre, la production de munitions, précisément, n'atteignit jamais le niveau d'alors [36].

Dès le début de son activité de ministre, Speer avait reconnu qu'un des problèmes clés était la pénurie de main-d'œuvre. En mars 1942, par conséquent, il demanda à Hitler d'ordonner par décret la fermeture de près de trois quarts des chantiers de construction ; il espérait que cette mesure permettrait de libérer quelques centaines de milliers d'ouvriers du bâtiment et de les mettre à la disposition de l'industrie de l'armement. Une fois encore, les gauleiters, dont dépendait l'affectation de la main-d'œuvre régionale, firent échouer ce projet en refusant de mettre les ouvriers en question à la disposition d'usines situées dans d'autres provinces que les leurs. Désireux d'éviter à l'avenir ce genre de problèmes dus à l'étroitesse d'esprit de quelques-uns et du même coup de remédier au manque chronique de main-d'œuvre dans le secteur de l'armement, Speer s'adressa une fois de plus à Hitler pour lui demander de nommer un « délégué à la main-d'œuvre » disposant des pleins pouvoirs. Avec une feinte innocence, il lui suggéra de confier ce poste à un gauleiter et proposa aussitôt un nom : Karl Hanke, qui avait démissionné de son poste au ministère de la Propagande suite à l'affaire Magda Goebbels et avait été nommé gauleiter de Basse-Silésie. Hitler acquiesca volontiers à sa demande mais, lorsque Speer revint le voir le surlendemain, il apprit que, après consultation de Bormann, le choix s'était porté sur le gauleiter de Thuringe, Fritz Sauckel. C'était le second échec que Speer essuyait en l'espace de quelques jours et il était dû de nouveau à une intervention de Bormann.

Un autre revers ne devait pas tarder. En faisant cette proposition, Speer avait prévu que le « délégué à la main-d'œuvre » se contenterait de mobiliser les forces de travail, pour les mettre ensuite à la disposition de son « Office central de planification ». Or, Lammers, le chef de la chancellerie qui était de plus en plus consterné par l'irrésistible ascension de Speer, s'opposa à cette façon de procéder et Bormann s'empressa de lui donner raison. Sur ce, Hitler prit une dernière mesure ayant pour effet de soustraire la nouvelle structure à l'influence du ministre de l'Armement, en étendant l'autorité de Sauckel, primitivement limitée à l'industrie de l'armement, à l'ensemble de l'économie. Ces modifications successives furent à l'origine d'interminables querelles qui tournèrent rarement à l'avantage de Speer. Sauckel qui depuis sa nomination considérait Speer comme son principal rival, refusa énergiquement de tenir compte des exigences et des pressions des uns ou des autres : même l'industrie de l'armement n'aurait aucune priorité concernant la répartition de la main-d'œuvre. Dans un premier stade, il se contenterait de prendre note des souhaits des divers « demandeurs », se réservant le droit de prendre une décision par la suite. Ayant été, comme Speer, nommé directement par le Führer, il n'était en définitive subordonné à personne — tout au plus à Göring, encore et toujours « dans le cadre du plan quadriennal ». Pour cette raison, Sauckel n'assista presque jamais aux réunions de l'Office central de planification [37].

Comme Speer lui-même, la grande majorité des spécialistes estimaient que les besoins en main-d'œuvre de l'industrie de guerre pouvaient être couverts en Allemagne même, grâce à une organisation adéquate, à un recensement plus précis des inactifs et surtout à une généralisation du travail des femmes. Mais Sauckel s'y opposa avec fermeté, notamment en ce qui concernait le travail des femmes, en invoquant tant et plus le « danger pour les mœurs » du travail en usine, lequel ne manquerait pas de nuire, non seulement à l'« intimité et à la vie sentimentale », mais aussi à la « fertilité » des femmes. En vain Speer fit-il valoir que depuis le début de la guerre, le nombre des femmes de chambre et aides ménagères n'avait pratiquement pas diminué en Allemagne, alors qu'en Grande-Bretagne par exemple, où la situation de départ était comparable, les deux tiers du personnel domestique féminin travaillait maintenant pour l'industrie de l'armement. Une autre comparaison lui était fournie par les statistiques concernant la Première Guerre mondiale : alors que le chiffre total de la population était sensiblement inférieur, le nombre des femmes travaillant en usine était plus élevé qu'en 1941-1942. Sauckel balaya toutes ces objections pour des motifs idéologiques qui cachaient en fait des mobiles avant tout tactiques.

Cet homme trapu et obstiné, poussé par une énergie aveugle qui, avec son mélange de sentimentalisme, de fanfaronnade et de brutalité ne correspondait que trop bien au type du « vieux compagnon de route », avait exercé au fil des années diverses fonctions au sein du parti, principalement dans la région de Thuringe. Maintenant, il poursuivait avec obstination l'idée funeste de faire venir la main-d'œuvre nécessaire des territoires occupés. L'obséquieux Sauckel, qui terminait toutes ses lettres au Führer par la formule « Votre toujours obéissant et fidèle Fritz Sauckel », fondait son action sur la formule utilisée par Hitler lui-même au cours de l'allocution qu'il avait prononcée le 21 mars à l'occasion de la nomination de Sauckel : « Les territoires qui travaillent directement pour nous comprennent plus de 250 millions d'hommes ; il est un fait certain, c'est que nous devons parvenir à atteler ces hommes au travail sans ménagements[38]. » Etant donné que Sauckel, contrairement à Speer, était persuadé que les réserves de main-d'œuvre allemandes étaient totalement épuisées, il interpréta ces mots comme une autorisation de pratiquer toute forme de recrutement, de réquisition, de déportation et de travail forcé. Le 20 avril 1942, il annonça un « gigantesque » programme visant à réquisitionner « un nombre énorme de travailleurs civils étrangers ». Jusqu'alors, les contingents requis avaient été réunis sur la base d'un « volontariat » d'ailleurs tout relatif, car les autorités d'occupation exerçaient de fortes pressions. Sauckel ne tarda pas à procéder au recrutement forcé de classes d'âge entières. A l'intention de ses propres services comme des *Sonderkommandos* (« commandos spéciaux ») qui se livraient maintenant à la chasse à l'homme dans toute l'Europe occupée, Sauckel inventa un mot d'ordre dans le style éprouvé des satrapes du parti, les invitant à se « débarrasser des dernières scories de nos niaiseries humanitaires[39] ». Sans prévenir, ses hordes envahissaient villes et villages, arrêtant les hommes et femmes valides en pleine rue et dans leurs logements, les traquant jusque dans les églises ou les cinémas où ils s'étaient réfugiés et allant jusqu'à incendier des localités entières lorsque le quota n'avait pas été atteint. De son entrée en fonctions à août 1942, ces méthodes lui permirent d'amener en Allemagne quelque sept cent mille travailleurs « obligatoires », la partie de la Pologne constituant le Gouvernement général était considérée comme le « terrain de chasse le plus fructueux ».

Au début de 1942, lorsque les forces allemandes eurent réussi à contenir les contre-offensives soviétiques qui avaient suivi l'échec de l'offensive hivernale allemande, Hitler commença aussitôt à planifier la campagne d'été. Ce ne fut qu'au cours de ces préparatifs que l'on apprit toute la vérité sur les pertes énormes subies pendant l'hiver. Finalement, les armées qui déclenchèrent une deuxième offensive en mai-juin représentaient moins de la moitié des forces engagées un an auparavant dans l'« opération Barbarossa ». Afin de couvrir les besoins les plus urgents et de compléter tant soit peu les effectifs des unités, la Wehrmacht puisa plus que jamais dans les réserves réelles ou supposées, tandis que Speer faisait des pieds et des mains pour préserver de la mobilisation au moins les ouvriers des usines d'armement les plus importantes — mais, mois après mois, les exigences de l'armée se faisaient plus pressantes, au détriment de l'industrie. Tandis que l'OKW étendait sans cesse la conscription à de nouvelles catégories de citoyens et passait les usines au peigne fin, l'Office central de planification centrale demandait, pour le seul mois de novembre 1942, environ six cent mille ouvriers supplémentaires — que Sauckel refusa d'abord de lui accorder. Mais Speer et Milch se faisaient de plus en plus insistants et il fallait leur donner satisfaction ; dans le rapport concernant la première année d'activité de son organisation, présenté le 15 avril 1943, Sauckel estima le nombre d'ouvriers étrangers fournis à l'industrie allemande à plus de trois millions et demi[40]. Entre-temps, il avait étendu les opérations de recrutement de travailleurs forcés à l'Europe occidentale et notamment à la France, en dépit des objections des commandants des forces d'occupation — ce qui eut d'ailleurs pour conséquence d'inciter d'innombrables jeunes hommes et femmes à gagner les rangs de la Résistance.

Cependant, Speer travaillait avec toujours autant d'énergie à la mobilisation de toutes les forces du pays. Il avait depuis peu conclu une alliance avec Milch, dont il s'était beaucoup rapproché depuis son geste de renoncement spontané du 13 février. Comme les deux hommes étaient en outre d'accord sur la plupart des questions concrètes, leurs relations finirent par devenir presque amicales. Milch, étant le plus âgé des deux, avait une expérience du monde incomparablement supérieure et son admiration pour le jeune ministre — Speer avait tout juste trente-sept ans — n'était pas dénuée d'une certaine indulgence mêlée d'ironie. Sa capacité à avoir une vue d'ensemble et son esprit d'à-propos lui permettaient d'apporter un soutien précieux à Speer, lequel n'était pas très à son aise pendant les innombrables réunions et conférences. Son tempérament coléreux qui n'épargnait pas même Göring, ainsi que sa rudesse toute militaire, permirent à Speer de vaincre bien des résistances. En août 1942, lorsqu'un des plus proches collaborateurs de Milch, le général von Gablenz, trouva la mort dans un accident d'avion, Speer alla voir le maréchal et lui proposa de « remplacer » l'ami qu'il venait de perdre. Touché par ce geste, Milch se rapprocha encore davantage de Speer ; finalement, seul l'armement de l'armée de l'air, dont Milch protégeait jalousement l'indépendance, resta un point de désaccord entre les deux hommes [41].

De concert avec Milch, Speer augmenta par étapes successives ses exigences à l'égard de Sauckel. Par suite, l'industrie aéronautique connaissait des difficultés croissantes, car elle était presque toujours défavorisée par rapport au ministère de Speer concernant la répartition de la main-d'œuvre, mais il n'est pas exclu qu'en présentant ses demandes accrues, Speer ait également eu l'intention de mettre en difficulté le détestable Sauckel. Parallèlement, il exigeait la fermeture d'usines travaillant pour la production civile, afin de consacrer les moyens ainsi dégagés à l'économie de guerre. En même temps, il élaborait des plans en vue d'une réforme en profondeur de l'Administration, ainsi que du régime fiscal, laquelle prévoyait que les contribuables puissent « déterminer eux-mêmes la base de leurs impôts ». La méfiance traditionnelle de l'Etat envers l'individu n'était pas de mise pendant une guerre comme celle-ci, ne se lassait-il pas de répéter et cette mesure permettrait de mettre des centaines de milliers de fonctionnaires au service de l'industrie de guerre. Il reprochait à Funk sa mollesse et se disait décidé à obtenir un « abaissement drastique du niveau de vie des classes privilégiées », même au risque, comme il l'ajoutait brutalement, de réduire tous les Allemands « à la condition de prolétaires [42] ».

Lorsque Speer avait présenté ces projets, il s'était d'abord heurté à l'opposition de Hitler et surtout des gauleiters, mais, depuis que la guerre prenait visiblement une autre tournure, il espérait de nouveau pouvoir imposer ces solutions radicales. Certes, depuis l'automne 1942, Hitler contrôlait des territoires énormes, s'étendant du cap Nord à Tunis et de Bordeaux au Caucase, mais, comme Speer le savait parfaitement, les cartes étaient trompeuses. Pour mener avec succès un affrontement armé sur trois continents et cela sur terre, sur mer et dans les airs, les ressources étaient insuffisantes dans tous les domaines, qu'il s'agît des matières premières ou des moyens de transport, des vivres ou des hommes. A la fin de cette année, le Reich subit effectivement, en l'espace de quelques semaines, une succession de défaites cuisantes. Pour commencer, il perdit l'Afrique du Nord ; presque en même temps, ses sous-marins furent mis en position d'infériorité ; et peu après les Anglais, bientôt suivis par les Américains, déclenchèrent leur offensive aérienne. Le 20 janvier 1943, le maréchal Paulus, commandant en chef de la VIe Armée prise au piège de Stalingrad, déclara : « Il ne subsiste de nous que ce que la chronique pourra écrire à notre sujet. » Quinze jours plus tard, les débris de son armée capitulaient.

L'effondrement soudain de tous les fronts fit à Hitler l'effet d'un coup de massue ; dorénavant, le spectre de la défaite qui lui était apparu pour la première fois aux portes de Moscou, après des années de triomphes ininterrompus, devint un hôte quotidien du quartier général du Führer. La guerre contre l'Angleterre avait été « suspendue » en été 1941 ; la nouvelle stratégie consistait à détruire les « bases continentales » du royaume insulaire en menant contre l'Union soviétique une offensive éclair avant que les Etats-Unis n'interviennent. Maintenant, l'avance sur le front Est était stoppée, l'Armée rouge commençait sa contre-offensive et l'Amérique avait déclaré la guerre à l'Allemagne. La situation critique sur tous les théâtres d'opérations annonçait aussi le début de cette guerre d'usure que Hitler avait toujours redoutée, allant jusqu'à dire qu'elle serait vouée à un échec certain.

« Certains jours, mes nerfs craquaient », avait dit Hitler en repensant à la campagne hivernale de l'année précédente ; maintenant, ils le lâchaient complètement. Tous les membres de son entourage ont décrit les terrifiants accès de colère par lesquels Hitler réagissait à l'effondrement de sa stratégie et de tous les principes sur lesquels celle-ci était fondée. Un autre facteur important est que l'ensemble de son mode de vie, fait d'une constante alternance entre des moments d'activité fiévreuse et de longues phases de repos voire d'inertie, avait été bouleversé par les exigences de la guerre ; il est possible que cette surcharge permanente ait suscité, plus encore que le choc des défaites successives, la torpeur croissante dont les observateurs ont également fait état. Toujours est-il qu'il perdit cette vivacité et cette souplesse qui lui avaient si souvent permis de surmonter les crises du passé. Ces deux éléments en apparence contradictoires, les terribles explosions de rage et cette pétrification progressive, dominèrent son comportement jusqu'à la fin. L'intolérance à l'égard de la moindre critique, le limogeage de nombreux généraux et finalement son refus de prendre les repas en commun allaient de pair avec une intensification terroriste de sa politique globale.

Curieusement, il était toujours aussi difficile de décider Hitler à imposer au peuple allemand ces privations radicales que lui-même avait jugées indispensables en proclamant la « guerre totale ». A plusieurs reprises, notamment au cours d'entretiens avec Goebbels, il donna l'impression de donner enfin son accord à la demande maintes fois réitérée d'une mobilisation de toutes les forces du pays et d'une juste répartition des charges en vue d'une guerre menée dans une optique « socialiste [43]. » Mais, en particulier sous l'influence de Bormann, il ne tardait pas à retomber dans son indécision et reculait devant les décisions nécessaires. A juste titre, Goebbels estimait que la gravité de la situation avait entraîné, non seulement « une crise dans la conduite des affaires », évidente depuis longtemps, « mais bel et bien une crise du Führer » ! (Jeu de mots intraduisible sur *Führungskrise* et *Führerkrise* [*NdT*].) Laquelle diminuait à vue d'œil les perspectives de victoire [44].

Speer écrira que l'obstination caricaturale de Hitler le poussait souvent au désespoir. Pour donner davantage de poids à sa position, il s'allia avec Goebbels[45] et fit même entrer dans leur cercle l'instable et surexcité Robert Ley, depuis quelque temps passé à l'arrière-plan à cause de son alcoolisme notoire. Il savait comme tout le monde que le chef du « Front du travail » ne ménageait personne et, en bon adepte de la lutte des classes, aimait en particulier attaquer dans un style plébéien ces mêmes « couches supérieures » que Speer considérait comme le principal obstacle à une intensification de l'effort de guerre. De surcroît, leur association devait permettre de mieux lutter contre l'influence de Bormann qui, de concert avec Lammers et le chef de l'OKW Wilhelm Keitel, avait établi autour de Hitler un « cordon sanitaire » destiné à le protéger, non seulement des importuns, mais aussi d'une réalité déprimante. Ils décidaient de son emploi du temps, décrétaient qui pourrait ou non être reçu par lui et même, à la longue, qui était en faveur ou en défaveur. Ils tiraient leur pouvoir du seul fait qu'ils avaient le privilège d'avoir accès à Hitler en permanence. Deux hommes échappaient toutefois à leur contrôle. Le premier était Speer, qui continuait à jouir de la confiance et de l'amitié du dictateur et qui, en sa qualité de ministre de l'Armement, relevait en outre du domaine militaire, dont le calendrier était fixé par l'aide de camp de Hitler représentant la Wehrmacht ; la seconde exception, encore que pour d'autres raisons, était Heinrich Himmler. Non sans raison, Goebbels soupçonnait le « triumvirat » réuni autour de Bormann de tenter de constituer « une sorte de gouvernement de cabinet ». « Et cela, ajoutait-il, ne devait en aucun cas être toléré[46]. »

Aujourd'hui encore, il n'est pas clairement établi qui était le principal moteur de cette opposition ; Speer et Goebbels partageaient dans une grande mesure les mêmes raisons concrètes de vouloir une intensification de la guerre, tandis que Ley y avait au moins un intérêt démagogique. Pour des raisons tactiques, ils envisagèrent de redonner vie au « Conseil des ministres pour la défense du Reich » présidé par Göring, organisme toujours existant bien qu'à moitié oublié, espérant ainsi pousser Hitler à sortir de son indécision et à prendre enfin des « mesures énergiques ». Speer ayant réussi à apaiser une querelle qui couvait depuis longtemps entre Goebbels et Göring, le petit groupe se réunit à l'Obersalzberg pour discuter de la marche à suivre. Mais leur entreprise échoua dès le départ, car la position de Göring — « Le Reichsmarschall, cet incapable ! » comme le cracha Hitler avec mépris — était encore plus compromise qu'ils ne le pensaient : comme par un fait exprès, le soir même où Goebbels et Speer faisaient part de leur projet à Hitler, l'on annonça que Nuremberg avait subi une violente attaque aérienne[47].

C'est dans ce contexte qu'il faut situer le discours prononcé par Goebbels le 18 février 1943 au Palais des sports de Berlin. A cette occasion, il exposa devant un auditoire trié sur le volet ses célèbres

« dix points » et demanda aux assistants de soutenir son projet de « guerre totale », suggestion qui fut accueillie « avec un enthousiasme frénétique », comme il le nota dans ses Carnets. Il brossa un sombre tableau de la catastrophe de Stalingrad, qu'il qualifia de « grand signal d'alarme du destin » et évoqua avec une manifeste délectation une succession de scénarios-catastrophe dépeignant la « ruée des steppes » et le déferlement des « commandos de liquidation juifs », pour en venir finalement à son véritable message : dorénavant, proclama-t-il, sans égards pour le rang, la position sociale ou la profession, tous, les riches comme les pauvres, les puissants comme les humbles, devraient consentir les mêmes sacrifices au sein d'une « communauté du peuple » enfin concrétisée.

Un des principaux objectifs de cette violente attaque de Goebbels contre les « dix mille privilégiés », « bonzes du parti » en tête, de cet appel passionné lancé aux masses, était d'exposer Hitler à la pression de la rue ; il favorisa d'ailleurs la rumeur selon laquelle cette manifestation avait été une sorte de « coup d'Etat pacifique ». Mais, contrairement à une opinion largement répandue, le discours virulent de Goebbels n'avait pas donné le coup d'envoi de la guerre totale. En dépit du « manque de direction » autoritaire déploré par Goebbels[48], l'Allemagne menait depuis longtemps une telle « guerre totale » ; les Alliés occidentaux la pratiquaient également, au plus tard depuis les attaques aériennes contre la population civile, sans oublier l'exigence de « capitulation sans conditions » formulée par Roosevelt et Churchill trois semaines auparavant à la Conférence de Casablanca. Contrairement à Hitler et à la majorité des partisans de celui-ci, Goebbels avait compris qu'une guerre totale sans une mobilisation non moins totale de toutes les ressources était une entreprise condamnée d'avance. Speer, qui partageait cette conviction, le soutenait plus énergiquement que tout autre.

La vague d'approbation enthousiaste, assortie du mot d'ordre « Peuple, lève-toi et passe à l'attaque ! », retomba avant d'avoir atteint son objectif. Bref, le peuple ne se souleva pas et ses dirigeants étaient encore moins enclins à « passer à l'attaque ». Göring était outré à l'idée que son restaurant berlinois préféré, le « Horcher », serait contraint de fermer ; comme toujours, Bormann soupçonnait une quelconque machination et Lammers faisait de même ; pour sa part, Ribbentrop craignait que Goebbels ne lui arrache le ministère des Affaires étrangères ; quant aux gauleiters, « devenus quelque peu insoumis », comme le nota Goebbels dans son Journal, ils étaient naturellement indignés par cette attaque venant d'un des leurs. Chacun avait d'autres mobiles et poursuivait des objectifs différents, mais tous s'employèrent activement à convaincre Hitler de ne pas céder à la dramatisation de Goebbels. Le discours de ce dernier n'eut donc aucun effet concret et resta simplement un exemple de déchaînement rhétorique témoignant d'un art consommé [49].

Quelque temps après, au même Palais des sports de Berlin, Speer prononça son premier discours devant le grand public. Son thème principal était également la mobilisation de toutes les réserves, mais il fit à peine allusion aux efforts accrus qui seraient demandés au pays et, fait curieux, évita soigneusement l'expression « guerre totale », pourtant devenue courante et utilisée souvent par lui-même dans ses notes de service. Il se contenta de lire d'une voix monocorde des listes de chiffres, de pourcentages, de résultats confirmant l'augmentation de la production, mentionna le principe d'« autonomie de l'industrie », redit la nécessité de « faire appel à de la main-d'œuvre complémentaire » et affirma à plusieurs reprises sa confiance en l'avenir, mais sans grande conviction. Lorsqu'il eut terminé, Goebbels prit de nouveau la parole. Il loua la volonté de résistance d'une « population durement éprouvée », prédit avec hargne l'« élimination radicale » des Juifs en utilisant des formules comme « Et le nouveau Lucifer tombera ! » et annonça pour finir la « nouvelle époque d'un socialisme allemand » qui suivrait la victoire. Cette fois, son discours était dénué de la verve féroce dont il avait témoigné le 18 février, mais son objectif n'était plus du tout le même. Pas plus que Speer, Goebbels ne cherchait cette fois à soulever l'enthousiasme de son public, mais simplement à démontrer que tous deux étaient unis dans leur volonté de proclamer la guerre totale [50].

En dépit de tous les dissentiments et sujets de discorde qui subsistaient, la coopération entre Speer et Sauckel se passait dans l'ensemble sans trop de problèmes ; lors d'une allocution prononcée devant les ouvriers d'une usine d'armement, Speer avait même remercié Sauckel d'avoir augmenté de 23 pour cent ses « livraisons » de main-d'œuvre. En dépit de leurs personnalités totalement opposées, ils avaient en fait de nombreux points communs. Tous deux s'enivraient de chiffres et étaient victimes de leur magie trompeuse. Chez Speer, cette fièvre restait toutefois froide et contrôlée, tandis que chez Sauckel, ce n'était que fanfaronnades, exagérations et « programmes gigantesques » ; à juste titre, Goebbels a parlé de sa tendance à la mégalomanie [51]. Pour le premier, les colonnes de chiffres et les statistiques n'étaient que le point de départ d'efforts accrus ; pour le second, indépendamment de leur concrétisation, elles constituaient la marque même du succès. Sauckel était toujours prêt à tout promettre et cédait aux exigences les plus excessives ; comme il se plaisait à le dire, rien n'était impossible à un « national-socialiste inconditionnel », capable de « venir à bout » de n'importe quelle tâche [52].

C'est dans ce piège que Sauckel finit par tomber. Quoi qu'en disent les sources, d'ailleurs peu instructives et, comme dans la plupart des cas, d'une objectivité douteuse, il est permis de supposer que Speer qui ne perdait jamais de vue son ambition d'intégrer la gestion de la main-d'œuvre à son Office central de planification, ne fut pas pour rien dans sa chute. Pourtant, lors de conflits ayant trait à de nombreux problèmes spécifiques, Sauckel obtenait souvent gain de cause ; un jour, pendant une conférence au quartier général du Führer, quand Speer renouvela son exigence d'une contribution accrue des femmes allemandes à l'effort de guerre, Hitler l'avait « vigoureusement » contredit. « Il a déclaré, note Sauckel en se frottant métaphoriquement les mains, que nos femmes allemandes minces et aux longues jambes ne pouvaient être comparées aux Russes courtaudes, primitives et robustes. » Mais au printemps 1943, lorsque Sauckel accepta de fournir un million et demi de travailleurs étrangers et annonça peu après leur arrivée, Milch écrivit, après avoir vérifié tous les chiffres et documents : « Speer a cherché, j'ai cherché... », et constata qu'il en manquait huit cent mille[53]. Sur ce, l'Office central de planification n'eut plus qu'à faire état de besoins encore accrus et parvint à persuader Hitler de demander pour l'année suivante plus de quatre millions de travailleurs étrangers. Une fois de plus, Sauckel s'engagea à trouver les effectifs demandés « avec une volonté fanatique ». Au bout du compte, il ne put en fournir qu'une centaine de milliers.

Speer, qui était incomparablement supérieur à Sauckel des points de vue tant intellectuel que tactique, lui avait donc asséné un coup fatal. Compte tenu des critiques et des résistances que suscitaient les méthodes de plus en plus brutales utilisées par Sauckel pour « exporter » une main-d'œuvre réduite en esclavage de France, d'Italie, de Norvège, des Pays-Bas et de Belgique, Speer avait développé un concept qui permettrait de diminuer les nombreuses tensions apparues dans les pays occupés — et qu'il considérait comme un premier pas vers une production coordonnée à l'échelle européenne, même si cet objectif était encore infiniment lointain. L'idée centrale de Speer était d'inverser le processus habituel : au lieu de transporter les hommes jusqu'aux usines, il fallait amener les usines aux hommes. En France, ce n'était même pas nécessaire : les sites de production étaient déjà en place ; en tout état de cause, il existait de nombreuses entreprises dont le potentiel de production d'armements était insuffisamment exploité.

Après plusieurs entretiens préliminaires à Paris, Speer invita le jeune secrétaire d'Etat français Jean Bichelonne, responsable de la production, à Berlin. Il le reçut avec tous les honneurs dus à un représentant officiel d'une puissance alliée et l'invita à passer le week-end en sa compagnie dans la maison de campagne d'Arno Breker, aux environs de Berlin. Au cours de leurs conversations, ils ne tardèrent pas à convenir qu'il fallait à l'avenir éviter les erreurs de la vieille génération marquée par la Première Guerre mondiale et dont le ressentiment était encore vivace. Ils décidèrent finalement de créer en France des « usines protégées » (*Sperrbetriebe*). Ces entreprises travailleraient sur place pour l'économie allemande ; en échange, elles seraient préservées de toutes les mesures de déportation. Au bout de quelques mois seulement, plus de dix mille usines françaises commencèrent à livrer à l'Allemagne des produits destinés tant aux forces armées qu'à la consommation civile. Avant même la mise en place de ce dispositif, Speer avait réussi à convaincre le pragmatique Sauckel, auquel la portée de ces mesures n'avait pas échappé, de donner son accord et à obtenir par la suite l'aval de Hitler. Pendant les pourparlers, Speer avait donné un nouvel exemple de son mépris des formalités administratives. Exaspéré par la méticulosité excessive des juristes chargés d'établir le texte de l'accord, il les congédia et scella son pacte avec Bichelonne d'une simple poignée de main. Comme il respecta scrupuleusement les conditions convenues, cela n'entraîna aucun problème ultérieur. Sauckel en paya le prix. Dès que l'accord entra en vigueur le 15 septembre 1943 et encore plus lorsqu'il fut par la suite étendu à l'Italie et à d'autres pays occidentaux, tout son système de recrutement forcé de travailleurs étrangers s'effondra et le moins que l'on puisse dire, c'est que personne ne s'en plaignit.

Sauckel n'était qu'un exemple parmi d'autres. Toutes les entreprises de Speer étaient couronnées de succès et son ascension paraissait irrésistible. Il ne demandait même plus l'assentiment de Hitler pour des projets spécifiques, se contentant d'un accord de principe à l'ombre duquel il menait ses propres intrigues et accroissait sans cesse son pouvoir, jusqu'au jour où Hitler, s'en apercevant, commença à lui refuser certaines autorisations. Depuis la fin de 1942, le temps des souhaits aussitôt exaucés était révolu, note Speer à ce propos[54]. Tantôt, il attaquait ses adversaires de front, tantôt il les acculait ou emportait leurs positions les unes après les autres, ou encore, comme le font certaines guêpes avec leur proie, il s'incrustait en leur sein et les dévorait de l'intérieur. En diminuant les quotas d'acier, il réussit à pousser à la capitulation la Marine qui avait réussi à préserver une certaine indépendance dans le domaine de la technologie militaire et de l'armement, et fit tout son possible pour obtenir le remplacement de l'amiral Raeder ; par la suite, il tenta également de faire révoquer le général Georg Thomas, chef du Bureau de l'armement et des questions économiques de l'OKW. Lorsque Dönitz fut nommé au début de l'année 1943 commandant en chef de la Marine, il ne s'écoula que quelques semaines avant qu'il ne s'adresse à Speer : il souhaitait que ses services prennent en charge l'armement de la Marine. Speer profita de l'occasion pour demander à Hitler de nouvelles diminutions de la production de biens de consommation ainsi que la fermeture d'un certain nombre d'entreprises ne contribuant pas à l'effort de guerre, et n'accepta la proposition de Dönitz qu'après avoir obtenu gain de cause.

Non content d'avoir remporté cette victoire, Speer restait à l'affût d'autres moyens d'augmenter son pouvoir. Au cours de ce même entretien avec Hitler concernant l'armement de la Marine, il ne lui cacha pas qu'il souhaitait également contrôler l'économie civile. Hitler ne s'étant pas déclaré hostile à cette idée, Speer alla en discuter avec Hans Kehrl, responsable du secteur civil au ministère de l'Economie de Walter Funk. Kehrl, qui alliait un sens aigu de l'organisation à une vision d'ensemble de la situation et qui n'hésitait pas le cas échéant à « retrousser ses manches » pour arriver à ses fins, était déjà depuis longtemps plus proche de Speer que de son ministre décidément trop peu énergique. Les deux hommes décidèrent de pactiser. Peu après, Kehr fut officiellement versé au ministère de l'Armement, avec l'accord de Hitler ; sur ce, toutes les personnes concernées furent convoquées à la chancellerie et il ne resta plus au ministre de l'Economie — aussi surpris que consterné par ces événements pourtant prévisibles — qu'à prononcer « sa propre oraison funèbre[55] ». Après l'échec d'une ultime tentative de Bormann pour faire avorter le projet de Speer, Hitler signa le 2 septembre un décret relatif à la « concentration de l'économie de guerre ». Funk se retrouvait presque les mains vides : il ne lui restait que la répartition des biens de consommation et quelques fonctions protocolaires.

Speer se mit aussitôt au travail. En premier lieu, il réorganisa de fond en comble la répartition des tâches au sein de son ministère devenu par trop gigantesque. Il prit une mesure encore plus importante en créant un « Bureau de la planification » chargé de préparer les décisions de l'Office central de planification et de surveiller leur application ; ce bureau ne tarda pas à jouer un rôle essentiel dans l'ensemble des processus de production. Deux jours plus tard, Speer se rendit à Karinhall pour obtenir l'accord et la signature de Göring concernant ces modifications, qui se situaient encore et toujours « dans le cadre du plan quadriennal ». L'ancien seigneur et maître de l'économie allemande, doté de pouvoirs quasi dictatoriaux, avait maintenant du mal à cacher sa joie quand Speer daignait lui rendre visite pour le consulter[56]. En apposant sa signature sur le document, il ratifiait la fin d'une ère : le pouvoir changeait de mains.

En l'espace d'à peine plus d'un an et demi, Speer avait mis la main sur la quasi-totalité de l'économie allemande, avec une rage qui provoquait la stupéfaction plus ou moins impuissante de la vieille garde du régime hitlérien. Il avait obtenu ce résultat en usant sans discrimination de menaces à peine voilées, de machinations impénétrables et de hardies manœuvres tactiques. Seule la Luftwaffe avait échappé à son emprise et conservait son indépendance — mais pas pour longtemps, Speer en était certain. Comme le spécifiait le décret de Hitler daté du 2 septembre 1943, « eu égard à l'extension de son domaine d'activités », le ministre de l'Armement du Reich portera dorénavant « le titre de Reichsminister de l'Armement et de l'économie de guerre ».

En y regardant de plus près, c'était l'économie dans son ensemble qui était maintenant du ressort de Speer et son autorité s'étendait, au-delà du territoire du Reich, aux régions annexées. Même dans les pays occupés, il avait le pouvoir de donner des consignes aux autorités militaires et civiles ; de fait, grâce au contrôle qu'il exerçait sur les « usines protégées » et leurs millions de travailleurs, il « décidait de l'orientation de l'appareil de production européen ». Dans une circulaire destinée à l'innombrable armée de ses collaborateurs, il proclamait sur un ton triomphal : « Désormais, la globalité de l'appareil de production du Reich et des territoires contrôlés par lui est dirigé par une unique instance centrale[57]. » Personne n'aurait pensé qu'un tel bouleversement — rien moins qu'une réorganisation totale — fût possible. Hugh R. Trevor-Roper a fait observer à ce propos que Speer avait ajouté à la révolution par laquelle Hitler avait radicalement transformé les structures politiques et sociales de l'Allemagne, une révolution industrielle sans précédent, complétant ainsi l'instauration du *Führerstaat*, de l'« Etat du Führer [58] ».

Quel était par contre la véritable finalité de la « révolution de Speer », quels objectifs poursuivait-il personnellement ? Speer n'a jamais donné une réponse satisfaisante à ces questions, ni à bien d'autres interrogations soulevées par son action. En guise d'explication, il s'est contenté de faire allusion à la fièvre qui s'était emparée de lui, à l'« ivresse de la chasse » et à son ambition. Six mois après, lorsque les circonstances devaient le contraindre à interrompre sa course au pouvoir et du même coup lui permettre de réfléchir à la portée de ses actes, les doutes qu'il ressentit restèrent éphémères et ne l'amenèrent pas à prendre ses distances à l'égard d'un monde qui, bien plus qu'il ne voulait le reconnaître, était devenu le sien.

VI

AMBITIONS ET RÉALITÉS

Au début de l'été 1943, Speer avait atteint non seulement le sommet de sa puissance, mais aussi celui de sa célébrité. L'influence qu'il exerçait, la confiance et sans doute l'amitié dont l'honorait Hitler, sa position à part dans la galerie des dirigeants du régime — au sein de laquelle il incarnait le personnage de l'expert objectif et supérieur — lui valaient un immense prestige, y compris aux yeux d'une grande partie de l'opinion. Toutes ses entreprises semblaient couronnées de succès. Avec une aisance déconcertante, il avait déboulonné le grand Göring et fait tomber comme des quilles tous ceux qui lui barraient le chemin : ministres, généraux et même quelques-uns de ces « anciens combattants » que l'attachement sentimental de Hitler rendait quasi intouchables. Goebbels, qui avait suivi son ascension avec autant de jalousie et de déplaisir que tous les autres, ne tarda pas à parvenir à la conclusion que la solution la plus sage était de s'allier avec lui. Dans son Journal, les doutes et la contrariété qu'il éprouvait au début cèdent progressivement la place à une admiration sans borne pour le « génie » du nouveau ministre, pour le « véritable miracle » qu'il avait accompli dans l'industrie de l'armement et même pour la façon dont il avait « passé un savon » à tant de personnalités haut placées. Un an après la promotion de Speer, il estime que celui-ci a « avantageusement remplacé Todt ». Toujours selon le Journal de Goebbels, le fait que le ministre fût un novice en matière de politique était un avantage, car il n'était pas pétrifié de respect devant les « grands noms » ; contrairement à Todt, toujours « trop militaire » dans l'âme, le civil qu'était Speer ne se mettait pas au garde-à-vous devant le premier général venu[1]. Les seuls bastions qui avaient résisté à l'assaut de Speer étaient tenus par Bormann et par Heinrich Himmler ; ce dernier, caché dans l'ombre, observait avec vigilance tout ce qui se passait.

Hitler avait davantage d'estime et d'admiration pour Speer que jamais. Il l'encensait à la moindre occasion, allant jusqu'à dire que ses réalisations étaient « uniques dans l'Histoire[2] ». Leurs relations étaient toutefois devenues nettement plus formelles et dénuées de l'affectueuse complicité des années passées. Désireux de souligner le caractère officiel de leurs rapports, Hitler l'appelait habituellement « monsieur le Ministre » ; seul le fait qu'il l'invitait parfois à partager son déjeuner ou son dîner au quartier général (depuis sa brouille avec les généraux, Hitler ne prenait plus place à la table commune) rappelait leur camaraderie de jadis, mais souvent ces repas se déroulaient dans « un silence mortel ». De surcroît, Speer jouissait maintenant d'un privilège auquel il aspirait depuis des années : il était le seul civil admis à assister aux conférences d'état-major quotidiennes[3].

Speer avait décidé de conclure une alliance avec le ministre de la Propagande pour plusieurs raisons : l'énergie et l'étourdissante virtuosité de Goebbels qui le revigoraient chaque fois qu'il le rencontrait et surtout l'acharnement implacable avec lequel il œuvrait en vue de la « guerre totale » — encore que pour de toutes autres raisons que lui : Goebbels était convaincu que la voie sur laquelle il s'était engagé n'autorisait aucun retour en arrière et ne pouvait avoir que deux issues, « le triomphe ou la chute », alors que Speer était mû par un mélange d'ambition et de dévouement « romantique » à une cause suprapersonnelle. Comme le note Goebbels, « il est non seulement un froid calculateur, mais aussi un authentique enthousiaste », tout en ajoutant que, par son introduction de « méthodes radicales », il se comportait en « vrai national-socialiste[4] ». En collaboration avec Ley, ils redoublaient d'efforts, se stimulaient mutuellement et effectuaient de nombreux contrôles qui leur permettaient de dénicher des ressources négligées ou dissimulées. A la fin de l'été 1942, Speer proposa d'instituer le « dimanche mobile » afin d'éviter toute interruption de la production et Goebbels lui assura l'appui de son appareil de propagande pour faire face aux objections que soulevèrent notamment les Eglises. Il en alla de même lorsque Speer projeta de mettre au service de l'industrie de l'armement les étudiants des universités et des écoles techniques. Ce ne fut que quand Speer annonça son intention de doter son ministère d'une « section propagande » que Goebbels, se voyant défié sur son propre terrain, lui opposa une résistance énergique.

Pourtant, le ministre de la Propagande se trompait en supposant que la volonté de coopération de Speer avait pour corollaire un accord idéologique. Rien n'était plus étranger, ou du moins indifférent à Speer que ce système d'interprétation du monde, cette *Weltanschauung* que Hitler exprimait en de longs monologues exaltés et que Goebbels appréciait en tout état de cause en vertu de son pouvoir d'enflammer les foules[5]. Ce qui avait séduit Speer dans le national-socialisme, c'était avant tout son aspect spectaculaire et « esthétisant » : le pathos, le faste, l'autoglorification et les possibilités de mise en scène qu'ils offraient — sans oublier la fierté d'être au service du « grand homme », l'agitation fiévreuse et la tension extrême qui agissaient sur lui comme une drogue. Quant aux fondements théoriques et aux raisonnements tortueux que fabriquaient Himmler et Rosenberg, ou encore Walter Darré, le philosophe du *Blut und Boden* (« sang et sol »), il les considérait avec un étonnement incrédule qui n'avait pas échappé aux fidèles de Hitler, sauf à Goebbels, lequel n'était pas moins blasé que Speer lui-même.

A la longue, donc, Goebbels finit par remarquer l'indifférence idéologique de Speer. Celle-ci devint particulièrement flagrante lors du différend qui les opposa au sujet du traitement réservé aux Juifs de Berlin. Alors que Goebbels déplorait avec volubilité qu'il restât encore des dizaines de milliers de Juifs dans la capitale après les opérations de « nettoyage ethnique » de l'automne 1941 et du printemps 1942, Speer persistait à affirmer qu'ils constituaient une main-d'œuvre qualifiée indispensable à l'industrie de l'armement, en se référant à maintes reprises aux innombrables ouvriers spécialisés qu'avait engloutis la campagne de Russie au cours de l'hiver. Il eut finalement gain de cause ; le 13 mars, il réussit à persuader Bormann de signer une circulaire qui, en tout cas dans l'immédiat, mettait fin aux déportations ou du moins les ralentissait.

Goebbels ne s'avouait pas vaincu. Lorsque tous ses efforts de persuasion restèrent vains, il tenta de contraindre Speer à se mettre au pas en demandant expressément au Führer de signer un ordre à cet effet, mais, face aux objections opiniâtres de Speer, il se heurta de nouveau à un échec.

L'objectif du gauleiter de la capitale était de « nettoyer définitivement Berlin de toute présence juive au plus tard fin mars [1943] ». Il y parvint finalement en faisant intervenir la *Leibstandarte* (la garde prétorienne de Hitler). Le samedi 27 février de cette année-là, des unités de la *Leibstandarte* encerclèrent les usines d'armement et effectuèrent des rafles dans les ateliers pour identifier et arrêter les derniers ouvriers juifs. Quelques jours auparavant, Goebbels avait eu avec Speer une discussion particulièrement vive au cours de laquelle il lui avait dit « avec fermeté » qu'il en avait « par-dessus la tête » de ses arguments concernant le caractère indispensable des ouvriers qualifiés juifs et qu'il avait de surcroît obtenu de Sauckel un « accord définitif » en vue de « faire venir des remplaçants polonais ». Après le départ des derniers convois, Goebbels proclama que c'était sa « plus grande prouesse politique[6] ». Il faut préciser que Sauckel ne fournit jamais la main-d'œuvre promise.

Comme Speer avait uniquement fondé sa résistance à ces mesures sur les exigences de l'industrie de l'armement, il déclara que « dans ces circonstances, il ne soulevait plus d'objections ». Dans les documents accessibles aux chercheurs, il n'existe effectivement aucune trace d'autres mobiles, en particulier d'ordre humanitaire et rien ne permet de supposer qu'il ait jamais fait valoir de tels arguments. L'attitude de Speer était sinon uniquement, en tout cas en premier lieu, fondée sur des considérations utilitaires. Tout de même quelque peu troublé par son altercation avec Goebbels, il alla se confier au président du conseil d'administration de la firme AEG, Hermann Bücher, avec lequel il entretenait depuis des années des relations quasi amicales. Lorsque Bücher, manifestement déçu par l'attitude trop conciliante de Speer, répéta à plusieurs reprises : « Cela ne nous sera jamais pardonné », Speer devint songeur ; par la suite, il chercha à se disculper en affirmant que Goebbels l'avait « pris en tenaille[7] ». Pourtant, il retomba bientôt dans ses habitudes de technocrate borné qui ne voit rien d'autre que des colonnes de chiffres ou de statistiques et raisonne en termes de capacités de production. L'on peut cependant mettre à son actif le fait que ses mobiles « froidement objectifs » lui donnèrent, du moins pendant un certain temps, une indépendance d'esprit et une détermination remarquables — qualités dont il avait déjà témoigné face aux tentatives répétées de Himmler, lorsqu'il avait été nommé inspecteur général des bâtiments et par la suite ministre, de lui donner un grade honorifique au sein de la SS. Avec une indifférence presque insultante, Speer avait rejeté ces offres, ou les avait simplement laissées sans réponse[8].

Au cours de l'été 1943, la guerre — nul ne pouvait plus l'ignorer — changea définitivement de visage. Suite à l'insuffisance des effectifs et à leur éparpillement excessif (soigneusement cachés par les clameurs assourdissantes de la propagande), les forces allemandes durent se replier sur presque tous les fronts. Après la perte de l'Afrique du Nord, l'invasion de la Sicile par les Alliés en juillet entraîna un coup d'Etat en Italie et la chute de Mussolini. Le même mois, la dernière offensive allemande sur le front Est, l'opération « Citadelle », avait dû être interrompue au bout de dix jours, compte tenu des lourdes pertes subies. Trois semaines après, commença la grande contre-offensive soviétique. Le mois suivant les forces anglo-américaines débarquaient dans le golfe de Tarente et à Salerne. Début août, Goebbels note dans son Journal, « les mauvaises nouvelles tombent dru comme grêle[9] ».

L'Italie ne faisait donc plus partie de l'Axe, ce qui valut à Speer une nouvelle extension de ses pouvoirs. Le 13 septembre, Hitler signa un décret plaçant sous l'autorité du ministre de l'Armement l'ensemble de l'industrie de la partie de l'Italie depuis peu occupée par les Allemands. A ce titre, Speer avait également le pouvoir de disposer de la main-d'œuvre locale, y compris des « internés militaires », comme l'on appelait les alliés d'hier qui avaient été désarmés et faits prisonniers. Pendant que des unités allemandes établissaient à la hâte une ligne défensive au sud de Naples, dans le nord du pays le transport vers l'Allemagne des machines démontées et des matières premières avait déjà commencé. Une dizaine de jours plus tard, le haut commandement de l'armée de terre allemande en Italie expliquait avec une franchise inhabituelle : « La trahison de l'Italie nous permet désormais d'exploiter également ce pays au maximum pour la poursuite de la guerre [10]. »

La guerre sur deux fronts, tant redoutée, avait donc débuté. En réalité, il s'agissait d'une guerre sur trois fronts. Dès fin 1941-début 1942, la Grande-Bretagne avait commencé à utiliser la tactique de l'« area bombing ». Churchill avait donné à Arthur Harris, commandant en chef de la flotte de bombardement stratégique de la RAF britannique, l'ordre de détruire systématiquement les centres militaires et industriels du Reich, mais Harris ne tarda pas à élargir ce concept à l'affaiblissement psychologique de la population allemande en lançant des « tapis de bombes » sur des zones résidentielles. A la fin du mois de mars 1942, il inaugura ce nouveau théâtre d'opérations, car c'était bien de cela qu'il s'agissait, par un bombardement massif de Lubeck. Pour citer un observateur, l'ancienne ville hanséatique brûlait « comme du petit bois ». A titre de représailles, Hitler rappela d'Italie du Sud deux escadrilles de bombardiers représentant une centaine d'appareils, qui s'attaquèrent au cours des semaines suivantes à une série de villes anglaises d'importance historique. Mais le rapport des forces avait déjà changé : la nuit du 30 au 31 mai, la Royal Air Force répliqua en envoyant pas moins de mille bombardiers (c'était la première fois qu'un tel chiffre était atteint) sur Cologne. A partir du 4 juillet, les Américains se joignirent aux Britanniques avec leurs « forteresses volantes » ; ces attaques visant à terroriser la population civile ne firent que s'accroître, jusqu'au stade du « round the clock bombing ».

Ce concept qui témoignait autant d'une volonté d'annihilation que d'une myopie stratégique, n'eut d'ailleurs pas les résultats escomptés. Moins démoralisée et abattue qu'on n'aurait pu le croire, la population réagit au contraire aux horreurs de ces bombardements incessants en se durcissant et, sans doute poussée par un besoin de protection, se rapprocha plus que jamais du régime. Il est aujourd'hui établi que le renoncement à la stratégie de la guerre aérienne « sélective » se limitant à des objectifs industriels essentiels à l'effort de guerre allemand était aussi absurde qu'inutilement meurtrier et ne fit que prolonger la guerre.

Vers la mi-mai, il sembla que Harris avait finalement reconnu l'importance du principe de la « paralysie par destruction d'éléments essentiels ». Un petit groupe d'à peine vingt bombardiers Lancaster, armés de bombes spéciales, s'attaqua de nuit aux barrages de la région de la Ruhr qui étaient remplis à ras bord. Les barrages de Möhnetal et de Sorpetal approvisionnaient en eau et en électricité près des trois quarts des usines de la région ainsi que quelque cinq millions de personnes. Leur défense antiaérienne était totalement inadéquate ; les rares pièces de DCA installées aux abords des barrages n'atteignirent aucun des avions qui volaient pourtant à basse altitude. Les deux barrages furent par conséquent détruits ou gravement endommagés, ainsi que le barrage de l'Edertal, ce dernier étant situé en dehors du bassin de la Ruhr à proprement parler. Pour des raisons incompréhensibles, du moins pour les Allemands, les autres barrages de la Ruhr furent épargnés.

Suite à cette erreur de calcul, l'opération fut un demi-échec ; le « Dambuster raid » britannique n'en eut pas moins une efficacité bien supérieure à celle des milliers de raids aériens visant la population civile. Les jours suivants confirmèrent le manque de méthode de Harris, son incapacité à s'en tenir à une stratégie mûrement réfléchie. Il ne fit toujours pas détruire les autres barrages et surtout n'envoya pas sur la région de la Ruhr des escadrilles armées de bombes incendiaires, ce qui aurait eu des conséquences catastrophiques compte tenu du manque d'eau. Speer témoigna une fois de plus de ses brillantes capacités d'improvisation ; vers le 20 septembre, les barrages avaient été reconstruits et il avait de surcroît installé deux cents batteries antiaériennes lourdes entre Dortmund et Düsseldorf. Il n'y eut pas de nouvelles attaques aériennes contre les barrages et Speer put parler avec ironie de « l'excellent partenaire » qu'il avait au sein du quartier général ennemi [11].

Le même manque de méthode se manifesta encore à maintes reprises. Speer devait assurer que, en dépit de l'épreuve terrible que les bombardements représentaient pour la population, il craignait de moins en moins des conséquences immédiates pour l'industrie de guerre : au fond, Harris était un homme primitif et borné qui, au lieu d'exécuter un plan rationnel et mûrement préparé, se contentait de suivre « ses instincts de tueur [12] ». Ce qui l'inquiétait bien davantage, c'était la perspective que les états-majors américains décident de changer la stratégie de la guerre aérienne en frappant les centres nerveux de l'industrie de guerre, ou, comme il l'a dit de façon imagée, d'attaquer les sources de l'armement et non son estuaire. Il estimait que la destruction d'un seul des quatre ou cinq secteurs essentiels à l'industrie de l'armement aurait des conséquences incalculables.

Les secteurs dont il craignait particulièrement la paralysie étaient, outre les ouvrages hydrauliques, les aciéries et les principaux nœuds ferroviaires et routiers et surtout les usines de la région de Schweinfurt, qui produisaient à elles seules environ la moitié des roulements à billes allemands. Ses demandes répétées de pourvoir ces usines d'une protection antiaérienne accrue n'avaient rien donné. Göring, en particulier, les avait ressenties comme une attaque personnelle et avait assuré, avec sa vantardise coutumière, que ses escadrilles de chasse empêcheraient les avions ennemis d'approcher de leurs objectifs. Lorsque la 8ᵉ flotte de bombardement américaine attaqua Schweinfurt le 17 août 1943, elle ne rencontra aucune résistance digne de ce nom ; du jour au lendemain, la production de roulements à billes diminua de près de 40 pour cent. Après la guerre, Speer apprit que les commandants en chef des forces aériennes alliées avaient effectivement envisagé une seconde frappe aérienne suivant de près la première, mais l'opposition de Harris avait fait échouer ce projet. Si les bombardements de Schweinfurt s'étaient poursuivis et si les Alliés avaient en outre attaqué systématiquement d'autres sites de fabrication de roulements à billes, « au bout de deux mois, la production d'armements aurait été considérablement ralentie et, au bout de quatre mois, totalement arrêtée », ce qui aurait mis fin à la guerre [13].

Les forteresses volantes ne réapparurent pas au-dessus de Schweinfurt avant la fin du mois d'octobre. Entre-temps, la défense antiaérienne de la région avait été considérablement renforcée et le ciel de la ville fut le théâtre d'une des batailles aériennes les plus violentes de toute la guerre, menée du côté allemand avec un acharnement extrême. Les pertes américaines furent si lourdes que Schweinfurt ne connut pas de nouveaux bombardements pendant de longs mois. Au lieu de s'attaquer à d'autres objectifs industriels vitaux, les Américains se rallièrent à la pratique britannique de bombardements de la population civile. Il fallut attendre février 1944 pour que les usines de Schweinfurt, ainsi que cette fois les fabriques de roulements à billes d'Erkner, de Bad Cannstadt et de Styer fussent bombardées à deux reprises en l'espace de quatre jours et en majeure partie détruites. Ensuite, le Combined Command revint de nouveau au principe des bombardements aléatoires, tandis que les attaques contre les usines de roulements à billes, qui avaient été en partie transférées sur d'autres sites, cessaient complètement. Si le Combined Command avait témoigné d'une plus grande persévérance, la guerre aurait rapidement pris fin. Suite à la stratégie inconséquente des Alliés, la production allemande de blindés, d'avions, de sous-marins et de camions militaires ne fit que s'accroître ; jamais le manque de roulements à billes ne se fit sentir [14].

Un désordre et un manque de méthode comparables régnaient d'ailleurs dans le camp allemand. Depuis longtemps, Speer avait demandé en vain d'appliquer également à l'encontre de l'Union soviétique le principe de la « paralysie sectorielle » ; avant que le lourd processus de décision ne se mette en marche, la retraite précipitée des forces allemandes sur le front Est avait eu pour conséquence l'éloignement des objectifs, et donc l'impossibilité de réaliser la proposition de Speer. Même le projet de la Luftwaffe consistant à faire effectuer des « missions sans retour » par des kamikazes avant la lettre fit long feu [15].

Le facteur crucial fut cependant la défaillance croissante de l'armée de l'air allemande, dont l'action avait pourtant été si spectaculaire au début de la guerre. La perte de prestige de Göring et la confusion qui régnait au sein de la Luftwaffe suite à l'inaptitude au commandement du Reichsmarschall augmentaient encore le sentiment d'impuissance face à l'écrasante supériorité aérienne de l'adversaire. Ce processus de dégradation avait également pour origine la conception trop hâtive d'un trop grand nombre de types d'avions, sucessivement rejetés ou transformés suite aux fluctuations de la stratégie. De surcroît, la plupart des constructeurs, Willy Messerschmidt en tête, privilégiaient la conception d'appareils de plus en plus modernes et hardis et négligeaient en conséquence la production de modèles sans doute plus traditionnels mais qui étaient opérationnels. Pour la seule année 1943, il existait vingt-trois séries d'avions, sans compter dix variantes, et plus de quarante modèles étaient à l'étude — avions d'interception, chasseurs de nuit, planeurs de transport, bombardiers en piqué, avions de reconnaissance, bombardiers à grand rayon d'action... — ainsi qu'un nombre presque égal de cellules, de moteurs et d'autres éléments essentiels. Cette profusion excessive avait non seulement jeté le discrédit sur l'aviation militaire, mais avait relégué celle-ci au sixième rang sur la liste des priorités[16]. Cette situation désastreuse était également due en partie à la profonde mésentente entre Göring et Milch. Des semaines durant, le Reichsmarschall refusait de lui adresser la parole et ne répondait pas à ses communications. Un exemple : lorsqu'au cours d'un de leurs affrontements Milch se référa à un certain rapport d'inspection, Göring le rabroua en ces termes : « Vous ne vous imaginez tout de même pas que j'ai lu votre chiffon[17] ! » Chaque fois que, entre deux séjours à Rome ou Paris, ou au retour d'une partie de chasse, Göring se présentait devant Hitler, remâchant son ressentiment, il convoquait ses principaux collaborateurs, les chapitrait vertement, leur reprochant leur négligence, les accusant de salir son nom et allant jusqu'à les menacer de la cour martiale — avant de les inviter tous à dîner dans un de ses restaurants préférés.

Compte tenu de la supériorité aérienne de l'ennemi, presque totale depuis fin 1943 et accrue encore par l'utilisation de systèmes de navigation électroniques sophistiqués, l'unique solution aurait consisté à renforcer par tous les moyens l'aviation de chasse — d'autant que les usines Messerschmidt d'Augsburg s'apprêtaient à fabriquer en série le chasseur à réaction Me-262, dont la vitesse et la capacité ascensionnelle étaient supérieures à celles de tous les appareils existants. Mais Hitler y opposa son veto. Jusqu'alors, le dictateur tenait toujours compte des recommandations des spécialistes de l'armement. Mais, face à une situation militaire de plus en plus préoccupante, il était obnubilé, de même d'ailleurs que Göring, par l'idée de représailles massives, en particulier contre l'Angleterre. Comme il se plaisait à le répéter, « la terreur ne peut être brisée que par la terreur ».

Hitler ordonna donc la mise en sommeil du programme de fabrication du Me-262. Peu de temps après, sans tenir compte des objections des experts, il exigea de transformer l'appareil en bombardier ultrarapide, bien qu'on lui eût fait observer que cela prendrait beaucoup de temps. Des semaines durant, Speer, Jodl, Milch, Guderian et bien d'autres le conjurèrent de revenir sur cette décision manifestement erronée qui réduirait à néant tous les avantages du nouvel appareil, mais il fut impossible de le faire changer d'avis. « Chaque semaine, une nouvelle ville est détruite : il faut agir vite », lui disaient-ils en substance ; rien qu'en qualité de chasseur d'interception, le Me-262 pourrait changer le cours de la guerre aérienne [18].

Hitler demeurait insensible à ces arguments ; il obéissait à une sorte de logique de l'acharnement, ou de psychologie du désespoir, qui l'avait déjà conduit, au lendemain de Stalingrad, à refuser d'établir une station d'interception à l'arrière du front Est. Selon lui, plus une situation était désespérée, plus les combattants se défendaient avec acharnement ; il aimait citer l'exemple des Grecs qui avaient brûlé leurs navires pendant une des guerres médiques. Pour finir, il mit un terme aux plaidoyers en faveur du Me-262 en interdisant tout simplement d'aborder ce sujet en sa présence. En guise de compensation, il ordonna de renforcer l'artillerie antiaérienne — qui comportait d'ores et déjà vingt mille pièces, dont l'inefficacité était prouvée depuis longtemps, et qui n'était guère plus qu'un « feu d'artifice » destiné à apaiser une population à la fois apeurée et rebelle. Speer estimait que, sans même tenir compte des nombreuses erreurs commises par les états-majors ennemis, la guerre aérienne était « la plus grande bataille perdue par le camp allemand [19] ». Les faits semblent lui donner raison.

Les statistiques relatives à la production d'armes de tous types n'en étaient que plus surprenantes. A la stupéfaction des états-majors, une succession de bonnes nouvelles venait des champs de ruines des villes et des décombres des installations industrielles. Dans le domaine des munitions, par exemple, les chiffres de l'année précédente avaient plus que doublé en 1943 ; plus de vingt-cinq mille avions avaient été fabriqués au lieu de quatorze mille ; en ce qui concernait les sous-marins, l'augmentation relativement faible, d'environ 15 pour cent, était compensée par une réduction du temps de fabrication qui était passé de près d'un an à deux mois seulement. La production globale de véhicules blindés, tous types confondus, était passée de cent quarante mille à près de trois cent soixante-dix mille ; pour les seuls chars moyens et lourds, environ douze mille avaient été fabriqués en 1943, contre cinq mille cinq cents en 1942. Cette progression remarquable pouvait être attribuée en partie au fait que Hitler avait depuis longtemps, peut-être en souvenir de la triomphale campagne de France, manifesté une prédilection pour ce type d'armes. Intervenant inlassablement à tous les stades de la conception et de la fabrication, il mettait les programmes sens dessus dessous. Typiquement, il ajoutait tant d'armes et d'équipement à un nouveau modèle de char léger et mobile qu'il en résultait en fin de compte un blindé de la dimension du « Tigre » déjà existant, tandis que le char « *Maus* » devenait un monstre de cent quatre-vingts tonnes [20].

Ces chiffres, dans l'ensemble très impressionnants, encore que leur évaluation exige une certaine prudence [21], qui augmentèrent encore l'année suivante pour atteindre leur point culminant durant la seconde moitié de 1944, ne témoignaient pas seulement de l'échec de la stratégie aérienne utilisée par les Alliés. Ils révélaient un des paradoxes de l'industrie de l'armement dirigée par Speer. Au cours de la phase terminale de la guerre, son appareil produisait suffisamment d'armes et de matériel divers pour équiper environ deux cent soixante-dix divisions de l'armée de terre, alors que la Wehrmacht ne disposait plus que de quelque cent cinquante divisions. A cela venaient s'ajouter d'insurmontables problèmes de transports ; l'effondrement des divers fronts avait entraîné une incroyable pagaille due à d'innombrables mouvements de troupes décidés à la hâte et pas toujours indispensables. Le principe si fièrement proclamé de l'« improvisation organisée » était impuissant à remédier à cette situation. Alors que certaines unités de réserve étaient équipées des armes et du matériel les plus récents, les formations du front manquaient souvent de l'essentiel — et elles finirent par manquer de tout, y compris d'hommes.

Du moins dans l'immédiat, le prestige de Speer ne souffrit guère de cette situation absurde due en bonne partie à la désorganisation du pouvoir politique et aux conceptions stratégiques erronées de Hitler. Au contraire, beaucoup voyaient en Speer le seul homme susceptible de changer le cours quelque peu inquiétant des choses grâce à sa vue d'ensemble et à sa logique implacable. Vers la fin de l'été 1943, le général Schmundt, aide de camp de Hitler représentant la Wehrmacht, alla voir Speer ; après lui avoir parlé de l'incapacité de plus en plus criante de Göring, il lui dit qu'il le considérait comme « le grand espoir de l'armée ». Le chef de l'état-major de l'armée de terre, Kurt Zeitler, lui fit des déclarations similaires et lui rapporta une remarque de Hitler disant à son propos : « Un nouvel astre est apparu ! » Vers la même époque, lorsque Speer arriva un jour dans la salle des conférences du quartier général en compagnie de Himmler, Hitler s'avança vers eux et les salua en les qualifiant d'« égaux et [de] pairs [22] ».

Comme il était prévisible, cette remarque déplut à Himmler qui ne manqua pas de le faire sentir. Peut-être était-ce précisément le but recherché par Hitler, qui avait utilisé ce vieux stratagème psychologique pour dresser ces deux hautes personnalités l'une contre l'autre. Le Reichsführer SS, « grand policier » du régime exerçant un contrôle quasi total sur les prisons et les camps, et qui disposait de sa propre armée, se considérait depuis longtemps comme une puissance incontestée qui ne connaissait certainement ni « égaux » ni « pairs ». Pontilleux comme il l'était sur tout ce qui touchait au protocole, il ne s'était jamais déplacé pour aller voir Speer à son ministère, mais l'avait toujours convoqué [23]. Par ailleurs, la remarque de Hitler n'était pas seulement une manœuvre tactique destinée à faire sentir à Himmler que son pouvoir avait des limites. Cette guerre à l'issue de plus en plus incertaine l'obsédait visiblement ; dès 1942, il avait déclaré à diverses occasions qu'il aspirait à être délivré de ce lourd fardeau et à se retirer de la politique [24].

Ce genre de réflexion soulevait inévitablement la question de sa succession. Mais à qui la confier ? Göring, que Hitler avait qualifié, dans un discours prononcé au début de la guerre, de son bras droit et suppléant, s'était déconsidéré. Bormann n'avait manifestement pas la carrure nécessaire. Goebbels était hors jeu à cause de sa difformité. En principe, il ne restait donc que Himmler. Mais Himmler était un béotien aussi borné que pédant, hermétique à toute forme d'art. Or, Hitler voulait apparemment que son successeur fût de cette race d'« artistes-politiciens » à laquelle lui-même pensait appartenir. Quoi qu'il en soit, il aurait assuré Speer qu'il « le destinait à de grandes choses », et l'aurait placé « au second rang, juste après Göring, sur la liste des successeurs du Führer [25] ».

A la fois effrayé et ébloui par cette perspective pour le moins inattendue, Speer était plus que jamais conscient de l'importance de son rôle. Son ambition jamais apaisée pouvait maintenant viser l'objectif suprême. En dépit de sa réserve habituelle, il encouragea les rumeurs en mettant ses collaborateurs les plus proches dans la confidence. Avec plusieurs d'entre eux, il eut de longues conversations pour déterminer si on le jugeait « apte à être un Führer » ; et lorsque son chef de service, Hans Kehrl, lui confirma qu'il était manifestement l'élu et le premier choix de Hitler, Speer « opina d'un air satisfait [26] ».

Speer a toujours prétendu que, sa vie durant, il était resté un artiste ou technocrate « apolitique », affirmation que tous les observateurs mettent en doute. Pourtant il disait peut-être vrai, à en juger du moins par la maladresse insigne avec laquelle il endossa son nouveau rôle de « deuxième personnage de l'Etat [27] ». Il n'avait pas la moindre idée des véritables rapports de force qui régnaient dans les sphères dirigeantes du régime. Autrement, il aurait compris que les témoignages de faveur de Hitler et ses propres bavardages aussi naïfs que complaisants ne pouvaient qu'indisposer Himmler et surtout réveiller l'hostilité de Bormann.

Bormann n'avait été nommé officiellement « secrétaire du Führer » qu'en avril 1943. Compte tenu de cette promotion et des nouveaux pouvoirs qu'elle lui conférait, il considéra comme une défaite personnelle le fait que son ennemi juré fût au centre des débats relatifs à la succession. A tout le moins, cela lui fit prendre conscience que ses constantes machinations à l'encontre de Speer avaient abouti à un échec total et cela, il n'était pas homme à s'en accommoder. Son instinct, aiguisé au cours d'affrontements aussi nombreux que grotesques, sentit immédiatement la menace que représentait cet homme maintenant pourvu de l'aura du successeur désigné du Führer et qui de surcroît ne relevait pas de son autorité car il n'appartenait pas à la hiérarchie du parti. Il prit donc des mesures défensives ; la première consista à répandre la rumeur que Speer était « un adversaire résolu du parti » qui, avec l'implacable ambition qui le caractérisait, avait toujours visé la succession de Hitler.

Qu'elles aient contenu ou non une part de vérité, ces rumeurs malveillantes causèrent une indignation considérable. Même le vieil ami de Speer Karl Hanke s'en émut au point de tenter à plusieurs reprises d'avoir accès à Hitler pour l'informer des intentions sournoises de Speer[28]. Pour sa part, Goebbels prit aussitôt le parti de Bormann, ce qui était surprenant vu les nombreux et violents conflits qui avaient opposé les deux hommes et nourri leur inimitié. Dans son Journal, l'on voit réapparaître vers cette époque des remarques critiques au sujet de Speer et il fit un jour observer au ministre de l'Armement que, « en ce moment, le front ne disait pas grand bien de lui[29] ».

Himmler, Bormann, Göring et Goebbels : Speer avait dressé contre lui la coalition la plus puissante que l'on pût imaginer. Pour lui faire face, il ne pouvait guère mobiliser que quelques généraux dépendant des sautes d'humeur de Hitler, de Zeitler à Guderian en passant par Friedrich Fromm, commandant en chef de l'armée de réserve, ou « armée de l'Intérieur », ainsi que certains directeurs généraux tels que Milch ou Kehrl. Sans oublier, certes, l'autorité de Hitler lui-même. En tout état de cause, nul n'aurait su dire si sa désignation était davantage que des paroles en l'air, ni, dans l'éventualité où la question de la succession de Hitler se poserait concrètement, ce qu'il pèserait réellement dans la balance.

Speer ne s'en rendait pas compte, de même qu'il ne réalisait pas que cette lutte était sans espoir et qu'il l'avait perdue avant même qu'elle ne s'engage vraiment. Encore un tout petit moment et les efforts conjugués de ses adversaires feraient apparaître les premières craquelures dans son image tant célébrée, non sans que lui-même y fût pour quelque chose.

Tant que Speer pouvait annoncer une succession d'exploits stupéfiants et présenter des statistiques ronflantes dans le domaine de l'armement, il restait pratiquement inattaquable. Les premières voix discordantes furent celles des gauleiters, dont plusieurs lui firent remarquer avec insistance qu'il était également possible de conduire la guerre « sans restrictions draconiennes[30] ». Et dans la mesure où les nouvelles rassurantes du front étaient trop souvent brutalement démenties, les hommes du parti ainsi que la plupart des cadres du régime se mirent à douter de plus en plus ouvertement de la réalité des faits. Lorsque le *Wehrwirtschaftsamt* (Bureau de l'économie militaire) communiqua au haut commandement, en automne 1943, un mémorandum concernant les réserves énormes dont disposait encore l'Union soviétique, Hitler en fut outré, resta en colère des semaines durant et alla finalement jusqu'à interdire à l'OKW de réaliser des analyses de ce genre. Quelque temps plus tard, l'Office central de planification de Speer se fit également rappeler à l'ordre après avoir effectué une analyse du potentiel de l'industrie de guerre alliée ; de surcroît, Hitler ordonna de ne plus transmettre des informations sur l'industrie de l'armement ennemie par la voie hiérarchique. Göring s'empressa d'emboîter le pas à son maître. Un jour, sous la forme d'un « ordre de service », il interdit expressément au général Adolf Galland, inspecteur général de l'escadre de chasse et porteur des plus hautes décorations, de faire la moindre allusion au fait que la présence de chasseurs escortant les groupes de bombardiers ennemis avait été signalée dans l'espace aérien du Reich[31].

Le symbole le plus visible de cette négation de la réalité était les fenêtres du quartier général du Führer — toujours fermées, les lourds rideaux tirés en permanence. Après les violents bombardements de la Ruhr et de nouveau après la destruction de Hambourg fin juillet 1943 — les vagues de bombardiers entourés d'épais nuages de feuilles d'étain s'étaient succédé sans répit sept jours durant et la ville avait été engloutie par une « tempête de feu » —, Speer avait en vain conseillé à Hitler de visiter les villes en ruines ; Goebbels avait lui aussi utilisé toute son éloquence pour tenter de convaincre le dictateur. Pourtant, comme s'il sentait combien étaient fragiles les fondements de sa foi laborieusement affirmée en la victoire, Hitler rejeta toujours ces suggestions. Lors des conférences auxquelles assistait également Speer, il continuait à débiter d'interminables monologues sur les succès et conquêtes à venir. Un exemple illustre bien l'attitude de supériorité arrogante de Speer : pendant que Hitler continuait à discourir sans fin, il lui arrivait de sortir ses dossiers et de se mettre à travailler ou à dessiner. A la stupéfaction de Speer, Hitler ne réagissait pas à ces affronts. Il n'est pas exclu, par contre, qu'il ait conclu de cette attitude, sans compter de nombreux autres signes, que son ministre et ami ne partageait plus vraiment l'optimisme sans fondement grâce auquel il aveuglait son entourage et se leurrait lui-même. De fait, Speer avait déclaré, après la destruction de Hambourg : « Si des offensives aériennes de cette envergure se poursuivent..., nous descendrons assez rapidement la pente. » En des termes un peu différents, il dit à Hitler en personne que, si une catastrophe analogue frappait encore six autres villes allemandes, la guerre serait terminée[32].

En dépit de l'augmentation constante de la production de matériel militaire jusqu'à l'automne 1944 (que même une des têtes froides du ministère de Speer considérait « comme un miracle[33] »), nul ne pouvait ignorer qu'à moyen ou long terme il était impossible de gagner la course aux armements engagée avec l'ennemi ; dans le seul domaine des munitions, le rapport était de deux à neuf. Pourtant, dans l'ambiance survoltée et irrationnelle qui régnait au quartier général du Führer, où l'optimisme était de rigueur, il était possible de se persuader qu'il existait au moins une chance pour que se concrétise cette « victoire intermédiaire » que Hitler considérait comme la condition préalable à toute « solution politique » de la guerre. A plusieurs reprises, il avait rejeté les mises en garde de son entourage, déclarant en substance qu'il ne pouvait pas négocier en position de faiblesse. Le terrain fragile sur lequel se fondaient ces espoirs était la conviction de la supériorité du Reich dans le domaine de la technologie militaire. Grâce à l'imagination fertile de ses inventeurs, répétait-on inlassablement, l'Allemagne aurait toujours un pas d'avance sur ses adversaires ; même si ce n'était qu'*in extremis*, de nouveaux développements, notamment les légendaires « armes miracles », sauveraient le Reich en lui accordant le répit indispensable aux négociations.

Parmi ces armes providentielles, il y avait non seulement les fusées V1 et V2, annoncées d'abord sous la forme de rumeurs mystérieuses, puis à grand fracas, mais aussi les avions à réaction Me-163 B et Me-262 et la bombe volante téléguidée Hs-293, ainsi que deux modèles de sous-marins « hydrodynamiques », la fusée sol-air « Cataracte », la fusée embarquée « Orkan » et d'autres projets ultrasecrets, notamment les fusées V3 et V4. Mais tous ces systèmes connaissaient des problèmes qui étaient loin d'être résolus. Beaucoup d'entre eux arrivaient trop tard, ou étaient utilisés avant d'être réellement prêts ; ce fut notamment le cas du Me-262, dont la puissance d'accélération, la maniabilité et l'armement restaient insuffisants. D'autres armes nouvelles offraient des cibles rêvées à l'aviation ennemie, par exemple les sous-marins « Walter », dont un tiers fut détruit sur les chantiers navals. En ce qui concernait les fusées, deux problèmes n'avaient toujours pas trouvé de solution satisfaisante : le système de téléguidage thermique et le mécanisme de mise à feu. Pour d'autres projets, l'investissement en termes de matériaux rares et/ou de main-d'œuvre était sans commune mesure avec l'utilité militaire — un exemple en était la fusée A-4, d'un poids de treize tonnes, développée dès le milieu des années 30 par le jeune Wernher von Braun et plus connue sous le nom de V2. D'autres projets encore s'enlisaient dans les éternelles querelles de compétences. Beaucoup, enfin, ne relevaient guère que de la légende, que Speer lui-même contribua à nourrir rétrospectivement. Dans ses Mémoires, il prétend que, dès la fin de 1942, il avait acquis la conviction que la guerre était perdue pour l'Allemagne, pour la seule raison que sa production d'armes de tous types était quantitativement et qualitativement insuffisante. Ce qui ne l'empêche pas d'écrire dans un autre chapitre que le fait d'avoir favorisé le V2 aux dépens de la fusée Cataracte et des chasseurs à réaction avait été « une des erreurs les plus lourdes de conséquences qu['il ait] commises à la tête de l'armement allemand » et parvient à la conclusion qu'une utilisation combinée de ces deux armes aurait « brisé... l'offensive aérienne des alliés occidentaux contre notre industrie [34] ».

La contradiction est d'autant plus flagrante que Speer n'a jamais mis de grands espoirs dans les « armes miracles ». Sans doute avait-il été vivement impressionné par la présentation de certaines de ces armes à la station expérimentale de Peenemünde, mais cela n'entamait pas pour autant son scepticisme. En septembre 1943, il était allé jusqu'à déclarer que « le pays ne disposait d'aucune arme miracle et n'en posséderait sans doute jamais ». Certes, avait-il ajouté, « le progrès technique » était bien réel, « mais il n'existe pas de miracle ». Hitler, en revanche, attendait un miracle décisif de la puissance de destruction de ces armes nouvelles. Après la visite au quartier général de l'équipe de chercheurs constituée autour de Walter Dornberger et de Wernher von Braun, il avait déclaré à plusieurs reprises que cette arme rendrait possibles des représailles contre l'Angleterre : « Grâce à elle, nous mettrons l'Angleterre à genoux [35]... » Speer était loin de partager cette euphorie. La haute priorité qu'il avait accordée au programme de recherche et de développement des fusées n'en reflétait pas moins son propre désir de victoire et indiquait qu'il avait une fois encore (et ce n'était « pas la dernière », comme il le dira lui-même) succombé à la force de persuasion de Hitler. Pourtant, il commençait à se libérer de l'emprise de ce dernier, comme en témoignent notamment les doutes quant à l'efficacité de cette arme, doutes qu'il exprima publiquement devant une assemblée de responsables des services de la propagande et des bureaux de l'armement [36].

Néanmoins, Speer poursuivait vigoureusement le programme de développement et de fabrication des fusées. Ce faisant, il mit le doigt dans un engrenage politique dangereux, en donnant à Himmler, qui guettait depuis longtemps une telle occasion, la possibilité de jouer un rôle dans l'industrie de l'armement. Le 18 août 1943, donc le lendemain de l'attaque aérienne américaine contre Schweinfurt, la Royal Air Force détruisit le centre d'essais militaire de Peenemünde. Himmler se rendit aussitôt sur place et proposa (comme il l'avait déjà fait à plusieurs reprises) de faire reconstruire les installations et fabriquer les fusées par des détenus de camps de concentration ; comme il le fit observer, cela permettrait de résoudre d'un seul coup le problème de la pénurie de main-d'œuvre et celui du caractère « top secret » de ce programme, les déportés étant coupés de tout lien avec le monde extérieur.

Dans le contexte des débats sur la succession de Hitler, Speer avait plus que jamais des raisons de craindre une ingérence du Reichsführer SS. Ce dernier lui avait déjà proposé quelque temps auparavant un accord aux termes duquel des « détenus des camps de concentration pouvaient être mis à la disposition des usines d'armement ». Compte tenu de la priorité qu'il avait lui-même accordée au programme de fabrication des fusées et après que Hitler eut donné son accord à Himmler, Speer se vit contraint d'accepter cette proposition. C'était la première fois depuis qu'il avait été nommé ministre qu'il perdait une partie de ses prérogatives. Passant outre aux instructions de Hitler qui lui avait ordonné de prendre toute les mesures nécessaires en accord avec Speer, Himmler informa péremptoirement le ministère de l'Armement qu'il « prenait en main » la fabrication de l'A-4 et qu'il respecterait en outre « l'engagement absolu d'en livrer 5 000 dans les meilleurs délais [37] ».

Himmler avait deux raisons pour s'approprier le programme des fusées. En premier lieu, les « armes miracles » exerçaient une véritable fascination sur cet homme depuis toujours attiré par le fantastique et par les charlataneries pseudo-scientifiques. A maintes reprises, il avait demandé à des instituts scientifiques de vérifier les propriétés de diverses inventions bizarres telles qu'un matériau incombustible baptisé « Durofol » qui pourrait notamment servir à fabriquer des carosseries d'automobiles, un carburant extrait des racines de sapins, de l'alcool fabriqué à partir de la paille, sans oublier le « pistolet-miracle » de Gerloff ou le navire conçu par Fritz Wankel, qui pourrait échapper aux attaques des escadres ennemies en atteignant une vitesse fabuleuse. Mais l'on aurait pu dire de tous ces projets avortés et de bien d'autres ce que le Conseil de la recherche scientifique du Reich avait déclaré, à propos du procédé présenté par Himmler, consistant à rendre l'atmosphère conductrice grâce à un procédé d'ionisation : tous témoignaient d'« une ignorance fondamentale des processus physiques et technologiques » qui étaient en jeu [38]. Ces propositions, que Himmler poursuivit avec un acharnement désespéré jusqu'au printemps 1945, étaient presque toujours des chimères aussi irréalistes qu'absurdes.

Un autre mobile de Himmler, encore plus important mais non moins chimérique, était la création de cet « empire économique SS » auquel il rêvait depuis longtemps et qui serait la base de l'« Etat dans l'Etat » qu'il envisageait d'établir avec la SS. Himmler visait le pouvoir absolu. Outre l'énorme pouvoir de police dont il disposait depuis qu'il avait été nommé ministre de l'Intérieur du Reich en août 1943, une condition essentielle à la réalisation de cet objectif était le contrôle de l'économie et de la production industrielle — lequel lui permettrait en outre de déconsidérer et finalement d'évincer son principal rival, l'intrus Speer, ce maladroit qui s'était fourvoyé dans des sphères auxquelles il n'entendait rien.

Poussé par ces mobiles, Himmler entreprit systématiquement de saper le ministère de l'Economie et tout l'appareil de Speer, en essayant de placer des hommes dévoués aux postes clés, ou au moins de s'assurer du soutien de collaborateurs importants en leur donnant des grades honorifiques au sein de la SS. A cela venaient s'ajouter les ateliers et usines gérés par la SS dans les camps de concentration. A Buchenwald et à Neuengamme, aux portes de Hambourg, Himmler faisait fabriquer des armes d'infanterie ; à Ravensbrück, des postes à haute fréquence ; à Brandenburg, des automobiles ; ailleurs encore, des lance-grenades. En dépit d'une gestion on ne peut moins professionnelle et d'une productivité très faible, l'Office central d'administration économique de la SS, dirigé par l'Obergruppenführer Oswald Pohl, contrôlait à la fin de la guerre plus de quarante sites de production travaillant pour quelque cent cinquante sociétés. En plus du matériel de guerre, l'on y fabriquait ou conditionnait des matériaux de construction, des meubles, des textiles, des conserves, de l'eau minérale, des produits pharmaceutiques et autres, et chacune de ces entreprises travaillait au détriment des services de Speer, notamment en termes de main-d'œuvre. Parallèlement, Himmler menait une guerre d'usure contre son rival, en faisant harceler certains collaborateurs haut placés de Speer par le *Sicherheitsdienst* (SD) ou en les faisant arrêter sous de faux prétextes, ce qui fut notamment le cas de Wernher von Braun. Le téléphone de Speer lui-même fut mis sur écoute et l'on ne tarda pas à parler d'un rapport du SD selon lequel des erreurs commises par l'appareil de Speer auraient « énormément nui à l'augmentation de la production d'armements allemande [39] ».

L'intensification de la guerre aérienne — qui faisait maintenant « pleurer et grincer des dents » Göring [40] — et la crainte perpétuelle de voir les Alliés mettre en pratique la stratégie de la « paralysie sectorielle » avaient conduit à envisager, depuis le printemps 1943, de transférer les industries essentielles à la guerre dans des cavernes naturelles, ou dans de gigantesque bunkers en béton de plusieurs mètres d'épaisseur. Ces mesures, qui concernaient en particulier la production des fusées de la série « V », correspondaient parfaitement au « complexe de la sécurité » de Himmler et à sa vision cauchemardesque des « travailleurs étrangers » transformés en nouveaux « hommes des cavernes », comme il l'écrivit à Pohl [41], condamnés à une existence spectrale dans un univers souterrain. En même temps, cela satisfaisait son aspiration à une nature vierge que ne pollueraient ni les hordes d'esclaves ni les complexes industriels. Dans le « jardin paradisiaque » qu'il envisageait de créer dans les pays de l'Est conquis, rien ne devait rappeler l'univers technologique et sa laideur : les câbles électriques et téléphoniques, et même les centrales électriques, devaient disparaître sous terre.

En proie à cette obsession, Himmler demanda, peu après le bombardement de Peenemünde, au « Service de localisation des cavernes naturelles de l'Institut scientifique de la défense pour la recherche sur le karst et les cavernes de la SS » d'établir une liste des grottes et cavernes existantes. Mais, avant même que l'Institut ne soumette la liste en question, un des « mauvais anges » de Himmler, le Gruppenführer Hans Kammler, directeur du service chargé des constructions de la SS, fanatique dénué de scrupules et « calculateur froid et brutal[42] », signala qu'il existait dans une vallée reculée du massif de la Harz, aux environs de Nordhausen, un système de cavernes qui avait été utilisé au cours des années 30 pour entreposer des produits chimiques nécessaires à l'industrie de guerre. En plus des entrepôts et ateliers creusés dans la roche, il comportait un dédale de tunnels s'étendant sur des kilomètres, sommairement aménagé en camp de travail ; dans les parois des tunnels avaient été taillées des niches servant de dortoirs. Conscient du caractère urgent de l'opération, Kammler fit aussitôt venir des détenus, notamment du camp de Buchenwald situé à proximité, pour commencer à installer les machines, tandis que dans une autre partie du massif l'on dynamitait la roche pour créer d'immenses ateliers souterrains destinés au montage du V2, le tout dans un vacarme assourdissant et une poussière suffocante accompagnée de chutes de pierres.

Avant même la fin de ces travaux, le médecin-chef du ministère de Speer soumit à celui-ci un rapport sur les conditions qui régnaient au camp de « Dora », ou « Mittelwerk », noms bientôt donnés à ces usines souterraines — selon les propres termes du médecin, c'était « l'enfer de Dante[43] ». Quelques jours plus tard, Speer alla visiter en personne les installations, accompagné de Kammler et de son directeur général Karl Otto Saur. Au moment où ils arrivaient, l'on s'apprêtait à exécuter un des détenus, comme il était manifestement de coutume pour intimider et discipliner les autres ; Speer réussit à empêcher l'exécution[44].

Les sombres pressentiments de Speer furent amplement confirmés, à tous les égards. Les conditions d'hygiène défiaient toute description, les soins médicaux étaient inexistants ; chez les détenus travaillant dans ces catacombes éclairées par quelques faibles ampoules électriques, la mortalité atteignait le taux effarant de 7 pour cent par mois. « Les détenus étaient sous-alimentés, écrit Speer ; dans la caverne l'air était froid et humide, usé et puant les excréments. Le manque d'oxygène me donnait le vertige. » Quelques-uns des collaborateurs qui l'accompagnaient furent tellement éprouvés par cette visite qu'ils durent « être envoyés en congé d'office pour troubles nerveux[45] ».

Le choc avait été tel que Speer lui aussi en resta longtemps ébranlé. C'était la rencontre brutale avec une réalité dont il s'était toujours protégé, sans doute délibérément, derrière des montagnes de dossiers et une succession ininterrompue de réunions et de conférences, de rendez-vous, de voyages et de visites de sites de production. Au début de l'année, il avait pour la première fois de sa vie visité un camp de concentration, celui de Mauthausen, près de Linz. Il s'agissait en l'occurrence d'une « visite organisée pour hautes personnalités » : il avait vu des salles propres et bien rangées, des plates-bandes fleuries et des détenus apparemment en bonne forme, et était rentré chez lui « rassuré ». A Dora-Mittelwerk, par contre, il avait découvert la face cachée du régime, ou plutôt son véritable visage. Speer a parlé par la suite des « noires prémonitions concernant diverses abominations » qu'avaient depuis longtemps fait naître en lui diverses allusions et remarques entendues au passage. Il avait fallu qu'il voie de ses propres yeux les oubliettes de Kammler pour que ses soupçons deviennent certitude.

Cette vision d'épouvante continuait à le hanter. Dès son retour à Berlin, Speer ordonna de construire à l'air libre des baraquements pour loger les quelque dix mille détenus qui travaillaient dans les entrailles de la montagne. Il réagit avec irritation aux protestations de Kammler et par la suite de Robert Ley, qui se sentait lésé dans ses prérogatives de chef du « front du travail ». Il ne voyait aucune raison de tenir compte de leurs objections, écrivit-il, car l'industrie de l'armement ne pouvait que bénéficier d'un traitement convenable des travailleurs des camps. Compte tenu de la mauvaise volonté évidente de Kammler, Ley et autres, les formalités administratives furent interminables et retardèrent encore plus l'amélioration, d'ailleurs toute relative, des conditions de vie des déportés. En juin 1944, finalement, les nouveaux baraquements furent prêts ; peu après Mittelwerk, qui dépendait jusqu'alors de Buchenwald, devint un camp de concentration indépendant. À la fin de la guerre, il y restait un peu moins de quarante mille détenus[46].

En dépit des machinations de plus en plus menaçantes de Himmler, Speer, poussé par son ambition, attendait beaucoup de lui, comme si, dans sa naïveté, il ne se rendait pas compte que le chef de la SS faisait tout pour le supplanter. Pourtant, on lui rapportait de plus en plus souvent que la SS avait pour objectif de se doter de ses propres structures industrielles, tout en éliminant progressivement le ministère de l'Armement[47]. Mais au lieu de prendre des mesures défensives, Speer laissait faire, considérant apparemment Himmler comme un allié en vue du passage à cette « guerre totale » qui restait encore et toujours son idée fixe. Depuis qu'il était devenu ministre de l'Intérieur du Reich, Himmler exerçait également une certaine autorité sur les gauleiters, en leur qualité de « commissaires à la défense du Reich » : Speer pensait donc avoir besoin de son aide à la fois pour mobiliser la population civile et pour mettre au pas les responsables régionaux du parti. Au cours d'un entretien, Himmler lui avait en tout état de cause assuré que son appareil exécutif lui permettait de faire respecter la loi du Reich partout et par tous ; il est certain que, contrairement à Speer, le Reichsführer de la SS était capable d'apprendre la peur, même aux potentats des provinces. Pendant quelque temps, Speer vit en Himmler un puissant allié dont l'appui lui permettrait de remporter la victoire après tant de batailles perdues contre Bormann et les gauleiters.

Pourtant, même si l'on tente de se mettre à la place de Speer, les concessions qu'il fit au Reichsführer SS restent difficilement compréhensibles — même s'il ne s'agissait que de calculs tactiques. Il n'ignorait pas la sinistre réputation de Himmler et avait toujours eu de bonnes raisons de se maintenir à l'écart de ce triste personnage. De surcroît, il était non seulement devenu depuis peu le principal rival de cet homme qui s'efforçait systématiquement de l'éliminer, mais il était encore empli de la vision d'épouvante du camp de Mittelwerk qui, comme l'ensemble de cet immense univers concentrationnaire dont nul ne pouvait ignorer l'existence, était organisé et dirigé par Heinrich Himmler.

Selon toute apparence, Speer ne se rendait pas compte, même rétrospectivement, de l'incohérence mentale que reflétait son comportement. Cette sorte de schizophrénie lui a permis de s'accommoder des contradictions les plus flagrantes. C'est elle aussi qui est à l'origine de la plupart des énigmes que pose son parcours. Encore et toujours, l'on voit apparaître cette profonde cassure qui caractérise l'ensemble de ses actes et de son comportement, sans qu'il prenne jamais conscience de cette division de sa personnalité — comme en témoignent d'innombrables indications avant et après la fin de cette année 1943.

Ce double aspect de la personnalité de Speer se manifestait non seulement dans les décisions cruciales, mais également dans son comportement quotidien, d'une manière plus ou moins flagrante, et rendait perplexes certains de ses plus proches collaborateurs. Selon le rapport d'un observateur, il lui arrivait, pendant les réunions confidentielles de l'Office central de planification ou de la Commission de l'armement, de témoigner d'une confiance en l'avenir qui allait parfois plus loin que la propagande officielle du régime ; il allait jusqu'à nier l'existence de situations critiques et s'écartait de l'ordre du jour pour débiter des lieux communs « sur un ton d'une allègre ironie [48] ». Par contre, au cours d'un entretien qu'il eut en automne 1943 avec l'industriel Walter Rohland, responsable de la production de blindés, il revint « avec une grande franchise » à la triste réalité dont il était depuis longtemps conscient et brossa un tableau fort pessimiste de la fin prochaine de la guerre.

Cet entretien avait pour objet de préparer un congrès organisé par Bormann, qui devait réunir le 6 octobre 1943 à Posen (Poznan) tous les Reichsleiters et gauleiters du pays, ainsi que Alfred Rosenberg et surtout Speer lui-même qui devait, avec l'assistance de plusieurs de ses directeurs généraux, présenter un rapport sur la situation de l'industrie de l'armement. « Toute une série de collaborateurs de Speer ont pris la parole en premier », note Goebbels dans son Journal ; parmi eux, Walter Rohland. Faisant écho à l'entretien préalable, Goebbels ajoute : « Ils peignent tout en couleurs très sombres [49]. » Speer monta à la tribune en dernier.

Dans son allocution, il décrivit sans ménagements la crise que traversait le pays, en soulignant notamment que, suite aux attaques aériennes, l'augmentation de la production d'armements n'était plus que de 3 à 4 pour cent, au lieu des 15 à 20 pour cent prévus, et critiqua vivement les espoirs excessifs de nombreux officiers. Continuant sur sa lancée, il entreprit d'ôter à ses auditeurs toute illusion concernant la mise en service prochaine des « armes miracles ». Sur ce, il remercia Ley d'avoir, « précisément en ces jours difficiles, fait arrêter dans les entreprises quelques milliers de flemmards et de les avoir envoyés dans des camps de concentration ». Il se référa ensuite à un ordre du Führer qui lui enjoignait de réunir très rapidement un million de nouveaux travailleurs pour l'industrie de l'armement. Compte tenu de la situation actuelle, poursuivit-il, il n'était possible de trouver cette main-d'œuvre que dans le domaine civil, où d'innombrables denrées et objets inutiles continuaient à être fabriqués comme si de rien n'était ; il cita en exemple les deux millions de balais fabriqués annuellement pour la Luftwaffe, les centaines de milliers de serviettes et de sacoches destinées aux auxiliaires féminines des transmissions, les coussins chauffants, sans oublier trois cent mille compteurs électriques, ou encore des réfrigérateurs qui, précisa-t-il, ne servaient d'ailleurs qu'à la corruption. En ce qui concernait les biens de consommation, « je n'entends que des mensonges, ajouta-t-il, tout ce que l'on me dit est faux ». En conséquence, il veillerait à ce que ses propres services assurent dorénavant les contrôles et l'on pouvait être certain que ses hommes s'y mettraient comme de « vrais chiens enragés ».

Ces observations étaient bien entendu dirigées contre ses adversaires de toujours, les gauleiters qui, pour diverses raison, s'intéressaient de près à la production régionale de biens de consommation. Pour bien se faire comprendre, il leur lança un avertissement solennel : « Il ne sera pas toléré qu'un Gau se mette au pas et fonctionne à plein rendement pendant qu'un autre fait le contraire. Par conséquent, si les Gaus ne s'exécutent pas dans les deux semaines, je procéderai moi-même à la fermeture des industries travaillant pour la consommation civile et je peux vous assurer que je suis déterminé à faire respecter l'autorité du Reich, quel qu'en soit le prix ! A l'avenir, les Gaus qui n'exécutent pas ces mesures seront traités en conséquence[50]... »

Jamais personne n'avait proféré de telles menaces ; l'émoi qu'elles provoquèrent fut indescriptible. Les gauleiters n'avaient évidemment pas oublié certaines déclarations antérieures de Speer, en particulier son discours inaugural du 24 février de l'année précédente, ni les pressions constantes qu'il exerçait sur eux pour les amener à ses fins, notamment en contrôlant la répartition du carburant, du charbon ou des matériaux de construction. Maintenant, ils « criaient au meurtre », comme le note encore Goebbels, qui lui-même reprochait d'ailleurs à Speer son « ton cassant ». Menés par l'ex-gauleiter de Vienne et actuel

Reichsstatthalter de la Westmark (Lorraine) Josef Bürckel, ils se précipitèrent sur Speer « en criant et en gesticulant » et l'accusèrent d'avoir menacé du camp de concentration la « vieille garde du Führer ». Au milieu de ce vacarme, Speer se tourna vers Bormann pour lui demander de prendre de nouveau la parole afin de rectifier cette fausse interprétation de ce qu'il avait dit. Mais Bormann refusa avec « une amabilité hypocrite » et lui assura qu'il n'y avait eu aucun malentendu. Ce qui ne l'empêcha pas d'utiliser peu après ces événements pour miner le crédit dont Speer jouissait auprès de Hitler ; il lui déclara en substance que le ministre de l'Armement, étranger au parti, ne jouissait pas de la confiance des anciens compagnons de route du Führer et qu'il ne savait pas comment s'y prendre avec les gauleiters. « A compter de ces jours-là, écrit Speer dans ses Mémoires, la loyauté de Hitler à mon endroit cessa de m'être acquise automatiquement [51]. »

Le congrès de Posen n'avait suivi que de quelques semaines l'ouverture des débats sur la « question de la succession », débats qui se poursuivaient toujours. Le ton péremptoire de Speer s'expliquait en bonne partie par le sentiment de puissance qui emplissait l'élu. Mais cela ne pesait pas lourd face à la puissante clique des gauleiters, comme il ne tarda pas à l'apprendre lorsqu'il demanda à son ami Karl Hanke de faire polycopier le texte de son allocution de Posen pour le transmettre aux diverses branches du parti. Avec une brusquerie inhabituelle, Hanke rejeta cette demande « éhontée », en ajoutant que Speer serait « bien inspiré de ne pas s'attirer l'hostilité du corps des gauleiters [52] ». Sans qu'il en fût vraiment conscient, la carrière de Speer avait déjà dépassé son zénith. La réunion de Posen avait marqué le début de son déclin.

L'après-midi, ce fut au tour de Himmler de prendre la parole. Deux jours auparavant, dans la même « salle dorée » du château de Posen, il s'était adressé aux dirigeants de la SS pour leur tenir en substance le même langage. Le Reichsführer de la SS avait apparemment résolu de révéler à un cercle plus large la politique d'extermination du régime, jusqu'alors soigneusement dissimulée et dont on ne parlait qu'en utilisant un vocabulaire soigneusement codé. La principale différence entre les deux allocutions était le ton d'une ignoble brutalité qu'il avait adopté face aux exécuteurs du crime qu'étaient les chefs SS. Quelque temps après, il devait répéter son exposé une troisième fois, à l'intention du corps des officiers supérieurs.

Les mobiles de Himmler étaient évidents. Sans doute avec l'accord préalable de Hitler, il avait l'intention de faire de ses auditeurs les complices du régime menacé et contraint de se replier sur tous les fronts. En les informant ouvertement du crime gigantesque dans lequel ils étaient tous plus ou moins directement impliqués, il voulait aussi les pousser à lutter jusqu'au bout avec un acharnement accru. Son objectif était de leur faire prendre conscience du caractère désespéré de leur situation, d'autant plus que les Alliés avaient fait connaître récemment leur intention de faire passer en jugement l'ensemble des dirigeants et des responsables du Reich. De nombreuses déclarations de Hitler ainsi que de Goebbels confirment ce dessein politique[53].

Dans une note relative à un entretien qu'il avait eu avec Hitler le 18 décembre 1941 au sujet de la « question juive », Himmler utilise la formule « traiter comme des partisans[54] ». C'était un des euphémismes utilisés pour désigner les assassinats de masse. D'autres termes codés, utilisés même dans la correspondance secrète entre les services, étaient « évacuation » ou « mise au travail ». Dans son discours de Posen, Himmler renonça pour la première fois à ce genre de camouflages et de fictions.

Après une introduction consacrée à la guerre des partisans, aux *Hilfsvölker* (« peuples auxiliaires ») slaves et à la lutte contre le sabotage, il déclara notamment : « C'est une de ces choses dont on parle aisément : le peuple juif doit être exterminé... » Mais « l'accomplissement héroïque » de l'extermination des Juifs était la chose la plus difficile qui soit : « Avoir tenu bon » en voyant des centaines, des milliers de cadavres et « être restés des hommes décents et honnêtes, voilà qui nous a endurcis ». Cette tâche était rendue encore plus difficile par les « millions d'Allemands dont chacun connaît un Juif honnête, un brave Juif », au point qu'il ne resterait plus un seul « mauvais Juif » dans le pays. Il poursuivit :

« La question qui se posait était : que faire des femmes et des enfants ? — J'ai de nouveau résolu d'y apporter une réponse parfaitement claire. Je ne m'estimais pas justifié à éliminer les hommes — autrement dit, à les tuer ou les faire tuer —, mais à laisser grandir les enfants pour qu'ils se vengent sur nos enfants et petits-enfants. Il fallait prendre la lourde résolution de faire disparaître ce peuple de la face de la terre... Elle a été exécutée sans que — je crois pouvoir le dire — nos hommes et nos dirigeants en aient le moins du monde souffert dans leur esprit et leur âme. »

Himmler parla ensuite du risque de « devenir brutal et insensible, sans cœur et de ne plus accorder de prix à la vie humaine », auquel était exposé chaque membre de ses cohortes, des « effondrements nerveux » qui s'étaient produits et mentionna des cas de corruption, « au sujet desquels [il avait] signé ces derniers jours... environ une douzaine de condamnations à mort ». Pour finir, il annonça : « Avant la fin de l'année, la question juive sera réglée dans les pays occupés... Il ne restera que quelques Juifs isolés qui auront réussi à se cacher. » Il conclut cette partie de son discours sur ces mots : « Je n'en dirai pas plus sur la question juive. Maintenant, vous êtes au courant et ce que vous savez, vous le garderez pour vous. Peut-être, dans un avenir lointain, pourra-t-on envisager d'en dire davantage à la population allemande. Mais je pense qu'il est préférable que nous... nous soyons chargés de cette tâche au nom de notre peuple ; nous avons endossé cette responsabilité... et emporterons le secret dans la tombe [55]. »

Selon un des auditeurs, « un silence de mort régnait dans la salle » pendant l'allocution de Himmler. « Il parlait aussi froidement de l'extermination d'hommes, de femmes et d'enfants qu'un homme d'affaires présentant son bilan. Son discours n'avait rien d'émotionnel, rien qui indiquât une quelconque empathie... Bormann s'est levé et a clos la séance sur ces mots : "Camarades du parti, je vous invite à prendre place dans la salle voisine, le repas est servi [56]." »

L'allocution de Himmler est d'autant plus instructive du point de vue du biographe que Speer a toujours et jusqu'à la fin, nié avec véhémence avoir eu connaissance de l'extermination des Juifs. Pourtant, Himmler en avait parlé avec une franchise macabre lors de ce congrès de Posen auquel Speer assistait. Dans ses Mémoires, il parle effectivement de cette réunion et en particulier de sa propre attaque contre les gauleiters, mais sur le Reichsführer SS et son allocution cruciale, pas un seul mot. C'est d'autant plus étrange que, à un moment donné, Himmler s'était directement adressé à Speer. Dans le ghetto de Varsovie, avait-il dit, l'on fabriquait depuis des années des « manteaux de fourrure, des robes et choses de ce genre », mais chaque fois qu'il avait voulu « y toucher », on lui avait fait observer que de telles interventions nuiraient à l'économie de guerre. Il ajouta alors ce qui suit : « Cela n'a évidemment aucun rapport avec le camarade du parti Speer. Vous [il s'était alors tourné vers Speer] n'y êtes absolument pour rien. »

En 1971, l'historien américain Erich Goldhagen a fait observer cette discordance, dont il s'est servi pour remettre fondamentalement en doute la crédibilité de Speer. Dans ses Mémoires, écrit Goldhagen, Speer ne cache sans doute pas qu'il a participé à cette réunion, mais il ne dit « rien, pas un seul mot sur le discours de Himmler, dont il ne mentionne même pas la présence. En secret, il s'est lavé les mains du sang de ceux à la mort desquels il a contribué et maintenant, les mains apparemment propres, il se repent, le cœur battant et fait amende honorable : "Je suis un assassin, bien que je n'aie rien vu, ni su, ni entendu, concernant la mort de mes victimes." Pour le dire en des termes mesurés, c'est une comédie méprisable [57]. »

L'accusation de Goldhagen toucha Speer « au plus profond », comme il le reconnut à plusieurs occasions et le fit douloureusement douter de sa mémoire : « Soudain, je me demandai si je pouvais encore avoir foi en moi-même [58]. » Au terme de longues recherches, Speer put finalement reconstituer les événements. Ce 6 octobre 1943, il avait quitté Posen vers midi, peu après avoir terminé son rapport sur la situation de l'industrie de l'armement, alors que Himmler n'avait commencé à parler que vers 17 h 30, heure à laquelle Speer était depuis longtemps en route pour regagner le quartier général du Führer. A l'appui de ces dires, il a pu citer plusieurs témoignages, notamment ceux de Erhardt

Milch, qui avait assisté à la séance de l'après-midi et fait un exposé avec Dönitz juste avant que Himmler ne monte à la tribune ; du *Ministerialrat* Harry Siegmund, organisateur de la réunion ; et surtout de Walter Rohland, qui a déclaré sous serment avoir raccompagné en personne Speer à Rastenburg. Rohland a en outre expliqué la raison du départ précipité de Speer : comme les gauleiters devaient se rendre le lendemain au quartier général du Führer, Speer craignait que ces derniers, ou Bormann, ne fassent à Hitler un rapport erroné sur ce qui s'était passé à Posen, notamment en ce qui concernait l'allocution quelque peu brutale de Speer, en s'efforçant de surcroît d'atténuer la portée des exigences de ce dernier. Speer avait l'intention, écrit Rohland, « d'inciter Hitler à conserver une attitude dure à l'égard des gauleiters[59] ».

L'argumentation de Goldhagen aurait certainement été plus conluante si, dans sa communication, il s'était abstenu de citer quelques phrases qui, contrairement à ce qu'il essayait de faire croire, ne provenaient pas du texte de l'allocution de Himmler, mais étaient de sa propre plume. Ce passage qui devait donner à l'accusation portée contre Speer un caractère sans appel, était : « Speer n'est pas fait du bois d'un obstructionniste ami des Juifs, opposé à la solution finale. Ensemble, lui et moi allons arracher aux mains des généraux de la Wehrmacht les Juifs vivants sur le sol polonais jusqu'au dernier, les envoyer à la mort et conclure ainsi le dernier chapitre de la juiverie polonaise. » Par la suite, Goldhagen a assuré que cet ajout avait pour seul but d'éclairer le sens véritable du discours de Himmler et de mettre en lumière son accord avec Speer. Cela n'explique pas la forme à la première personne. Pourquoi Goldhagen a-t-il présenté ce passage comme une citation directe ? A cette question, Goldhagen a donné une réponse quelque peu curieuse : il aurait effectivement eu l'intention de supprimer les guillemets au début et à la fin de la pseudo-citation de Himmler, « mais n'en avait pas eu l'occasion[60] ».

Un examen plus attentif révèle que cette controverse, avec ses preuves et ses indices, ses citations fabriquées et déclarations sous serment, passe à côté du véritable problème : seule l'obstination de Speer à affirmer qu'il ne savait rien a donné une importance disproportionnée à ce qu'il savait réellement. Cela ne diminue en rien, en tout cas, l'étendue de sa culpabilité, et les crimes dont il n'aurait pas eu connaissance ne lui sont pas moins imputables du fait qu'il prétend les avoir ignorés. Speer l'a d'ailleurs reconnu. Devant le tribunal de Nuremberg comme dans ses écrits, il n'a jamais nié sa responsabilité et a pour finir reconnu sa culpabilité. Il tenait cependant à établir la différence, essentielle à ses yeux, entre la connaissance d'un plan d'extermination prémédité et systématiquement exécuté et de sinistres pressentiments issus d'observations générales, de suppositions et de rapprochements. Du point de vue juridique, cela ne changeait pas grand-chose. Mais du point de vue moral, cela faisait une grande différence, à laquelle il s'accrochait de toutes ses forces.

Il faudrait toutefois une bonne dose de crédulité pour croire à la thèse de Speer : comment un homme qui a fait partie des années durant de l'entourage immédiat du dictateur et qui appartenait à une clique qu'il a lui-même qualifiée, encore que tardivement, d'« assemblée d'assassins », pouvait-il se prétendre innocent et ignorant à la fois ? Il aurait fallu être un imbécile, ce qui n'était certainement pas le cas de Speer, pour considérer les interminables tirades sur la guerre, l'oppression et l'extermination comme de simples métaphores dénuées de conséquences concrètes — d'autant que, tout au long de sa carrière politique, Hitler avait amplement démontré qu'il était prêt à prendre à la lettre ce qu'il disait et que ce n'était pas de simples « façons de parler ». Dans son Journal, Speer lui-même a décrit avec éloquence ce qui se passait à la table de Hitler : « Entre le potage et le plat de légumes, il était capable de déclarer le plus tranquillement du monde : "Je veux exterminer tous les Juifs d'Europe ! Cette guerre est l'affrontement décisif entre le national-socialisme et la juiverie mondiale. L'un des deux restera sur le carreau et ce ne sera certainement pas nous..." Et tous les convives, pas seulement les sous-fifres, mais des généraux, des diplomates, des ministres et aussi moi-même, assistaient à cela, en regardant gravement devant eux. Pourtant, si je me souviens bien, il régnait aussi une sorte de gêne, comme quand on entend une personne qui nous est proche faire une pénible confession. Personne ne disait mot... Peut-être, certainement même, pensais-je qu'il ne parlait pas littéralement. Mais comment pouvais-je douter que son fanatisme idéologique n'épargnerait en tout cas pas les Juifs[61] ? »

Cette description est presque un aveu — pourtant, Speer ne va pas jusqu'à reconnaître qu'il était au courant des exécutions de masse, de l'annihilation d'êtres humains à une échelle industrielle. Il est possible que Speer dise vrai lorsqu'il assure que Hitler, du moins dans le cercle semi-intime du Berghof, n'avait jamais parlé des méthodes du « nettoyage racial ». Himmler non plus, ni Oswald Pohl ou Hans Kallmer qui, emplis d'un sentiment de triomphe bestial, examinaient avec satisfaction les dernières statistiques concernant les victimes ? Ou encore Goebbels, avec son énergie barbare, tellement satisfait de lui-même qu'il adorait se vanter des derniers succès de la déportation des Juifs ? Ils n'en auraient jamais parlé ? Ni même Sauckel ou le chef de l'*Einsatzgruppe* D, Otto Ohlendorf, que Speer eut souvent l'occasion de rencontrer lors du long débat sur l'« autonomie de l'industrie » ? Avant même d'être nommé ministre, il s'était rendu à plusieurs reprises en Ukraine en sa qualité de chef du « Baustab Speer » et il n'aurait rien vu, rien entendu ?

D'autres questions surgissent. Qu'en était-il des généraux qui mettaient de si grands espoirs en lui ? Et les gauleiters, qu'il revit au plus tard le lendemain de la réunion de Posen — et qui « n'avaient pas lésiné sur l'alcool », sans doute pour noyer l'effroi provoqué par les révélations de Himmler[62] ? A une autre occasion, Karl Hanke lui avait parlé d'un camp situé, sans autres précisions, « dans le Gau de Haute-Silésie » ; Speer avait conclu par la suite qu'il ne pouvait s'agir que d'Auschwitz. Mais il ajoute : « Je ne lui ai pas posé de questions... Je n'ai pas cherché à savoir, je n'ai pas voulu savoir ce qui se passait là-bas... ; j'ai fermé les yeux par crainte de découvrir des choses qui auraient pu m'amener à tirer les conséquences[63]. » Pourtant, comment concilier cette ignorance délibérée avec la volonté de Hitler et de Himmler d'utiliser également les assassinats de masse comme une tactique psychologique en vue d'amener de nombreux Allemands à une complicité interdisant tout retour en arrière ?

Pour les mêmes raisons, l'entourage immédiat de Speer mérite un examen attentif. Parmi ses collaborateurs, il y avait de nombreux intellectuels habitués à raisonner avec une froide rigueur, parfaitement capables de recomposer un tableau d'ensemble à partir de quelques éléments épars, et qui n'étaient pas tous frappés de cécité. Et aucun d'eux n'aurait jamais parlé de « cela » ? La responsabilité de Speer s'étendait également aux transports ; à ce titre il était assisté du jeune Dr. Theodor Ganzenmüller, nommé secrétaire d'Etat par Hitler sur sa recommandation, et dont la principale tâche consistait maintenant, en dépit des innombrables problèmes que cela causait aux convois militaires, à diriger les wagons à bestiaux bondés vers les camps d'extermination, dont ils revenaient invariablement vides. Lui non plus n'aurait rien dit ? Speer a fait observer, d'ailleurs à juste titre, que sous Hitler le savoir était un produit dangereux. Il ajoute à ce propos que, après la guerre, un de ses chauffeurs a reconnu qu'il était plus ou moins au courant de « ce qui se passait dans les camps », mais jamais le « simple subalterne » qu'il était n'aurait songé à parler au « puissant ministre et confident du Führer » de ce qu'il avait entendu dire[64]. Rien ne permet de mettre en doute l'affirmation de ce petit fonctionnaire. Mais ce qui vaut pour ce chauffeur et les gens de sa catégorie ne peut certainement pas s'appliquer aux hauts dignitaires comme Bücher, Kehrl, Milch, Rohland et bien d'autres. Etaient-ils eux aussi intimidés par l'ordre de garder le secret au point d'éviter toute allusion au monde d'épouvante qui s'étendait à l'est ?

Quoi qu'il en soit, c'était un des principaux arguments de la défense de Speer. L'autre était une surcharge de travail abrutissante qui le rendait aveugle à tout ce qui était extérieur à son domaine d'activité. Il est certain que la direction de son « superministère » était une tâche écrasante. Outre l'organisation et le contrôle de l'industrie de l'armement en Allemagne et dans l'ensemble des territoires occupés, leur approvisionnement en matières premières et en énergie, sans oublier la gestion de millions de travailleurs, il devait assurer les transports entre les divers sites de production, ainsi qu'entre le Reich et les fronts, d'un bout à l'autre du continent européen. Au fur et à mesure que la guerre se prolongeait, il se rendait de plus en plus souvent dans les villes bombardées par les escadrilles alliées pour se montrer aux hommes et faire redémarrer la production. Son existence était une course éperdue après le temps, une succession ininterrompue de congrès et de réunions, d'études de procédés et de délais de fabrication, de conférences avec le Führer, de visites d'usines, sans oublier les montagnes de rapports qu'il devait examiner. Speer a calculé que, pendant une seule de ces journées, il avait eu pas moins de dix-sept réunions ou rendez-vous importants. Il suffit de parcourir les dizaines de mémorandums qu'il rédigea à l'intention de Hitler pour se faire une idée de l'étendue de ses attributions. Rétrospectivement, il a parlé de l'« ivresse » qu'il ressentait, comparant le travail à une « drogue » dont il était devenu l'esclave [65].

Ce qu'il cherchait — et trouvait peut-être — dans cette frénésie de travail qui ne cessait d'augmenter au fil des mois et des années, c'était effectivement une drogue qui annihile la conscience. Il en avait d'autant plus besoin que l'angoisse provoquée par les aspects ténébreux du régime ne cessait de hanter ses rêves ; il a d'ailleurs reconnu à l'occasion que ses seize à dix-huit heures de travail quotidiennes étaient une « course désespérée », une tentative de fuir la réalité en gardant perpétuellement le regard « fixé sur les chiffres de production [66] ». Mais que pouvait-il bien fuir si, comme il le prétend, il n'avait pas la moindre idée des atrocités sans nombre perpétrées par le régime ?

Le caractère presque obsessionnel de ce désir de fuite semble confirmé par le fait que, en plus de ses tâches officielles, il se préoccupait d'innombrables détails. Un jour, dans le train qui le menait à Rastenburg, il entreprit de démonter méthodiquement les porte-manteaux, les robinets et les lampes de lecture de son compartiment, déclarant que c'était un gaspillage éhonté de métaux non ferreux indispensables à la guerre. En visitant une foire d'articles ménagers, il critiqua le nombre excessif de modèles de casseroles, d'assiettes et couverts. Il trouva même le temps d'assister à un défilé de mode, après lequel il désapprouva la présence de nombreux hommes jeunes qui, au lieu de faire leur devoir sur le front, présentaient la nouvelle collection. Rien ne lui était indifférent, dans la mesure où cela repoussait les pensées qui l'obsédaient.

Le monde dans lequel il cherchait à se réfugier était un univers abstrait de dossiers, d'émargements et de colonnes de chiffres, derrière lequel disparaissaient tous les individus, tous les destins humains dont il disposait. Comme le dit cette citation qu'il a recopiée dans un de ses ouvrages : « Les statistiques ne saignent pas [67]. » Il n'est pas exagéré de dire que la rage avec laquelle il accomplissait ses tâches officielles finissait par tourner dans le vide et n'avait plus d'autre fin qu'elle-même. La vénération qu'il éprouvait pour Hitler, sentiment qui avait longtemps dominé tous ses faits et gestes, avait, sous la pression des événements, cédé le pas à des relations purement officielles, déterminées par l'ordre du jour, par des rapports de succès ou d'échecs, par le règlement de conflits. En revanche, les obsessions idéologiques qui constituaient la base et le moteur de l'activité de la plupart de ses pairs lui étaient totalement étrangères. Il s'était apparemment transformé en une de ces machines qu'il faisait tourner pour le pays : à haut rendement, purement mécaniques et dénuées de la moindre sensibilité. L'état dans lequel il s'était plongé n'était pas loin de l'autisme. Apparemment incapable d'établir des relations de cause à effet, il ne posait plus de questions sur les objectifs qu'il s'efforçait de réaliser avec un tel acharnement, et étouffait tout scrupule moral qui aurait éventuellement pu l'effleurer sous l'éthique de la pure fonctionnalité. A cet égard aussi, il est représentatif d'un type très répandu à l'époque. A diverses reprises, Speer s'est interrogé sur le goût de Hitler pour les fenêtres aux volets fermés ou du moins garnies de rideaux, et y a vu le symptôme d'une peur de regarder la réalité en face et d'en tirer les conséquences. Maintenant, lui-même se trouvait aussi derrière des fenêtres occultées.

Quoi qu'il en soit, la question de ce qu'il savait réellement des crimes du régime n'a jamais été résolue de manière satisfaisante. Speer a dit lui-même que c'était le « problème cardinal » des années qui suivirent sa détention. En dépit de toutes ses assurances, cela demeure le point obscur de sa biographie ; nul ne peut savoir avec certitude si ses constantes protestations ont un quelconque rapport avec la « vérité », ou si elles relèvent seulement de l'art — et de la nécessité — de la dissimulation ou du refoulement. Dans l'ensemble, ses arguments répétés *ad nauseam* n'ont convaincu personne : ni l'avocat chargé de sa défense au procès de Nuremberg, ni ses éditeurs et pas davantage ses biographes, pas même les rares amis qui lui étaient restés. Pourtant, l'on sent assez souvent chez eux, en dépit de toutes leurs réserves, une certaine compréhension, voire même une lueur de sympathie — qu'ils n'accordaient jamais aux autres partisans et collaborateurs haut placés de Hitler —, comme s'ils sentaient le profond désespoir qui se cachait sous ses dénégations obstinées. Speer avait lu quelque part une remarque de Nietzsche, selon laquelle il est impossible de fixer longtemps un abîme sans que l'abîme vous fixe à son tour ; Speer avait ajouté ce commentaire : « Cela me décrit parfaitement, moi et ma situation. »

Lorsque Speer eut terminé la rédaction de ses Mémoires, un de ses conseillers souleva encore une fois cette question. Il voulait savoir si Speer avait nié devant le tribunal avoir eu connaissance des crimes contre l'humanité pour s'assurer en quelque sorte une ligne de défense ultime. Il aurait adopté cette position, non seulement car il s'agissait alors de rien moins que d'une question de vie ou de mort, mais aussi, face aux effroyables révélations qui avaient été faites durant le procès, pour préserver ce minimum de respect de soi sans lequel aucun homme ne peut se regarder en face. Et, de longues années plus tard, après sa sortie de prison, il aurait dû rester sur cette position pour ne pas perdre irrémédiablement toute crédibilité. « Est-ce bien cela ? » insista le conseiller en question ; il lui tendit même une perche, en ajoutant : « Peut-être en était-il effectivement ainsi ? Ce ne serait que trop compréhensible et permettrait de résoudre l'énigme de vos constantes esquives et contradictions. » Après un long silence, Speer parut soudain très las, puis donna une réponse qui ne prouvait nullement qu'il abandonnait la ligne de repli qu'il tenait depuis si longtemps, mais qui soulevait néanmoins un coin du voile derrière lequel il cachait la vérité : « Ah ! fit-il, je préférerais qu'on ne me pose pas encore et toujours ce genre de questions auxquelles il est impossible de répondre[68]. »

Il n'est jamais allé plus loin dans ses aveux.

VII

CRISES ET INTRIGUES

Les conséquences de la maladroite allocution prononcée par Speer à Posen ne tardèrent pas à se faire sentir. Peu après que les gauleiters eurent quitté le quartier général du Führer, l'attitude de Hitler à l'égard de Speer changea sensiblement. A plusieurs reprises, il l'expédia avec « froideur et irritation » et critiqua ses chiffres, auxquels manquait l'« élément de l'espoir ». Un jour, sans un mot d'explication, il se fit présenter le bilan mensuel de l'industrie de l'armement, non plus par Speer, mais par Karl Otto Saur, dont l'attitude éternellement confiante et l'optimisme béat correspondaient mieux à ses souhaits[1]. Peu après, lorsque le général Kurt Zeitzler, chef d'état-major de l'armée de terre, demanda à Speer un mémoire sur les réserves de manganèse, ce dernier sentit pour la première fois toute la colère de Hitler. « De fort méchante humeur », il le semonça vertement et lui intima d'un ton cassant de ne plus jamais communiquer un mémoire au chef d'état-major. Comme Hitler avait lui-même qualifié d'extrêmement critique la situation concernant le manganèse et que le bilan dressé par Speer était un peu meilleur, il avait maintenant l'air d'un menteur. Ecumant de rage, le dictateur le congédia sur ces mots : « Je vous défends une fois pour toutes de transmettre à quelqu'un d'autre quelque mémoire que ce soit. Vous avez compris ? Je vous l'interdis[2] ! »

Hitler — l'observation est de Speer lui-même — ne s'était jamais montré aussi violent et grossier qu'avec quelques généraux particulièrement obstinés. C'était le premier accrochage sérieux entre eux et il arracha brutalement Speer à la certitude de sa position privilégiée. A la déception en quelque sorte sentimentale qu'il éprouvait venait s'ajouter la prise de conscience de la fragilité du pouvoir qu'il croyait détenir ; il se rendit compte également à quel point il dépendait des brusques changements d'humeur du dictateur.

Cinq jours seulement après le congrès de Posen, face aux premiers signes de la disgrâce, Speer avait tenté de faire revivre leur vieille complicité en entraînant Hitler dans une longue discussion sur leurs projets architecturaux. Comme s'il n'existait aucune mésentente entre eux, Hitler l'avait suivi une fois encore dans cet univers de belles illusions. Ils ne tardèrent pas à se lancer dans une débauche de projets et parlèrent longuement des constructions de l'avenir. Pour finir, Speer demanda au Führer de prendre un décret le nommant planificateur en chef de la reconstruction des villes détruites au cours de la guerre.

En engageant cette conversation, Speer avait pour principal objectif d'apaiser Hitler. Il avait également une autre idée derrière la tête. En son for intérieur, il espérait que sa nomination au poste de responsable de la planification urbaine lui fournirait une arme supplémentaire pour son perpétuel combat contre les gauleiters. Entre-temps, il avait appris que Hitler n'avait pris le parti des gauleiters que parce que Speer les aurait soi-disant menacés du camp de concentration : plusieurs d'entre eux, revenant à l'ancien programme « socialiste » du parti, avaient argué que Speer était surtout un homme de la grande industrie. Son projet de fermer des sites de production jugés superflus n'avait selon eux rien à voir avec les exigences de l'industrie de guerre, mais correspondait simplement aux souhaits de puissants cartels. Le mandat que Speer avait obtenu de Hitler et qu'il avait porté à la connaissance des gauleiters dans une circulaire formulée en termes arrogants, les touchait d'autant plus que la grande majorité d'entre eux considéraient la reconstruction des villes bombardées comme leur principale tâche de l'après-guerre. Quelques gauleiters particulièrement radicaux, notamment Florian à Düsseldorf, Murr au Wurtemberg ou Wagner en Bavière, avaient déjà commencé à raser des châteaux, églises et autres édifices endommagés tels que le théâtre national de Mannheim, considérés comme des « bastions de la réaction », mais le décret de Hitler, que Speer avait corroboré par des instructions répétées, avait mis fin à ces entreprises. Leur haine du passé était d'une intensité incroyable, comme en témoigne encore au début de 1945 la réaction triomphale de Ley après la destruction de Dresde : « [Nous] sommes presque soulagés. C'est enfin fini ! écrit-il. Le souci que nous causait le sort des monuments du passé, des témoignages de la culture allemande, ne nous détournera plus du combat et de la victoire... Nous marcherons jusqu'à la victoire de l'Allemagne sans poids mort superflu, sans être encombrés du lourd bagage idéologique et matériel de la bourgeoisie[3]. » Après la guerre, cette attitude à l'égard du passé a souvent fini par s'imposer, à l'ouest comme à l'est, avec des justifications qui n'étaient différentes qu'en apparence.

Un troisième mobile avait également poussé Speer a engager avec Hitler cette conversation « architecturale ». Face aux nombreux obstacles et difficultés qui se dressaient soudain devant lui, aux intrigues et aux attaques venant souvent de hauts dignitaires du régime, il éprouvait pour la première fois un sentiment proche de la résignation. Sans doute était-il causé aussi par l'effroyable réalité qu'il avait découverte quelque temps auparavant au camp de Dora-Mittelwerk et par d'autres constatations non moins terrifiantes. Tous ces éléments l'incitèrent, ne serait-ce que passagèrement, à envisager de se retirer de la politique. Lorsqu'il avait été nommé successeur de Todt, il avait déjà demandé à Hitler l'assurance que, dès qu'il aurait accompli son « service de guerre », il pourrait revenir à l'architecture. Tout en se bagarrant avec Bormann et les gauleiters, en supportant stoïquement l'arrogance de Göring ou la présomption de Sauckel, il observait non sans jalousie Giessler se rendre de plus en plus fréquemment au quartier général du Führer pour lui montrer ses derniers projets, en particulier pour Linz où Hitler, obsédé par l'idée de la mort, voulait être inhumé dans une sorte de crypte en haut de la tour du « forum du parti » qui dominait toute la ville[4]. Bien que son orgueil fût flatté par le poids, l'influence, le renom et tous les pouvoirs qu'il avait acquis, il lui arrivait de se demander s'il n'avait pas fait fausse route. Mais il repoussait énergiquement ces pensées qui lui faisaient peur, comme il l'a lui-même reconnu. Son attachement à Hitler demeurait plus fort que toutes les autres considérations et il craignait de surcroît qu'on ne le traite de « déserteur ». Quant au compte ouvert pour l'édification de « Germania, capitale du monde » qui contenait maintenant plus de trois cent millions de marks, il fut discrètement dissous, en accord avec le ministre des Finances, sans que Hitler en fût informé[5].

Sur ces entrefaites, Speer avait essuyé un nouvel échec en essayant d'amener le Reichsführer SS et nouveau ministre de l'Intérieur à prendre position contre les gauleiters. Himmler avait d'abord écouté les doléances de Speer et pris note de sa requête, mais ensuite, pour mieux souligner la réalité de la situation, il les avait communiquées à nul autre que Bormann « pour examen ». Quelques jours après, Speer reçut en réponse une lettre de Hitler lui-même lui enjoignant de s'abstenir de ce genre de mesures injustifiées à l'encontre des gauleiters[6]. Autre fait nouveau pour Speer : de plus en plus souvent, il devait protéger ses principaux collaborateurs contre la colère de Hitler et contre les attaques de quelconques dignitaires du parti. A l'approche de la fin de l'année, il constata à sa propre surprise qu'il commençait à éviter le quartier général du Führer ; il lui arrivait même de se détourner pour ne pas rencontrer Hitler.

La nuit du 22 au 23 novembre 1943, Berlin subit un des plus violents bombardements depuis le début de la guerre ; au cours de ce raid, une bombe tomba sur le ministère de la Pariserplatz. Installé sur le toit d'une tour de guet de la DCA, Speer regardait les vagues de bombardiers qui se succédaient sans répit. Il vit que la chancellerie du Reich était touchée, ainsi que la plupart des ministères, l'arsenal, la Gedächtniskirche et aussi l'ancienne chancellerie. Lorsqu'il traversa la

Wilhelmplatz un peu plus tard, tout le quartier gouvernemental était éclairé comme en plein jour par les incendies. Les premiers chiffres indiquaient que plus de trois cent mille Berlinois avaient perdu leur toit. Autour de la Pariserplatz, les ambassades de France et du Royaume-Uni étaient en feu. Speer, accompagné de quelques collaborateurs, alla inspecter son ministère qui était lui aussi gravement endommagé. Cachant son émotion sous l'ironie, il prononça une courte allocution dans laquelle il remerciait Messieurs les Anglais de l'avoir aidé dans son combat contre la bureaucratie en détruisant de nombreux dossiers. Mais en son for intérieur, il se demandait si ces destructions n'avaient pas une « signification plus profonde », si elles ne symbolisaient pas de quelque façon les revers et les dissensions des semaines écoulées[7].

Speer n'alla pas passer les fêtes de Noël et du nouvel an avec sa famille à l'Obersalzberg, d'autant qu'il ne pourrait sans doute éviter d'y rencontrer Hitler. Comme s'il se souvenait des « bienheureuses escapades » de ses jeunes années dans la solitude des montagnes, dans les forêts et les lacs du Mecklembourg, il chercha de nouveau refuge dans la nature vierge ; cette fois cependant, ce n'était pas pour fuir la grande ville par idéalisme, mais pour échapper aux humiliations et aux problèmes concrets, aux intrigues et rivalités de la cour de Hitler, ainsi qu'à la politique tout court. Sa décision de partir pour la Laponie du Nord, le plus lointain et le plus désert des territoires soumis à la domination allemande, indiquait son besoin de prendre du recul, y compris au sens littéral du terme. Sa femme, qui lui avait donné six enfants et un véritable foyer, dont il ne profitait guère de toute façon compte tenu de son existence frénétique, se fit comme toujours une raison et accepta qu'il passe les vacances loin d'eux.

Désireux de donner à ce voyage un caractère résolument apolitique, Speer invita le violoniste Siegfried Borries ainsi qu'un prestidigitateur qui deviendra célèbre après la guerre sous le nom de scène de Kalanag. Ils traversaient à skis d'interminables étendues de forêts et se réunissaient le soir autour d'un grand feu pendant que Borries jouait un morceau de bravoure de Paganini ou une partita de Bach. Ils passaient les nuits sous des tentes enfumées, ou en plein air, protégés du froid par des sacs de couchage en peaux de rennes. Speer et son petit groupe visitèrent Rovaniemi, les mines de Kolosjokki, unique source de nickel du Reich, l'aéroport de Kirkenes, ainsi que quelques lointains postes avancés et distribuèrent les cadeaux qu'ils avaient apportés à l'occasion de « réunions de camarades » hâtivement arrangées. Pour le réveillon, un orchestre improvisé joua des airs de Noël, avant de passer à *Gute Nacht, Mutter* et *Lili Marleen*. Un matin en se réveillant, Speer ressentit — comme cela lui était arrivé de temps en temps depuis l'adolescence — une vive douleur au genou gauche.

Malgré des souffrances croissantes, il termina le circuit prévu et prit l'avion le matin de la Saint-Sylvestre pour regagner Rastenburg où devait se tenir une longue réunion consacrée au programme de l'industrie de l'armement pour l'année qui commençait. Une fois de plus, ce fut l'occasion de désaccords, notamment avec Sauckel, sur la question du travail des femmes et des réserves de main-d'œuvre inexploitées en Allemagne même. De nouveau, Hitler se montra très réservé à l'égard de Speer et prit avec véhémence le parti de ses adversaires. Quelques jours plus tard, alors qu'il était de retour à Berlin, Speer présenta un œdème ; il alla voir le médecin personnel de Hitler, le Dr. Brandt qui constata divers symptômes de surmenage physique et intellectuel, lui conseilla instamment de prendre une période de repos complet et lui recommanda de consulter le professeur Gebhardt, spécialiste des articulations, pour ses douleurs au genou.

Speer avait eu à plusieurs reprises l'occasion de rencontrer Gebhardt et n'ignorait pas que le médecin, sans être vraiment un intime de Himmler, appartenait au cercle de ses connaissances. A l'en croire, ce ne fut cependant qu'à Nuremberg qu'il apprit que Gebhardt était non seulement un proche ami de Himmler, mais qu'il était de fait le médecin-chef de la SS, avec les grades d'Obergruppenführer et de général de corps d'armée de la Waffen-SS. La clinique qu'il dirigeait à Hohenlychen, à quelques kilomètres au nord de Berlin, dépendait donc elle aussi de la SS et Gebhardt — comme le révéla le « procès des médecins » à Nuremberg — y avait pratiqué des expériences sur des détenus. Toujours est-il que Speer se refusa obstinément à se rendre dans cette clinique, mais cela n'avait apparemment rien à voir avec ces circonstances, bien que Speer eût déclaré ultérieurement, en guise d'explication, qu'il lui « répugnait de se placer sous la protection médicale de la SS [8] ». Son principal souci était en fait de ne pas abandonner son ministère, d'autant plus que ses adversaires, Bormann en tête, avaient déjà profité de sa courte absence pendant la période des fêtes pour attiser encore plus le mécontentement de Hitler. Le 18 janvier pourtant, dans un état d'épuisement total proche du collapsus, il fut transporté à Hohenlychen.

Beaucoup d'observateurs sont parvenus à la conclusion — évidente au point de paraître inévitable — que l'effondrement de Speer était une « fuite dans la maladie », voire une façon de mettre fin au « mensonge d'une vie [9] ». Pourtant et en dépit des épreuves que Speer avait traversées récemment, aucune de ces thèses ne semble fondée. Pour en revenir aux faits, Speer fut donc admis à la clinique, son genou fut plâtré, et il se vit prescrire le repos complet en position allongée, mais à peine eut-il gagné son lit qu'il demanda à Gebhardt de libérer trois chambres adjacentes. Dès le lendemain, il fit venir deux secrétaires, fit installer quelques lignes téléphoniques et transféra en quelque sorte son bureau ministériel à Hohenlychen. Ses plus proches collaborateurs, Willy Liebel, directeur de l'Office central et son adjoint

Karl Maria Hettlage reçurent leurs instructions : ils devaient comme de coutume lui soumettre tous les dossiers de quelque importance. Jour après jour, il recevait des visiteurs et organisait des réunions qui (à la grande contrariété de Gebhardt) se prolongaient fréquemment au-delà de minuit, sans pour autant négliger sa volumineuse correspondance. Le seul 25 janvier 1944, il dicta quatre projets de lois qui devaient être soumis à Hitler, ce qui témoignait d'ailleurs de sa volonté de ne pas s'avouer vaincu dans la lutte pour la faveur de Hitler [10].

Conformément à son mode de travail habituel, Speer avait laissé une grande indépendance à ses directeurs généraux depuis qu'il avait été nommé ministre deux ans auparavant. « Aujourd'hui, je sais que c'était indubitablement une erreur », écrit-il à Hitler quelque temps plus tard. Depuis qu'il était devenu évident que Speer était en disgrâce, tous ses adversaires profitaient de l'occasion pour exploiter sa faiblesse afin d'améliorer leur propre position et si possible provoquer la chute du ministre. En l'espace de quelques semaines, « toute la meute était à ses trousses », comme le fit observer Milch : Bormann, bien entendu, ainsi que Robert Ley qui accumulait les charges et songeait depuis quelque temps déjà à prendre la succession de Speer, et faisait savoir à qui voulait l'entendre qu'il était sûr de son fait et aussi Göring qui, plus calculateur que les autres, offrit à son rival frappé par la maladie une somme conséquente prélevée sur un fonds dont il disposait, pour acheter un grand terrain situé dans le domaine forestier de Freienwalde, non loin de Berlin ; c'était en fait une sorte de manœuvre de diversion qui, espérait-il, amènerait Speer à renoncer à quelques-unes de ses attributions que Göring pourrait alors récupérer [11]. A cette liste, il convient d'ajouter quelques-uns des propres collaborateurs de Speer, surtout ceux qui avaient été très proches de son prédécesseur et en particulier le chef de l'Organisation Todt (OT) Xaver Dorsch, et son adjoint Konrad Haasemann qui montèrent en épingle un problème de transport en soi mineur et allèrent jusqu'à le porter à l'attention de Bormann. Sans oublier l'agitation d'Ilse Todt qui se réjouissait de voir le ministère divisé en deux fronts : les partisans de son défunt mari, dont elle continuait à chérir la mémoire et ceux de Speer [12].

Il va sans dire que Goebbels ne resta pas inactif, du moins par le biais de la Gauleitung de Berlin. Ce fut d'ailleurs son intervention qui révéla une intrigue fomentée depuis quelque temps déjà par Dorsch. Le 26 juin, peut-être en accord avec Bormann, les services de Goebbels essayèrent de se procurer, pour les mettre à la disposition du bureau central de l'OT dirigé par Dorsch, les dossiers d'évaluation politique, établis par le parti, de tous les collaborateurs du ministre de l'Armement (ils se trouvaient dans un classeur du bureau de Speer). Alerté par le chef du personnel de son ministère, Speer réussit *in extremis* à mettre ces documents en lieu sûr. Dans un premier stade, il téléphona à Werner Naumann, secrétaire d'Etat de Goebbels, réussit à le convaincre de repousser l'opération et convint avec lui de faire poser des scellés sur la porte en acier du classeur par des fonctionnaires du parti. Speer n'en resta pas là ; comme il connaissait maintenant sur le bout des doigts les machinations et les feintes de ses ennemis, il demanda à un directeur général qui lui était entièrement dévoué de dévisser l'arrière du classeur, de prendre tous les dossiers compromettants et de les lui faire parvenir. En les consultant à Hohenlychen, il apprit qu'un certain nombre de ses collaborateurs de longue date étaient accusés d'« attitude hostile au parti » ; quelques-uns devaient même être placés sous la surveillance de la Gestapo. Une analyse approfondie de ces documents révélait de surcroît que Dorsch était depuis fort longtemps un homme de confiance de Bormann et qu'il avait à plusieurs reprises aidé le secrétaire du Führer à formuler des critiques ou à préparer des attaques contre son propre ministre[13].

Quelque temps plus tard, Speer écrivit à Bormann qu'il considérait ces manigances comme de la « politique de bas étage[14] ». Comme toujours dans le cas de ce genre de manœuvres douteuses, les tentatives d'éclaircissement de Speer restèrent d'abord sans effet. Goebbels fit celui qui n'était au courant de rien et déclara avec hauteur que « l'exercice d'un gouvernement parallèle (par certains membres du parti) constitu[ait] un état de fait insupportable ». Quant à Naumann qui avait été chargé d'identifier les responsables, il fit traîner l'enquête en longueur. La succession de lettres indignées que Speer envoya de sa chambre de malade témoignait non seulement d'une inquiétude croissante, mais aussi de son ignorance de la réalité et de sa répugnance à renoncer à ses idéaux. Dans une de ces missives, il parlait — contrairement à toutes ses expériences avec les gauleiters — de la « dignité » du parti qui ne pouvait que souffrir de ces événements déplorables ; il demandait également au secrétaire d'Etat de Bormann de veiller à ce que ses hommes ne dépassent pas les limites permises ; il écrivit aussi à Funck et à Sauckel pour protester contre les diverses tentatives de tirer profit de son absence. Il est certain que Speer mit Xaver Dorsch dans un grand embarras ; il avait également appris qu'en s'entretenant avec Hitler, le chef de l'organisation Todt avait, probablement à l'incitation de Bormann, mentionné les nombreux « soucis » que le ministère de Speer lui causait ainsi qu'à l'OT. Après s'être débarrassé d'un autre collaborateur douteux, Konrad Haasemann, en le mutant au service des ponts et chaussées de Saxe et avoir menacé de faire envoyer en camp de concentration tous les « colporteurs de rumeurs », Speer informa rageusement Dorsch qu'il ne le jugeait « pas irremplaçable à la tête de l'Organisation Todt[15] ».

Speer ne cachait d'ailleurs nullement sa profonde insatisfaction à Hitler : les doutes qu'il nourrissait quant à la persistance de leur amitié ne faisaient que renforcer sa détermination d'aller jusqu'au bout. Dans une cinquième lettre au Führer, datée du 29 janvier, il l'informait de « l'action de la camarilla de [son] ministère » : « ...petit cercle formé d'anciens collaborateurs de Todt, dirigé par Dorsch qui avait rompu la loyauté qui nous liait ». Il allait demander l'ouverture d'une enquête officielle, ainsi que des peines exemplaires pour les coupables ; il ajoutait qu'il se « voyait donc contraint de remplacer Dorsch par un homme qui jouissait de toute sa confiance ». Cela constituait un manquement manifeste à la règle voulant que, du moins pour la forme, Hitler était le seul juge du renvoi ou de la nomination des cadres supérieurs du régime, mais peu lui importait. Speer était conscient que ses chances d'obtenir satisfaction étaient extrêmement faibles, car Dorsch faisait partie de la « vieille garde » du parti et Hitler l'estimait d'autant plus qu'il avait participé à la légendaire marche sur la Feldherrnhalle de novembre 1923. Mais Speer avait été tellement blessé dans ses sentiments qu'il voulait tenter de forcer la main à Hitler. Rétrospectivement, il a qualifié son comportement de « maladroit » et « d'attitude de défi[16] ».

Il est évident que les questions de fonctions, de prérogatives ou d'influence n'avaient pour Speer qu'une importance secondaire, comparées à l'impression d'être rejeté et dédaigné. Contrairement à Speer, Hitler conservait toujours, même dans ses relations de nature émotionnelle, un trop grand sens tactique pour se laisser mettre dans une situation sans issue. Tandis que Speer, toujours alité à Hohenlychen, attendait avec une inquiétude croissante, Hitler retardait obstinément sa décision, faisait parvenir au malade de quelconques messages de sympathie, et pour finir négligea de lui répondre sur le fond. Si jamais cette question était soulevée, il pourrait toujours justifier cet affront prémédité en faisant valoir que la lettre de Speer avait pour principal objet d'annoncer sa visite prochaine au quartier général du Führer. Les événements en décidèrent autrement : l'état du patient connut en effet une aggravation aussi soudaine qu'inquiétante.

Depuis trois semaines, Speer était cloué au lit, ruminant sa rage et de plus en plus déçu par le silence et l'indifférence de Hitler. De temps à autre, il apprenait sans doute que celui-ci se tenait régulièrement informé de son état de santé par l'intermédiaire de son médecin personnel, le Dr. Morell. Il avait également téléphoné deux ou trois fois et échangé avec Speer quelques mots dénués de signification : un jour, il lui avait même envoyé des fleurs, mais, affront suprême et peut-être délibéré, celles-ci n'étaient accompagnées que d'une simple carte dactylographiée et non signée. Speer était tellement irrité et impatient que, le 10 février, en dépit de sa faiblesse, il essaya de marcher. Au bout de quelques pas, il fut pris de vertiges. Peu après, il ressentit de vives douleurs à la cage thoracique, accompagnées de fièvre. Appelé de toute urgence, le professeur Gebhardt diagnostiqua un rhumatisme musculaire et prescrivit au patient des sulfamides et des frictions avec du venin d'abeilles.

Depuis son arrivée à la clinique de Hohenlychen, Speer s'était déjà plaint à plusieurs reprises du Dr. Gebhardt. Maintenant son diagnostic ainsi que le traitement manifestement inefficace qu'il avait prescrit émurent également l'entourage de Speer. La secrétaire de Speer alerta immédiatement la femme de celui-ci ; en accord avec le Dr. Brandt, ils décidèrent d'appeler en consultation le Dr. Friedrich Koch, spécialiste des maladies internes et professeur à l'Université qui avait été des années durant l'assistant de Ferdinand Sauerbruch. Lorsque Koch arriva à Hohenlychen tard le soir, le patient souffrait de dyspnée aiguë, présentait une « forte pigmentation » de la peau, une toux d'irritation, des crachements de sang et autres symptômes caractéristiques d'une embolie pulmonaire. Brandt ordonna de préparer une chambre pour Koch. Au cours de la nuit suivante, l'état du patient s'aggrava encore plus ; prenant Madame Speer à part dans le couloir, Koch lui dit de « se préparer au pire [17] ». Tandis que le petit groupe de visiteurs angoissés entourait le lit, que les médecins et infirmières allaient et venaient, Speer lui-même, complètement hébété, était sujet à des hallucinations et baignait dans une « euphorie presque miraculeuse ». Au bout de deux autres jours, la crise était surmontée et l'état du patient s'améliorait d'heure en heure. Speer se rétablissait si rapidement qu'il commençait déjà à faire des plans pour l'avenir. Estimant que le climat froid et humide de Hohenlychen retarderait la guérison, Koch recommanda, après quinze jours de repos et de soins attentifs, un séjour de plusieurs semaines à Meran.

L'histoire de cette maladie, en soi banale, a cependant retenu l'attention des biographes à cause d'une succession de circonstances pour le moins étranges. Le diagnostic manifestement erroné de Gebhardt pouvait sans doute être attribué à l'incompétence d'un spécialiste de l'orthopédie peu versé en médecine interne. Pourtant, pendant la semaine que Koch passa à Hohenlychen, ce dernier eut à plusieurs reprises de « vives discussions » avec Gebhardt au sujet de l'affection dont souffrait Speer et du traitement approprié. Koch lui-même ne s'est jamais expliqué sur les raisons de ces disputes, mais il se peut qu'elles aient eu un rapport avec le fait, révélé par la suite, que Gebhardt avait refusé de lui communiquer le rapport médical du spécialiste des maladies internes attaché à la clinique. Un ami de Speer venu lui rendre visite à Hohenlychen a rapporté une remarque confidentielle de Koch, selon laquelle Gebhardt avait tenté de le convaincre de pratiquer une ponction du poumon, intervention à la fois inutile et risquée qui aurait mis les jours du patient en danger. A deux reprises, Speer lui-même avait dit, après des visites de Gebhardt : « J'ai l'impression qu'il veut me tuer [18]. » Parmi les autres observations relatives à cette période, mentionnons que le médecin SS téléphonait constamment à Himmler et que le professeur Koch apprit à Speer ceci : Gebhardt avait déclaré un jour qu'il se considérait également comme un « médecin politique ». Ensuite, pendant la deuxième quinzaine de février, alors que Speer s'apprêtait déjà à partir pour Meran, le directeur de la clinique, se référant à Himmler, s'opposa vigoureusement à son transfert ; jusqu'au 15 mars environ, il trouva sans cesse de nouveaux prétextes pour empêcher le départ de Speer. Finalement, comme il le déclara sous serment après la guerre, Koch jugea que « cela allait trop loin ». Il s'adressa à Himmler en personne et obtint que Speer fût autorisé à quitter Hohenlychen [19].

Même l'observateur informé des aspects les plus hallucinants du régime national-socialiste aura du mal à admettre que Himmler puisse ainsi traiter un de ses collègues ministres comme un vulgaire malfaiteur et le maintenir en détention et qu'il décide ensuite souverainement de l'endroit où il passerait sa convalescence et quand il pourrait partir. Il est certain qu'en agissant ainsi, Himmler outrepassait ses pouvoirs, mais il savait aussi que, tant que durerait le déplaisir de Hitler, Speer était en quelque sorte sans défense. En conséquence et après avoir été contraint de tenir compte de l'avis de Koch, il s'était chargé de trouver pour Speer un lieu de villégiature approprié et avait chargé le général SS Karl Wolff, responsable du Tyrol du Sud, de soumettre l'endroit à un examen « très rigoureux », notamment du point de vue de « la surveillance par la police de l'Etat [20] ». De surcroît, il rendit Gebhardt responsable, non seulement de la sécurité de Speer (en sa qualité de Gruppenführer SS), mais aussi de son état de santé, mettant ainsi hors circuit l'importun Koch. Chacune de ces mesures, jusqu'à un détachement de vingt-cinq SS qui fut chargé, sous les ordres de Gebhardt, de la surveillance et de la sécurité du château de Goyen, aux environs de Meran, était destinée à faire sentir les véritables rapports de force à ce dictateur de l'économie qui, de l'avis de Himmler, était monté bien trop haut et méritait depuis longtemps un avertissement.

Il ne fait guère de doute que Himmler était prêt à aller encore plus loin. A Spandau, Speer devait apprendre par son codétenu Walter Funk qu'en automne 1943, à l'époque du « débat sur la succession, » Gebhardt avait, peut-être inconsidérément, fait état en présence de dirigeants SS d'une déclaration de Himmler selon laquelle « Speer était un homme dangereux » qui « devait disparaître [21] ». Et, au début de février 1944, un ou deux jours après l'aggravation subite de l'état de Speer, Himmler était arrivé à Hohenlychen ; cachée derrière une porte, la secrétaire de Speer avait entendu quelques mots qui l'avaient énormément inquiétée. Dans le couloir, Himmler, s'adressant à Gebhardt, avait dit : « Bien, dans ce cas, il est mort. » Ensuite, lorsque le médecin avait soulevé une quelconque objection, Himmler lui avait sèchement coupé la parole : « Suffit ! Moins on en parlera, mieux cela vaudra [22]. »

Cette anecdote a manifestement toutes les caractéristiques d'une rumeur maintes fois répétée et d'une vraisemblance toute relative ; pourtant, elle exprime à la perfection la nature du régime national-socialiste. Notamment en ce qui concernait les rapports de force internes, dont le public ne voyait que l'aspect théâtral et solennel, celui qui pouvait jeter un coup d'œil sur les coulisses découvrait souvent un vulgaire spectacle d'épouvante. Même si l'on estime, comme certains observateurs n'ont pas manqué de le faire, que Speer a tiré de ces indices « des conclusions excessives que la situation ne justifiait sans doute pas », lesdits indices sont trop nombreux pour conclure qu'il ne s'agissait que de « fantasmes paranoïaques [23] ». Un fait demeure inexpliqué et il ne sera sans doute jamais éclairci : il ressort d'une lettre de Gebhardt à Himmler, en date du 21 février, que Speer (qui avait quelques jours auparavant accusé ledit Gebhardt du pire), avait personnellement demandé au médecin SS de l'accompagner à Meran et d'y rester à sa disposition en tant que médecin « jusqu'à ce qu'il se soit complètement accoutumé aux nouvelles conditions climatiques ». Il est possible que Speer ait préféré être soigné par un ennemi qu'il connaissait plutôt que par un quelconque inconnu qui lui aurait été imposé [24]. Peut-être pensait-il aussi que la présence de Gebhardt rendrait en quelque sorte le complot plus visible et limiterait le cercle des suspects. Speer veilla d'ailleurs à garder ses distances envers le médecin qui, accompagné de sa famille, était descendu dans un hôtel de Meran, à quelques kilomètres de distance ; au cours des semaines qui suivirent, il ne le vit qu'à de rares occasions. Pour démontrer qu'il conservait un reste d'indépendance, il invita le professeur Koch au château de Goyen, « à titre privé ».

Le 17 mars, Speer se mit en route pour Meran. Son attachement à peine diminué pour Hitler malgré ses désillusions récentes, et son désir de braver le destin le poussèrent à faire un détour par Berchtesgaden. Il n'envisageait pas cependant d'aller dans sa maison de l'Obersalzberg, car le bruyant et agité quartier général du Führer venait d'y être transféré. Compte tenu de leurs relations tendues, il ne tenait d'ailleurs pas à vivre à proximité immédiate de Hitler. Il fit mettre à sa disposition le pavillon baroque situé dans le parc du château de Klessheim, à proximité de Salzbourg. Le soir même de son arrivée, Hitler vint lui rendre visite pour le saluer personnellement.

La conversation démarra péniblement, en dépit des efforts de Hitler pour retrouver le ton confiant et amical de jadis. Il s'inquiéta des progrès de la convalescence de Speer, demanda des nouvelles de sa famille, évoqua des souvenirs communs et finit par parler des édifices qu'ils construiraient après cette « fichue guerre ». Speer a commenté leur entrevue en ces termes : « Tout était comme avant et pourtant tout avait changé. » Dès que le visiteur eut franchi le seuil, Speer, comme soudainement désenvoûté, avait « remarqué pour la première fois, après toutes ces années passées avec lui », la laideur de Hitler, « son nez épaté, son teint blafard et son visage repoussant ». « Brusquement, a aussi commenté Speer, le voile s'était levé. »

Il faut dire qu'ils ne s'étaient pas vus depuis près de trois mois, ce qui n'était encore jamais arrivé. Tout au long de ces semaines, Speer avait été soustrait à l'influence directe de Hitler et avait de surcroît essuyé de nombreuses vexations et rebuffades ; ces deux facteurs réunis l'avaient graduellement sevré de la drogue dont il était devenu dépendant. Il se souvient avoir eu l'impression que Hitler lui parlait « comme de très loin » ; alors que : « ...jadis quelques mots de sa part ou un simple geste avaient suffi à me faire sortir de mes crises d'abattement et à libérer en moi des ressources d'énergie extraordinaires, je me sentis après ces retrouvailles et en dépit de la cordialité de Hitler, aussi fatigué et épuisé qu'avant [25]. » A plusieurs reprises, il se surprit à écouter le flot de paroles de Hitler d'une oreille distraite ; parfois, il s'entendait faire une remarque quelconque pour alimenter la conversation. Une seule fois il s'anima et ce fut pour demander à Hitler de faire libérer Wernher von Braun et deux de ses collaborateurs, dont l'arrestation par Himmler était surtout un avertissement à Speer lui-même. Ensuite, il retomba dans son apathie ; pendant que Hitler continuait à parler, il prit douloureusement conscience de la vanité et de l'absurdité de la situation. « Qu'est-ce que je fais là ? » se demandait-il, alors que tout était perdu, « la guerre aussi bien que les grands édifices que je devais réaliser pour lui ».

Dès le lendemain, jour de son trente-neuvième anniversaire, Speer sortit de cet état dépressif en voyant agir ses rivaux et en observant l'avidité avec laquelle ils s'empressaient de partager sa dépouille, à grand renfort d'entretiens téléphoniques, de messages et d'alliances pour le moins surprenantes. Au cours de la matinée, Göring lui téléphona pour lui souhaiter un bon anniversaire ; lorsque Speer l'informa du résultat rassurant des examens et analyses, Göring l'interrompit presque joyeusement, en utilisant une de ses expressions favorites : « Mais voyons, ce que vous dites est complètement faux ! » en précisant que, pas plus tard que la veille, le professeur Gebhardt l'avait informé que Speer était atteint d'une affection cardiaque incurable. Lorsque celui-ci lui fit observer que l'examen cardiologique pratiqué par le professeur Koch n'avait révélé aucun état pathologique, Göring qui avait horreur de la contradiction, balaya cet argument et se répandit en un flot de louanges sur son activité passée et ses belles et fructueuses années au ministère ; on aurait dit une oraison funèbre. Au fur et à mesure que d'autres personnalités venaient lui présenter leurs félicitations, il s'avéra que Gebhardt avait répandu partout la fausse nouvelle, allant jusqu'à qualifier Speer d'« épave inapte au travail » en présence de Hitler. A l'occasion d'une réception au champagne, Hitler, visiblement affecté, déclara également aux personnes de son entourage, parmi lesquelles se trouvait la femme de Speer : « Speer ne s'en remettra pas ! » En fin d'après-midi, il apparut soudainement au pavillon avec un « gigantesque bouquet de fleurs », comme s'il était venu prendre congé à jamais.

A sa propre surprise, Speer accueillit cet hommage inhabituel sans émotion, presque avec indifférence. Lorsque Hitler lui rendit de nouveau visite quatre jours plus tard, juste avant le départ de Speer pour Meran, celui-ci l'accueillit cérémonieusement, avec une certaine froideur. Depuis dix années qu'ils se connaissaient, Hitler et Speer s'étaient découverts de nombreux intérêts communs qui ne se limitaient nullement à sa qualité d'architecte, puis de ministre, mais reposaient plus généralement sur un sentiment de confiance et d'amitié réciproque. Et voilà que quelques semaines d'absence, auxquelles venaient s'ajouter les machinations pourtant transparentes des envieux, avaient suffi pour miner ces sentiments chez Hitler. Compte tenu de la surcharge de travail de Hitler et de la tension presque intolérable à laquelle il était soumis en permanence, Speer était sans doute prêt à lui pardonner bien des manques d'égards. Mais il lui était bien plus difficile de comprendre que de brèves retrouvailles eussent suffi à ranimer les sentiments de Hitler, comme si de rien n'était. Il commença à se demander ce que valait une amitié qui fluctuait au gré de la présence ou de l'absence de l'autre. Comme le supposait Speer, Hitler avait effectivement remarqué dès sa première visite la réserve que lui témoignait son admirateur « aussi docile que déférent » et avait déployé toutes les ressources de son charme pour le reconquérir. Hitler ne se rendait pas compte qu'en agissant ainsi il ne faisait que l'éloigner encore davantage, conformément aux lois mystérieuses qui régissent les relations humaines.

Speer qui avait fait venir sa famille, passa au château de Goyen « les six semaines les plus heureuses », sinon de sa vie, du moins de son ministère. Pendant quelque temps, il oublia presque Hitler, la guerre et les problèmes de l'armement. Bormann et Himmler avaient déclenché une campagne de dénigrement assortie d'accusations politiques contre trois de ses directeurs généraux, mais il ne s'en souciait guère. Même les rumeurs selon lesquelles Göring lui cherchait déjà un remplaçant au ministère de l'Armement le laissaient indifférent, lorsque, soudain, les événements prirent un tour surprenant et, du point de vue de Speer, consternant : pour la première fois, Hitler prit ouvertement le parti de ses ennemis déclarés.

L'affaire avait un rapport direct avec le problème Dorsch. Dès qu'il fut devenu évident que la tentative de Speer de faire démettre Dorsch de ses fonctions était vouée à l'échec, Göring attira dans ses rets le chef de l'Organisation Todt et commença à l'utiliser comme un pion dans son jeu. Conformément à la nature des fonctions de Dorsch, il était évident que l'attaque visait en premier lieu les activités de Speer

▲ La mère de Speer était issue d'une famille de négociants aisés de Mayence. *(Archives privées – Speer.)*

▲ Le père de Speer, architecte, s'était fait un nom de Mannheim à Heidelberg. En politique, il se considérait comme libéral. Il resta fidèle à ses convictions même après 1933. *(Archives privées – Speer.)*

▲ L'architecte Heinrich Tessenow prônait un style architectural épuré et ascétique ; à Berlin, il influença pourtant Speer qui, à vingt-trois ans, devint son assistant. *(Ullstein Bilderdienst.)*

◀ Au Congrès de Nuremberg en 1934, Hitler, précédant le chef des SA et celui des SS, se dirige vers le mémorial de Luitpoldhain, au son de la marche mortuaire composée par Ernst Hanfstaeng. La liturgie de ce rassemblement avait été conçue par Hitler et par Speer.
(Bilderdienst Süddeutscher Verlag.)

▲ La plus spectaculaire trouvaille de Speer fut les « cathédrales de lumière », produites par plus de 150 projecteurs de défense antiaérienne. *(Bildarchiv Preußischer Kulturbesitz, Berlin.)*

En haut, l'esquisse de la grande coupole dessinée par Hitler en 1925. Speer a réinterprété les idées du Führer dans la maquette réalisée douze ans plus tard *(en bas)* : le socle cubique et le volume multiplié par trois. Speer y ajouta quatre tours placées aux angles de l'édifice. Il envisageait de surcroît de flanquer le portail de la façade de deux statues de quinze mètres de haut, représentant respectivement un homme portant le ciel et un autre le globe terrestre. *(Bildarchiv Preußischer Kulturbesitz, Berlin ; Archives privées – Speer)*

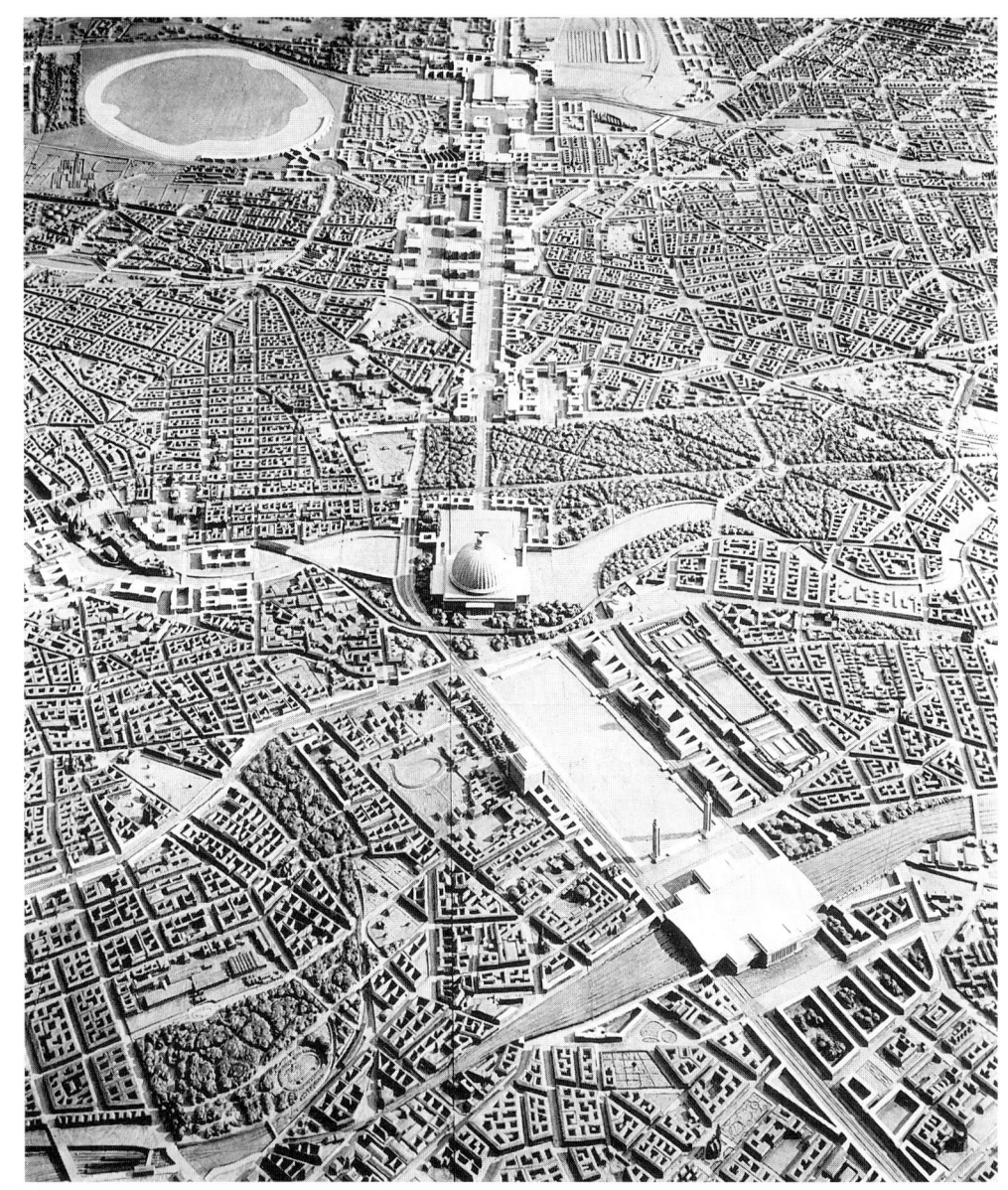

▲ Hitler et Speer s'attaquèrent au plan directeur de la refonte de Berlin en « Germania », en 1937. *Au premier plan,* la Nordbahnhof (gare du Nord) ; derrière, la gigantesque coupole des assemblées qui occulte presque le Reichstag et la porte de Brandebourg ; *en haut à gauche,* l'esplanade de Tempelhof à proximité de laquelle se situaient l'arc de triomphe et la Südbahnhof (gare du Sud). Tous les ministères et édifices culturels devaient s'aligner le long de la « Große Straße », entre la Südbahnhof et la coupole. *(Landesbildstelle Berlin.)*

◀ En janvier 1938, Hitler demanda à Speer de construire une nouvelle chancellerie en un an. Ici, la cour d'honneur avec deux statues d'Arno Breker. *(Archives privées – Speer.)*

Vue du bureau de Hitler ▶ dans son cabinet de 400 mètres carrés. Le mobilier avait été créé par Speer. Hitler apprécia notamment l'épée sortie du fourreau sur une cartouche du bureau : « Quand les diplomates qui viendront s'asseoir devant moi verront cela, ils comprendront que je ne plaisante pas. » *(Archives privées – Speer.)*

```
S p e e r /Wg.                  Obersalzberg, den 27.11.1940
                                            -4-

            Herrn  C l a h e s :

        Was macht die Aktion der Räumung der 1 000 Juden-Wohnun-
        gen ?
        Besonders Räumung Lichtenstein-Allee ?

                                gez.  S p e e r
                                        F.d.R.
```

◀ Note d'expulsion des Juifs de leurs appartements signée par Speer. *(Landesbildestelle Berlin.)*

Fritz Todt et Albert Speer ▶ devant la maquette de Germania. *(Bildarchiv Preußischer Kulturbesitz, Berlin.)*

◀ Speer présente à Hitler de nouvelles armes. *Au milieu :* Karl Otto Saur, chef des services techniques. *(Ullstein Bilderdienst.)*

▲ A Nuremberg et par la suite, Speer a toujours contesté avoir eu connaissance des pratiques d'extermination nazies. Il est pourtant photographié ici à Mauthausen au début de 1943, lors de son unique visite d'un camp de concentration. *A gauche de Speer :* August Eigruber, gauleiter de la région du Haut-Danube. *(Bilderdienst Süddeutscher Verlag.)*

▲ Entrée de Speer au procès de Nuremberg. *Au premier rang,* on reconnaît Hermann Göring, Rudolf Hess, Joachim von Ribbentrop et Wilhelm Keitel. *Au second rang :* Karl Dönitz, Erich Raeder, Baldur von Schirac et Fritz Sauckel. *(Bilderdienst Süddeutscher Verlag.)*

◀ Albert Speer et sa femme
à l'hôtel Gerhus,
à Berlin, aussitôt après
sa libération
le 1ᵉʳ octobre 1966.
(Ullstein Bilderdienst.)

▲ Speer s'installa à l'Obersalzberg à la demande du Führer en 1935, et ne tarda pas à devenir le « compagnon préféré » de ses promenades quotidiennes. *(Archives privées – Speer.)*

dans le domaine de la construction, mais Göring espérait ainsi ébranler tout l'empire du ministre de l'Armement et finalement provoquer la chute de Speer lui-même. A cette fin, Göring utilisa plusieurs tactiques. Pour commencer, il prit l'habitude de se faire accompagner de Dorsch, en qualité d'expert, lors des conférences au quartier général du Führer. Ensuite, il ressortit des tiroirs un projet qui avait été présenté l'année précédente lors des discussions sur les usines souterraines. Ce projet, dû à Dorsch lui-même, proposait une méthode à la fois simple et originale pour la construction de sites de production souterrains. Le procédé était le suivant : des collines seraient recouvertes d'une couche de béton d'environ six mètres d'épaisseur ; dès que la masse aurait durci, le sable et la pierraille seraient évacués et serviraient à fabriquer le béton des tranches suivantes. Hitler fut tellement impressionné qu'il ordonna sur-le-champ de construire six de ces gigantesques bunkers, d'une surface utile de cent mille mètres carrés chacun.

Pour sa part, Speer avait toujours considéré avec scepticisme cette invention et s'était opposé à sa réalisation. Il doutait que ces forteresses souterraines pussent être construites dans les délais très courts indiqués par Dorsch ; il faisait en outre remarquer qu'il serait extrêmement difficile voire impossible de trouver les énormes quantités de béton nécessaires et que, en tout état de cause, cela paralyserait de nombreux autres chantiers de construction, en particulier ceux qui étaient destinés à réparer les dégâts causés par les bombardements. En conséquence, il repoussa le début des travaux, puis finit par donner son accord à la construction de deux de ces « champignons », comme on les appelait communément, mais l'ouverture des chantiers fut de toute façon retardée à cause de la pénurie de main-d'œuvre et de matières premières. Au cours d'un entretien avec Hitler, Göring qui s'était de nouveau fait accompagner par Dorsch, se plaignit du retard énorme pris par les livraisons de ciment. Lorsque Dorsch, parlant au nom de l'Organisation Todt, précisa que celle-ci avait toujours tenu ses engagements et que ses activités étaient en réalité limitées aux territoires occupés, l'entière responsabilité de ces retards successifs fut attribuée à Speer qui n'était bien entendu pas là pour se défendre.

Très irrité, Hitler ordonna de commencer les travaux sans retard. Lorsque Dorsch, dans un geste témoignant d'une apparente loyauté, lui fit observer qu'il conviendrait de consulter le ministre souffrant, Hitler promit de régler cette affaire avec Speer. En fait, il n'en informa même pas Speer et pas davantage son ministère. Le 16 avril, Hitler plaça le chef de l'Organisation Todt directement sous ses ordres et lui ordonna de construire sur le territoire du Reich dix « bunkers géants » selon le procédé dont il était l'inventeur. C'était la première fois depuis que Speer avait été nommé ministre que Hitler lui retirait une partie non négligeable de ses attributions. Goebbels triomphait ; quant à Dorsch, il était on ne peut plus satisfait : il avait reçu de Hitler l'assurance « que l'OT serait également chargée à l'avenir de grands travaux sur le territoire du Reich [26] ».

Aux yeux de Speer, c'était une question de principes. Dans une lettre qu'il fit porter à Hitler par son collaborateur Gerhard Fränk, il exprima assez ouvertement son déplaisir et exposa une fois de plus ses doutes, laissant deviner combien le comportement de Hitler l'étonnait. Pour finir, il proposait un modèle d'organisation qui, selon lui, réduirait les frictions entre l'Organisation Todt et le Bureau de la construction de son propre ministère : Dorsch continuerait à rester compétent pour les constructions dans les territoires occupés ; pour l'Allemagne elle-même, cette fonction serait exercée par un ancien collaborateur de Todt, Willy Henne ; et tous deux seraient soumis à l'autorité de son loyal collaborateur Walter Brugmann. Par l'intermédiaire de Göring et de Milch, il fit également savoir à Hitler qu'il était prêt à remettre sa démission si celui-ci de voulait pas, ou ne pouvait pas, donner suite à sa proposition [27].

Lorsque le message de Speer lui fut remis la veille de son anniversaire, Hitler réagit avec effarement. Il déclara aux membres de son entourage que, non seulement la lettre de Speer contenait des erreurs factuelles, mais surtout qu'elle était écrite sur un ton inadmissible ; quant à son offre de démission, il ne pouvait la considérer que comme une « insolence ». Par ailleurs, poursuivit Hitler, la lettre de Speer confirmait l'accusation de Bormann selon laquelle il était « étranger au parti », ne comprenait pas les règles du « Führerstaat » et s'imaginait peut-être même que ces règles ne s'appliquaient pas à l'artiste qu'il était. Cela renforçait l'impression que Hitler avait de plus en plus depuis déjà un certain temps, à savoir que Speer considérait les ordres du Führer comme de simples recommandations qu'il pouvait ou non appliquer, selon son bon plaisir. L'affaire des superbunkers de Dorsch n'était qu'un exemple parmi d'autres. En février déjà, contrairement aux instructions rigoureuses qu'il avait reçues, Speer avait arbitrairement arrêté la construction de bunkers destinés aux missions diplomatiques, ce qui avait conduit Hitler à demander à Bormann de rappeler expressément à Speer un principe fondamental : « Les ordres du Führer devaient être exécutés par tout Allemand et ils ne pouvaient en aucun cas être abrogés, suspendus ou différés. » Il ajouta maintenant cette mise en garde : « Speer doit savoir qu'il existe une raison d'Etat pour lui aussi [28]. »

Informé par les rares amis qu'il conservait à la cour du Führer de l'émoi provoqué par sa lettre et surtout par son offre de démission, Speer qui séjournait toujours dans le château dominant Meran, songeait plus que jamais à se démettre de ses fonctions. Avec résignation, il pensait aux circonstances de son départ, envisageant plusieurs scénarios, lorsque Göring l'appela au téléphone. Avec une feinte indignation, le Reichsmarschall lui fit observer que nul ne pouvait se permettre de tout envoyer promener selon son bon plaisir : seul le Führer était habilité à décider du départ d'un ministre. Au terme d'une longue discussion, ils convinrent qu'il était exclu que Speer fasse de sa démission un coup d'éclat. Dans une situation aussi délicate, lui expliqua Göring, il convenait de partir sans faire de bruit, par exemple en prolongeant sa convalescence jusqu'à ce que sa disparition passe pratiquement inaperçue. Speer se déclara d'accord avec cette proposition, bien qu'il doutât fort de pouvoir cacher, ne serait-ce que quelques semaines, qu'il n'exerçait plus ses fonctions.

L'après-midi du 20 avril, Walter Rohland, le plus proche collaborateur de Speer, arriva à Meran sans se faire annoncer. Il venait d'assister à la fête donnée pour l'anniversaire de Hitler au château de Klessheim, dont l'apogée avait été la présentation des derniers modèles de blindés. Speer était de très mauvaise humeur ; quelques heures auparavant, il avait pris congé de son hôte privé, le professeur Koch qui, suite à plusieurs accrochages avec Gebhardt, avait été déclaré « indésirable » sur ordre de Himmler et contraint de partir du jour au lendemain[29]. Rohland lui expliqua les raisons de cette visite imprévue : les rumeurs circulaient vite et il avait, comme bien d'autres, eu vent de son intention de démissionner, laquelle avait suscité une grande inquiétude dans divers milieux. Reprenant une conversation qu'ils avaient eue à Hohenlychen, il fit remarquer à Speer « avec une extrême gravité » qu'il n'avait pas le droit, à l'égard du peuple allemand et surtout de l'industrie qui lui était toujours restée loyale, de livrer celle-ci à un successeur qui serait certainement un extrémiste du parti. Ce qui préoccupait particulièrement Rohland, c'était la préservation d'un certain potentiel industriel en vue de la période qui suivrait une guerre déjà manifestement perdue, assurant ainsi à la population un minimum de chances de survie. En deux mots, Speer devait renoncer à ses projets et rester à son poste, quoi qu'il pût lui en coûter[30].

Pendant que Rohland parlait, Speer eut, pour la première fois depuis longtemps, un sentiment, ou une pensée qui n'avait rien à voir avec la grandeur, la guerre, l'héroïsme et autres notions idéologiques qui dominaient l'existence de l'entourage de Hitler et pas davantage avec les abstractions qui assoupissaient sa conscience comme une drogue ni avec les montagnes de statistiques qui le protégeaient de la réalité, mais qui concernait l'avenir du peuple allemand et sa propre responsabilité à cet égard. Dans l'immédiat du moins, Rohland ne réussit pas à convaincre Speer qui ne renonça pas à ses projets de démission. Mais ensuite, lorsque Rohland évoqua les terribles dangers qui menaçaient le pays, le « spectre de la terre brûlée » surgit pour la première fois devant ses yeux. En même temps, il eut la vague prémonition qu'il ne pourrait à l'avenir échapper à ce qu'il était, ni mettre la catastrophe qui approchait à grands pas sur le compte de cette « politique » à laquelle il se disait étranger.

Ce n'était pas encore la fin de cette journée fertile en événements. Vers 1 heure du matin, après un trajet d'autant plus long qu'ils avaient franchi le col du Brenner verglacé, Milch et Saur se présentèrent au château de Goyen, accompagnés du Dr Fränk qui avait remis à Hitler la lettre de Speer. Après avoir décrit au ministre le déroulement des festivités organisées pour l'anniversaire de Hitler, Milch l'informa d'une réunion pendant laquelle le Führer avait parlé de Speer en des termes particulièrement défavorables. Sur sa demande, poursuivit-il, Hitler lui avait accordé un entretien en tête à tête, au cours duquel lui, Milch, avait déploré la détérioration des relations entre Speer et Hitler, ajoutant qu'il redoutait des conséquences catastrophiques pour l'industrie de l'armement si leurs anciennes relations de confiance n'étaient pas rapidement rétablies. Toujours selon Milch, Hitler serait alors devenu songeur ; regardant par la fenêtre les blindés en formation sous la terrasse, il se mit à tambouriner sur la vitre, puis, après lui avoir lancé un « regard inquisiteur », aurait adopté une attitude plus amicale et aurait même fait quelques remarques témoignant de sa haute considération pour Speer. En tout état de cause, il semblait évident que « Hitler avait encore beaucoup de mal à envisager de se séparer » de Speer. Encouragé par ces impressions, Milch avait alors en quelque sorte poussé son avantage et laissé entendre à Hitler que cette mésentente avait pour unique cause « les intrigues de concurrents d'une valeur douteuse » — il pensait bien entendu à Göring, Dorsch et Bormann. Après un long silence, il avait prié Hitler de faire un geste, de faire savoir à Speer par un mot ou par un signe qu'il continuait à bénéficier de sa bienveillance, message que lui, Milch, transmettrait « le soir même » à l'intéressé. Retombant dans une humeur morose, Hitler avait longtemps hésité ; le maréchal dut réitérer sa requête à plusieurs reprises avant d'être chargé de cette mission [31].

Telles étaient les prémisses d'une scène qui se déroula cette nuit-là dans le salon du château de Goyen et qu'il est difficile de décrire avec justesse. Elle est significative en ce sens que, à travers ces brusques changements d'humeur exprimant tour à tour émotivité et susceptibilité, elle révèle la nature d'une relation qui, pour Speer comme pour Hitler, était, avec ce que tout cela peut avoir de puéril, la seule « affaire de cœur » de leur vie. Elle montre également combien Hitler jugulait ses émotions pour rester fidèle à son rôle de dirigeant historique. Toujours est-il que le message adressé à Speer leva un instant le voile derrière lequel il cachait les traits sentimentaux et petit-bourgeois qui faisaient partie de sa nature. Pendant que Speer regardait ses interlocuteurs en cachant mal son impatience, Milch lui dit soudain : « Le Führer m'a chargé de vous dire qu'il vous aimait [*dass er Sie liebhat*] [32]. »

La réponse de Speer ne fut pas moins éloquente. Elle le montrait dans le rôle du « délaissé » et exprimait toute l'étendue du désespoir dans lequel la « trahison » de Hitler l'avait plongé. Dans une réaction aussi spontanée que d'une incroyable grossièreté, il laissa échapper : « Le Führer peut me lécher le cul. » (Littéralement : *Der Führer soll mich am Arsch lecken* ! Un équivalent français plus courant serait : « Il peut aller se faire f... »). Milch se sentit tenu de lui faire observer : « Vous n'êtes pas de taille à dire des choses pareilles au Führer. » La discussion, fort animée, se prolongea longtemps. Les trois visiteurs l'incitèrent vivement à reprendre ses fonctions et à rétablir avec le dictateur des relations qui, objecta Speer, étaient irrémédiablement brisées. Néanmoins, les remarques de Rohland l'avaient fait hésiter, bien que sa demande de démission, déjà signée, se trouvât sur une table, au fond du salon. Il fallut pas moins de cinq heures pour l'amener à revenir sur sa décision, à une condition : Dorsch devait être de nouveau placé sous ses ordres et travailler sous sa responsabilité. Il rédigea un document chargeant le chef de l'Organisation Todt de construire six « bunkers-champignons » — sur ce point, il avait cédé. Dès le lendemain, Hitler y apposa sa signature après l'avoir brièvement parcouru.

Pourtant, Speer restait profondément divisé, comme la suite des événements ne tarda pas à le montrer. A peine ses visiteurs nocturnes eurent-ils pris congé qu'il fut saisi de doutes : peut-être avait-il agi trop hâtivement en prenant cette décision et se trouvait-il maintenant assis entre deux chaises, en quelque sorte. Sa décision entraînerait à coup sûr une rivalité impitoyable pour la répartition des ressources humaines et matérielles. Il se mettrait à dos, soit Dorsch qui lui était de toute façon hostile, soit l'ensemble des instances du secteur du bâtiment. Il y avait toutefois un « mais » : jusqu'alors, il avait toujours pu compter sur le soutien de Hitler, ce qui n'était plus le cas. Après avoir longuement pesé le pour et le contre, il rédigea une sorte de rétractation ; sa nouvelle proposition consistait à séparer entièrement le secteur de la construction de son ministère et de faire en quelque sorte de Dorsch son successeur au poste d'Inspecteur général des bâtiments en le rendant responsable de l'ensemble des projets de construction. Avant même d'avoir achevé la rédaction de ce document, Speer changea de nouveau d'avis et décida d'interrompre son congé de convalescence pour aller voir Hitler en personne.

Cela entraîna de nouveau des problèmes avec Gebhardt qui s'opposa à ce que Speer prenne l'avion, soi-disant pour des raisons de santé, mais en réalité parce qu'il respectait les instructions de Himmler, lequel voulait que Speer reste captif, où que ce soit et surtout qu'il ne puisse pas approcher de Hitler. Au terme de discussions agitées, le Reichsführer SS intervint personnellement et donna son accord en vue du vol, à la condition — qui n'avait certes plus aucune justification médicale — que Speer lui rende visite avant son entrevue avec Hitler.

Lorsque Speer arriva le 24 avril, il se présenta chez Himmler avant même d'aller dans sa propre maison de l'Obersalzberg. Il réalisa presque aussitôt que, une fois de plus, le seul but de Himmler était de faire sentir à son rival tout le poids de sa puissance et de sa supériorité. Prenant de grands airs, il lui fit savoir qu'au cours d'entretiens avec Hitler, auxquels participait également Göring, il avait été décidé des mois auparavant de rendre Dorsch indépendant du ministère de Speer et de lui confier la direction du secteur bâtiment qui deviendrait alors un service autonome. Il précisa qu'il parlait de « faits, sur lesquels il était exclu de revenir » et conseilla instamment à Speer de ne plus s'opposer à ce projet établi par les plus hautes instances du régime, au rang desquelles il se comptait manifestement lui-même. Il rappela à son visiteur que, contrairement aux ordres qu'il avait reçus, il avait indûment retardé le programme de Hitler visant à transférer avant qu'il ne soit trop tard les usines allemandes dans des cavernes ou à les protéger par des mètres de béton. Speer qui avait précisément l'intention de proposer cette solution à Hitler, laissa parler Himmler sans le contredire.

A peine Speer était-il arrivé dans sa maison de l'Obersalzberg que Hitler, apparemment impatient de le voir, lui envoya un aide de camp pour l'inviter à participer au thé de l'après-midi. Désireux de souligner le caractère officiel de sa visite, Speer déclina l'invitation en des termes assez secs — se souvenant plus tard de cet épisode, il frémit en repensant à sa témérité frôlant l'insolence. Peu de temps après, Speer fut avisé que Hitler lui accordait une audience au Berghof. Hitler vint l'accueillir devant l'entrée du Berghof avec les honneurs dus à une visite officielle : il avait coiffé sa casquette d'uniforme et mis ses gants. Au cours de la conversation qui s'ensuivit, Hitler se montra d'une extrême amabilité et lui témoigna maintes marques de faveur, au point que Speer eut l'impression que le dictateur briguait sa faveur. A la grande stupéfaction de Speer, il rejeta catégoriquement la proposition de confier à Dorsch le secteur de la construction, au détriment du ministère de Speer. Il expliqua qu'il n'avait personne à qui confier la responsabilité de « nos constructions », désavouant ainsi Himmler et balayant d'un geste dédaigneux les ambitions et les sentiments de Dorsch. De même, il déclara nuls et non avenus les soupçons qui pesaient sur trois collaborateurs de Speer, lesquels étaient en butte à des difficultés croissantes. Chacun de ses dits et gestes exprimait le désir d'oublier les frictions qui avaient assombri les semaines écoulées et sa joie de retrouver son ami. L'entretien terminé, Hitler prit de nouveau sa casquette et ses gants, mais Speer refusa qu'il le raccompagne comme un hôte officiel. Bien qu'il eût réfléchi récemment à la valeur d'une amitié qui était à la merci d'une brève absence, Speer reprit sa place devant la cheminée de Hitler le soir même, au milieu d'un cercle d'invités pratiquement inchangé, et écouta d'une oreille distraite, comme jadis, les habituelles tirades sur le tabac, le miel artificiel, les Eglises et autres marottes du dictateur, assaisonnées de plaisanteries douteuses et de fausse jovialité. En silence, il commençait déjà à faire le compte des heures perdues — et était même heureux[33].

La nouvelle du triomphe de Speer se répandit à la vitesse d'un feu de brousse et lui-même fit tout son possible pour que nul ne l'ignore. Il fit savoir à tout son entourage que d'aucuns avaient voulu causer sa perte, en commençant par lui retirer le secteur de la construction, mais que Hitler lui avait donné l'assurance, précisément dans ce domaine, qu'il serait *a priori* d'accord avec toutes les mesures que lui, Speer, jugerait utiles. Désireux de savourer pleinement son triomphe, il n'épargna pas Dorsch ; peu après, il présenta officiellement ce dernier à Hitler comme le nouveau directeur de son département de la construction et donc comme son subordonné. Göring accepta sa défaite en prononçant quelques mots rageurs ; Himmler se contenta de hocher la tête en silence, comme pour indiquer qu'il avait l'habitude des brusques changements d'humeur de Hitler. Seul Bormann s'adapta du jour au lendemain à la nouvelle situation, assurant Speer de sa camaraderie à toute épreuve et niant toute participation à la « cabale » ; il lui proposa même le tutoiement, ce que Speer accepta puis, sans doute intentionnellement, oublia dès le lendemain.

Le soir du 25 avril, Speer regagna Meran ; les épreuves de force avec Himmler étant terminées, du moins pour le moment, il put renoncer à l'avion et prendre le train de nuit. Dans l'euphorie de la puissance retrouvée, il ne tarda pas à se plonger dans le travail, faisant fi de l'avis des médecins et des supplications des membres de sa famille. Il reprit à un rythme accéléré les conférences, séances de dictée et entretiens téléphoniques. Depuis le début de l'année, l'intensification de la guerre aérienne avait eu des effets de plus en plus sensibles sur tous les aspects de l'activité industrielle et économique. Fin février, les Alliés avaient déclenché l'opération « Big Week » : six jours durant, les escadrilles de bombardiers s'étaient acharnées sur les usines d'aviation allemandes. Les observateurs se demandaient si les Alliés n'avaient pas, finalement, adopté la tactique de la « paralysie sectorielle. » Au total, les forces aériennes anglo-américaines avaient perdu quelque trois cents appareils — mais les pertes allemandes ne cessaient d'augmenter : au moins onze cents chasseurs en janvier, plus de douze cents en février. De surcroît, conséquence de la grande précision des bombardements alliés, plus de sept cents appareils, y compris la totalité des chasseurs de nuit en voie de fabrication, avaient été détruits dans diverses usines aéronautiques, ainsi que les trois quarts des ateliers de montage. C'était presque la fin de l'aviation de chasse allemande.

Au grand soulagement de Speer, il s'avéra que les Alliés avaient une fois de plus arrêté l'opération à mi-chemin ; en outre, leurs attaques visaient uniquement les usines fabriquant les fuselages et non les usines de moteurs, bien plus vulnérables et importantes. Sur ces entrefaites, le général Spaatz, commandant en chef des forces aériennes américaines pour l'Europe, décida de ne pas exécuter, du moins dans l'immédiat, le plan visant à détruire la capacité de production allemande de carburants et de buna (caoutchouc synthétique) grâce à une offensive aérienne prévoyant quinze jours de bombardements ininterrompus [34]. Du fait que la daté fixée pour le débarquement approchait, il donna la priorité à la destruction des voies de communication.

Dans ce contexte, alors que Speer était encore hospitalisé à Hohenlychen, Karl Otto Saur avait été chargé de constituer le *Jägerstab* (« état-major de l'aviation de chasse »), organisme qui devait non seulement mettre sur pied une aviation de chasse efficace, mais aussi trouver des moyens d'éviter ou du moins de diminuer les conséquences les plus graves de la supériorité aérienne de l'ennemi. Il prit modèle sur le *Ruhrstab*, créé en août 1943 qui avait coordonné avec un certain succès les mesures défensives dans la région de la Ruhr, sous la direction des industriels Albert Vögler et Walter Rohland. Mais, en dernière analyse, ces nouveaux organismes ne faisaient que rendre encore plus confuse une situation déjà fort embrouillée, car ils obtenaient des droits et des pouvoirs exceptionnels sans que la compétence des instances existantes fût diminuée pour autant. Speer s'en rendait parfaitement compte ; en dépit de son goût marqué pour les solutions improvisées, il aurait témoigné d'une plus grande prudence concernant la création de ces nouveaux « états-majors » si ce n'avait pas été pour lui une tactique dans la lutte pour le pouvoir. Le *Ruhrstab* lui fournissait une arme supplémentaire contre ses adversaires de toujours, tandis que le *Jägerstab* avait également pour but de faire payer à Göring ses intrigues des semaines écoulées.

Les circonstances vinrent d'ailleurs à l'aide de Speer. Le 8 mai, il regagna Berlin ; quatre jours plus tard, près de mille bombardiers américains attaquèrent les usines de carburant dans diverses régions du Reich. C'était le coup, redouté depuis longtemps, contre un des centres nerveux de l'armement ; rétrospectivement, Speer a estimé que « ce jour-là décida de l'issue de la guerre technique [35] ». Il se mit fiévreusement au travail ; la production commençait tout juste à redémarrer lorsque les escadrilles américaines passèrent de nouveau à l'attaque — effectuant cinq raids supplémentaires en l'espace de vingt-quatre jours. Au lieu des six mille tonnes prévues, la production quotidienne ne tarda pas à tomber à cent vingt tonnes de carburant pour les avions. Speer informa Hitler de la situation dans un mémoire daté du 30 juin, puis de nouveau le 28 juillet. Les réserves existantes, écrivait-il, permettaient de couvrir les besoins les plus urgents jusqu'au début du mois de septembre ; ensuite, « une pénurie insurmontable surviendrait qui ne manquerait pas d'avoir des conséquences tragiques [36] ». A la fin de son exposé, Speer revenait une fois encore sur la notion de mobilisation totale, en l'occurrence pour faire redémarrer rapidement la production de carburant et demandait à cette fin de pouvoir disposer de machines, de matières premières et de main-d'œuvre spécialisée venant d'autres secteurs de l'armement. Hitler fut consterné par cette proposition : « Du coup, nous aurons moins de chars », protesta-t-il. Lorsque Speer lui eut fait observer que, sans carburant, les blindés ne serviraient à rien et que de toute façon Saur lui avait promis une production plus élevée de blindés, Hitler fit machine arrière. A la fin de l'automne 1944, pas moins de trois cent cinquante mille ouvriers en partie hautement qualifiés travaillaient à la reconstruction des usines d'hydrogénation.

Un autre facteur aggravait la situation. Les escadrilles de bombardiers américaines était de plus en plus souvent accompagnées de chasseurs à long rayon d'action qui, ne serait-ce que du fait de leur supériorité numérique, réduisaient notablement l'efficacité de la chasse allemande. Pendant le raid aérien du 20 juin, pas moins de mille chasseurs protégeaient une armada de mille cinq cents « forteresses volantes » et « Liberator ». Cela porta un coup terrible à la réputation de Göring, dont Speer tira aussitôt profit. Le projet des « superbunkers » de Dorsch qui devaient principalement abriter des usines fabriquant des avions de chasse, lui avait déjà permis d'intervenir dans les activités de construction liées à l'armement aérien, restées dans une grande mesure indépendantes ; il fit maintenant un pas de plus. Il conclut avec Milch qui, de plus en plus désespéré par la léthargie de Göring, était enfin prêt à faire cause commune avec lui, un accord visant à réunir les activités des deux parties et qui devait momentanément rester secret ; ni Hitler, ni le Reichsmarschall, ni les usines aéronautiques concernées n'en furent informés. Dès que tous les détails eurent été réglés, Speer demanda une entrevue à Hitler ; le 4 juin, il lui soumit son plan en vue d'intégrer l'armement de la Luftwaffe à son ministère, mettant ainsi en place la clef de voûte de son empire industriel. Afin que l'humiliation de Göring ne fût pas trop flagrante, il pria également Hitler de « déterminer le Reichsmarschall à [le] convoquer de sa propre initiative », de sorte à donner l'impression que cette proposition émanait de ce dernier. Ce geste qui n'était conciliant qu'en apparence, encouragea Hitler à accepter son plan sans soulever d'objection.

Göring ne réalisa apparemment pas que cette concession faisait de lui un pitre tragique. En apposant le 20 juin sa griffe sur le document qu'il avait fait préparer, il signait en quelque sorte son propre arrêt de mort et faisait savoir au monde entier que Speer lui avait arraché les derniers pouvoirs qui lui restaient dans le domaine de la politique de l'armement. Comme pour justifier ce transfert de compétences, le *Jägerstab* témoigna d'emblée d'une remarquable efficacité ; durant les deux premiers mois, jusqu'en juillet donc, la production de chasseurs fit plus que doubler. Göring, profondément ulcéré, ronchonna non sans raison que ces résultats remarquables prouvaient uniquement que Speer avait, ces dernières années, délibérément défavorisé l'armement aérien afin de mieux mettre la main dessus. Milch lui-même avait déclaré un jour, au sujet de la situation de l'industrie aéronautique : « Absolument personne ne nous soutient... Chacun nous assure de sa profonde sympathie et nous promet une couronne pour notre enterrement[37]. » Au bout de six semaines seulement, Speer décida de dissoudre le *Jägerstab* qui avait fait son travail en mettant définitivement le Reichsmarschall hors circuit. Il le remplaça par un organisme plus important qui serait responsable des programmes d'armement de toutes les armes de la Wehrmacht, le *Rüstungsstab*. Lorsque, quelque temps plus tard, Göring reprit l'habitude de donner des instructions à l'industrie aéronautique, Speer lui signifia sans ménagement que le Reichsmarschall ne devait pas se mêler de l'armement aérien, car, lui dit-il, « dans tous les domaines concernant l'industrie de l'armement... seuls mes ordres sont écoutés[38] ».

La neutralisation de Göring ne mit pas pour autant fin aux intrigues. Rien ne démontre mieux la perte totale du sens des réalités des dirigeants nazis que l'acharnement avec lequel ils poursuivaient leurs rivalités en cette heure tardive, alors que la catastrophe finale était imminente et qu'il n'y avait plus et depuis longtemps déjà, de pouvoir digne d'être conquis. Voyant d'un mauvais œil la nouvelle ascension de Speer qui avait retrouvé toute sa notoriété et son influence, Himmler passa résolument à la contre-attaque en déployant son arsenal de mesures policières — avertissements, surveillance, tentatives d'intimidation, dénonciations et même arrestation, et mise en détention préventive de quelques collaborateurs de Speer —, tout en revendiquant ouvertement le contrôle d'un nombre croissant de secteurs de l'industrie de l'armement. Pour sa part, Bormann revint à sa politique de rumeurs et d'insinuations, encouragea les tentatives des gauleiters d'entraver l'action du ministère de l'Armement, au point que, dès le mois de mai, peu après la reprise de son activité, Speer se vit contraint de faire appel à l'aide de Hitler pour venir à bout de ces manigances[39]. Sa tentative de s'assurer la bonne volonté d'au moins quelques gauleiters en organisant un « congrès de la reconstruction » en vue de l'après-guerre fut un échec total ; la réunion qui devait se tenir en juin au château de Plassen, près de Kulmbach, dut être annulée. Sa réputation de toute-puissance et d'invulnérabilité en fut sérieusement ébranlée.

Dans ses relations avec Hitler, Speer ne retrouvait pas les sentiments amicaux de jadis. Depuis qu'il s'était ouvertement rebellé et avait contraint le dictateur visiblement déconcerté à céder à ses exigences, leurs rapports, bien qu'en apparence redevenus cordiaux et presque affectueux, étaient étrangement lointains et cette distance ne cessait de croître. Les rêveries enthousiastes dont ils s'étaient grisés pendant tant d'années avaient cédé la place à un désenchantement perceptible. Speer a écrit à ce propos que la corruption morale de plus en plus évidente des couches dirigeantes du régime, les attaques vicieuses de Himmler, de Gebhardt, de Bormann et de bien d'autres, avaient, fût-ce tardivement, fait naître en lui « des doutes sur ce système de pouvoir dont les principes [lui] paraissaient pour la première fois contestables ». Il commença à se « détacher lentement du régime », en dépit de sa répugnance « à rompre avec [sa] vie passée, [ses] tâches, [ses] engagements » et en surmontant ses peurs et la crainte de passer pour un traître [40].

L'attitude de Hitler avait elle aussi insensiblement changé. Il réagit à la demande d'aide de Speer contre les gauleiters en refusant son soutien aussi bien aux hommes du parti qu'à son ministre. Et lorsque Speer, dans une nouvelle tentative de se faire bien voir des gauleiters, voulut nommer Karl Hanke (qui était à la fois secrétaire de Goebbels et gauleiter de Basse-Silésie) à la tête du *Jägerstab*, Hitler rejeta cette proposition en se référant au gauleiter Sauckel dont l'exemple, lorsqu'il avait été nommé à la tête du service de la main-d'œuvre, avait « eu une influence néfaste sur tous les gauleiters, en diminuant leur autorité ». Dans la mesure où la crise avec Speer avait pour origine le refus persistant de celui-ci de fermer les yeux sur les aspects dérangeants de la guerre, Hitler ne tarda pas à avoir de nouvelles raisons de se plaindre de lui. A l'occasion d'une conversation avec son aide de camp Nikolaus von Below, représentant la Luftwaffe, il ne cacha pas que le rappel de Speer avait pour principale raison le fait qu'il ne voyait pas d'autre solution. En effet, Speer ne témoignait pas « d'une confiance suffisante en la victoire », mais il était le seul à avoir « une véritable vue d'ensemble de toutes les ramifications du secteur de l'armement [41] ».

En ce qui concernait Speer lui-même, les automatismes qui avaient si longtemps guidé son comportement ne tardèrent pas à reprendre le dessus et à lui faire oublier, ou du moins à atténuer, les doutes qu'il éprouvait. Les soucis sans cesse croissants relatifs à la situation militaire y contribuaient pour beaucoup. Il passait toutes ses journées à étudier des rapports concernant des baisses de production, de soudaines difficultés de transport, la situation désespérée des stocks de carburant, à chercher des solutions de remplacement ou à faire redémarrer la production avec des moyens de fortune. Le chaos des transports routiers et ferroviaires occasionné par le nouveau concept stratégique adopté par les dirigeants de l'aviation alliée était encore aggravé par les transferts de machines et de main-d'œuvre rendus nécessaires par l'effondrement des fronts, tant à l'est qu'au sud.

Sur ces entrefaites, Hitler présentait sans cesse de nouvelles exigences, se perdant dans des points de détail fréquemment absurdes. Speer a calculé par la suite que, pendant qu'il était ministre, il avait eu près de cent conférences personnelles avec Hitler, au cours desquelles avaient été examinées et résolues pas moins de 2 221 questions figurant à l'ordre du jour, dont beaucoup avaient « une importance très secondaire ». De même que, jadis, Hitler passait sans transition de recettes de cuisine diététique à l'éclairage nocturne du mémorial de Niederwald puis à l'élevage des bergers allemands, il prenait maintenant des décisions concernant pêle-mêle le chauffage ou la « protection des écoutilles » des chars d'assaut, les contrats des travailleurs étrangers, un nouveau projet de voie ferrée et « passait sans transition... sur la demande par l'armée de terre, à la fixation de la vitesse de croisière » de divers types de véhicules et à leurs conditions d'utilisation [42].

De la même façon péremptoire, il exigeait, ce qui témoignait d'une méconnaissance totale de la situation, « de parvenir à l'autosuffisance concernant les carburants dans un délai de dix-huit mois, » puis une augmentation immédiate de la production de blindés, ou encore ordonnait de multiplier par dix le potentiel de la DCA. Le changement d'attitude fondamental de Speer est illustré par le fait que, depuis qu'il avait repris les commandes après son retour de Meran, il lui arrivait d'ignorer un ordre du Führer et même de persuader Saur de ne pas en tenir compte. Par ailleurs, Speer lui-même, ainsi que Milch et d'autres, « imploraient » Hitler de ne pas éparpiller entre les divers fronts les quelque deux mille chasseurs fabriqués mensuellement, mais d'en consacrer au moins une partie à la défense de l'espace aérien du Reich. Autrement, firent-ils valoir, leurs villes seraient détruites les unes après les autres, les communications par route et par rail seraient pratiquement coupées et, pour finir, par manque de carburant pour les avions, toute défense tant soit peu efficace contre les bombardements deviendrait impossible. Lorsque Milch déclara vers la même époque qu'il était devenu « impossible de parler normalement » à Hitler, Speer l'approuva aussitôt, comme s'il était depuis longtemps parvenu à la même conclusion [43].

Après des discussions interminables au cours desquelles Hitler donna de nouveaux témoignages de son état d'esprit aigri et de sa philosophie des « vaisseaux brûlés », le dictateur consentit à admettre le bien-fondé de cette suggestion. Mais peu après, les événements commencèrent à lui échapper, le forçant à revenir sur son accord. L'invasion tant redoutée avait commencé. Le 6 juin, les forces alliées débarquèrent en Normandie : les chasseurs furent donc envoyés sur ce nouveau théâtre d'opérations. Un seul chiffre suffit à indiquer les véritables rapports de force : ce jour-là, la Luftwaffe effectua en tout et pour tout 319 sorties, contre près de 5 000 pour les forces aériennes anglo-américaines [44]. Deux semaines plus tard, trois ans jour pour jour après le début de l'attaque allemande contre l'Union soviétique, l'Armée rouge déclencha avec des forces trois fois supérieures sa grande offensive dans le secteur central du front Est ; dix mois plus tard, elle se terminerait à Berlin. La guerre était entrée dans sa phase finale.

VIII

TERRE BRÛLÉE

En dépit de tous les signes indiquant que la catastrophe était imminente, la production d'armes et de matériel militaire atteignit un niveau record à partir de juin 1944. Speer réussit plus ou moins à maintenir le niveau jusqu'au mois d'août avant que ces statistiques trompeuses ne s'effondrent brusquement. Mais durant cette brève période, elles suscitèrent encore une fois cette euphorie qui précède la fin.

Les contradictions intrinsèques de la conception de l'armement apparurent alors au grand jour. D'une part, Hitler, conformément à sa nature et à sa méconnaissance des réalités, exigeait encore et toujours des armes offensives qui ne correspondaient plus du tout à la situation. Conseillé par des généraux à la vue courte et dressés à obéir sans discuter, il sacrifia le développement de nouveaux chasseurs et fusées antiaériennes à la réalisation de quelques « armes sensationnelles » d'une valeur stratégique plus que douteuse. Néanmoins, les armes et dispositifs défensifs, correspondant aux besoins réels et exigés avec une véhémence croissante par les armées, représentaient une proportion de plus en plus importante de la production : pièces de DCA, mines et armes antichars, ponts provisoires et groupes électrogènes.

Par-delà toutes ces contradictions, le véritable symbole de la nouvelle situation était le béton. De tous côtés, la « *Festung Europa* » s'entourait de remparts. Plus de treize millons de mètres cubes de béton furent engloutis par le seul mur de l'Atlantique — qui se révélerait totalement inutile, l'utilisation de ports artificiels permettant aux Alliés de débarquer à peu près en n'importe quel point des côtes. La même quantité fut utilisée pour fortifier les flancs exposés aux attaques, construire les usines souterraines de Dorsch et des bunkers pour sous-marins, sans oublier des quartiers généraux et postes de commandement protégés, édifiés en toute hâte en France, en Silésie et dans la partie la plus occidentale de l'Allemagne. Il fallut même transférer le quartier général du Führer à l'Obersalzberg, le temps de transformer la « Wolfsschanze » de Rastenburg en casemate de béton. Le conquérant se terrait dans des cavernes et des bunkers.

Les fantasmes récurrents d'un miraculeux retournement de la situation se fondaient cette fois sur l'utilisation des armes de représailles, enfin opérationnelles. Au cours de la nuit du 12 au 13 juin, une semaine après le début du débarquement allié, les premières fusées V1 furent lancées depuis l'une des cinquante rampes de lancement construites dans le Pas-de-Calais. L'ordre de mise à feu, déjà maintes fois retardé pour des raisons techniques, fut donné prématurément par Hitler, ce qui eut pour effet de mettre sens dessus dessous le complexe déroulement de l'opération. « Au bout de vingt jours, leurs genoux trembleront », avait prédit Milch au sujet de l'effet des fusées sur la population de Londres.

En réalité, ce premier tir se solda par un « échec total », comme le note Goebbels dans son Journal[1]. Au lieu des cinq cents fusées V1 prévues, seules dix purent être mises à feu, dont six explosèrent dès le lancement ou s'abattirent dans la mer. Il s'avéra bientôt que l'opération était également un échec du point de vue stratégique. Au cours des mois qui suivirent, près de dix mille V1 furent tirés, en majeure partie sur Londres ; chaque fusée avait une charge utile d'environ une tonne d'explosifs et le V2, mis en service à partir de septembre et en lequel on mettait de grands espoirs, avait même une charge inférieure d'un quart. Sur cinq mois, la production totale de fusées (dont toutes ne purent d'ailleurs être utilisées) correspondait en gros à trois mille sept cents tonnes de charge utile, chiffre qu'il faut comparer aux huit mille tonnes d'explosifs déversées en un seul jour sur le territoire allemand par les escadrilles anglo-américaines, qui réunissaient plus de quatre mille bombardiers. Sans compter que l'effet psychologique escompté, triomphalement annoncé par l'appareil de propagande de Goebbels, ne se matérialisa pas. Les fusées, arrivant à n'importe quelle heure du jour ou de la nuit, annoncées seulement par un hululement sinistre précédant l'impact de quelques secondes, ne firent que renforcer la volonté de résistance de la population, effet analogue à celui qu'avait produit le bombardement des villes allemandes[2]. Comme la fabrication de ces fusées exigeait des ressources importantes en matières premières, en énergie et en main-d'œuvre, ressources dont l'absence se faisait douloureusement sentir dans d'autres domaines, les inconvénients de l'opération l'emportaient sur ses avantages.

Speer, qui avait toujours été sceptique quant à l'efficacité du V1 et du V2, ne partageait pas les espoirs excessifs mis dans une arme dont il avait pourtant, en dépit de tous ses doutes, accéléré la production dans la mesure du possible. Lorsqu'il devint évident que la « guerre des fusées » n'avait pas produit les résultats espérés, il déclara devant un auditoire composé de généraux que, « en fin de compte, ce n'[était] pas [lui] qui [était] responsable de la propagande » faite autour de cette arme et exigea que l'on mette fin à « ladite propagande[3] ». Ce n'était toutefois qu'une des nombreuses contradictions dans lesquelles il était de plus en plus empêtré. Speer décrit ainsi son état d'esprit de l'époque : « J'étais en partie conscient que tout devait maintenant aller à sa fin[4]. » Mais en même temps, dans ses déclarations publiques comme dans des allocutions prononcées devant des spécialistes, par exemple lors d'un congrès consacré aux problèmes de l'armement réuni à Linz en juin 1944, il faisait tout pour redonner confiance à ses auditeurs, en annonçant par exemple pour l'année à venir une augmentation de la production égale à celle de ces derniers mois. Tout en adressant à Hitler des mémoires annonçant l'asphyxie imminente de l'industrie de l'armement, il parlait publiquement de « rétablissement de la situation » et distribuait sarcastiquement des bons points à ceux de ses collaborateurs qui exprimaient des espoirs insensés[5]. Ces contradictions ne tarderaient pas à être mises à l'épreuve de la réalité.

Le 17 juillet, le colonel von Stauffenberg, nommé peu auparavant chef d'état-major du commandant en chef de l'armée de réserve, prit contact avec Speer pour l'inviter, au nom de son supérieur, le général Friedrich Fromm, à un déjeuner suivi d'un débat qui aurait lieu le jeudi suivant dans son quartier général de la Bendlerstrasse. Comme Speer s'était depuis longtemps engagé à faire ce jour-là un exposé devant des membres du gouvernement et des représentants de l'économie, il refusa. Et lorsque Fromm, fait plutôt inhabituel, reprit contact avec lui pour renouveler instamment son invitation, Speer persista dans son refus. Le jeudi en question tombait le 20 juillet.

A cette occasion, Goebbels avait mis à la disposition de Speer la salle du ministère de la Propagande dessinée par Schinkel, dont le décor d'origine avait été préservé. Après avoir terminé son exposé, Speer s'entretenait un moment avec Funk et Goebbels lorsqu'un haut-parleur annonça que le ministre de la Propagande était demandé de toute urgence au téléphone. Goebbels prit la communication. C'était le Dr. Dietrich, chef du service de presse du Reich, qui l'appelait de Rastenburg où le quartier général du Führer s'était réinstallé depuis une semaine environ. Il lui apprit qu'un moment auparavant, pendant le rapport de la mi-journée, Hitler avait été victime d'un attentat. Contrairement à plusieurs autres participants, Hitler n'avait été que légèrement blessé et ses jours n'étaient pas en danger, ajouta le Dr. Dietrich ; les premiers soupçons se portaient sur les ouvriers de l'Organisation Todt qui travaillaient toujours à la consolidation du bunker. Sur ce, Dietrich mit fin à la conversation.

Il se peut que Speer n'ait pas réalisé immédiatement la portée de cette nouvelle. Peut-être, compte tenu de la stupeur provoquée par cet acte inouï, ne réalisa-t-il pas que, pendant une seconde historique, ils avaient frôlé le point où il aurait été possible de mettre un terme à cette situation effroyable et sans issue. Toujours est-il, comme il ressort de ses Mémoires, que, au lieu de penser à la signification globale de cet événement, il se demanda, réflexe typique pour une personne vivant sous un régime totalitaire, quelles en seraient les conséquences éventuelles pour lui personnellement, puisque, après tout, les soupçons visaient un ouvrier de cette Organisation Todt dont il avait retrouvé le contrôle contre toute attente, après avoir failli le perdre trois mois auparavant.

De même, il négligea de téléphoner au quartier général pour demander des nouvelles de Hitler et s'informer de la situation. Après avoir pris congé de Goebbels, il regagna son bureau comme s'il ne s'était rien produit d'extraordinaire et s'occupa de questions de routine, avant de rejoindre pour un déjeuner tardif le colonel Gerhard Engel, ex-aide de camp de Hitler pour l'armée de terre qui commandait maintenant une unité au front ; Engel devait lui donner son avis sur un mémoire qu'il avait rédigé peu de temps auparavant, au sujet d'une réforme des structures de la Wehrmacht. Après le déjeuner, Speer reçut un fonctionnaire du ministère des Affaires étrangères qui lui fit un rapport sur le maintien et la protection des livraisons de pétrole en provenance de Roumanie. Pendant l'entretien, Speer reçut un coup de téléphone de Goebbels qui lui demanda d'une voix « rauque [qui] traduisait une grande agitation » de venir le voir de toute urgence dans son palais résidentiel. Il s'y rendit sur-le-champ et apprit de la bouche de Goebbels qu'un putsch militaire était déclenché dans tout le Reich. De la fenêtre du bureau de Goebbels, ils virent peu après des soldats en tenue de combat, armés jusqu'aux dents, prendre position autour de la Pariserplatz et devant la résidence du ministre de la Propagande, à l'entrée de laquelle ils installèrent une mitrailleuse. Saisissant aussitôt la gravité de la situation, Goebbels alla dans sa chambre à coucher et revint au bout d'un moment avec quelques capsules de cyanure, en disant : « Voilà, on ne sait jamais[6] ! »

Une des raisons de l'échec du putsch du 20 juillet tient au fait que le général Thiele, chef-d'état major du service des transmissions de l'armée de terre qui faisait partie des conjurés, n'avait ni interrompu les émissions de la radio ni coupé les lignes téléphoniques, faute d'avoir reçu des nouvelles suffisamment précises de Rastenburg. Pendant que Goebbels cherchait fiévreusement à obtenir des informations et à mettre de l'ordre dans le flux de nouvelles souvent contradictoires, Speer éprouvait « le sentiment étrange d'être simplement présent sans participer aux événements », à en croire ce qu'il écrit dans ses Mémoires. Dès son arrivée, pourtant, il avait pris clairement position, estimant qu'« un putsch tenté dans [leur] situation était catastrophique » ; dans cette atmosphère frénétique, il aurait paru quelque peu suspect de se comporter en spectateur passif. Il est donc plus vraisemblable que Speer participa aux recherches bien plus activement qu'il ne veut le reconnaître. Dans une note d'auteur inconnu adressée à Rudolf Wolters, qui s'occupait toujours de la « Chronique » du ministère, l'on peut lire : « La participation de notre ministre à l'éclaircissement de l'énigme du 20 juillet a été tellement importante qu'il faudrait le signaler dans la Chronique — qu'en pensez-vous [7] ? »

Une autre raison semble démentir la version des événements donnée par Speer. Au fur et à mesure que les noms des conjurés étaient connus, les soupçons pesant sur Speer lui-même s'intensifiaient. Comme Goebbels ne l'ignorait pas, Stauffenberg, Fromm, Olbricht, Fellgiebel et d'autres encore faisaient tous partie du cercle des connaissances voire des amis du ministre de l'Armement. S'armant de courage, Speer appela en début de soirée le central téléphonique de la Bendlerstrasse. Il put parler au général Olbricht et lui expliqua qu'il était « retenu... chez Goebbels par des soldats ». Le général s'excusa, ajoutant que « dans [son] cas, il s'agi[ssait] d'une erreur », et que cela allait « s'arranger » rapidement, puis raccrocha sans donner davantage de précisions. Speer informa Goebbels de cette conversation, ce qui ne fit sans doute que renforcer les soupçons de ce dernier. Mais lorsqu'ils apprirent peu après que le nom de Speer figurait sur une liste de ministres découverte à la Bendlerstrasse, tous deux — selon le rapport d'un témoin — éclatèrent de rire et Speer rit sans doute encore plus fort que le ministre de la Propagande [8].

Auparavant, Goebbels, qui devenait rapidement le principal adversaire de la fronde des officiers, avait déjà essayé de se renseigner sur la fiabilité politique du commandant Otto Ernst Remer qui, en sa qualité de chef du bataillon de garde, avait fait cerner le quartier gouvernemental. Rassuré quant aux opinions nationales-socialistes de Remer, Goebbels fit venir ce dernier à la résidence. En dépit du flot de paroles du ministre — qui parlait avec emphase de « la plus grande infamie de l'Histoire » —, Remer, persuadé que Hitler était mort, resta sur ses positions : il devait exécuter les ordres de son supérieur, le général von Haase, commandant de la place de Berlin. Un moment, la situation parut indécise. Goebbels abattit alors sa carte maîtresse : il apprit au jeune officier, à sa grande stupéfaction, que Hitler avait survécu à l'attentat, se référa au rôle historique que le destin lui avait fait endosser et pour finir lui proposa de parler au Führer en personne. Hitler prit aussitôt la communication. Il chargea Remer de prendre toutes les mesures nécessaires pour écraser la conjuration et en outre d'exécuter toutes les directives de Goebbels. Ensuite, Goebbels fit venir les hommes du bataillon de garde dans le jardin de la résidence, leur tint un discours brûlant d'indignation... et retourna la situation. A partir de ce moment, le coup d'Etat était condamné à l'échec.

Peu avant minuit, Speer apprit que le général d'armée Fromm, d'abord détenu quelque temps par les conjurés puis libéré, avait l'intention de tenir un conseil de guerre et de condamner à mort les têtes de la conspiration. Cette décision pouvant donner l'impression que l'objectif de Fromm était d'éliminer ceux qui étaient informés des dessous de la tentative de putsch, Speer gagna aussitôt la Bendlerstrasse, accompagné de Remer et du commandant d'une brigade de blindés qui était arrivée entre-temps. Lorsque sa Mercedes blanche s'arrêta devant le bâtiment illuminé par des projecteurs, au milieu d'une Berlin plongée dans les ténèbres, « tableau irréel et fantastique », il aperçut, un peu à l'écart, à l'ombre des immeubles et des arbres, la silhouette « presque méconnaissable » d'Ernst Kaltenbrunner, chef de l'Office central de la sûreté du Reich. Kaltenbrunner qui semblait attendre quelque chose, murmurait de temps en temps quelques mots à son entourage, puis retombait dans un silence inquiétant. Lorsque Speer lui expliqua qu'il était venu dans l'intention d'empêcher un conseil de guerre, Kaltenbrunner, étrangement calme, lui répondit, de nouveau à voix basse, qu'il ne fallait surtout pas intervenir : c'était l'affaire de l'armée de terre, elle avait commencé le putsch et devait y mettre un point final. Du reste, les conjurés avaient sans doute déjà été exécutés. Une heure plus tard, Fromm fut arrêté.

Speer eut bientôt d'autres raisons de s'inquiéter. Le lendemain, la plupart des ministres devaient se rendre au quartier général de Rastenburg pour présenter leurs félicitations au Führer. Comme pour lui indiquer à quel point sa situation était précaire, Speer fut informé qu'il devait se faire accompagner de ses principaux collaborateurs, Saur et Dorsch, alors que les autres ministres venaient sans leurs adjoints. Hitler se montra « froid et distant » et écouta distraitement les vœux de Speer, alors qu'il donnait affectueusement l'accolade aux autres. La froideur du Führer n'était pas passée inaperçue et les fantoches qui composaient la cour s'empressèrent de l'imiter[9]. Dès que Speer entrait dans une pièce, les conversations cessaient et il sentait qu'on l'observait à la dérobée. Le lendemain, lorsque Hitler se montra un peu plus aimable à son égard, son entourage lui emboîta de nouveau le pas. Après avoir passé trois jours au quartier général, Speer regagna Berlin le 24 juillet ; peu après son arrivée, Kaltenbrunner se fit annoncer.

Speer le reçut couché, car son genou le faisait de nouveau souffrir. Le chef de la Gestapo lui montra la liste des ministres établie par les conjurés qui avait été trouvée dans le coffre-fort de la Bendlerstrasse et lui demanda ce qu'il savait de toute cette affaire. Speer lui affirma que la présence de son nom sur cette liste était pour lui une surprise totale et Kaltenbrunner le crut d'autant plus volontiers que, sur le document en question, le nom de Speer était suivi d'un point d'interrogation et de la mention manuscrite « s'il est possible de le gagner à notre cause ». Il était évident que le projet de le faire entrer en qualité de ministre dans le gouvernement que les putschistes comptaient mettre en place n'était pas consécutif à quelque accord secret, mais devait uniquement être attribué à la réputation d'intégrité personnelle de Speer, esclave d'aucune idéologie [10].

Au cours de l'après-midi, Speer assembla environ deux cents de ses principaux collaborateurs dans la grande salle de réunion pour une manifestation de fidélité au Führer — une manifestation similaire était organisée ce jour-là dans tous les ministères et services officiels. Assis en rang de part et d'autre de leur ministre, les directeurs généraux ressemblaient, note la Chronique, aux disciples du Christ dans la *Cène* de Léonard de Vinci. Speer prononça une courte allocution pleine de formules ampoulées exprimant la grandeur de Hitler, sa « capacité d'agir » retrouvée, sa « constante confiance en l'avenir » et l'obligation que tous avaient de suivre son exemple. Il s'abstint cependant de noircir les conjurés, comme il était devenu habituel de le faire, mais « pour la première fois, » conclut son « discours par un *Sieg Heil !* retentissant [11] ».

Cette grandiloquence inhabituelle s'expliquait sans doute par le sentiment d'insécurité qui l'habitait. Depuis quelque temps, des bruits couraient qui annonçaient son arrestation, voire son exécution « à cause de ses liens avec la clique des traîtres [12] ». Ses pires inquiétudes se dissipèrent lorsque Hitler, dont les sentiments étaient manifestement partagés, ordonna à Bormann de demander à Speer de prendre la parole devant les gauleiters réunis en congrès à Posen le 3 août, alors que ces derniers avaient récemment fait savoir qu'ils refusaient de se faire une fois de plus chapitrer par le ministre de l'Armement. Les chiffres qu'il présenta impressionnèrent vivement les gauleiters, ce qui ne diminua pas pour autant leur hostilité à son égard, en dépit de l'éloge que Hitler en personne fit de Speer à cette occasion. Goebbels, dont la méfiance initiale avait un peu diminué, nota cependant dans son Journal que Speer n'était « pas vraiment de notre vieux sang national-socialiste » et que, dans des situations de crise, il se montrait « un peu plus vulnérable que les vrais nazis [13] ».

Speer ne resta pas longtemps paralysé par les craintes qu'il éprouvait. Comme s'il avait retrouvé sa hardiesse et sa supériorité dédaigneuse d'antan, il n'hésita pas, faisant fi de la plus élémentaire prudence, à intervenir auprès de Himmler et du ministre de la Justice Thierack en faveur des inculpés qui lui avaient été plus ou moins proches — notamment Fromm, les généraux Zeitler, Speidel et Heinrici, ainsi que le comte Schwerin, les industriels Vögler, Bücher et Reusch, et l'éditeur Peter Suhrkamp —, et, par la suite, à apporter une aide matérielle aux familles de certains d'entre eux. Pour finir, il alla jusqu'à se mettre à la disposition du Tribunal du peuple comme témoin à décharge lors du procès du général Fromm que tous, Hitler en tête, estimaient coupable. Mais Hitler, qui interpréta à juste titre cette requête comme un signe de la désaffection croissante de Speer à son égard, lui refusa catégoriquement l'autorisation de témoigner dans l'affaire Fromm. Kaltenbrunner qui ignorait manifestement tout des aspects cachés de la relation entre Speer et Hitler, continua à soupçonner le ministre de l'Armement, lequel se vit contraint, fin décembre, d'adresser une lettre de justification au chef de la Gestapo. Rétrospectivement, Speer a également déclaré que, Dieu merci, les conjurés n'avaient pas cherché à le gagner à leur cause, car il « n'aurait pas pu accepter [14] ».

Tandis que les événements suivaient leur cours, un nouveau soupçon pesa sur Speer. Dans une succession de mémoires consacrés en premier lieu à l'intensification de l'effort de guerre, il cherchait de nouveau, en dépit de son pessimisme, à imposer la notion de « guerre totale » qui n'était encore et toujours « rien de plus qu'une formule » dénuée de substance [15]. Dès la mi-juin, le « décret relatif à la concentration » lui avait permis de contrôler plus rigoureusement l'ensemble de la production industrielle. Dans un mémoire ultérieur, il avait proposé à Hitler de nommer deux « sous-dictateurs » disposant des pleins pouvoirs, qui seraient respectivement responsables de la production militaire et de la production civile. Dans un dernier document, daté comme un fait exprès du 20 juillet, il avait déploré le gaspillage de main-d'œuvre manifeste dans tous les domaines de l'économie. Dans son exposé, Speer faisait valoir que, tandis qu'un peu plus de six millions d'ouvriers et employés travaillaient directement pour l'industrie de l'armement, l'ensemble de l'administration civile, du commerce et des banques, etc., employait environ un million de personnes de plus ; quant aux dix millions cinq cent mille soldats, à peine un quart d'entre eux étaient au front. Afin de remédier à cette situation déplorable, il proposait, non seulement de « dégraisser » plus radicalement les entreprises, les services officiels et même les organisations du parti, mais en outre de rassembler sous un commandement unique les diverses armes de la Wehrmacht. Or, cette proposition reflétait fidèlement un projet qui avait été défendu depuis assez longtemps par les hommes du 20 juillet ; de fait, elle avait été développée lors d'entretiens avec ces derniers. Le mémoire de Speer contenait d'ailleurs une phrase révélatrice selon laquelle les « jeunes officiers » partageaient entièrement cette conception, elle correspondait jusque dans le détail à un projet de décret qui avait été retrouvé dans le bâtiment de la Bendlerstrasse [16].

Toujours est-il que Hitler, encore sous le choc de la tentative de coup d'Etat, se décida à proclamer la guerre totale et à mobiliser toutes les forces du pays. Speer avait enfin atteint son objectif. Il n'avait pas prévu que la nouvelle situation se retournerait contre lui. En effet, les deux hommes qui, conformément à sa propre suggestion, se virent attribuer des pouvoirs élargis, avaient depuis toujours suivi son ascension avec envie et une hostilité plus ou moins déguisée, et ils devinrent ses ennemis déclarés. Ils ne tardèrent pas à passer à l'attaque, et, cette fois, réussirent à provoquer sa chute.

L'un d'eux était Heinrich Himmler L'après-midi même du 20 juillet, il avait obtenu le commandement de l'armée de réserve ; peu après, il avait été chargé de la réorganisation en profondeur des forces armées. Ces nouveaux pouvoirs qui lui donnaient notamment le contrôle de la répartition des armes et des munitions, lui permirent de s'introduire dans des positions jusqu'alors jalousement défendues par le ministère de l'Armement et par la Wehrmacht. Les soupçons pesant sur Speer, qu'il veillait à ne pas faire oublier, lui fournirent de surcroît un prétexte pour resserrer le filet de la Gestapo et du SD sur les divers services dépendant du ministre de l'Armement et pour surveiller étroitement le principe de l'« autonomie de l'industrie », qu'il avait toujours considéré avec méfiance.

Les dénonciations, poursuites et arrestations ne tardèrent pas à se multiplier. Sauckel déclara en substance dans diverses allocutions que l'industrie de l'armement ne fonctionnerait pas correctement avant que l'on n'ait coupé la tête à quelques magnats de l'économie. La campagne de diffamation déclenchée depuis longtemps contre trois directeurs généraux de Speer atteignit également son but : Walter Schieber, responsable du service des livraisons, fut démis de ses fonctions ; peu après, Speer dut également se passer des services du général Waeger, chef de l'Office de l'armement et de Willy Liebel, directeur général de l'administration centrale. Vers la même époque, Bormann réussit à discréditer le Dr. Karl Brandt, médecin attaché au service de Hitler qui faisait partie depuis des années du cercle des intimes du dictateur et avait toujours défendu les intérêts de Speer : autant de signes que l'influence de Speer diminuait à vue d'œil [17].

L'autre grand adversaire de Speer était Joseph Goebbels. Deux semaines seulement après le début de l'offensive terrestre des Alliés, il avait utilisé trois heures durant toute sa force de persuasion pour convaincre Hitler de proclamer la « guerre totale ». En dépit de ses « arguments passionnés », il avait obtenu pour toute réponse que la crise actuelle ne justifiait pas encore de « prendre des mesures extrêmes [18] ». Mais ensuite, la révolte des officiers avait non seulement causé un énorme choc à Hitler, mais lui avait aussi fait craindre — bien plus sans doute que l'isolement du quartier général ne permettait d'en juger — une baisse de sa popularité. Cette fois, il était prêt à charger Goebbels de mobiliser l'Etat et l'ensemble de la société civile en vue d'« un engagement total des hommes et des moyens », ce qui revenait « pratiquement à instaurer une dictature de guerre » dans le pays, comme le nota Goebbels lui-même. Le 25 juillet 1944, Goebbels fut nommé « fondé de pouvoir du Reich pour l'effort de guerre total », ce qu'il commenta en ces termes : « L'effet sur l'opinion allemande est inimaginable [19]. »

Se mettant aussitôt au travail, Goebbels décida en premier lieu d'organiser dans tout le pays des meetings et rassemblements dont il régla minutieusement le déroulement. Dans un discours diffusé par tous les émetteurs de radio, il donna les mots d'ordre et slogans qui devaient dominer ces manifestations. Son allocution, qui commençait et se terminait par un jugement sans appel sur « la clique des généraux félons », proclamait la guerre totale et faisait allusion à des armes nouvelles tellement terrifiantes qu'en les voyant, « [son] cœur... a[vait] cessé de battre un instant ». Il aurait « vu en esprit les images apocalyptiques » d'un « cataclysme que nous ne pouvons même pas imaginer aujourd'hui », et remerciait avec « une ferveur recueillie et presque religieuse » la Providence qui avait si manifestement protégé le Führer, donnant à tous un signe que sa tâche « devait être accomplie, pouvait être accomplie et serait accomplie [20] ». Avec son sens habituel de la mise en scène et des effets saisissants, il fit arrêter des usines importantes, fermer les théâtres, music-halls et salles de concerts, tandis que, ce jour-là, les journaux ne parurent que sur quatre pages. Sur ce, il décréta la semaine de soixante heures et prit des mesures draconiennes contre le laxisme qui présidait aux exemptions du service militaire.

Dans le cadre de sa lutte contre le gaspillage et le faste excessif au sein de l'Administration, Goebbels réduisit sa propre équipe au minimum, en n'employant pas plus de vingt collaborateurs dans le cadre de ses nouvelles fonctions. Cela l'obligeait toutefois, pour faire assurer l'application des innombrables mesures qu'il décrétait, à faire appel aux gauleiters, lesquels, en leur qualité de commissaires à la défense du Reich, disposaient en dernier ressort du pouvoir exécutif dans leurs districts respectifs. Conséquence inévitable, il se heurta alors à l'opposition de ce corps de hauts fonctionnaires du parti, qui avaient appris depuis longtemps à contourner les instructions somme toute similaires de Speer et réussirent cette fois encore à imposer les solutions qui les avantageaient. La cupidité, la suffisance et la soif de pouvoir auxquelles ils avaient tous, à des degrés divers, succombé au fil des années, faisaient que les intérêts de leurs provinces respectives leur tenaient plus à cœur que le destin du pays, en dépit de proclamations solennellement répétées. Comme tous ces fonctionnaires bornés accordaient leurs violons sur Bormann, Goebbels, dans ses efforts de mobiliser le pays en vue de la guerre totale, se retrouva finalement face au secrétaire du Führer. Le vieux renard comprit aussitôt le danger que représentait ce nouveau rival. Grâce à des suggestions habilement dosées, il veilla à ce que Goebbels ne bénéficie du bon vouloir de Hitler que dans des limites étroitement définies [21].

Dans cette situation, comme l'on pouvait s'y attendre, l'arrogance des gauleiters ne fit qu'augmenter. Speer dut faire face à leurs agissements de plus en plus arbitraires. Comme il l'expliqua fin août à ses collaborateurs, « un double commandement s'est institué... qui provoque une pagaille scandaleuse[22] ». Une autre question entraîna également un conflit avec Goebbels en personne. Avec l'énergie impétueuse que Speer avait si longtemps admirée chez lui, le « guerrier total », comme on l'appelait avec un mélange de respect et d'ironie, étendit ses mesures de recrutement pour la « grande dévoreuse d'hommes » qu'était la Wehrmacht aux usines fabriquant armes et munitions. Dans sa volonté orgueilleuse d'annoncer des chiffres toujours plus élevés (il réussit effectivement à recruter des centaines de milliers de soldats et bientôt plus d'un million), Goebbels ne pouvait que se heurter à Speer qui, pour sa part, visait une augmentation de la production. Soldats ou ouvriers de l'industrie de l'armement, tel était le dilemme de plus en plus pressant ; la devise de Hitler, « soldats *et* ouvriers de l'industrie de guerre », était impuissante à le résoudre. Mais en se référant encore et toujours à la « volonté du Führer », Goebbels réussissait à recruter toujours plus de soldats, au mépris des accords conclus avec les partenaires économiques. Au cours d'un entretien avec Speer qui « prit une forme très dure et brutale », il balaya leurs longues années de coopération en faisant savoir au ministre de l'Armement qu'il ferait également à son égard « un usage illimité des pleins pouvoirs dont il disposait ». Speer devint alors « fort insolent » et laissa entendre à plusieurs reprises qu'il pourrait « renoncer à ses fonctions », ce sur quoi Goebbels lui reprocha son attitude « totalement contraire aux principes nationaux-socialistes », ajoutant que Speer n'avait « toujours rien compris ». Dans son Journal, Goebbels commenta à ce propos : « J'ai l'impression que nous avons permis à ce jeune homme de devenir un peu trop grand. » Speer ne put que s'incliner. Dans un geste exprimant son indignation et son désespoir, il « ordonna » au ministère de la Propagande de veiller à ce que « [son] nom n'apparaisse plus dans la presse[23] ».

Le 20 septembre, Speer exposa ses griefs à Hitler dans une lettre emplie de résignation et d'illusions qui commençait ainsi : « La tâche que je dois mener à bien n'est pas de nature politique. Je l'accomplissais avec plaisir et satisfaction tant que ma personne et aussi mon travail n'étaient jugés que du point de vue des résultats concrets... Je ne me sens pas en mesure de mener à bien, en toute liberté et avec des chances de succès, la mission technique dont nous sommes chargés, mes collaborateurs et moi, si notre travail devait être apprécié en fonction des critères politiques du parti. » Il faisait également observer que son ministère était de plus en plus souvent considéré comme un « réservoir de dirigeants réactionnaires de l'économie » et d'éléments « étrangers au parti » et rappelait à Hitler que, peu après sa nomination, il avait pris un décret « sur la protection de l'économie de guerre », statuant que ses collaborateurs ne pouvaient faire l'objet de poursuites pénales que sur la demande de Speer lui-même, en sa qualité de ministre responsable. Il demandait ensuite que Goebbels et les gauleiters, puisqu'ils intervenaient aussi arbitrairement dans l'industrie de l'armement, endossent également « une part conséquente de la responsabilité ». Bien qu'il ne fût nullement en faveur de cette évolution, il demandait au moins une décision « indiquant clairement » l'orientation future de l'économie. Lorsqu'il remit ce mémoire à Hitler, celui-ci se contenta de le donner à un aide de camp en lui demandant de le transmettre à Bormann. « Ainsi, constata Speer, j'avais définitivement perdu[24]. »

Ce qui le touchait sans doute le plus durement, c'était de constater qu'il était seul. Toute sa vie durant, il avait été aimé et acclamé ; soudain, il se retrouvait sans un seul allié tant soit peu influent. Quelques semaines auparavant, lorsque la querelle concernant le Messerschmidt-262 s'était de nouveau embrasée, il avait même perdu le soutien de Milch. Lors d'une réunion à l'Obersalzberg, Milch avait déclaré sans façon que l'avion en question continuerait à être équipé pour la chasse et non transformé en bombardier rapide ; Hitler était aussitôt monté sur ses grands chevaux, hurlant que personne ne respectait ses ordres. Lorsque le dictateur eut réduit au silence les officiers supérieurs qui assistaient à l'entretien — Korten, Petersen, Galland et les autres —, Milch fit une ultime tentative pour le faire changer d'avis. Dès les premiers mots, « un torrent d'insultes » s'était déversé sur lui ; mis hors de lui par l'aveuglement de Hitler, le fougueux maréchal avait rétorqué en haussant le ton : « Mein Führer, le premier gamin venu peut voir qu'il s'agit d'un chasseur et non d'un bombardier[25] ! » Estomaqué par une telle insolence, Hitler lui avait tourné le dos. La rupture était inéluctable ; peu après, Milch dut prendre congé de ses collaborateurs.

A partir de l'automne 1944, tout ce système aux fondations précaires commença à vaciller ; visiblement, la paralysie était proche. La constante pénurie de carburant avait des conséquences de plus en plus catastrophiques. Non seulement elle obligeait l'armée de terre à limiter ses opérations, mais elle gênait considérablement les missions de la Luftwaffe, ainsi que ses programmes d'entraînement et de formation de pilotes. Il fallut par ailleurs se résoudre à ajouter 20 pour cent de sel aux explosifs, car depuis quelque temps le minerai de chrome en provenance de Turquie et le nickel finlandais n'arrivaient plus, notamment parce que, comme l'avait annoncé la direction des chemins de fer, seule la moitié du matériel roulant restait fonctionnelle. Vers la même époque, l'alimentation des usines en électricité devint précaire à cause de périodes de surcharge de plus en plus longues. Peu après, suite à une nouvelle tactique aérienne des Alliés, le bassin de la Ruhr fut à deux doigts d'être coupé du reste du pays ; les rares trains qui circulaient encore étaient arbitrairement réquisitionnés au passage par les gauleiters, qui distribuaient le charbon à leurs propres administrés. En même temps, la Haute-Silésie, deuxième grande région industrielle du pays, était menacée par l'avance de l'Armée rouge. Dans son Journal, Goebbels se lamentait une fois de plus, car les mauvaises nouvelles se succédaient sans interruption[26]. Facteur aggravant, la satisfaction d'un quelconque besoin essentiel à la poursuite de la guerre se faisait nécessairement au détriment d'un autre.

Parallèlement, le système hiérarchique traditionnel s'effondrait. Il était prévisible que Speer, maillon le plus faible de la chaîne, fût la première victime de ce processus de dissolution. Kammler s'appropria la production du V2, Sauckel essaya de construire en Thuringe une usine d'aviation et, grâce à l'assistance empressée de Bormann, Goebbels et Himmler, quelques gauleiters réussirent à arracher à Speer des pans entiers de l'industrie de l'armement. Depuis le conflit qui l'avait opposé à Milch et qui avait causé la chute de ce dernier, Hitler semblait céder progressivement aux exigences de la Luftwaffe, d'autant que les fronts se rapprochaient et que, en conséquence, le territoire touché par les bombardements alliés rétrécissait à vue d'œil. Alors qu'au mois d'août il avait déclaré péremptoirement à Speer et à Galland : « Je ne veux plus que l'on produise d'avions ! La chasse est dissoute ! Arrêtez la production d'avions ! Immédiatement ! c'est compris ? » il accroissait maintenant la confusion générale en exigeant soudain de construire « des chasseurs et encore des chasseurs ». Eprouvant une fois de plus le besoin de se comporter en maître de la vie et de la mort, Göring menaça de faire passer par les armes quiconque ne respectait pas aujourd'hui un principe qui, hier encore, aurait constitué un acte d'insubordination caractérisée[27].

Les camps commençaient à se constituer : d'un côté, Hitler qui, avec l'appui fervent de Goebbels, Bormann, Ley, Kaltenbrunner, Sauckel et *al.*, préparait comme un possédé le grandiose spectacle du cataclysme final ; de l'autre, la bande des pessimistes, paralysés par la peur et le désarroi qui, face à la perspective de la fin prochaine, prenaient conscience pour la première fois de ce à quoi avaient abouti les triomphes des années écoulées. Speer lui-même était resté partisan de la guerre totale et des solutions radicales tant qu'il subsistait encore un vague espoir, et même un peu plus longtemps. Maintenant, il prenait conscience que, en l'état des choses, toute forme d'extrémisme n'était que folie et absurdité. Son sens des réalités y contribuait certainement, ainsi que son pragmatisme souvent critiqué et sa « froideur », qui lui faisaient maintenant rejeter tous les fantasmes d'un « crépuscule des dieux » qui prospéraient dans l'entourage de Hitler. Il n'y voyait qu'un mélange d'égocentrisme exacerbé, de haine du monde et de la vie et de volonté destructrice — qui étaient effectivement les attributs essentiels de ces hommes. Il est cependant probable que, sans les expériences de Hohenlychen et de Meran et l'affaiblissement de son pouvoir, il n'aurait jamais effectué ce revirement, pas même en cette heure tardive.

Hitler se rendait apparemment compte que Speer échappait à son emprise. Le seul fait que le ministre de l'Armement lui adressait de plus en plus souvent des lettres ou des mémoires semblait indiquer que Speer ne tenait pas à le rencontrer pour discuter de vive voix. De surcroît, le ton angoissé et, selon l'appréciation de Hitler lui-même, « froid et pédant » de ces mémorandums renforçait l'impression, ressentie depuis longtemps par le dictateur, que son ministre ne croyait pas vraiment en la victoire finale. Après la révocation de Milch, Speer qui éprouvait le besoin de discuter avec des gens tant soit peu lucides, ou qui du moins n'étaient pas contaminés par l'ambiance hystérique du quartier général du Führer, se réunissait de temps à autre à titre privé et dans un environnement neutre avec des membres du cabinet depuis longtemps réduit à l'inactivité, en particulier les ministres Dorpmüller, von Schwerin-Krosigk et Backe. Ces colloques n'eurent toutefois qu'un temps. Speer suppose que son entrée dans ce cénacle de vieux politiciens pratiquement tombés dans l'oubli avait irrité Hitler au point qu'il demanda à Bormann de faire interdire les réunions de ce « club défaitiste ». Saur profita de la situation pour se faire valoir ; cet automne-là, il n'hésita pas à affirmer : « Pour Noël, nous aurons la maîtrise de l'air ! » Toujours contrarié par le comportement de Speer, Hitler déclara lors d'une conférence d'état-major à laquelle assistaient de nombreux généraux : « Nous avons la chance de posséder un génie. C'est Saur. Il arrive à surmonter toutes les difficultés. » Lorsqu'un des généraux lui fit observer que Speer était présent, Hitler répliqua avec irritation : « Oui, je sais, mais Saur est le génie qui maîtrisera la situation [28]. »

Sur ces entrefaites, les fronts se rapprochaient inéluctablement des frontières allemandes, à l'ouest comme à l'est. Dans cette atmosphère de catastrophe imminente, la vraie voix du national-socialisme se faisait entendre, clamant de plus en plus fort sa volonté de réduire le monde entier en cendres. Longtemps, elle était restée cachée, d'abord sous le slogan du rétablissement de l'honneur de la nation, puis sous une succession d'impressionnants succès politiques et de mesures sociales, qui cédèrent à leur tour la place à des fanfares guerrières de plus en plus assourdissantes. Pourtant, cette voix avait toujours été présente, même si Speer, comme bien d'autres, avait préféré ne pas l'entendre : lors des réunions conviviales et des thés de l'Obersalzberg, dans le décor grandiose et écrasant de la « capitale du monde », dans la course effrénée à l'armement. Maintenant, il n'était plus possible de l'ignorer. Speer avait été « absolument épouvanté » par ce passage du discours prononcé par Hitler au congrès des gauleiters réuni début août à Posen : « Si le peuple allemand devait être vaincu à l'issue de ce combat, c'est qu'il aura été trop faible, qu'il n'aura pas résisté à l'épreuve de l'Histoire et sera par conséquent destiné à disparaître [29]. »

Speer était responsable non seulement de la production d'armements, mais aussi du démontage ou de la destruction des installations industrielles, centrales électriques, etc., qui risquaient de tomber aux mains de l'ennemi. Pendant les retraites successives sur le front Est, la politique de la « terre brûlée » avait déjà été appliquée à de nombreuses reprises. Maintenant que les Alliés occidentaux avaient percé les défenses allemandes, l'évacuation des civils et le repli des forces allemandes commençaient également à l'ouest, mais Speer s'opposait de plus en plus ouvertement aux ordres de destruction. Alors que les forces alliées n'avaient pas encore dépassé le centre de la France, il s'était déjà évertué à convaincre les autorités d'occupation et les commandants du front de laisser indemnes, dans toute la mesure du possible, les infrastructures industrielles. Il avait notamment décidé le général von Choltitz, commandant en chef de la Wehrmacht pour la région parisienne, de ne faire sauter aucune usine ou centrale dans l'immédiat. Tandis que l'ennemi se raprochait inexorablement des frontières du Reich, Speer se rendait fréquemment dans les provinces occidentales et s'efforçait avec la plus grande circonspection d'amener les instances responsables (notamment les gauleiters, en leur qualité de commissaires à la défense du Reich), à renoncer à raser les installations industrielles, en se contentant de les « paralyser ». Il faut préciser que, dans certains cas, par exemple les mines de fer de Lorraine, il avait obtenu l'accord préalable de Hitler, mais il ne s'agissait que de cas particuliers, Hitler se refusant à prendre à cet égard une décision de principe. Afin d'éviter ces requêtes répétées, Speer, décidé à prendre la situation en main, utilisa un stratagème « d'une simplicité étonnante » en faisant valoir que les industries et la capacité de production de ces territoires devaient être préservées car elles lui seraient indispensables « pour maintenir le niveau de l'armement après la reconquête » — Hitler étant effectivement persuadé que la perte de ces territoires n'était que provisoire et qu'ils seraient rapidement reconquis [30].

Hitler ne tarda sans doute pas à se rendre compte qu'il avait été dupé. Toujours est-il que vers la mi-septembre 1944, au retour d'un de ses voyages, Speer fut informé que Hitler avait donné toute une série d'ordres, dans lesquels il était sans doute question de « défense », de « transfert » ou de « verrouillage », mais qui en fait étendaient au territoire du Reich le principe de la « terre brûlée », bien avant que celui-ci ne fût officiellement proclamé. Un examen attentif de ces instructions révélait qu'elles ordonnaient de n'abandonner aux envahisseurs qu'un « désert » où toute civilisation serait anéantie. Tout ce qui était nécessaire au maintien de la vie était voué à la destruction : les installations industrielles et les centrales de gaz et d'électricité, les réseaux de distribution d'eau et autres canalisations, les stocks de vivres, les centraux téléphoniques et jusqu'aux actes d'état civil, intitulés de comptes bancaires, déclarations de résidence et cartes d'alimentation. Les œuvres d'art, les châteaux, les églises et autres monuments historiques — ceux du moins qui avaient résisté aux bombardements — devaient être détruits, ainsi bien entendu que les ponts ; même les fermes devaient être incendiées et le bétail, abattu... L'antique instinct de destruction, ce vandalisme aveugle longtemps masqué par des échafaudages idéologiques, se donnait finalement libre cours sous le prétexte de livrer l'ultime « bataille décisive ». Cette volonté d'annihilation totale n'était en aucune façon une réaction à une situation désespérée. Toute sa vie durant, Hitler n'avait envisagé qu'une seule alternative, « domination mondiale ou disparition » et rien ne permet de supposer qu'il prenait le naufrage final moins à la lettre que sa volonté de domination mondiale, désormais sans espoir. Si nous échouons, avait-il affirmé dès le début des années 30, « nous entraînerons la moitié du monde dans notre chute [31] ». Maintenant, l'heure avait sonné.

Pour Speer, c'était l'heure du choix. Des années durant, tous ses actes avaient eu pour unique objet, sans jamais remettre en cause les principes fondamentaux du régime, l'accroissement de sa propre puissance, la lutte contre les intrigants et la quête de la faveur de Hitler. Maintenant, ces principes étaient remis en question, car, selon toute apparence, Hitler assimilait le destin du pays à sa propre durée de vie : si c'était la fin pour lui, l'Allemagne devait elle aussi périr — telle était la substance de son discours. C'était aux yeux de Speer une décision tellement irrationnelle, délirante, qu'il avait du mal à en accepter la réalité. Pourtant, tous les actes et déclarations de Hitler démontraient de plus en plus clairement que telle était réellement son intention. Cela réduisait à néant tout ce qui avait déterminé la vie de Speer : ses grands espoirs, les fantastiques projets architecturaux, sans doute retardés mais jamais abandonnés, et sa contribution selon lui désintéressée à l'effort de guerre, sans oublier ses sentiments amicaux à l'égard de Hitler.

A ces rêves s'opposait son sens des responsabilités, que lui avaient rappelé Rohland à Meran et quelques autres depuis lors. En dépit de sa lucidité et de son pragmatisme, Speer avait toujours conservé un enthousiasme presque puéril pour les « grandes tâches » qu'il devait accomplir et cru discerner dans le « pathos des maximes de calendrier toute la puissance des impératifs catégoriques [32] ». Au fil des années, nombre de ses idéaux avaient souffert des inévitables compromis qu'exigeaient tant ses fonctions que son ambition. Mais maintenant, tandis que Hitler prenait des mesures pour prolonger une guerre de plus en plus vaine jusqu'à la destruction totale du pays, ce sens des responsabilités prit de nouveau le dessus chez Speer, provoquant « la crise de sa vie [33] ».

Seules la prudence et des considérations tactiques le conduisirent à jouer, du moins momentanément, sur les deux tableaux. Malgré le sombre leitmotiv de la guerre perdue qui revient sans cesse dans les mémoires et rapports qu'il continuait à adresser à Hitler, il y est trop souvent question de farouche volonté de résistance et de lutte jusqu'au dernier souffle. Selon un de ses principaux collaborateurs, Speer avait prononcé en automne 1944 une allocution sur le thème « tenir jusqu'au bout » qui « [les] avait tous transportés d'enthousiasme [34] ». Pourtant, tout en consacrant toute son énergie à mobiliser les ultimes ressources du pays et à tirer le maximum de ce qui subsistait de l'industrie de l'armement, Speer ne tarda pas à s'opposer résolument aux destructions ordonnées par Hitler.

Quiconque jouait à ce jeu dangereux risquait sa tête. Avec l'absence de respect aveugle qui le caractérisait, Speer ne reculait pas devant les risques ; parfois, l'on a même l'impression qu'il les courtisait. Walter Rohland, qui le connaissait mieux que quiconque, estime que la qualité sans doute la plus frappante de Speer était sa tendance à jouer son va-tout, illustrée par la hardiesse avec laquelle, à l'épouvante de son entourage, il s'adressait directement à Hitler en cas de problème, et lui exposait franchement ses conceptions. Rohland rapporte aussi une anecdote significative : lors d'une de leurs visites au front, ils avaient été surpris par un raid aérien à basse altitude ; pendant que tous les autres se mettaient à couvert ou se réfugiaient dans les tranchées, Speer resta debout, très droit, comme pour défier le destin. Avec le même mélange de sang-froid et de fatalisme, il décida maintenant de se consacrer à une tâche qui lui paraissait primordiale. Tous les autres dirigeants et hauts dignitaires se retranchaient derrière les ordres qu'ils avaient reçus, ou s'arrangeaient pour être introuvables ; Speer a fait observer à juste titre qu'ils avaient justifié leurs projets de conquête en prétendant assurer la survie du peuple allemand, alors que, maintenant qu'ils étaient au pied du mur, leurs actes témoignaient uniquement de leur peur et de leur lâcheté [35].

Au mois d'août, Speer avait réussi à avoir un entretien privé avec l'industriel Dieter Stahl, directeur de la production de munitions. Stahl se sentait l'obligé de son ministre, qui l'avait à une occasion protégé des griffes de la Gestapo. Devant le tribunal de Nuremberg, Stahl a déclaré ceci : « Pour la première fois et à ma grande surprise, je me trouvais face à un homme qui voyait avec lucidité la situation réelle et qui avait le courage, non seulement d'avoir ce genre de conversation passible de la peine de mort, mais qui était en outre résolu à agir de manière décisive. » Speer lui confia que, après les attaques auxquelles il avait été en butte pendant sa maladie, il avait été fortement tenté de renoncer à ses fonctions, ce qu'il aurait facilement pu faire ; pourtant, il avait repris ses activités « afin de doter l'industrie d'un barrage contre l'idée délirante de détruire totalement toutes les installations industrielles et les ressources énergétiques, sacrifiant ainsi les hommes jusqu'au dernier [36] ».

Lorsque, à son retour d'un voyage dans l'ouest du pays, Speer avait été informé des ordres de destruction totale donnés par Hitler, il s'était abstenu d'élever des protestations. En revanche, il dicta dès le lendemain matin une lettre aux gauleiters qu'il transmit au quartier général pour autorisation. Ce document, qui annulait en quelque sorte les ordres de destruction donnés récemment par Hitler, commençait ainsi : « Le Führer a constaté qu'il peut réussir à reconquérir rapidement les territoires qui sont maintenant perdus. Les territoires de l'Ouest étant particulièrement importants pour l'armement et la production de guerre et indispensables à la poursuite de la lutte, toutes les mesures prises lors de l'évacuation doivent être conçues de manière à pouvoir permettre de remettre en marche l'industrie de ces territoires... Les installations industrielles ne seront rendues inutilisables qu'au tout dernier moment par des mesures "paralysant" les entreprises pour un certain temps... » Speer donnait ensuite des instructions plus spécifiques. Peu après, à sa grande stupéfaction, il fut informé que Hitler avait approuvé le texte, lequel fut transmis à ses destinataires. Hitler s'était contenté d'atténuer la formule lapidaire du début, ce qui témoignait curieusement d'un certain scepticisme ; la nouvelle version disait : « La reconquête d'une partie des territoires perdus à l'ouest n'est absolument pas exclue[37]. »

Comme toujours, Speer se donna à fond à cette nouvelle entreprise ; ses « contre-mesures » prirent un rythme de plus en plus effréné au cours des semaines qui suivirent. Il était à peine revenu d'un voyage qu'il repartait ailleurs. Pour la seule période s'étendant de janvier à avril 1945, l'on a calculé qu'il avait effectué au moins soixante-dix déplacements et eu plus de cent entretiens[38]. Pour échapper aux raids aériens, il partait généralement à la tombée du jour, sur des routes encombrées de véhicules militaires, de colonnes de soldats, de réfugiés et de civils évacués. Lorsqu'il était obligé de voyager de jour, il devait se réfugier des heures durant dans des tranchées ou des forêts. Speer se faisait presque toujours accompagner par son officier de liaison auprès de l'état-major général, le jeune lieutenant-colonel Manfred von Poser, avec lequel il ne tarda pas à établir des relations de confiance amicale. Ensemble, ils traversaient en tous sens le bassin de la Ruhr et les autres régions de l'Ouest, donnant des instructions, négociant interminablement avec les uns et les autres afin d'assurer tant bien que mal un minimum de production et aussi pour empêcher les gauleiters les plus fanatiques de faire sauter les usines sans plus tarder (souvent, les charges explosives étaient déjà en place). Pour s'assurer que ses instructions seraient respectées, Speer postait aux endroits stratégiques des agents chargés de veiller à ce que les installations soient seulement paralysées. De temps en temps, il amenait également Theodor Hupfauer, qu'il avait nommé directeur général de l'administration centrale après le limogeage de Liebel. En dépit de son passé — il avait été officier supérieur dans la SS —, Hupfauer estimait lui aussi que la situation était sans issue ; il rendait de grands services à Speer en facilitant ses relations avec Himmler et le parti.

Fidèle à ses habitudes, Speer ne cessait d'étendre son rayon d'action. Non seulement il ne tenait pas compte des ordres formels de Hitler, mais il s'y opposait avec une telle insouciance que tous ceux qui le voyaient faire en restaient muets de stupeur et d'effroi. Speer a commenté ainsi cette période de sa vie : « J'avais retrouvé ce que j'avais toujours cherché, ce dont j'avais besoin : une tâche à accomplir, une mission, en l'occurrence la seule qui eût encore un sens[39]. » Un exemple : lorsque Hitler ordonna de ne plus approvisionner la population de l'ouest du pays, tous les moyens de transport devant être réservés à l'armée, Speer envoya des trains chargés de vivres qui avaient pour mission de « s'enfoncer aussi loin que possible dans la zone des combats ». Pour empêcher la destruction des usines qui fonctionnaient encore, il alla jusqu'à constituer des unités de protection armées, fit jeter dans les puits de mines les explosifs qui avaient été préparés et, pour finir, arrêta complètement la production et la livraison d'explosifs industriels. Lorsqu'on lui demanda par la suite s'il n'avait pas eu peur que Hitler fût informé de ses activités contraires aux ordres, il répondit : « Je voulais brusquer les événements [et] jeter mon poids dans la balance[40]. »

En plus de ces initiatives proches de l'insubordination, Speer s'opposa également à l'ordre exprès du Führer d'augmenter par tous les moyens la production de gaz toxiques ; il fit tout simplement arrêter la production des produits chimiques de base nécessaires à leur fabrication. Un jour, Speer eut l'occasion de parler à cœur ouvert avec Göring ; il lui déclara qu'en toute conscience il lui était impossible d'obéir aux ordres de destruction donnés par Hitler. Le Reichsmarschall lui répondit que, dans ce cas, il ferait mieux de se réfugier à l'étranger ; quant à lui, il garderait le silence. Pour sa part, le général Jodl laissait faire Speer sans intervenir ; Guderian, nommé depuis peu chef d'état-major général de l'armée de terre, allait jusqu'à l'encourager à agir dans ce sens. Profitant de la confusion qui régnait au sein du haut commandement, Speer prit au nom du général Winter, de l'OKW, six directives visant à préserver les ponts et les infrastructures ferroviaires et routières. Finalement, en accord avec le commandant Werner Baumbach et quelques autres officiers de la Luftwaffe, il prit aussi les premières mesures visant à empêcher de hauts dignitaires du régime de s'enfuir à l'étranger pour se soustraire à leurs responsabilités[41].

Vers le 15 octobre, Hitler décida de jouer « sa dernière carte » en déclenchant à l'ouest une grande offensive susceptible de retourner la situation en sa faveur. Divers membres de son entourage eurent beau lui faire observer le manque d'effectifs et de carburant ainsi que l'armement insuffisant des troupes, sans oublier l'écrasante supériorité aérienne de l'ennemi, Hitler restait sourd à tous les arguments. En dernière analyse, cette opération n'était que la version militaire des ordres de destruction et visait le même objectif, qu'il poursuivait de plus en plus visiblement : exercer des représailles contre son propre peuple. Ce fut en vain, aussi, que l'état-major général attira son attention sur les importantes concentrations de troupes à l'est de l'Oder, lesquelles annonçaient une offensive imminente de l'Armée rouge. Au cours d'un entretien — un de ses interminables monologues, plutôt — qui révélait toute sa perversité maniaque, Hitler expliqua à Speer que les défaites et destructions de ces derniers mois ne signifiaient rien : « Que veut dire tout cela, Speer ! cela me fait rire, voilà tout. L'avance de l'ennemi est précisément notre chance. Les hommes ne se battent avec fanatisme que quand la guerre arrive à leur porte. Ils sont ainsi, que voulez-vous... Aucune ville ne sera livrée à l'ennemi avant d'avoir été réduite à un tas de décombres !... Celui qui est audacieux et impitoyable l'emportera, pas le lâche ! Notez bien que le facteur décisif n'est pas la supériorité technique. Nous l'avons perdue depuis longtemps, je le sais parfaitement ! » Pointant un index menaçant, il poursuivit : « Je ne tolérerai aucune résistance, Speer. Lorsque la guerre sera finie, le peuple pourra me juger, peu m'importe. Mais pour celui qui indique maintenant son désaccord, c'est la potence, irrévocablement ! Si le peuple allemand ne me comprend pas, je mènerai seul ce combat. Qu'ils m'abandonnent, s'ils le veulent ! La vraie récompense vient toujours de l'Histoire. Du peuple, il ne faut rien attendre[42] ! » Pourtant, alors que de vagues espoirs de victoire se profilaient encore et toujours derrière cette volonté d'annihilation, l'aide de camp Nikolaus von Below avait entendu Hitler dire vers la même époque : « La guerre est perdue. La supériorité de l'ennemi est trop grande[43]. »

Au début, cette opération baptisée « offensive des Ardennes », qui fut déclenchée le 16 décembre 1944 avec trente divisions et mille quatre cents blindés, par un temps très couvert, connut une fois encore quelques succès impressionnants. Mais, au bout de quelques jours, le ciel se dégagea ; aussitôt, d'innombrables chasseurs et bombardiers alliés arrivèrent sur le théâtre d'opérations. En l'espace de quelques heures, ils taillèrent les unités allemandes en pièces et coupèrent les lignes de ravitaillement. La situation chaotique des transports mit brutalement fin à toutes les opérations militaires. En ce qui concernait l'aviation, le bilan était lourd : environ un appareil allié abattu pour dix appareils de la Luftwaffe. Le 23 décembre, une semaine seulement après le début de l'offensive, le maréchal Model déclara que celle-ci avait « définitivement échoué ». En dépit de tous ses doutes quant à l'utilité et aux chances de succès de l'opération, Speer avait une dernière fois déployé d'énormes efforts pour « tirer le maximum » de la machine de production ; comme l'avait dit Hitler : ce sera notre « ultime tentative » et si elle « devait mal tourner, au moins ce sera terminé une fois pour toutes ». Elle « tourna mal », mais, à la grande consternation de son ministre, Hitler donna l'ordre de poursuivre le combat. Cette fois, un autre aide de camp de Hitler, von Below, l'entendit dire : « Nous sombrerons, peut-être. Mais nous emporterons un monde entier avec nous[44]. »

Le soir du 31 décembre, Speer arriva au quartier général ouest de Hitler, l'« Adlerhorst », situé pès de Ziegenberg, aux environs de Bad Nauheim. Il fut désagréablement surpris par l'atmosphère euphorique, proche de l'ivresse qui régnait au quartier général du Führer. Pendant plus d'une semaine, il avait observé les combats sur le front des Ardennes ; partout, il n'avait vu que des unités désorganisées, des chars d'assaut en panne ou calcinés, des morts et des blessés. Profondément déprimé par ces images de dévastation et par un sentiment d'impuissance totale, il se trouva soudain plongé dans une ambiance de fête qui lui parut irréelle. Des aides de camp couraient en tous sens et servaient du champagne, tandis que des officiers d'état-major, des secrétaires et des dignitaires du parti faisaient cercle autour de Hitler qui parlait avec une emphase croissante de l'« année de la victoire » qui commençait. La plupart paraissaient graves et l'écoutaient en silence. Mais, au fur et à mesure que Hitler parlait, ils se détendaient, devenaient presque souriants. Speer put observer que Hitler n'avait rien perdu de son pouvoir magique ; par moments, lui-même était à deux doigts d'y succomber. A la fin, l'ambiance devint sinon joyeuse du moins insouciante, comme si la nouvelle année pouvait apporter de nouveaux espoirs.

Le lendemain matin, la Luftwaffe déclencha une ultime opération de grande envergure. Afin de soutenir l'offensive des Ardennes qui semblait définitivement enlisée, tous les avions de chasse et de combat encore en état de voler, plus de mille appareils au total, furent envoyés à l'ouest pour détruire au cours d'une attaque surprise les terrains d'aviation, installations radar et postes de commandement ennemis. Malgré l'efficacité de la défense antiaérienne des Alliés, les escadrilles allemandes remportèrent d'abord quelques succès notables. Mais, comme elles avaient décollé environ deux heures plus tard que prévu, et la nécessité d'entourer l'opération d'un secret rigoureux n'ayant pas permis d'informer les unités de l'armée de terre de ce retard, les escadrilles regagnant le Reich après avoir accompli leur mission se trouvèrent prises sous le tir bien réglé de leurs propres batteries de DCA. Plus de trois cents appareils furent perdus ce jour-là, ce qui scella le sort de la Luftwaffe[45].

Trois jours plus tard, Goebbels arriva à Ziegenberg. Au cours de la grande conférence réunie comme de coutume au début de l'année, il exigea des renforts supplémentaires pour la Wehrmacht ; « autrement, affirma-t-il, nous ne pourrons pas continuer la guerre ». Il balaya l'argument de Speer selon lequel tous les hommes disponibles, sauf peut-être dans le secteur public, avaient déjà été envoyés au front et déclara pour finir que le salut ne pouvait venir que d'une « levée en masse »*. Lorsque Speer réitéra son objection, faisait valoir que « cela équivaudrait à un effondrement total de secteurs entiers de notre production », Goebbels le regarda avec effarement et s'écria d'une voix solennelle, en s'adressant davantage à Hitler qu'à Speer lui-même : « Alors c'est vous, monsieur Speer qui porterez la responsabilité historique d'une défaite qui sera due à ce qu'il nous aura manqué quelques centaines de milliers de soldats ! Pourquoi ne dites-vous pas enfin "oui" ? Réfléchissez ! Par votre faute ! » Finalement, Hitler prit le parti de Goebbels ; pour le premier trimestre 1945, l'armée de terre se vit accorder deux cent quarante mille soldats supplémentaires, qu'il fut d'ailleurs impossible de réunir. Au cours de la conférence sur l'armement qui suivit, Hitler ignora délibérément son ministre de l'Armement et s'adressa uniquement à Saur. Goebbels fut frappé de constater avec quelle indifférence Speer se laissait supplanter par Saur ; il lui en parla à la fin de la réunion, mais Speer ne daigna pas lui répondre. Ensuite, Goebbels alla rejoindre Hitler ; il remarqua que celui-ci avait été tellement secoué par cette dispute que son bras gauche s'était remis à trembler. Le lendemain, Goebbels regagna Berlin où il devait visionner la nouvelle épopée cinématographique *Kolberg*, relatant la défense héroïque du port de la Baltique contre l'armée de Napoléon en 1807, exemple qui devait servir à renforcer la volonté de résistance du peuple allemand[46].

Le 12 janvier, les armées soviétiques se regroupèrent dans la région de Baranov, au nord-est de Cracovie, en vue de la grande offensive prévue de longue date. Dès le lendemain, elles passèrent à l'attaque sur l'ensemble du front, des Carpates à Dantzig, taillant en pièce les unités allemandes exténuées et coupant les communications entre celles-ci. Toutes les propositions de diminuer l'impact de cette offensive en adoptant une tactique de mouvement se heurtèrent au refus obstiné de Hitler. Bientôt, des noms familiers aux oreilles allemandes commencèrent à figurer dans les rapports de la Wehrmacht : Oppeln, Gleiwitz, Ratibor, Rominten, Insterburg et peu après Breslau. Deux semaines plus tard, l'Armée rouge avait presque entièrement coupé la Prusse-Orientale du reste du Reich et atteint la frontière de la région industrielle de Haute-Silésie. Dans le secteur central du front, les unités avancées de blindés s'arrêtèrent à quelque soixante-dix kilomètres de Berlin.

L'approche de la fin, pourtant évidente aux yeux de tous, ne diminuait en rien l'humeur à proprement parler délirante de Hitler, qui avait regagné la chancellerie de Berlin. Il se résolut pourtant à mettre fin à l'offensive sur le front Ouest, où les unités allemandes, ou ce qui en restait, avaient presque partout été repoussées jusqu'à leurs posi-

---

* En français dans le texte, (*NdT*).

tions de départ. Guderian fut néanmoins horrifié d'apprendre que Hitler avait ordonné à la VIe armée blindée de la Waffen-SS de gagner, non pas le front de l'Oder, mais la région de Budapest. Quant à un mémoire de Speer, recommandant vivement d'engager contre l'Armée rouge les escadrilles de la Luftwaffe devenues inutiles sur le front Ouest compte tenu de la supériorité écrasante de l'ennemi, Hitler l'accueillit avec « un rire sarcastique », en ajoutant toutefois que la suggestion de Speer était pertinente ; mais il n'en tira pas les conséquences et, avec un haussement d'épaules, passa à la suite de l'ordre du jour. Lorsque, quelques jours plus tard, Speer, au retour d'un voyage à Katowice, ville de Haute-Silésie, déjà menacée par l'Armée rouge, présenta à Hitler des photographies montrant les destructions subies par la ville et la misère des réfugiés qui s'enfuyaient par un froid glacial, Hitler les écarta avec irritation[47].

Au cours des semaines qui suivirent, chaque fois que Guderian proposait un repli tactique ou le resserrement d'un secteur du front, il se heurtait à un refus catégorique de Hitler. Dans ses Souvenirs, le chef d'état-major général a décrit quelques-uns de leurs affrontements qui, par leur mélange de volonté de puissance et de refus de la réalité d'une part et d'intransigeance de l'autre, évoquent certains dialogues du théâtre de l'absurde. Guderian avait informé le ministre des Affaires étrangères von Ribbentrop du caractère désespéré de la situation militaire et lui avait conseillé d'engager avec les puissances occidentales des pourparlers en vue d'un cessez-le-feu, ce qui avait déclenché une nouvelle explosion de colère de Hitler. Il rappela son « ordre fondamental n° 1 », selon lequel nul n'était autorisé à communiquer à un tiers une information relevant de son propre ressort ; quiconque contrevenait à cette règle, avait-il ajouté en regardant Guderian, par exemple « en allant voir le ministre des Affaires étrangères du Reich pour l'informer de la situation à l'est », serait considéré comme un traître, avec toutes les conséquences qui en découleraient pour lui-même et pour ses proches. Quelques jours plus tard, fut publiée une série d'ordonnances aggravant les peines encourues et établissant le principe de la responsabilité familiale. Peu après, un hôte supplémentaire apparut de plus en plus souvent aux conférences d'état-major : Ernst Kaltenbrunner, le chef de la Gestapo. Il restait tout au fond et observait tout ce qui se passait, muet et impassible. « Rien ne justifiait sa présence et nul ne s'avisait de lui en demander la raison[48]. »

Un moment, Speer se demanda non sans inquiétude si ce n'était pas en premier lieu à cause de lui que le chef de la Gestapo était posté là. Depuis le retour de Hitler à Berlin, les ordres de destruction avaient encore été renforcés, tandis que l'opposition active de Speer n'avait nullement diminué ; certains signes semblaient indiquer que l'entourage du dictateur n'en ignorait rien. Le 27 janvier, Speer avait de surcroît présenté à ses trois cents collaborateurs les plus importants une sorte de « rapport final » sur l'activité du ministère, dans lequel, après une dernière série de statistiques impressionnantes, il était question de remerciements et d'adieux. Parallèlement, Speer confia à Saur la direction effective de son administration et cessa d'assister aux conférences sur l'armement. Il convoqua également ses anciens collaborateurs architectes, du temps lointain de l'Inspection générale des bâtiments, pour leur demander de rassembler et de mettre en lieu sûr — si un tel lieu existait encore — les photographies, esquisses, plans et descriptions de projets architecturaux. Trois jours plus tard, le 30 janvier — date du douzième anniversaire de la prise du pouvoir —, il fit parvenir à Hitler un nouveau mémoire, assorti d'un refus catégorique de respecter l'interdiction de diffuser des informations négatives, puisqu'il en avait envoyé six copies aux principaux dirigeants militaires. Il y affirmait que, sur le plan de l'armement, dont il était responsable, la guerre était terminée et que, dans la conjoncture actuelle, il était devenu absolument impossible « de couvrir... ne serait-ce que les besoins les plus urgents du front en munitions, armes et blindés [49] ».

Hitler resta quelques jours sans réagir ; Speer s'est demandé par la suite si ce délai témoignait de l'indécision du dictateur, ou s'il s'agissait de nouveau d'une simple tentative d'intimidation. Le 5 février, enfin, Hitler le pria de venir le voir, comme au temps où leur entente était parfaite, dans son bureau personnel de la chancellerie du Reich, mais il convoqua également Saur. Ne tenant d'abord pas compte de la présence de Speer, il examina avec le directeur général Saur les problèmes de l'armement pour les mois à venir, lui donnant ainsi l'occasion de réfuter point par point les arguments présentés quelques jours auparavant par son supérieur. S'interrompant soudain, Hitler se tourna vers Speer. Sans le moindre signe d'agitation, parlant d'une voix sourde et légèrement sifflante, il lui reprocha d'avoir ignoré l'« ordre fondamental n° 1 » qu'il avait peu auparavant rappelé à leur souvenir et ajouta que personne, pas même Speer, n'était autorisé à tirer de quelconques conclusions de la situation de l'armement et à les communiquer à des tiers. Il ne parla pas longtemps, mais son ton d'un calme apparent parut à Speer beaucoup plus inquiétant que tous les accès de colère du passé. En prenant congé, il sentit que la retenue de Hitler constituait un ultime avertissement [50].

Bien que Hitler n'eût fait aucune allusion à la résistance qu'opposait son ministre à la politique de destruction, Speer avait la nette impression qu'il ne pourrait continuer longtemps ce jeu de faux-semblants. Mais, à peine revenu de la chancellerie, il reçut la visite de son « ami paternel » Friedrich Lüschen du groupe Siemens, directeur de l'industrie électrique. Lüschen lui tendit un feuillet sur lequel il avait recopié quelques phrases extraites de *Mein Kampf*. Une de ces citations disait : « Il ne peut y avoir d'autorité conçue comme un but en soi, sinon toute tyrannie serait inattaquable et justifiée. Si un peuple est mené à sa perte par les moyens dont dispose l'autorité qui le gouverne, la rébellion de chacun des membres d'un tel peuple constitue non seulement un droit, mais un devoir [51]. »

L'émotion que cette déclaration percutante provoqua chez Speer fut telle qu'elle le tira brutalement de la perplexité dans laquelle l'avaient plongé les remontrances de Hitler. Obéissant à ce penchant au romantisme qui le rendait sensible aux formules grandiloquentes et nébuleuses, il élabora un moment des projets aussi extravagants et aussi peu réalistes que ceux qu'échafaudait l'entourage de Hitler, sur lesquels il avait porté un jugement si sévère. Il envisageait en effet de prendre au pied de la lettre ce que Hitler avait écrit dans *Mein Kampf* et de lui proposer d'adresser aux puissances ennemies, de concert avec ses ministres, avec les chefs du parti et avec le haut commandement de la Wehrmacht, une sorte de proclamation leur proposant la reddition à la seule condition que le peuple allemand bénéficiât de conditions décentes assurant sa survie. Speer a lui-même reconnu par la suite le caractère absurdement théâtral de ce projet, basé sur des notions wagnériennes de sacrifice de soi et de rédemption [52].

Compte tenu des « mines consternées » de ceux à qui il exposait cette idée, il ne tarda pas à l'abandonner. Il caressa un peu plus longtemps un autre projet, d'ailleurs non moins irréalisable. Vers la mi-février, il rencontra par hasard dans l'abri du ministère pendant une alerte aérienne Dietrich Stahl, directeur de la production de munitions, avec lequel il avait discuté peu auparavant des sombres perspectives de la guerre. Ils se retirèrent dans une pièce séparée de l'abri. Dès que la lourde porte se fût refermée derrière eux, Speer lui confia qu'il ne pouvait plus tolérer qu'ils fussent « gouvernés par des fous furieux » ; le peuple allemand périrait corps et biens si l'on n'entreprenait pas une « action décisive contre ces projets d'annihilation délirants ». Il était, poursuivit Speer, résolu à « mettre fin à ces agissements, au besoin par la violence ». Il ne servirait d'ailleurs à rien « d'en supprimer un seul ; son entourage immédiat le plus dangereux doit disparaître », ajouta-t-il [53]. Après avoir hésité un moment, il demanda à Stahl s'il pouvait lui procurer une certaine quantité du nouveau gaz toxique « tabun » et alla jusqu'à lui révéler qu'il avait l'intention d'introduire ce gaz par la cheminée d'aération du bunker de la chancellerie du Reich. Stahl se déclara prêt à lui apporter toute son aide ; dès le lendemain, il commença à se renseigner et à prendre divers contacts. Il se révéla toutefois que le tabun n'était mortel qu'à la suite d'une explosion mettant en contact deux composants distincts. Comme une explosion aurait déchiqueté le conduit d'aération en tôle et dispersé le gaz toxique dans toutes les directions, ce plan fut abandonné.

Speer et Stahl convinrent alors d'utiliser un « gaz traditionnel ». Speer prit contact avec le chef technicien de la chancellerie, Johannes Hentschel. Il lui raconta que, ces derniers temps, Hitler s'était plaint à plusieurs reprises de l'air vicié que l'on respirait dans le bunker et lui demanda de remplacer le dispositif de filtrage ; il espérait que cela lui permettrait d'accéder facilement au conduit d'aération. Mais quand Speer alla peu après inspecter les lieux, avant que Stahl eût été en mesure de lui procurer le gaz, tout avait changé : partout, des sentinelles SS en armes montaient la garde et une cheminée de près de quatre mètres de haut protégeait maintenant l'orifice du système d'aération, ce qui le rendait inaccessible. Lorsque ce projet jamais réalisé fut bien plus tard porté à la connaissance de divers témoins de l'époque, il éveilla un grand scepticisme, que l'un d'eux exprima sur le mode ironique : « Le deuxième personnage de l'Etat avait donc besoin d'une échelle[54]. » Toujours est-il que ce projet d'attentat romantique, né d'une impulsion soudaine et qui ne témoignait en rien du perfectionnisme qui caractérisait toutes les entreprises de Speer, avait définitivement échoué.

Quelque temps plus tard, au cours de conversations avec le général Galland et le commandant (et pilote de guerre) Werner Baumbach, un autre plan aventureux prit forme : neutraliser l'entourage de Hitler — les Bormann, Himmler, Goebbels, Ley et le reste de la clique — en s'emparant d'eux lorsqu'ils regagnaient, le soir, les manoirs qu'ils habitaient aux environs de Berlin, pour les enfermer dans des lieux sûrs et éventuellement les livrer aux Alliés. Selon le témoignage de Dietrich Stahl, Speer avait l'intention de prendre lui-même la tête d'un des commandos qui seraient chargés de l'opération. Les plans étaient prêts, les armes nécessaires étaient réunies, ainsi que les hommes, lorsqu'un des généraux mis dans la confidence réussit à dissuader Speer de se lancer dans cette aventure. Un projet fort différent fut également envisagé : utiliser un hydravion qui servait à ravitailler depuis la Norvège une station météorologique allemande du Grand Nord, pour gagner le Groenland. Les provisions était déjà réunies, ainsi que des médicaments, des tentes, des fusils et un bateau pliant, sans oublier plusieurs caisses de livres, lorsque Speer, y réfléchissant à deux fois, renonça également à ce projet. Ces divers fantasmes, avec leurs aspects romantiques, absurdes et embrouillés, éclairèrent un moment les ténèbres, suscitant pendant quelques jours une activité fiévreuse avant de disparaître en ne laissant d'autre trace que la peur d'être découverts suite à un hasard malheureux[55].

Speer ne tarda pas à revenir à des activités plus rationnelles et promettant de meilleures chances de succès. Lorsque Hitler exigea de mettre à la disposition de l'armée, dans l'extrême mesure du possible, tous les moyens de transport disponibles, et qu'il chargea Speer d'établir la liste des denrées prioritaires, celui-ci donna des ordres visant à assurer en premier lieu l'approvisionnement de la population en vivres et denrées de première nécessité, et affecta le parc de camions de son ministère au transport de semences et de machines agricoles, en vue d'éviter une grande famine. Par l'intermédiaire de l'Office central de planification, il fit donner des instructions afin de reconstruire en premier lieu, non les usines d'hydrogène, mais les fabriques d'azote, substance indispensable pour la fabrication d'engrais artificiel. Les produits nécessaires à l'armement figuraient en dernier sur sa liste de priorités et finirent par en disparaître complètement.

Vers la même époque, Hitler eut l'idée d'un nouveau « programme d'épouvante ». Il donna une succession d'ordres ayant trait à l'évacuation forcée de la population des territoires menacés par l'avance ennemie, à l'ouest comme à l'est. Une ordonnance promulguée par l'intermédiaire de Jodl et de Bormann se terminait par cette phrase lapidaire : « Dans les circonstances actuelles... nous ne pouvons pas tenir compte de la population. » Quinze jours auparavant, au début du mois de mars, Goebbels avait déjà noté dans son Journal qu'« environ dix-sept millions de personnes [avaient] été évacuées ». Comme il trouvait ce chiffre « absolument effrayant », Goebbels recommanda, à l'en croire, « d'en rester là » du moins « à l'ouest », mais il fut impossible de faire revenir Hitler sur sa décision. Le 14 mars 1945, une nouvelle entrée du Journal dit ceci : « Le Führer a donc décidé que, en dépit des énormes difficultés que cela entraîne, l'évacuation doit se poursuivre à l'ouest. Concrètement, l'évacuation se révèle impossible, car la population refuse tout simplement de quitter ses villes et ses villages... La décision prise par le Führer repose sur des prémisses totalement erronées. Cela ressort également d'un rapport que Speer m'a soumis au retour d'un voyage dans l'Ouest, selon lequel la situation là-bas s'oppose à toute évacuation. Speer se dit très contrarié par les mesures qui ont été prises. Son point de vue est qu'une politique de guerre n'a pas à entraîner un peuple entier dans un naufrage héroïque, ce que le Führer en personne... a souligné dans son livre *Mein Kampf*[56]. »

Rien n'illustre mieux, sans doute, la diminution de l'autorité de Hitler que cette remarque du ministre de la Propagande, qui se permet pour la première fois de critiquer Hitler, après des années de vénération et de dévotion aveugle, même si celle-ci n'était pas toujours dénuée d'hypocrisie. Le lendemain, Goebbels va encore plus loin, en faisant sienne la « juste conception » de Speer : « Ce n'est pas à nous de mener... la politique de la "terre brûlée" ; cette tâche revient à nos ennemis[57]. »

Goebbels resta cependant sourd à une requête de Speer, lui suggérant en termes prudents de faire cause commune pour atténuer les souffrances causées par la guerre, de même qu'ils avaient jadis coopéré en vue de la mobilisation totale — tandis que Speer lui-même, pris d'une sorte de frénésie désespérée, redoublait d'efforts pour contrecarrer les ordres destructeurs du Führer. Speer observait avec une stupeur croissante que Hitler, « cet homme détruit, cette ruine », n'avait nullement perdu sa puissance de suggestion, que son aura était peut-être plus forte que jamais. Le 18 mars, il lui fit parvenir un autre mémoire qui violait une fois de plus tous les tabous et interdits récemment renforcés. Speer y expliquait qu'à ce stade des événements les besoins civils avaient la priorité sur les besoins militaires et affirmait que, « en toute certitude, on devait s'attendre à l'effondrement définitif de l'économie allemande » d'ici quatre à huit semaines, ajoutant que, désormais, il fallait avant tout préserver les infrastructures indispensables à la survie de la population, même « si une reconquête ne paraissait pas possible ». Adoptant un ton délibérément moralisateur et supérieur, il dévoilait la nature véritable de la stratégie jusqu'au-boutiste de Hitler en lançant cet avertissement solennel : « Personne n'a le droit d'adopter le point de vue selon lequel le sort du peuple allemand est lié au sien propre [58]. »

Conscient que, cette fois, il était allé aussi loin que possible et peut-être même trop loin, Speer jugea préférable de faire appel à un intermédiaire pour communiquer ce document à Hitler. Lorsqu'il quitta son bureau dans la soirée avec deux exemplaires du long mémoire, il ne semblait pourtant pas particulièrement inquiet — bien que sa secrétaire ait déclaré : « Nous pensions qu'il était devenu fou [59]. » Il chargea von Below, son officier de liaison au quartier général du Führer, de porter le mémoire à Hitler. Afin de prévenir une réaction excessive de ce dernier, il lui demanda d'attendre un moment favorable et d'en résumer oralement le contenu avant de le lui remettre. Sur ce, Speer pria l'aide de camp personnel de Hitler, Julius Schaub, de demander à Hitler de lui offrir une photo dédicacée qui devrait être datée du lendemain, jour de son quarantième anniversaire. Après tout, ajouta-t-il, il était le seul proche collaborateur du Führer à n'avoir jamais demandé, ni reçu en cadeau, une telle photo. Il espérait ainsi susciter l'indulgence de Hitler et lui indiquer que, bien qu'il fût opposé à sa politique du pire, il continuait à le vénérer autant que jadis. Ensuite, il fit des préparatifs pour s'éloigner quelque temps du quartier général et se mettre hors de portée du danger. Cette nuit même, il comptait se rendre à Königsberg encerclée par les troupes soviétiques.

Les circonstances en décidèrent autrement. Au cours de la « conférence d'état-major du soir », Hitler, repoussant toutes les objections, ordonna l'évacuation forcée de la Sarre, ce qui décida Speer à partir pour l'ouest. Aux environs de minuit, tous vinrent lui souhaiter un bon anniversaire. Hitler lui offrit l'écrin de cuir rouge qui contenait son portrait, en disant : « Il m'est difficile d'écrire, ne serait-ce que quelques mots. Vous savez comme ma main tremble. » Après avoir déchiffré la dédicace, très cordiale, dans laquelle Hitler lui exprimait sa reconnaissance et l'assurait de sa fidèle amitié, Speer, oubliant toute prudence, remit lui-même le deuxième exemplaire de son mémoire à Hitler [60].

Alors qu'il faisait ses ultimes préparatifs de départ, Hitler le fit rappeler dans son bureau.

Visiblement, le Führer avait pris connaissance du mémoire. Il n'y fit cependant aucune allusion, mais ce fut d'une voix empreinte de ressentiment qu'il lui conseilla d'entreprendre le voyage avec son chauffeur personnel, Erich Kempka. Cette proposition en apparence généreuse alerta aussitôt Speer. La présence de Kempka, qui était officier SS, l'empêcherait en effet de discuter en toute franchise avec von Poser, son accompagnateur habituel ; pour la même raison, il lui serait plus difficile de se livrer à des activités « traîtresses ». Speer lui opposa d'abord divers prétextes, puis, remarquant que ses objections ne faisaient qu'éveiller la méfiance de Hitler, finit par accepter. Il était presque arrivé à la porte quand Hitler lui dit soudain : « Cette fois-ci, vous aurez une réponse écrite à votre mémoire ! » Après un bref silence, il ajouta « d'un ton glacial » ces mots que Speer avait déjà entendus en substance à Posen, lors du congrès des gauleiters, et qui ne cessaient de le hanter depuis lors : « Si la guerre est perdue, le peuple allemand est perdu lui aussi. Il est inutile de se préoccuper des conditions qui sont nécessaires à la survie la plus élémentaire du peuple. Au contraire, il est préférable de détruire même ces choses-là. Car ce peuple s'est révélé le plus faible, et l'avenir appartient exclusivement au peuple de l'Est qui s'est montré le plus fort. Ceux qui resteront après ce combat, ce sont les médiocres, car les bons sont tombés[61]. »

Speer partit aussitôt après, avec von Posen et Kempka. Comme ils voulaient arriver au quartier général du commandant en chef du front Ouest, aux environs de Bad Nauheim, avant le lever du jour et l'apparition des chasseurs ennemis volant en rase-mottes, ils roulaient à toute vitesse sur l'autoroute en faisant hurler le compresseur du moteur, tous phares allumés, y compris les antibrouillards. L'entretien avec le commandant en chef, le maréchal Kesselring, ne donna rien ; raisonnant uniquement en soldat, il n'envisageait pas de discuter les ordres du Führer et se refusait à écouter les arguments de Speer qui lui demandait de tout faire pour épargner les hommes, les entreprises et les infrastructures. Même le délégué du parti à l'état-major se montra un interlocuteur plus compréhensif, ainsi que, par la suite, le général SS Hausser et le gauleiter de la Sarre, qui estimaient tous que les ordres d'évacuation forcée étaient irréalisables, irresponsables, ou les deux à la fois.

L'étape suivante était le quartier général du Feldmarschall Model, dans une petite bourgade du Westerwald, forêt du massif schisteux rhénan. Model l'assura que les infrastructures ferroviaires de la Ruhr seraient préservées. Vers la fin de l'entretien, un officier entra pour lui remettre un message arrivé par téléscripteur. Model le parcourut rapidement, puis, soudain gêné et troublé, le tendit à Speer, disant que cela le concernait. C'était la « réponse écrite » de Hitler au mémoire qui lui avait été remis la veille.

Ce décret digne de Néron constituait effectivement une réponse à Speer, dans la mesure où Hitler y prenait systématiquement le contre-pied de tout ce que Speer réclamait depuis des mois. Bien que son nom ne fût pas cité, il était évident que l'« introduction » s'adressait directement à Speer : « C'est une erreur de croire que des installations ferroviaires, industrielles, d'approvisionnement ou de communication non détruites ou immobilisées provisoirement pourront être remises en marche... après la reconquête de territoires perdus. En se repliant, l'ennemi ne nous laissera qu'une terre brûlée, en ne tenant aucun compte de la population. » Sous une forme concise, il donnait ensuite l'ordre de détruire tout ce qui « pourrait être utilisé par l'ennemi pour la poursuite de son combat soit dans l'immédiat, soit dans un proche avenir ». Pour finir, il frappait de nullité tous les ordres contraires et dépossédait Speer de ses pouvoirs en chargeant les gauleiters d'exécuter désormais ces mesures de destruction [62].

L'entretien avec Model n'avait donc plus de raison d'être. Dès la tombée du jour, Speer se mit en route pour Berlin. Vers 5 heures du matin, rompu de fatigue et démoralisé, il arriva dans le petit appartement du ministère partiellement détruit qu'il partageait avec Theodor Hupfauer. Il tira Hupfauer du sommeil, approcha une chaise et, après un long silence, lui dit simplement : « Hitler est un criminel. » Lorsque Hupfauer, très choqué, s'insurgea contre cette affirmation, Speer lui tendit sans un mot le message qu'il avait reçu quelques heures auparavant [63].

Apparemment, Speer avait finalement compris dans quoi il s'était laissé entraîner. Pourtant, il nourrissait encore quelques doutes et son comportement au cours des semaines précédant la fin prouve combien il lui fut difficile de concrétiser sa rupture avec Hitler, en actes comme en paroles.

IX

UNE FIN SANS FIN

Tout contribuait à un effondrement imminent. A l'est comme à l'ouest, il n'existait plus de fronts continus. Au début du mois de mars, les Alliés avaient enfoncé la ligne Sigefried sur toute sa longueur, d'Aix-la-Chapelle au Palatinat et avaient franchi le Rhin, d'abord à Remagen et peu après en plusieurs autres points. En se rendant à la chancellerie l'après-midi du 21 mars 1945, Speer apprit pour commencer que Kolberg était tombé deux jours auparavant, mais que Goebbels avait interdit de mentionner la perte de cette ville dans les rapports de la Wehrmacht, car il craignait « des répercussions psychologiques indésirables concernant le film sur Kolberg ». Ensuite, Speer rencontra par hasard Hitler dans un couloir ; parlant par monosyllabes, il se renseigna brièvement sur le déroulement de son voyage. Etrangement embarrassé, Hitler ne mentionna ni le mémoire ni sa « réponse ». Speer jugea préférable d'éviter lui aussi ce sujet — mais, comme il l'écrivit par la suite : « Je tremblais quand même un peu[1]. »

Il alla ensuite voir Guderian et, au mépris de toutes les consignes et des ordres réitérés de Hitler, lui remit un exemplaire de son mémoire. Il voulut également en donner un à Keitel, mais celui-ci refusa en prenant un air épouvanté. Speer put observer que l'atmosphère était plus que jamais chargée de méfiance et de haine destructrice. Quelques jours auparavant, Hitler avait fait exécuter quatre officiers accusés de ne pas avoir fait sauter à temps le pont de Remagen ; en fait, les charges d'explosifs avaient été endommagées par un raid aérien ennemi, ce qui expliquait ce retard. De même, il fit maintenant exécuter la sentence de mort prononcée contre le général Fromm. Lors des conférences, apprit également Speer, Hitler revenait de plus en plus souvent sur les moyens de surmonter les problèmes de cette « ère de combat ». Chaque fois que Saur qui représentait Speer, exposait ses programmes de production, Hitler avait des exigences totalement irréalistes, fixant par exemple certains délais à décembre 1945, ou demandant que la production d'un nouveau bombardier à réaction soit lancée « à la fin de l'année ». Par ailleurs, après des mois de dissensions, il se décida enfin à transformer l'armement de l'avion à réaction Me-262 pour en faire un avion de chasse [2]. Sous le coup de ces informations, Speer refusa de participer à la conférence sur l'armement du lendemain, à laquelle il avait été convié ; il préféra se réunir avec quelques industriels et généraux pour convenir d'une ligne commune contre la politique de la « terre brûlée ». La situation de Speer était devenue fort précaire, comme en témoigne notamment le fait que le général Thomale, chef d'état-major de l'armée blindée, détacha quelques officiers de toute confiance pour assurer sa protection [3].

Réalisant qu'à Berlin il était pratiquement condamné à l'inactivité, Speer repartit pour l'ouest deux ou trois jours plus tard, alerté par la nouvelle que les forces britanniques poursuivaient leur avance dans la Ruhr et que les trois gauleiters responsables de la région étaient décidés à exécuter les ordres de destruction de Hitler. L'industriel Walter Rohland qui était toujours chef de l'état-major de la Ruhr, avait précisé que des équipes de spécialistes des explosifs allaient procéder aux premières destructions dès le lendemain matin. Sans perdre de temps, Speer convoqua une vingtaine de responsables des grandes mines de charbon et leur demanda de rassembler toutes les réserves d'explosifs disponibles dans les entreprises ou dans les locaux de l'Organisation Todt, dans le but de les rendre inutilisables ou de les remettre à Model. Par ailleurs il se procura quelque cinquante pistolets-mitrailleurs qui restaient dans les réserves d'une fabrique d'armes et les fit distribuer à des ouvriers de confiance qui furent chargés de s'opposer énergiquement à toute mesure de destruction. Speer ajouta que ces pistolets-mitrailleurs seraient d'autant plus efficaces que les policiers et les fonctionnaires du parti avaient depuis peu reçu l'ordre de remettre toutes leurs armes à l'armée. Bien que les gauleiters fussent ainsi privés des moyens concrets d'imposer l'exécution des ordres de destruction, Speer ne put les convaincre du bien-fondé de sa position. Le gauleiter Florian, chef du parti pour Düsseldorf, lui lut une proclamation enthousiaste annonçant que tout ce qui subsistait de sa ville devait être incendié, puis décrivit avec exaltation les bâtiments en flammes et l'entrée de l'ennemi dans une ville-fantôme vidée de ses habitants [4].

Speer ne se donnait même plus la peine de faire semblant de suivre les instructions de Hitler. Sur ses instances, le maréchal Model se déclara finalement disposé à faire tout son possible pour que dans la Ruhr les combats se déroulent en dehors des zones industrielles afin d'éviter des destructions inutiles. Au quartier général de Kesselring, à l'est de Francfort-sur-le-Main, les officiers se laissèrent persuader d'interpréter avec modération les ordres de Hitler. La situation militaire était on ne peut plus confuse. Même le chef d'état-major du commandant en chef du front Ouest ne put donner à Speer des renseignements précis sur le tracé du front ; les Américains approchaient de Francfort, il n'en savait pas plus. Lorsque Speer apprit que le gauleiter du pays de Bade, Wagner, avait ordonné de faire sauter les usines à gaz, centrales électriques et réservoirs d'eau de toutes les villes de son Gau, il décida aussitôt de se rendre à Heidelberg pour s'y opposer et aussi pour prendre congé de ses parents. Faisant un grand détour pour éviter Francfort, il traversa une région devenu un no man's land : dans les villes et villages désertés régnait un silence irréel. Pour neutraliser les ordres de destruction concernant Heidelberg, il eut recours à un stratagème très simple : après les avoir contresignés, il confia les ordres à la poste... qui ne fonctionnait plus depuis longtemps.

L'étape suivante amena Speer à Würzburg, dont le gauleiter avait décidé, entre autres mesures, d'incendier les usines de roulements à billes de Schweinfurt pour rendre les machines inutilisables. Speer ne réussit à l'en dissuader qu'en usant une fois de plus du vieil argument selon lequel des troupes fortement armées se regroupaient déjà pour contre-attaquer et qu'il fallait donc préserver ces installations en vue de la reconquête. Le soir du 27 mars, Speer était de retour à Berlin.

Pendant sa courte absence, la destitution de Speer avait encore progressé. La veille, Hitler avait décrété que la compétence de l'Obergruppenführer SS Kammler qui avait déjà la responsabilité des fusées, s'étendrait dorénavant à l'ensemble de l'armement aérien, en spécifiant qu'il pourrait faire appel aux spécialistes du ministère de Speer. Comme si cette humiliation ne suffisait pas, Hitler avait de surcroît exigé que Speer confirme le pouvoir de décision de Kammler en contresignant le document. Ce n'était pas tout. Speer fut également informé des dispositions prises par le quartier général du Führer en vue de l'exécution concrète de l'ordre de destruction du 19 mars. Elles prévoyaient notamment de rendre « totalement inutilisables... par sabotage, incendie ou démolition » tous les centraux téléphoniques et télégraphiques ainsi que des relais amplificateurs et les câbles à grande distance ; elles exigeaient même la destruction des plans des connexions et des réseaux et celle des stocks de pièces de rechange, de sorte à retarder tout rétablissement même provisoire du réseau de transmissions. Le décret d'application prévoyait des mesures analogues dans le domaine des transports : « destruction totale » de toutes les voies ferrées et postes d'aiguillage, des entrepôts et ateliers, ainsi que de l'ensemble du matériel roulant et naviguant. Cet article se terminait sur ces précisions : « But de l'opération : faire des territoires abandonnés un désert où tous les moyens de transport seront anéantis... La raréfaction des explosifs exige de faire preuve d'inventivité dans l'utilisation de toutes les possibilités de destruction, les effets devant être durables (utilisation de toutes sortes de munitions, y compris celles prises à l'ennemi, incendie, bris de pièces essentielles[5]).

Sur le moment, Speer hésita sur la conduite à tenir. Après divers entretiens téléphoniques avec le général Thomale, Guderian, l'industriel Röchling et d'autres, il décida d'agir ouvertement, comme il l'avait toujours fait et se rendit à la chancellerie du Reich où il avait été convoqué par Hitler. Comme il l'avait déjà remarqué à diverses reprises, l'atmosphère qui l'entourait s'était nettement refroidie : dès qu'il approchait, les gens se détournaient, les conversations cessaient, les groupes se défaisaient en feignant une attitude naturelle, « comme si j'étais frappé d'ostracisme[6], dira-t-il. » Manifestement, tous étaient au courant de ses « contre-mesures » et savaient qu'il était en disgrâce. La veille, Goebbels avait noté dans son Journal : « [Speer] ne cesse de raconter qu'il ne prêtera pas la main à ces actes qui reviennent à couper le fil de la vie du peuple allemand. Il laisse ce soin à nos ennemis. » Le Führer a l'intention, ajoute Goebbels, de mettre Speer « face à une alternative très nette. Soit il se pliera aux principes gouvernant la conduite actuelle de la guerre, soit le Führer renoncera à sa collaboration. Il déclare avec une grande amertume qu'il préférerait aller à l'asile pour indigents ou se réfugier sous terre, plutôt que de se faire construire des palais par un collaborateur qui l'abandonne dans une phase critique. Le Führer devient extrêmement dur à l'égard de Speer... Avant tout, le Führer veut mettre fin aux bavardages de Speer qui ont un caractère nettement défaitiste ». Hitler parle même, écrit Goebbels pour conclure, « de faire éventuellement de Saur le successeur de Speer[7] ».

Cette fois, Hitler ne le fit pas attendre. Dès que l'arrivée de Speer fut annoncée, un aide de camp apparut et lui demanda de le suivre ; les cinquante marches fort raides qu'ils descendirent en silence pour gagner la « crypte funéraire » du bunker lui apparurent, selon ses propres dires, comme une image de la pente descendante sur laquelle il se trouvait engagé. Lorsqu'il entra dans le bureau souterrain, Hitler se tenait juste derrière la porte et Speer remarqua pour la première fois les veines gonflées par la colère qui sillonnaient son front et ses tempes. Sans un mot de bienvenue, Hitler se mit à parler d'une voix presque éteinte qui ne reflétait guère son courroux et l'accabla de reproches. Bormann, commença-t-il, lui avait remis un rapport sur son entretien avec les gauleiters de la Ruhr. Il les avait ouvertement exhortés à ne pas exécuter ses ordres, déclarant de surcroît que la guerre était définitivement perdue. Speer n'ignorait pas ce que cela méritait ; s'il n'était pas son architecte, il tirerait les conséquences qui s'imposaient dans un tel cas. En partie par lassitude, en partie parce qu'il était sûr de son bon droit, Speer conserva un calme surprenant tout au long de l'entrevue ; pour la première fois, aussi, il se sentait presque en position dominante, car, contrairement à Hiler, il maîtrisait parfaitement ses émotions. Puis, il lui répondit impulsivement : « Tirez les conséquences que vous estimez s'imposer, sans égards pour ma personne [8]. »

Apparemment désarçonné par cette réponse à la fois provocante et fataliste, Hitler marqua une pause. Prenant un ton plus affable et voulant semble-t-il donner l'impression qu'il se faisait du souci pour Speer, le Führer lui fit remarquer que, ayant interrompu prématurément son séjour de convalescence à Meran, il était manifestement surmené. Il avait donc décidé que Speer devait prendre immédiatement un « congé de récupération » et qu'il avait déjà trouvé quelqu'un qui le représenterait au ministère. Speer refusa et, en dépit de l'insistance de Hitler, déclara qu'il était en excellente santé, qu'il n'envisageait nullement de prendre un congé et qu'il ne permettrait pas à quelqu'un d'autre de prendre des décisions en son nom ; si Hitler ne voulait plus de lui comme ministre, il n'avait qu'à le révoquer. Tandis qu'ils poursuivaient un de ces dialogues absurdes qui caractérisaient depuis quelque temps tous les entretiens avec le Führer, Speer se souvint que, quelques heures auparavant, Guderian lui avait appris qu'il avait été envoyé en congé « pour raisons de santé ». Et maintenant, c'était son tour, songeait-il, uniquement parce que Hitler était prêt à tout pour que son peuple et son pays sombrent avec lui.

De plus en plus excédé, Hitler lui expliqua que, dans les circonstances actuelles, il lui était impossible de révoquer un de ses principaux ministres : en Allemagne comme à l'étranger, cela aurait des répercussions désastreuses. Il eut beau utiliser toute sa force de persuasion, Speer ne cédait pas, se contentant de répéter avec obstination qu'il lui était impossible de prendre un congé ; tant qu'il serait en poste, il dirigerait lui-même son ministère : « Je ne suis pas malade ! Si vous pensez que je le suis, vous n'avez qu'à me révoquer ! »

Jusqu'alors, ils étaient restés debout, se faisant face dans le petit bureau. Péniblement, comme s'il cherchait un nouveau point de départ, Hitler s'assit à sa table de travail ; sans y être invité, Speer fit de même. Si seulement, reprit Hitler en changeant de ton, il pouvait être convaincu que la guerre n'était pas perdue, il pourrait rester à la tête de son ministère. De nouveau, Speer se montra intransigeant. Au cours de ces derniers mois, répondit-il, il avait trop souvent affirmé le contraire pour revenir sur ses dires ; il ne serait pas crédible. Tandis que Hitler s'étendait interminablement sur la persévérance et l'énergie qui lui avaient permis de surmonter tous les obstacles, parlant de situations historiques en apparence désespérées, de ses combats de militant et d'autres exemples plus récents, Speer, insensible à son pouvoir de persuasion, s'obstina dans son refus : non seulement par respect de soi, mais aussi par respect pour le Führer, il ne pouvait changer d'avis. Et il ne voudrait pas, ajouta-t-il, être comme ces méprisables membres de son entourage « qui vous disent qu'ils croient à la victoire alors qu'ils n'y croient pas ».

A plusieurs reprises, leur conversation était entrecoupée de longs silences. Lorsqu'il reprenait la parole, Hitler revenait invariablement, parfois par de longs détours, au sujet qui le préoccupait. Finalement, il réduisit ses exigences, disant qu'il se contenterait d'une profession de foi formelle ; il suffirait que Speer déclarât que tout espoir n'était pas perdu. A ce moment précis, a fait observer Speer, il prit conscience du danger qui le menaçait ; un « non » de plus aurait signifié à la fois la fin de l'entretien et la sienne[9]. Comme il regardait droit devant lui sans répondre, Hitler changea de nouveau de tactique et reprit sa voix sourde et menaçante du début. Peut-être, a supposé Speer par la suite, Hitler était-il particulièrement consterné de voir que même Speer n'était plus sensible à sa force de persuasion. Sans se lever, il lui signifia d'un geste brusque qu'il ne tenait pas à poursuivre cette conversation. Il ajouta cependant qu'il lui fallait une réponse et lui accorda un délai de réflexion de vingt-quatre heures : « Demain, vous me direz si vous espérez qu'on peut encore gagner la guerre ! »

Lorsque Speer revint à son ministère, ses collaborateurs l'accueillirent comme un homme qui « revient du pays des morts », mais il tempéra leur joie en expliquant que le verdict était seulement ajourné. Eprouvant le besoin de se retrouver seul, il gagna son appartement de fortune et se mit à réfléchir à une réponse susceptible de satisfaire Hitler. Mais ses pensées tournaient en rond, car la formule la plus neutre, celle qui lui avait été suggérée par Hitler lui-même, était en quelque sorte devenue inutilisable à cause de son refus, ou du moins de son silence. Ne trouvant aucune solution satisfaisante, il commença à rédiger une lettre à Hitler qui finit par compter plus de vingt feuillets. Avec son mélange de franchise et de calcul, de pathos, de formules toutes faites, de déclarations d'intentions et de sentimentalité, cette lettre constitue non seulement une réaction confuse à une situation d'urgence, mais reflète tous les paradoxes essentiels de la nature de Speer.

Speer commençait sa lettre par une déclaration conciliante[10] : « Je serais fier et heureux de pouvoir continuer à servir l'Allemagne en étant votre collaborateur. En cette époque décisive, l'abandon de mon poste — même sur votre ordre — devrait être considéré comme une désertion. » Il était « l'un de ses rares collaborateurs à lui avoir toujours dit franchement et sans détour » ce qu'il pensait et voulait « continuer à le faire ». Ensuite, Speer abordait la question cruciale de Hitler, à savoir s'il croyait que la guerre pouvait encore être gagnée, mais il ne lui donnait qu'une réponse ambiguë : « Jusqu'au 18 mars, j'ai cru fermement que le destin pouvait tourner en notre faveur. » Au lieu de préciser ce qui avait changé ce jour-là, il expliquait longuement que, au fond, il était un artiste et s'était vu « confier en tant que tel une tâche extrêmement difficile et [qui] lui était totalement étrangère ». Il avait, ajoutait-il, « beaucoup fait pour l'Allemagne » : « Sans mon travail, la guerre aurait peut-être été perdue dès 1942-1943. »

Il parlait ensuite de la « foi en sa tâche », d'« honnêteté intérieure » et faisait allusion à la « Providence » : « Mon cœur se serrait en voyant, lors des jours victorieux de l'an 1940, comment, dans de larges cercles de dirigeants, nous perdions notre fermeté intérieure. C'était l'heure où il aurait fallu se montrer dignes de la Providence par notre attitude honnête et humble. Alors, la victoire aurait été à nous. » Mais au lieu de cela, ils avaient tout gâché, en restant sourds aux avertissements que constituaient les revers militaires. Pourtant, Speer avait réussi à garder une foi « inébranlable jusqu'à ces derniers jours ».

Finalement, Speer abordait le nœud du problème. Il citait intégralement la déclaration faite par Hitler au cours de la nuit du 18 au 19 mars, selon laquelle une guerre perdue signifiait la perte du peuple allemand, dont les « besoins nécessaires à la survie la plus élémentaire » ne pouvaient être pris en considération[11]. En ayant connaissance de ce texte, ajoutait Speer, il avait été profondément ébranlé. « Quand j'ai lu l'ordre de destruction et, peu après, l'ordre d'évacuation, aux termes très durs, j'y ai vu les premiers pas dans l'exécution de ces desseins. Mais je ne peux plus croire au succès de notre bonne cause si, en ces mois décisifs, nous détruisons systématiquement et simultanément tout ce qui conditionne la vie de notre peuple. » Pour terminer, Speer priait instamment le dictateur d'abroger ces ordres, en prenant parfois un ton suppliant : « Si vous pouviez vous décider à y renoncer, de quelque manière que vous le fassiez, je retrouverais la foi et le courage de continuer à travailler avec la plus grande énergie... Je suis certain que vous comprendrez ce que je ressens... Il est de notre devoir de tout faire pour résister. Je ne veux pas faillir à ce devoir... » Speer ajoutait cependant : « Il n'est plus en notre pouvoir de déterminer le cours de notre destin. » Il terminait sa lettre non par la formule consacrée *Heil, mein Führer*, mais par « Que Dieu protège l'Allemagne ! »

Lorsqu'il eut fini de rédiger la lettre — qui était difficilement lisible —, Speer demanda à une des secrétaires de Hitler de la taper sur sa machine à gros caractères. Mais celle-ci le rappela peu après pour lui annoncer que le Fürher lui avait interdit d'accepter une lettre de Speer : « Il veut vous voir ici et exige une réponse de vive voix. » Pendant que Speer réfléchissait au moyen de se tirer de cette situation, un aide de camp arriva et lui demanda de se rendre chez Hitler sans tarder. Vers minuit, Speer parcourut en voiture les quelques centaines de mètres séparant son ministère de la chancellerie et descendit une fois de plus les cinquante marches menant au bunker.

Le délai de grâce était écoulé, mais c'était en vain que Speer avait cherché une réponse « qui n'existait pas ». S'armant du « courage aveugle » qui faisait souvent le désespoir de son entourage, il décida de se fier à sa présence d'esprit et au pouvoir magique de la parole, auquel ils restaient tous sensibles, comme lui-même l'a fait observer. Lorsqu'il se trouva soudain face à Hitler, il eut un instant d'incertitude, puis prononça presque automatiquement cette phrase, qu'il n'avait pas préparée : « Mon Führer, je vous apporte mon soutien inconditionnel. » Selon la propre description de Speer, Hitler fut ému au point que ses yeux s'emplirent de larmes et lui aussi fut « un moment touché [12] ». Cette scène devait se répéter moins de quatre semaines plus tard, sous une forme à la fois plus sombre, plus trouble et aussi plus grotesque.

Speer profita aussitôt de l'occasion — ce qui atteste effectivement de sa présence d'esprit — pour demander en quelque sorte une compensation. Dès que Hitler se fut repris, il lui dit que, puisqu'il lui apportait son soutien « inconditionnel », il devait se voir restituer la responsabilité des mesures de destruction. Bien que Hitler dût se douter que Speer s'efforcerait comme par le passé de neutraliser les ordres qu'il avait donnés, il l'autorisa à rédiger un décret d'application afférent à l'ordre du 19 mars 1945, qu'il signerait immédiatement. Lorsque Speer revint après avoir préparé le document, ils convinrent d'y ajouter un index de toutes les installations qui devaient impérativement être détruites. Au cours de leur entretien final, Hitler, encore tout ému et soulagé d'avoir retrouvé son ami, déclara que, de toute façon, « la terre brûlée n'[avait] pas de sens dans un aussi petit pays que l'Allemagne. Elle ne [pouvait] atteindre son but que dans de grands espaces comme ceux de la Russie [13] ». La liste des usines et infrastructures promises à la destruction ne fut d'ailleurs jamais établie par Speer. Avant de quitter la chancellerie vers 2 heures du matin, il informa son bureau, en passant par l'un des secrétariats, qu'il avait retrouvé toutes ses compétences et demanda de réunir tous ses collaborateurs disponibles, du personnel de l'imprimerie et des téléscripteurs aux chauffeurs et estafettes, sans oublier bien sûr les directeurs généraux. Il leur parla en des termes très fermes, presque menaçants : « Je prendrai des sanctions contre quiconque donnera suite à cet ordre [de la « terre brûlée »] et couvrirai tous ceux qui se refuseront à l'exécuter [14]. »

Dès 4 heures du matin, les premières voitures et motos partirent du ministère pour distribuer le décret d'application à peine sorti de l'imprimerie qui annulait à toutes fins utiles les ordres de destruction, ainsi que des instructions plus précises, relatives à la préservation des usines, des installations de télécommunication et des réseaux de distribution. Reprenant le rythme de travail sans lequel il ne se sentait pas vivre, il agit comme s'il était de nouveau couvert par l'autorité de Hitler, ordonnant tantôt de préserver des entrepôts de vivres, tantôt de distribuer à la population des stocks de vêtements, s'opposant à la destruction de ponts ou d'écluses, se déplaçant inlassablement et donnant d'innombrables coups de téléphone. Il se rendit notamment à Oldenburg pour rencontrer le commissaire du Reich pour les Pays-Bas, Arthur Seyss-Inquart et se mit d'accord avec lui pour ne pas effectuer les destructions et les inondations des basses terres ordonnées par Hitler. Il donna des instructions similaires aux services compétents de Tchécoslovaquie et d'Italie du Nord. Il s'opposait aux mesures de destruction déjà prévues en faisant valoir que son droit de regard n'avait pas été respecté ; pour faire céder les gauleiters récalcitrants, il utilisait l'argument, depuis longtemps devenu absurde, que la reconquête de tel ou tel territoire venait d'être décidée, voire était déjà en cours. Il usait de tous les prétextes imaginables pour parvenir à ses fins, justifiant par exemple la préservation du réseau ferroviaire de la région de Saalfeld par la construction des usines Zeiss à Iéna, ou celle des installations ferroviaires de Northeim par la nécessité de transporter les fusés V1 et V2 et ainsi de suite [15].

En prenant toutes ces mesures, Speer se référait régulièrement au décret de Hitler — qui n'était en fait qu'une autorisation générale le rétablissant dans ses pouvoirs —, sans toutefois mentionner les compétences spécifiques qui lui revenaient ni les conditions restrictives. Speer s'était en effet rendu compte que l'autorité de Hitler ne s'exerçait plus que sur quelques positions tenues par des partisans fanatiques et sur une zone ne s'étendant qu'à quelques kilomètres autour du bunker de la chancellerie de Berlin. Le lourd mécanisme du pouvoir continuait pourtant à fonctionner, du moins en apparence. Hitler donnait ses instructions, Bormann ou Keitel les transposaient sous la forme d'instructions, d'ordonnances, de décrets ou de circulaires et Goebbels y ajoutait quelques formules magiques ou apocalyptiques de son cru. Mais chaque jour qui passait voyait ce mécanisme s'effriter davantage et les ordres du Führer se perdaient dans le vide. Et, en dehors de l'univers clos du Bunker, régnaient d'autres lois — de plus en plus régies par la volonté de Speer. L'ambition de devenir le « deuxième personnage de l'Etat » et le successeur de Hitler, qu'il nourrissait jadis, connaissait maintenant une sorte de réalisation, à cela près que l'Etat en question n'existait plus.

Les réseaux de communications qui constituaient le système nerveux du régime du Führer commençaient eux aussi à se déchirer, ou étaient délibérément coupés. Maintenant, les nouvelles qui parvenaient au quartier général du Führer dépendaient souvent des circonstances et de l'état d'esprit de ceux qui les rédigeaient. Depuis le départ de Guderian, le tableau d'ensemble de la situation militaire était de plus en plus indéchiffrable et déformé. Les armées-fantômes que Hitler commandait, les opérations désordonnées qu'il faisait exécuter à des unités inexistantes en vue de la « bataille décisive aux portes de Berlin », les divisions blindées et les escadrilles aériennes qu'il déplaçait comme des pions sur les cartes d'état-major, tout cela s'expliquait non seulement par son refus de la réalité, mais aussi par le manque de précision des rapports sur les mouvements de l'ennemi et sur les fronts qui se rapprochaient. De temps à autre, Hitler convoquait Speer et faisait sortir les vieux projets architecturaux ; ensemble, ils regardaient en silence les plans et les esquisses concernant la reconstruction de Linz ou de Berlin. L'attitude étrangement calme du Führer a conduit Speer à supposer que celui-ci n'était pas vraiment informé de son opposition active aux ordres de destruction ; de fait, Otto Ohlendorf, chef du service de sécurité de la SS, a assuré par la suite que, au cours de ces semaines, il avait régulièrement reçu des rapports sur les « initiatives » de Speer, mais qu'il n'en avait rien transmis. Ces jours-là, Speer reçut également par radio un message envoyé de la Ruhr encerclée par plusieurs de ses anciens collaborateurs : « Nous vous disons adieu. Tout se passe comme prévu. La Ruhr vous sera éternellement reconnaissante [16]. »

Au mois de mars, Speer avait également été informé que Goebbels avait l'intention d'incorporer les musiciens du Philharmonique de Berlin dans la « milice populaire » levée pour la défense de Berlin. Pour empêcher cette absurdité, Speer fit détruire les dossiers militaires des artistes dans les fichiers de la Wehrmacht. Il fit également savoir aux membres de l'orchestre, ainsi qu'à des amis et connaissances, que la fin était proche et qu'il serait sage de prendre la fuite ou de se cacher quand la IVe symphonie d'Anton Bruckner, dite *Symphonie romantique*, figurerait au programme de l'orchestre. Le 12 avril, le concert d'adieu, dont le programme avait été composé par Speer, comprenait, en plus de la IVe de Bruckner, le *Concerto pour violon* de Beethoven et le finale du *Crépuscule des dieux* de Wagner. Lorsque les auditeurs enveloppés dans d'épais manteaux quittèrent la salle non chauffée, des membres des Jeunesses hitlériennes en uniforme attendaient devant les portes ; ils distribuèrent gratuitement des capsules de cyanure [17].

Vers la même époque, Rudolf Wolters qui avait passé quelque temps chez lui, en Westphalie, revint une dernière fois au ministère de la Pariserplatz. Lorsque Speer l'interrogea sur l'état d'esprit de la population, Wolters répondit que les gens ne comprenaient pas que, dans l'entourage de Hitler, personne ne fasse quelque chose pour le mettre dans l'incapacité de nuire : « Pourquoi diable ne le descendent-ils pas ? » Lorsque Wolters ajouta que personne non plus « n'était sans doute mieux placé » que son interlocuteur pour le faire, Speer, en guise de réponse, sortit le pistolet qu'il portait sur lui depuis quelque temps, le posa sur la table et, d'un geste résigné, le poussa vers Wolters [18].

Bien qu'il eût redonné les pleins pouvoirs à Speer dans ce domaine, Hitler revenait sans cesse sur ses projets de destruction. Lorsque Speer lui soumit un jour une directive annulant le dynamitage de plusieurs ponts, Hitler se refusa « énergiquement » à y apposer sa signature. Sans se laisser décourager pour autant, Speer réussit alors à convaincre Jodl de publier un ordre similaire au nom de la Wehrmacht, mais le général, timoré, soumit le nouveau texte à Hitler. Non content de refuser de nouveau sa signature, Hitler fit fusiller le même jour huit officiers qui n'avaient pas exécuté leurs missions de destruction, pour bien souligner qu'il ne tolérait aucune désobéissance. Lorsqu'il devint évident que la bataille de Berlin était imminente, Hitler renouvela ses ordres de destruction, exigeant notamment que l'on fasse sauter tous les ponts. Il était évident aux yeux de tous que cette mesure signifierait la condamnation à mort de la capitale. Speer était à la fois consterné et désespéré par l'aveuglement du dictateur. Cette fois, il ne tenta même pas de faire revenir Hitler sur sa décision, mais, bien entendu sans en informer ce dernier, s'adressa directement au général Gotthardt Heinrici, commandant en chef du front de l'Oder ; ensemble, ils réussirent à convaincre le commandant des troupes chargées de défendre Berlin de limiter les destructions de façon à éviter une catastrophe [19]. Le même jour, Speer écrivit une émouvante lettre d'adieu à son ami Karl Hanke, commandant de la forteresse de Breslau qui était encerclée : « Ton exemple, dont la grandeur n'est pas encore reconnue, aura un jour une valeur immense pour le peuple allemand, au même titre que celui de quelques rares héros de notre histoire... Ton sort est enviable. En ces moments ultimes, ton attitude est belle et digne [20]. »

Le 20 avril, les personnalités dirigeantes du régime se réunirent une dernière fois à la chancellerie à l'occasion du cinquante-sixième anniversaire de Hitler. Après que tous lui eurent présenté leurs vœux, Hitler alla d'un groupe à l'autre, s'efforçant de détendre l'atmosphère quelque peu oppressante. « Il paraissait étrangement galvanisé », s'est souvenu Speer [21]. Pendant qu'il encourageait les uns et félicitait les autres, sortant même une fois dans les jardins de la chancellerie pour décorer quelques membres de la Jeunesse hitlérienne, tous attendaient avec impatience que ce fût terminé pour fuir la capitale dans les voitures qui attendaient. Cinq jours auparavant, l'Armée rouge avait déclenché l'offensive finale contre Berlin avec deux millions cinq cent mille hommes, soixante mille blindés et plus de quarante mille pièces d'artillerie ; d'heure en heure, l'étau se resserrait. Pour échapper au piège, il ne subsistait qu'une unique voie d'évasion, un étroit couloir nord-sud, par le massif de la forêt bavaroise lui-même menacé.

Lors de la conférence d'état-major qui suivit, Hitler donna l'ordre de déclencher une violente contre-offensive pour repousser les unités soviétiques dont certaines étaient presque arrivées aux portes de la ville. Entraîné par son élan, il se perdait comme toujours dans des considérations tactiques mineures, tandis que ses paladins, en premier lieu le gros Reichsmarschall, blême et couvert de sueur, comptaient les minutes qui s'écoulaient. Pour finir, Hitler déclara qu'il s'était ravisé : il avait décidé de rester dans la capitale du Reich, le cas échéant pour y chercher la mort. A peine la conférence terminée, les ministres, généraux et dignitaires du parti prirent congé sans grande cérémonie avant de quitter la capitale du Reich, accompagnés d'interminables colonnes de voitures. Speer lui-même envisagea d'abord de rester à Berlin, d'autant qu'il n'avait pas personnellement fait ses adieux à Hitler. Mais, peu avant la tombée du jour, son officier de liaison, le lieutenant-colonel von Poser, lui annonça que les forces soviétiques avaient déclenché l'attaque contre la ville et avançaient rapidement, de sorte qu'il décida de partir sans plus tarder. Quinze jours auparavant, il avait déjà envoyé sa femme et ses six enfants dans le Schleswig-Holstein où un ami les accueillait dans sa propriété.

Depuis environ une semaine, Speer avait dans sa poche le texte d'une allocution qu'il avait rédigée pendant un de ses voyages sur le front de l'Oder. Cette allocution, destinée à être radiodiffusée, devait remplacer un texte d'une teneur analogue, écrit quelques jours auparavant ; il avait soumis cette première version à Hitler, lequel l'avait raturée et modifiée avec une telle rage que Speer avait préféré la détruire. La nouvelle version interdisait formellement la destruction des usines, ponts, réseaux ferroviaires, lignes et centraux téléphoniques, etc., et ordonnait à la Wehrmacht de s'opposer « avec la plus grande fermeté, au besoin par la force des armes, aux ennemis du peuple » déterminés à tout détruire. Elle prescrivait de surcroît de remettre aux forces alliées « les prisonniers de guerre et les travailleurs étrangers » ainsi que « les détenus politiques, notamment les Juifs », et aussi de faciliter leur retour dans leurs pays d'origine. Pour finir, elle interdisait les activités de l'organisation de « résistance » « Werwolf » mise sur pied par Ley et ordonnait de donner une priorité absolue aux industries alimentaires [22].

L'après-midi du 21 avril, Speer et von Poser arrivèrent à Hambourg où ils allèrent voir le gauleiter Kaufmann qui avait levé des « unités de défense » bien armées et entraînées, en majorité composées d'étudiants. Agissant de concert, ils réussirent à empêcher la Marine qui avait déjà commencé les travaux de démolition, de continuer à faire sauter les docks, les installations portuaires et les ponts de l'Elbe. Speer montra ensuite au gauleiter le texte de son allocution ; après l'avoir lue, celui-ci proposa de la faire diffuser. Après avoir examiné diverses possibilités, ils convinrent dans un premier temps de la faire enregistrer sur disque. Kaufmann garderait les enregistrements en dépôt. Dans certaines circonstances, il serait autorisé à les diffuser sans l'accord préalable de Speer. La liste de ces circonstances était particulièrement éloquente : si Speer était assassiné ; s'il était condamné à mort par Hitler ; si, Hitler lui-même étant mort, son successeur poursuivait la politique de la « terre brûlée ».

Speer n'en resta pas là dans son « combat pour sauver le cadavre de l'Allemagne [23] ». Aussitôt après avoir pris congé du gauleiter Kaufmann, il se rendit au quartier général du groupe d'armées Nord-Ouest, dans la banlieue de Hambourg ; il y rencontra le maréchal Ernst Busch, commandant en chef, ainsi que le maréchal von Manstein. Son but était comme toujours d'obtenir l'abrogation de toutes les mesures de destruction, mais ses interlocuteurs restèrent sourds à ses arguments. Muet de stupeur, il entendit Busch lui reprocher d'avoir empêché la destruction du port et des ponts de l'Elbe, « contrairement aux ordres du Führer » ; rien n'autorisait Speer à prendre de telles mesures en accord avec les gauleiters, sans même en informer le commandement militaire de la région[24]. Il se remit en route sans avoir rien obtenu.

De Hambourg, Speer gagna les bords du lac d'Eutin, où deux wagons-salons contenant ses dossiers et ses effets personnels, rangés sur une voie de garage, lui offraient un abri de fortune. Dans une propriété voisine, il rencontra un soir un collaborateur de son ami le Dr. Brandt, lequel, suite aux intrigues de Bormann, n'était plus attaché au service de Hitler depuis l'automne 1944 ; environ un mois auparavant, Brandt avait soudain été arrêté, pour des raisons inconnues. Speer apprenait maintenant de la bouche du collaborateur du médecin le motif de cette arrestation. Il lui était reproché d'avoir « un peu trop opportunément » envoyé les membres de sa famille en Thuringe, région qui devait être occupée par les forces américaines peu après, ce qui constituait aux yeux de l'accusation des « menées antipatriotiques » assimilables à de la haute trahison ; une cour martiale hâtivement réunie dans l'appartement de Goebbels avait condamné le médecin à mort. A en croire certaines rumeurs, Hitler en personne avait exigé que la peine capitale fût appliquée, bien que Brandt et sa femme fussent venus le voir quelques jours auparavant pour prendre personnellement congé de lui. Brandt, expliquait-on, occupait un poste de confiance et aurait même bénéficié de l'« amitié du Führer », de sorte que sa « trahison » n'en était que plus condamnable. Speer réalisa aussitôt que sa situation était en tous points analogue à celle du Dr. Brandt et qu'il risquait la même inculpation, mais il ne s'attarda pas à de telles considérations. Apprenant que Brandt était gardé prisonnier dans une villa des faubourgs de Berlin, où il attendait d'être exécuté, Speer sentit renaître en lui l'envie de jouer aux cow-boys et aux Indiens et réfléchit à la possibilité d'aller à Berlin et de profiter de la pagaille générale pour libérer son ami. Dans son inconscience, il alla jusqu'à dire à une des secrétaires de Hitler qui lui demandait ce que devenait Brandt : « Nous allons le libérer illégalement[25] ! »

Ce fut une des raisons qui le poussèrent à retourner une dernière fois à Berlin, encore complètement encerclée. Une autre raison était que son départ précipité, le 20 avril, ne lui avait pas permis de prendre congé de ses collaborateurs les plus proches, en particulier de son ami Friedrich Lüschen. Le lendemain, Kaufmann lui apprit que, la nuit précédente, l'on avait donné le mot d'ordre « Tusnelda » aux cadres des ministères pour leur indiquer que le moment était venu de quitter Berlin. Il l'informa également que les gauleiters avaient reçu une circulaire de Bormann qui, outre diverses instructions, contenait ces mots aussi énigmatiques qu'inquiétants : « Où est Speer ? » Un moment, il craignit que Bormann, lequel exerçait de plus en plus un pouvoir sans partage, s'apprêtait à lui porter un coup décisif. Mais sa tendance à aller au-devant du danger, réel ou supposé, ne tarda pas à prendre le dessus. Son entourage, consterné, tenta en vain de l'en dissuader, mais le soir même, il résolut de partir pour Berlin en dépit de toutes les inconnues.

Ces motivations, ainsi que d'autres que Speer a exposées en détail, n'étaient toutefois que des prétextes. La véritable raison de son retour à Berlin, même s'il ne se l'avouait pas, était son désir de revoir Hitler une dernière fois. Il avait l'impression de s'être « éclipsé à la dérobée » sans même prendre congé. Certes, il était persuadé « de la nécessité et de l'urgence de sa mort » et le haïssait, lui et sa guerre qui réduisait tout en cendres[26]. Mais en même temps, il était conscient qu'il lui devait tout : les grandioses rêves architecturaux, même s'ils appartenaient maintenant à un lointain passé, le privilège de son amitié, l'influence et le pouvoir qu'il avait exercés douze années durant. Il lui paraissait inconvenant de disparaître ainsi, sans même lui dire adieu. Il éprouvait également le besoin de faire le point : « Je ne pouvais pas m'être opposé pendant des mois aux ordres de Hitler et puis simplement m'en aller. » Plus tard, il devait écrire dans sa cellule de Spandau : « Malgré toutes les leçons de ces dernières années..., j'agirais pratiquement de la même façon. » Il envoya aussi une brève missive à sa femme qui habitait tout près, pour l'informer de sa décision d'aller à Berlin et pour la rassurer : il n'avait absolument pas l'intention de suivre Hitler dans la mort.

Il essaya d'abord de gagner Berlin en voiture, mais à une centaine de kilomètres de la capitale les routes étaient tellement encombrées de réfugiés de véhicules de toute sorte, de bétail et d'unités militaires marchant sans but, que cela s'avéra impossible. Utilisant le téléphone d'un état-major de division établi dans la région, Speer appela à Berlin la villa où le Dr. Brandt était détenu ; il apprit que, sur ordre personnel de Himmler, Brandt avait été transféré à Schwerin. Après avoir tenté en vain de téléphoner à plusieurs de ses amis, il appela la chancellerie et annonça sa visite prochaine à un des aides de camp de Hitler. Il reprit ensuite sa voiture pour aller au terrain d'essais en vol de Rechlin, situé à proximité et monta dans l'avion qui fut mis à sa disposition. Vers le milieu de l'après-midi, il atterrit à l'aéroport de Gatow, près de Berlin, encore aux mains des forces allemandes. Pendant le vol, il eut des aperçus de la bataille pour la capitale du Reich : les éclairs des canons et des lance-roquettes, les explosions des obus qui tombaient et les fusées éclairantes délimitaient le cercle de plus en plus étroit qui entourait la ville en feu. De Gatow, il gagna le centre de Berlin dans un avion de reconnaissance léger Fieseler Storch (« Cigogne »).

Lorsque Speer se mit ensuite en route pour la chancellerie du

Reich, il ressentait une profonde angoisse. Il se demandait en effet, comme il l'a indiqué par la suite non sans une pointe de cynisme, s'il serait accueilli par un peloton d'exécution, par une scène larmoyante, ou par un Hitler apathique et indifférent[27]. Ses craintes s'apaisèrent dès son arrivée à la chancellerie : apparemment, tous étaient heureusement surpris de son retour et le saluèrent avec cordialité. Même Bormann se montra d'une politesse et d'une amabilité dont il était peu coutumier et parla de l'« immense joie » que Speer préparait au Führer ; jamais l'on n'oublierait son « geste à la fois humain et d'une portée historique ». Comme Speer ne réagissait pas à ces louanges, Bormann lui révéla la raison de son empressement : il le pria presque humblement d'utiliser toute son influence pour convaincre Hitler de partir *in extremis* pour sa « forteresse alpine » de Berchtesgaden, ou du moins pour dissiper la résignation à laquelle Hitler avait succombé depuis peu.

Partout où Speer passait, le bunker résonnait encore de l'orage qui avait éclaté la veille, lorsque Hitler s'était rendu compte qu'aucune des opérations militaires visant à dégager les accès de la capitale n'avait été engagée. Après un moment de silence stupéfait, il avait eu une explosion de colère sans précédent — et pourtant, les hommes du bunker en avaient connu beaucoup —, accusant l'univers entier de lâcheté, de corruption et de perfidie. Alertés par ses hurlements de rage, tous les officiers et fonctionnaires étaient sortis dans les couloirs ; ceux qui avaient pu jeter un coup d'œil dans la salle de conférences avaient vu Hitler se démener comme un forcené, se martelant les tempes de ses poings, les joues ruisselant de larmes. Puis, se calmant brusquement, il avait murmuré d'une voix éteinte que la fin était proche. Quiconque le souhaitait pouvait partir vers le sud, tandis que lui-même resterait à Berlin, pour tomber sur les marches de la chancellerie ; il ne pouvait plus continuer ainsi, avait-il dit, il avait déjà voulu en finir à Rastenburg. Comme s'il était fasciné par cette image pathétique, il avait répété à plusieurs reprises qu'il voulait chercher la mort sur « les marches de la chancellerie », avant de déclarer que la conférence était terminée.

Lorsque Speer fut introduit, Hitler semblait perdu dans ses pensées et occupé à régler des affaires importantes. « Vous êtes donc venu », lui dit-il sans aucune émotion, comme s'il ne s'attendait plus à sa visite. Speer commença à lui décrire ses voyages, parlant de Kaufman et de la destruction de Hambourg, mais Hitler lui fit signe d'être bref, comme s'il n'avait pas de temps à consacrer à de pareilles vétilles. Il lui demanda en revanche des nouvelles de Dönitz lui aussi « là-haut » ; Speer lui parla de la compétence technique de l'amiral, de son patriotisme, de sa loyauté. Se rongeant les ongles, Hitler resta un long moment assis en regardant fixement devant lui. Des aides de camp allaient et venaient, un général vint faire son rapport quotidien, comme toujours ces temps-ci confus et indiquant un net relâchement de la discipline. Pendant une pause, Hitler lui demanda brusquement s'il devait rester à Berlin ou attendre à l'Obersalzberg la mort qui était de toute façon son destin. Speer lui conseilla de rester dans la capitale du Reich ; il n'était pas digne du Führer de terminer sa vie dans sa « maison de week-end ». Il y eut de nouvelles interruptions ; dès qu'ils se retrouvèrent seuls, Hitler se lança dans des considérations aussi générales que décousues. Il avait eu de grands projets pour l'Allemagne et pour le monde entier, déclara-t-il, pour ajouter peu après que personne ne l'avait jamais compris, pas même ses plus anciens compagnons de route ; il ne fallait surtout pas croire qu'il n'avait pas percé à jour l'hypocrisie et la bassesse des membres de son entourage. Se ressaisissant soudain, il ajouta que son heure allait venir. Comme ils étaient constamment interrompus, la conversation se prolongea des heures durant. Pour finir, Hitler déclara qu'il renonçait : il ne combattrait pas, le danger était trop grand de tomber vivant aux mains des Russes ; il avait également donné l'ordre de brûler son corps : même mort, il craignait d'être déshonoré. Après avoir été une fois de plus interrompu par un aide de camp, il ajouta qu'il lui serait facile de mettre fin à sa vie : un court instant et il serait « libéré » ; sur ce, il éclata d'un rire sardonique.

Du début à la fin de leur entrevue, Hitler avait témoigné d'une indifférence et d'un calme surprenants, au point que Speer se demanda si, après sa crise de rage de la veille, on ne lui avait pas administré un calmant dont l'effet continuait à se faire sentir. Speer se rappela alors les monologues décousus de jadis, le débit saccadé de Hitler et aussi les rêves qu'ils avaient fait ensemble, tellement éloignés des champs de ruines qu'il avait traversés pour venir à la chancellerie. Plus encore que les mots de Hitler — au fond, toujours les mêmes tirades sempiternelles emplies d'apitoiement sur soi-même et de folie des grandeurs —, ce fut cette pensée qui l'emplit d'une telle émotion qu'il resta longtemps sans trouver ses mots et presque incapable de parler tant il avait la gorge serrée. Puis, cédant brusquement à un « besoin de se confesser », il finit par lui avouer que, depuis des mois, il s'était opposé aux ordres de destruction et avait réussi à convaincre de nombreux généraux, chefs d'entreprise, gauleiters et autres responsables d'« épargner la patrie » (Speer devait calculer par la suite que, pour la seule période s'étendant de janvier à avril 1945, il avait fait quelque soixante interventions de ce genre, au vu et au su de centaines de personnes [28]). Peu avant la fin de leur entretien, il alla jusqu'à montrer à Hitler trois communiqués émanant d'« autorités locales » confirmant que son ordre de s'opposer à toute mesure de destruction avait été respecté [29]. Toujours selon les propres dires de Speer, Hitler l'avait écouté en silence, étrangement indifférent, comme s'il savait tout cela depuis longtemps ; seul signe de nervosité, il prit un des crayons qui se trouvaient devant lui et l'appuya sur le rebord de la table jusqu'à ce qu'il se brise. Bien que se rendant parfaitement compte qu'il mettait Hitler hors de lui et que celui-ci faisait d'énormes efforts pour se maîtriser, Speer continua. Il décrivit par la suite son état d'esprit en ces termes : « Je ne sais trop pourquoi, je ressentais désespérément le besoin d'établir avec Hitler ne serait-ce qu'une ombre de contact humain. » Après une autre interruption, cela le conduisit à ajouter que, en dépit des nombreux désaccords de ces derniers mois, sa loyauté personnelle n'était en rien diminuée. En l'entendant dire cela, Hitler fut de nouveau au bord des larmes, son émotion était même plus vive que trois semaines auparavant. Mais il ne dit rien ; et lorsque Speer lui proposa avec élan de rester avec lui à Berlin, il garda de nouveau le silence. « Peut-être avait-il senti que je mentais », a écrit Speer à ce propos [30].

A ce point, l'observateur doit abandonner un moment son rôle de chroniqueur distancié pour reconnaître sa perplexité, tant cette scène paraît contraire à la logique. Depuis l'automne de l'année précédente, Speer avait commencé, d'abord prudemment puis avec une audace croissante, à s'opposer à la politique de la « terre brûlée ». Selon les principes du régime dont il était un des piliers, chacun des très nombreux entretiens qu'il avait eus dans ce contexte et le moindre des ordres qu'il avait donnés, constituaient un crime passible de la peine de mort. Compte tenu de son incroyable témérité, ses collaborateurs les plus proches avaient jugé qu'il était « fou », tandis que Speer lui-même avait — certainement à plusieurs reprises et pas seulement en s'adressant à Dietrich Stahl — traité Hitler de « fou furieux », lui avait reproché d'assimiler sa propre vie à celle du peuple allemand et l'avait pour finir qualifié de « criminel ». Rien dans cette conversation ne permet de conclure que Hitler avait renoncé au délire d'annihilation totale qui le possédait depuis plusieurs mois. Pourtant, à propos de cette scène larmoyante pleine de fausseté, de gêne et de kitsch, Speer a affirmé, en dépit du bon sens le plus élémentaire, avoir ressenti le besoin désespéré d'un geste « humain » de Hitler à son égard et être allé jusqu'à l'assurer de son entière loyauté. Le plus troublant dans cette affaire, c'est que Speer disait la vérité.

Pendant un nouveau silence, le grondement de l'artillerie lourde se fit entendre, ébranlant les murs du bunker. Au cours de la matinée, Hitler avait reçu un rapport annonçant que les forces soviétiques avaient pris plusieurs localités de la banlieue de Berlin — Pankow, Karlshorst et Frohnau —, tandis que quelques unités avancées avaient été aperçues non loin du centre de la ville. Le général Krebs, nouveau chef de l'état-major général de l'armée de terre, vint ensuite faire son rapport sur la situation militaire, mais alors qu'auparavant la petite pièce du bunker réservée à ces conférences ne pouvait même pas accueillir tous les officiers et dignitaires qui se pressaient pour y assister, Krebs n'était accompagné que de quelques officiers de liaison de rang subalterne. Keitel, Jodl, Himmler et presque tous les autres avaient quitté la ville. La conférence terminée, Speer alla voir Magda Goebbels qui, malade à la pensée qu'elle entraînerait bientôt ses enfants dans la mort, s'était alitée ; il la trouva à bout de forces, le visage blafard. Il resta un moment en compagnie de cette femme dont il avait été l'ami et le conseiller, mais il ne trouva presque rien à lui dire, d'autant que Goebbels, l'air sévère, avait tenu à assister à leur entretien, comme s'il craignait que Speer ne devînt une fois encore le confident de ses craintes et de son désarroi.

Lorsque cette situation embarrassante eut assez duré, Speer prit congé et sortit. Dans le couloir régnait une vive agitation ; la raison en était un télégramme de Göring qui venait d'arriver : le Reichsmarschall voulait savoir si la décision de Hitler de rester à Berlin ferait entrer en vigueur le décret relatif à la succession du Führer. Bien que Hitler eût accueilli ce message, d'ailleurs formulé en termes parfaitement loyaux, sans réaction particulière, Himmler réussit à présenter la requête de son vieil ennemi comme une tentative de coup d'Etat et à persuader Hitler de déchoir Göring de tous ses droits et fonctions.

« A la fois amusé et déprimé » par ces machinations perfides et d'ailleurs sans objet compte tenu de la situation, Speer se rendit dans la petite pièce du bunker qu'occupait Eva Braun. Presque sereine, celle-ci lui raconta avec une fierté naïve que, pour la première fois, elle avait réussi à l'emporter sur Hitler qui voulait, encore tout récemment, la renvoyer en Bavière. Ils échangèrent ensuite des souvenirs ; une fois, à la surprise de Speer, elle lui demanda des nouvelles de sa femme et de ses enfants. Mais elle abandonna aussitôt ce sujet pour lui dire combien elle était heureuse qu'il fût revenu dans le bunker, en ajoutant que le Führer avait été à deux doigts de croire que Speer lui aussi l'avait trahi ; elle-même n'avait jamais douté qu'il reviendrait une dernière fois et sa visite prouvait à tout un chacun qu'elle avait eu raison. Elle parla ensuite de sa fin prochaine et Speer nota avec admiration qu'elle était la seule personnalité présente dans le bunker qui témoignait d'un calme souverain à la perspective de la mort volontaire.

Vers 3 heures du matin, Speer décida d'aller voir Hitler une dernière fois et se fit annoncer. Tandis qu'il se tenait, ému et au bord des larmes, face à ce « vieillard agité de tremblements », et qu'il cherchait ses mots, Hitler, lui, ne manifestait aucune émotion. Il leva brièvement les yeux, lui tendit la main d'un geste machinal et dit avec froideur : « Alors, vous partez ? Bon. Au revoir », avant de retourner à ses occupations. Pas un mot d'adieu, a noté Speer, pas un souhait, pas un remerciement[31].

Speer était profondément déçu. Ce n'était pas ainsi qu'il avait imaginé leurs adieux, même si la froideur de Hitler s'expliquait peut-être par le désir d'éviter des épanchements pénibles. Avant de quitter définitivement la chancellerie du Reich, Speer voulut revoir une dernière fois son œuvre. Il traversa la salle des mosaïques ; dans l'obscurité, il distingua les ravages subis par le bâtiment : le beau marbre rouge était noirci par les flammes, par endroits les murs portaient des traces d'impacts, la grande verrière du plafond s'était effondrée. Dans la cour d'honneur jonchée de gravats, deux ou trois cuisines roulantes étaient entourées de caisses de conserves et de munitions. Lorsqu'il était arrivé cet après-midi-là, il avait imaginé divers scénarios d'adieux, tous solennels et grandioses, marqués du sceau d'un destin tragique. Et maintenant il se sentait en quelque sorte rabaissé, presque avili. « J'aurais même été prêt à affronter une fin horrible », a-t-il écrit en repensant à ce jour-là. En examinant les événements des semaines précédentes, l'on ne peut effectivement qu'être frappé par son insistance lorsqu'il assurait, tant à ses proches collaborateurs qu'aux généraux pusillanimes, qu'il était prêt à répondre « sur sa tête » de ses instructions allant à l'encontre des ordres de Hitler, comme s'il courtisait la mort. Dans le même ordre d'idées, il avait eu une étrange conversation avec Willy Stöhr, gauleiter du Palatinat et de la Sarre, les deux hommes se disputant pour savoir lequel d'entre eux prendrait « sous son chapeau » la désobéissance à un ordre du Führer[32].

Speer a affirmé qu'il n'avait « pas de prédispositions pour le suicide[33] », mais il était indubitablement fataliste, et nullement insensible à l'aura suicidaire qui entourait Hitler. Peut-être aussi était-il, bien plus qu'il ne le réalisait, imprégné de cette idéologie allemande remise en honneur par la philosophie du régime national-socialiste, selon laquelle seul est vraiment grand ce qui porte le sceau du tragique et de la mort. Or, rien n'était plus tristement banal, plus contraire à cette vision, que la main molle que lui avait tendue Hitler. Une des scènes pathétiques qu'il s'était imaginées était sans doute que, aux premières lueurs de l'aube, on lui ferait traverser cette même cour d'honneur jonchée de gravats, pour le placer dos au mur, face à des uniformes noirs, en attendant la salve qui serait le dernier son à lui parvenir en ce bas monde.

Le seul fait d'être proche de Hitler n'aurait certainement pas suffi à le préserver d'une telle fin, comme Speer put s'en rendre compte trois jours plus tard en apprenant l'exécution du Gruppenführer SS Hermann Fegelein, l'officier de liaison de Himmler auprès du quartier général du Führer ; avec l'élégant opportunisme du hobereau qu'il était, Fegelein avait su se faire une place au sein de la cour de Hitler et, depuis son mariage avec la sœur d'Eva Braun, faisait pour ainsi dire partie de la famille. Il n'est pas impossible que Speer ait envié Fegelein pour ce « saut dans le néant » qui était la sanction de tout acte d'insubordination ou de désobéissance aux ordres de Hitler. Un texte écrit pendant son incarcération à Spandau pourrait le faire supposer ; il dit en effet que le motif déterminant de sa dernière visite au bunker était d'ordre « romantique » et que, en revenant dans la capitale en flammes, il avait cherché une sorte de « jugement de Dieu » : « Au fond, je voulais être débarrassé de toute responsabilité me concernant, en n'ayant à prendre aucune décision concernant mon sort ou ma vie à venir. » Il en arrivait même à « désespérer parce que Hitler, fatigué et d'humeur indulgente, avait réagi à l'aveu de [son] insubordination avec émotion, au lieu de donner aussitôt l'ordre de [le] fusiller » : « C'eût été une plus digne fin de ma vie[34]. »

Le long des rues éventrées par des cratères de bombes, jonchées de débris de maçonnerie, de poteaux et de câbles arrachés, entourées d'immeubles en ruine, Speer gagna la porte de Brandebourg où il arriva vers 4 heures du matin. En chemin, Poser lui demanda comment cela s'était passé. La réponse de Speer révèle qu'il n'avait toujours pas renoncé à exercer une sorte de succession, ou du moins à jouer un rôle décisif dans la suite des événements : « Grâce au ciel, dit-il avec soulagement, je n'ai pas eu besoin de jouer au prince Max de Bade[35]. » Du grand axe est-ouest transformé en piste d'envol, ils gagnèrent Rechlin dans le Fieseler Storch qui les attendait ; volant en rase-mottes, ils évitèrent de justesse les arbres et la colonne de la Victoire. Depuis peu, la grande avenue et le quartier gouvernemental étaient pris sous le feu de l'artillerie soviétique. L'avion prit rapidement de l'altitude et ils purent voir de tous côtés les incendies qui ravageaient la ville, les éclairs des canons et la lumière tremblotante des fusées éclairantes. Au nord-ouest, cette ceinture de feu était trouée par une étroite zone d'ombre : l'unique couloir encore ouvert.

A son arrivée au terrain d'essais de Rechlin, Speer apprit que Heinrich Himmler se trouvait à Hohenlychen, à une quarantaine de kilomètres de là. Comme il était impossible de poursuivre le voyage avant la tombée de la nuit à cause de la présence de nombreux chasseurs britanniques et que Speer était curieux de savoir comment le puissant Reichsführer SS s'accommodait de la certitude de la défaite, il demanda au pilote du Fieseler Storch de l'amener à la clinique. Une heure plus tard, il rencontra Himmler dans la chambre que lui-même occupait un an auparavant. Gebhardt lui aussi était présent, vaquant à des affaires de dernière minute. Speer s'était attendu à voir son arrogant rival en proie à l'incertitude, voire à l'angoisse, mais ce n'était pas le cas. Himmler était convenu avec Göring — qu'il appelait avec assurance « le successeur du Führer » sans tenir compte du fait que Hitler avait démis celui-ci de toutes ses fonctions — qu'il serait le « Premier ministre » du nouveau gouvernement du Reich et il avait déjà pris des contacts pour constituer son cabinet. Même sur le plan européen, il serait impossible de se passer de lui : « Sans moi, affirmait-il, l'Europe ne s'en sortira pas. Elle aura encore besoin de moi comme ministre de la Police pour maintenir l'ordre. Une heure avec Eisenhower et il en sera convaincu ! » Se méprenant complètement sur les intentions de Speer, il lui fit savoir avec morgue qu'il n'avait pas besoin de ses services ; pour bien lui faire comprendre que son rôle politique était terminé et qu'il n'était désormais rien de plus qu'un architecte, il ajouta que, dans l'immédiat, il n'envisageait aucune construction de prestige. A la fin de l'entretien, Speer lui proposa, « non sans ironie », d'utiliser son avion pour faire lui aussi une visite d'adieux à Berlin ; Himmler refusa, sous le prétexte qu'il « n'en avait pas le temps [36] ».

Speer regagna Rechlin en fin d'après-midi. A la tombée du jour, Poser et lui continuèrent leur voyage. Durant le vol, ils aperçurent de temps à autre quelques chasseurs soviétiques ; le pilote descendait alors jusqu'à frôler la cime des arbres. Au bout d'un certain temps, ils survolèrent les lacs du Mecklembourg que Speer avait traversés en canoë pendant son voyage de noces. Dans la soirée, ils se posèrent à Hambourg. Le gauleiter Kaufmann lui proposa de diffuser sans attendre le discours dont Speer lui avait confié l'enregistrement deux jours auparavant. Speer lui demanda de retarder la radiodiffusion de son message de deux ou trois jours. Ses raisons étaient surtout d'ordre sentimental : il était encore trop impressionné par ce qu'il avait vu à Berlin et par la « tragédie » qui se préparait dans le bunker de la chancellerie.

Après Hambourg, Speer se rendit dans le Schleswig-Holstein. De sa caravane garée près du lac d'Eutin, il prit contact avec l'amiral Dönitz, installé avec les membres de son état-major dans quelques baraquements situés à Plön, non loin de là. Dönitz invita Speer à venir le rejoindre ; il était donc présent lorsque Dönitz reçut, le soir du 30 avril, un radiogramme de Bormann faisant de lui le successeur de Hitler. Le message précisait quelle devait être la composition de son cabinet. Speer lui-même n'y figurait pas ; le nouveau ministre de l'Armement était Karl Otto Saur. Le lendemain, deux autres radiogrammes suivirent. Le premier annonçait que le testament de Hitler était entré en vigueur. Le deuxième qui n'arriva qu'en début d'après-midi, apprit à ceux qui étaient présents que Hitler avait « pris congé » près de vingt-quatre heures auparavant. Le soir venu, Speer regagna la chambre mise à sa disposition dans une des baraques ; en ouvrant sa valise, la première chose qu'il vit fut l'écrin de cuir rouge contenant la photographie dédicacée que lui avait offerte Hitler. Le portrait, avec sa dédicace à l'écriture saccadée qui parlait d'« amitié éternelle », lui fit un choc inattendu. Pendant qu'il disposait la photo sur la table de nuit, il fut secoué par une longue « crise de larmes » ; il retrouva son calme en réalisant que, avec la mort de cet homme, « se dénouèrent les liens qui [le] tenaient enchaînés à Hitler », mettant ainsi fin à cette dépendance qui l'avait entraîné sur des chemins tellement étranges que lui-même, parfois, ne parvenait pas à se l'expliquer. « Son charme magique avait cessé d'agir », ajoute encore Speer [37]. Ainsi prirent fin ses relations avec Hitler. Mais, à d'autres égards, elles ne faisaient que commencer.

La désignation de Dönitz comme successeur de Hitler avait également mis fin, une fois pour toutes et à la surprise générale, aux constantes et souvent violentes disputes de diadoques qui faisaient rage depuis des années. Tous les prétendants au pouvoir qui cherchaient fébrilement la meilleure position de départ, étaient soudain hors jeu : même en cette heure tardive, la parole de Hitler demeurait l'autorité suprême. Après l'éviction de Göring, le Führer avait aussi, au cours de la nuit du 28 au 29 avril, peu avant de signer son testament, éliminé Himmler, après avoir appris grâce à un communiqué de l'agence Reuter que le chef de la SS avait pris contact avec les Alliés *via* la Suède. Lors d'une crise de colère qui serait la dernière de sa vie, il s'écria que jamais un traître ne devait lui succéder en tant que Führer : « Veillez à ce que cela n'arrive pas[38] ! » Goebbels et Bormann, autres prétendants au trône qui pensaient avoir de bonnes chances d'être choisis, n'entraient plus en ligne de compte car il se trouvaient dans la capitale encerclée. Speer, quant à lui, était hors jeu depuis longtemps.

Bien qu'il eût été écarté — certains disaient même « rejeté » — par Hitler, Speer n'avait aucunement l'intention de s'en accommoder et de renoncer à toute influence. S'il restait à proximité de Dönitz, c'était avant tout pour participer à la formation du nouveau gouvernement et peut-être, avec le temps, jouer un rôle déterminant aux côtés du grand amiral qui n'avait qu'une faible expérience politique. Dans ce contexte, il expliqua au colonel de la Luftwaffe, Werner Baumbach, avec lequel il avait échafaudé le projet — d'ailleurs définitivement abandonné —, de s'enfuir au Groenland, qu'il voulait veiller à ce que Dönitz ne fasse « pas de bêtises » et surtout à ce qu'il annule les ordres de destruction qui restaient en principe en vigueur[39].

Quelques jours durant, Speer se chargea de tâches relativement subalternes. Tout à fait dans le style grandiloquent du régime disparu, il rédigea quelques allocutions pour le nouveau chef de l'Etat, notamment la proclamation « Au peuple allemand », selon laquelle le Führer serait « tombé pour l'Allemagne, après avoir lutté contre le bolchevisme jusqu'à son dernier souffle ». Bien qu'il sût à quoi s'en tenir depuis sa dernière visite à la chancellerie du Reich, il cacha même à Dönitz que Hitler s'était suicidé et ajouta à la proclamation ce passage : « Il est possible qu'aujourd'hui le Führer divise l'opinion. Un jour, une histoire impartiale reconnaîtra sa stature historique. » Elle se terminait de nouveau par la formule « Que Dieu protège l'Allemagne[40]. »

Speer sut bientôt se rendre indispensable. Il était de la partie lorsque Dönitz constitua le 3 mai une sorte de triumvirat, dont le troisième membre était l'ex-ministre des Finances, Lutz Schwerin von Krosigk. Au sein de ce « gouvernement de gestion des affaires courantes », Speer était le ministre de l'Economie et de la Production. En réalité, l'unique tâche réellement importante du nouveau cabinet consistait à canaliser, avec l'aide des effectifs de plus en plus réduits des forces armées, le flot de réfugiés pris de panique qui fuyaient dans un désordre total les régions menacées par l'avance de l'Armée rouge. Après tant d'années d'activité fiévreuse, Speer continuait à partager ce goût de l'action commune et aussi les illusions que se faisaient presque tous les dirigeants du régime déchu, comme en témoigne le fait qu'il se voyait fort bien jouer un rôle « dans le cadre de la commission d'armistice » et se disait même prêt à participer au redémarrage de la production industrielle et à l'énorme effort de reconstruction des années à venir [41].

Durant la première semaine de mai, après le cessez-le-feu sur le territoire du nord de l'Allemagne, Dönitz et les membres de son cabinet se replièrent sur la région de Flensburg où ils s'établirent dans l'école navale de Mürwick. Toujours soucieux de garder ses distances, Speer ne les suivit pas, mais s'installa avec Werner Baumbach au château de Glücksburg, où le duc de Mecklembourg-Holstein leur offrait l'hospitalité. Le général Thomale qui continuait à veiller sur la sécurité de Speer, mit à sa disposition un détachement d'une unité de blindés — car, affirmait-il, tout n'est pas encore terminé. Au château, Speer recevait de nombreux visiteurs ; un jour, il vit arriver le Reichsführer SS, toujours sous le coup du mandat d'arrêt signé par le défunt Führer. Cette fois, Speer constata que Himmler connaissait enfin la peur. Toutes ses illusions étaient réduites à néant : l'espoir de succéder à Hitler comme celui d'être reçu par Eisenhower. De surcroît, Dönitz lui avait refusé un poste dans son cabinet. Il était venu demander à Speer de lui fournir un avion. Lorsque celui-ci lui suggéra de s'adresser à Baumann, il changea de registre et rétorqua d'une voix grondante : « Quand on prend vos avions, on ne sait jamais où on va atterrir. » Il avait manifestement été informé du plan de Speer et de Baumbach consistant à se débarrasser des dirigeants du régime disparu en les débarquant en territoire « ennemi ». Speer en conclut que son service de renseignements fonctionnait toujours aussi bien. Mais Himmler lui-même n'avait plus aucun pouvoir. Il se retira en ronchonnant [42].

A Glücksburg, Speer eut également des nouvelles, souvent guère plus que des rumeurs, sur la fin de la chancellerie du Reich : Fegelein aurait été exécuté ; Bormann et les autres occupants du Bunker, y compris Hitler et Goebbels, auraient disparu sans laisser de traces ; son ami Karl Hanke aurait été nommé par Hitler Reichsführer SS et chef de la police en remplacement de Himmler ; enfin, le même Hanke, après avoir prononcé à Breslau un discours enflammé exigeant de défendre la ville jusqu'au dernier homme, aurait apparemment pris la fuite, ainsi que le gauleiter de Brême, Paul Wegener qui avait fait peu auparavant une proclamation analogue.

Les nouvelles, rumeurs et révélations se succédaient sans relâche, mettant une dernière fois à nu la véritable nature du régime. Saur, par exemple qui s'était réfugié à Blankenburg, attendait toujours avec impatience l'intervention providentielle des fusées V1 et V2, alors que les premiers blindés américains arrivaient déjà dans la cour du bâtiment où il avait installé ses services. Speer reçut aussi la visite d'Erich Koch, gauleiter de Prusse-Orientale et commissaire du Reich en Ukraine : il était venu demander, rien moins, un sous-marin pour s'enfuir en Amérique du Sud. Peu après apparut un autre revenant en la personne de Karl Gebhardt, soudain métamorphosé en « général de la Croix-Rouge ». Speer fut également ravi d'apprendre que l'Obergruppenführer SS Hans Kammler, un de ses principaux rivaux qui avait réussi à lui arracher nombre de ses compétences, s'était adressé en vain aux Américains, lesquels avaient refusé net le marché qu'il leur proposait : en échange de sa liberté, il était prêt à leur fournir toute la documentation relative aux fusées « V » et aux avions à réaction, ainsi que les ingénieurs et techniciens qui avaient été évacués sur l'Allgäu. Par la suite, l'on apprit que, selon toute probabilité, Kammler avait été « exécuté » à Prague, toujours aux mains des Allemands, par un de ses aides de camp qui prenait apparemment au pied de la lettre la devise SS « honneur et fidélité ». Mais ces innombrables rapports et rumeurs n'étaient pour la plupart, comme Speer ne tarda pas à le découvrir, que des tentatives de camouflage destinées à brouiller les pistes [43].

C'était une situation irréelle, versant souvent dans l'absurdité totale. Les forces britanniques occupaient maintenant la majeure partie du nord de l'Allemagne. Les soldats anglais patrouillaient toutes les routes, vérifiaient l'identité des innombrables réfugiés, établissaient des camps de prisonniers et, à coup d'ordres et d'ordonnances, exerçaient la quasi-totalité du pouvoir exécutif — tandis que, au milieu de tout cela, une sorte de gouvernement allemand continuait à siéger. En dépit de la diminution rapide de ses pouvoirs, le cabinet se réunissait tous les jours dans un bâtiment qui abritait également les autorités d'occupation britanniques, débattant âprement de la nomination d'un ministre des Cultes, du titre par lequel il convenait de s'adresser au nouveau chef de l'Etat, ou de l'opportunité de décrocher les photos du Führer qui ornaient toujours les bureaux (Dönitz décida qu'elles resteraient en place). A une autre occasion, le cabinet se pencha sur la question de « la propagande ennemie de plus en plus virulente sur les conditions qui régnaient dans les camps de concentration allemands » et adopta une résolution chargeant le Tribunal du travail (!) du Reich d'« enquêter sur les événements et de prononcer des sentences ». De temps à autre, les membres du cabinet accordaient des interviews aux représentants de la presse alliée qui commençaient à arriver. Leurs déclarations, ainsi d'ailleurs que leur présence en ces lieux, suscitaient un intérêt momentané puis étaient aussitôt oubliées, comme si elles n'étaient pas dignes d'attention.

Le 15 mai, quelques représentants de l'United States Strategical Bombing Survey firent leur apparition et demandèrent si Speer était disposé à donner des informations sur le déroulement de la guerre aérienne, et plus spécifiquement sur les effets des bombardements alliés. Speer accepta. Dès le lendemain, le directeur de la Commission,

George Ball, se présenta à la porte du château, suivi de près par Paul Nitze puis par John Kenneth Galbraith, accompagnés d'autres collaborateurs de ce service, dont beaucoup devaient accéder par la suite à une grande notoriété. Speer qui espérait toujours faire carrière dans la période d'après-guerre, discuta avec eux du « miracle de l'armement » allemand, ainsi que des possibilités et des erreurs stratégiques de la guerre aérienne moderne. Chaque jour vers midi, quand la délégation américaine arrivait au château, la garde de Speer présentait les armes. Ce n'était là qu'une des nombreuses bizarreries de cette époque confuse. Il n'était pas moins étrange que le « ministre préféré » de Hitler et membre du gouvernement provisoire du Reich examinât avec l'ennemi d'hier et en fait encore d'aujourd'hui, les exploits apparemment inexplicables de l'industrie de guerre allemande. Dès la première session, les enquêteurs furent tellement impressionnés par les connaissances de Speer, par sa mémoire des chiffres, par la franchise de ses déclarations et aussi par son absence de servilité que les entretiens se prolongèrent et ne tardèrent pas à susciter un sentiment de « communauté professionnelle ». Speer a écrit, non sans ironie, que « dans [leur] "Académie de guerre aérienne" régna bientôt un ton de camaraderie, ou presque [44] ». D'autres personnes intéressées ne tardèrent pas à arriver à Glücksburg : officiers supérieurs, économistes et industriels, techniciens et chercheurs, tant américains que représentant d'autres pays alliés. Outre les thèmes déjà abordés par le Strategic Bombing Survey, ils voulaient obtenir des informations plus générales sur le régime hitlérien. Beaucoup, poussés par la curiosité, voulaient voir cet homme surgi de l'« univers à la Caligula [45] » de Hitler et qui correspondait si peu à l'image habituelle du nazi borné et brutal.

Une fois de plus, comme si souvent au cours des années écoulées, Speer était considéré comme l'exception. Il renforçait encore cette impression en prenant de plus en plus ses distances à l'égard du gouvernement de Dönitz, allant jusqu'à demander aux enquêteurs alliés de mettre fin à cette « mauvaise comédie [46] ». Cette tactique eut des retombées positives. Les autorités militaires le laissaient faire lorsque, après les fatigants interrogatoires, il partait au volant de sa voiture pour aller voir sa femme et ses enfants, réfugiés à une quarantaine de kilomètres de Glücksburg. Et par la suite, pendant les premières étapes de sa captivité, il arrivait souvent que des officiers britanniques ou américains l'invitent à faire une excursion d'une journée à Paris, avec une promenade sur les quais de la Seine, ou à faire un tour dans les forêts du Taunus.

A Glücksburg, seul John Kenneth Galbraith troublait cette ambiance collégiale en posant à Speer des questions embarrassantes sur les camps de concentration et le travail obligatoire. Avec le flegme qui le caractérisait, Speer parvenait fréquemment, comme l'a noté Galbraith, à esquiver ces questions et à ramener la conversation sur le terrain moins scabreux de la guerre aérienne, de ses effets sur la production et sur la population, ou sur des thèmes apparentés, ce qui était d'autant plus facile que ces questions intéressaient beaucoup les membres de la commission car la guerre contre le Japon se poursuivait toujours. En dépit de toutes ses réserves, Galbraith a reconnu que, outre sa capacité à s'exprimer clairement, sa culture, son discernement et ses connaissances techniques, Speer avait beaucoup impressionné la commission par son indifférence au sort qui l'attendait. Il « voulait nous faire comprendre, écrit Galbraith, qu'il était conscient de ce qu'il risquait, mais que cela ne l'inquiétait pas ». Bien qu'il considérât l'attitude de Speer comme une tactique mûrement réfléchie, il ajoute : « Nul ne pouvait en douter : c'était une personnalité[47]. » Dans ses moments d'exaltation — plus fréquents qu'on ne pourrait le croire dans ces circonstances —, Speer se voyait déjà « ministre de la Reconstruction » au service des Alliés. Afin de l'inciter à parler franchement, ses interrogateurs se gardaient bien de le détromper.

Le 23 mai, une semaine seulement après l'arrivée de la Commission, la période de Glücksburg prit brutalement fin, notamment suite aux pressions soviétiques. Aux premières heures de la matinée, des blindés et des pièces d'artillerie prirent position autour du château et un détachement de soldats armés de mitraillettes en monta bruyamment l'escalier. Après avoir cherché un peu partout, ils entrèrent dans la chambre de Speer et lui déclarèrent qu'il était prisonnier ; ils l'entendirent dire : « Ainsi donc, c'est la fin. Mais c'est bien. De toute manière, ce n'était qu'une sorte d'opéra. » Après lui avoir enjoint de faire ses bagages, le sergent commandant le détachement défit son étui à pistolet et posa l'arme sur la table, comme par inadvertance. Speer se demanda ce que cela pouvait bien signifier[48].

Peu après, Speer fut amené à Flensburg en camion. Une heure auparavant, des commandos avaient fait irruption dans la salle où siégeait le cabinet en criant : « Haut les mains ! » Ordre qui fut immédiatement suivi d'un péremptoire : « Baissez vos pantalons ! » Peu après, tous les membres du gouvernement Dönitz, ainsi que les officiers, fonctionnaires et secrétaires présents dans le bâtiment furent réunis dans une salle pour les formalités d'enregistrement, suivies d'une fouille corporelle qui ne « négligeait rien[49] ». Ensuite, les soldats fouillèrent minutieusement les bagages. Le même après-midi, les prisonniers furent emmenés à l'aéroport dans des camions escortés par un important convoi de voitures blindées. Leur destination était le Luxembourg, où les Alliés avaient aménagé le Palace Hôtel de Mondorf pour y rassembler les dignitaires nazis survivants. A son arrivée, Speer aperçut Göring, puis Kesselring et peu après Karl Brandt, le médecin qu'il avait voulu arracher aux griffes de la Gestapo un mois auparavant. Indignés par les conditions de détention princières des anciens dirigeants du régime hitlérien, les soldats alliés avaient baptisé l'hôtel « the ashcan » (« la poubelle »).

Il est possible que le comportement contradictoire des autorités militaires alliées qui traitèrent du jour au lendemain les anciens dirigeants du Reich comme une bande de criminels, ne s'explique pas uniquement par la décision, prise dès 1942, de les juger pour crimes contre l'humanité. Les réactions que provoquait leur attitude ont peut-être joué un rôle important à cet égard. Le raffinement « cultivé » de Speer ne pouvait que paraître déplacé, voire répugnant, face aux rapports qui se succédaient quotidiennement sur les camps de concentration et aux visions d'épouvante que les Alliés y découvraient. Tous ceux qui ont pu l'observer à l'époque de Glücksburg et pendant les semaines qui suivirent ont parlé, tant dans leurs déclarations de l'époque que dans leurs souvenirs ultérieurs, de l'étendue de ses connaissances, de sa vive intelligence, de sa maîtrise de soi, de sa personnalité complexe et séduisante, mais aussi de leur malaise et de leur méfiance insurmontable. Le sergent britannique venu l'arrêter le matin du 23 mai 1945 avait parcouru les couloirs du château de Glücksburg en demandant aux visages anonymes qui l'entouraient : « Who is Speer[50] ? »

Telle était effectivement la question.

X

LE PROCÈS DE NUREMBERG

Au cours de l'été 1945, Speer fut incarcéré au château de Kransberg, à proximité de Bad Nauheim. Peu avant le début de la campagne de France, Speer lui-même avait agrandi ce château féodal pour Göring qui voulait en faire son quartier général, y ajoutant une aile destinée à loger la nombreuse domesticité du Reichsmarschall. De Mondorf, il avait d'abord été transféré au Chesnay, près de Versailles, où les Alliés avaient assemblé le « personnel technique » dans un camp spécial. Kransberg aussi — que les Anglais appelaient « dustbin », version britannique du « ashcan » américain — servait de camp d'internement pour les techniciens, industriels et hauts fonctionnaires, à l'exclusion de la hiérarchie politique du régime. Speer y retrouva notamment Hjalmar Schacht qui avait été des années durant le ministre des Finances de Hitler, l'industriel Fritz Thyssen et l'équipe dirigeante d'IG Farben, de même que plusieurs de ses anciens directeurs généraux, Hupfauer, Hettlage, Saur et Fränk, ainsi que Walter Dornberger, ex-directeur du centre d'essais des fusées de Peenemünde, Ferdinand Porsche et même Wernher von Braun.

Le fait d'être ainsi mis à part, d'être considérés comme des spécialistes ou des techniciens, a pu conduire les prisonniers à supposer qu'ils n'avaient rien à voir avec les crimes du régime hitlérien et que, si les Alliés décidaient de juger les principaux responsables, ils apparaîtraient tout au plus en qualité de témoins. Toujours est-il que, après une courte phase de silence angoissé, la plupart des détenus retrouvèrent leur langue pour se plaindre de leur captivité et même de l'arrogance et de l'attitude de supériorité morale des vainqueurs.

La rigidité croissante de ses compagnons de détention explique sans doute pourquoi Speer prenait plus que jamais ses distances à leur égard, au point qu'on lui reprocha une fois encore son attitude de supériorité hautaine. Tout en estimant que, dans son cas personnel, des chefs d'accusation juridiquement fondés seraient « absurdes », il n'avait nullement le sentiment de faire l'objet d'une injustice. Les doutes qu'il éprouvait s'accroissaient à chaque nouveau rapport sur les atrocités commises pendant l'ère hitlérienne. Alliés à l'inactivité forcée de ces journées interminables, ils le firent sombrer dans une dépression durable.

Un officier américain chargé des interrogatoires mit fin à cette pénible période d'inertie en engageant avec lui de longues conversations sur le thème « politique et politiciens dans l'Allemagne nationale-socialiste ». Les sessions faisaient l'objet d'un procès-verbal, auquel venaient s'ajouter quelques commentaires écrits de Speer ; nombre de ses codétenus lui reprochaient de donner « volontairement » toutes ces informations aux vainqueurs, ce qu'ils jugeaient « déshonorant ». Ces accusations le laissaient indifférent, mais il s'inquiéta davantage lorsqu'on lui fit observer que ses déclarations pourraient plus tard être utilisées contre lui. Un jour, en effet, Schacht l'aborda et lui dit en pointant un index accusateur, « A force de bavarder, vous finirez par vous retrouver dans le box des accusés ! » Speer nota à ce propos : « Il serait sans doute plus malin d'en dire moins. Si j'en suis capable [1]... »

Dans ses réponses, Speer décrivait le personnel dirigeant du Reich qu'il côtoyait encore quelques semaines auparavant, depuis Hitler, Göring et les autres hauts dignitaires et jusqu'aux secrétaires du quartier général du Führer, en passant par les gauleiters et les directeurs généraux. Les portraits qu'il brossait de ses propres collaborateurs étaient sobres et objectifs ; il ne portait un jugement que sur Dorsch et Saur. D'autres sujets abordés étaient la reconstruction politique et économique de l'Allemagne, ainsi que l'évolution scientifique et technologique des années à venir. Il se déclarait favorable à une Allemagne ouverte sur l'Occident, à une large « régionalisation » en politique internationale, et aussi à un développement des projets prometteurs « bien que non aboutis » des ingénieurs allemands, « sous le contrôle des Nations unies ». Il conviendrait de placer à la tête d'un tel organisme pour le développement « un homme aux multiples intérêts, ayant une bonne vue d'ensemble et possédant de solides capacités d'organisation [2] ».

Il est probable qu'en faisant cette description Speer pensait en premier lieu à lui-même. Il continuait en effet à nourrir de grandes ambitions, comme en témoigne également le fait qu'il commença à organiser, à Kransberg, « une sorte de "conférence des directeurs généraux" » et à « réunir les noms et adresses d'experts politiquement irréprochables [3] ». Il fut donc « comme frappé par la foudre » lorsque, un matin, un de ses anciens collaborateurs le tira du sommeil pour lui annoncer qu'il allait figurer, ainsi que Hjalmar Schacht, parmi les accusés du procès intenté aux principaux criminels de guerre. Quelques jours durant, Speer caressa des idées de suicide, se demandant à ce propos pourquoi on ne lui avait jamais donné une de ces capsules de cyanure que Hitler et les SS distribuaient si généreusement [4].

Lorsqu'il eut retrouvé son calme, il prit une décision qui correspondait bien à son penchant à ne jamais faire les choses à moitié, et qui allait le distinguer nettement de ses vingt et un coaccusés principaux : il s'adressa à nul autre que George Ball, qui se trouvait également à Kransberg, pour lui demander s'il pourrait envisager d'assurer sa défense. Il fit valoir que les jeunes avocats américains se faisaient souvent un nom en « défendant des criminels notoires » ; où, ajouta-t-il avec une pointe de sarcasme, Ball pourrait-il « trouver un client plus notoire et en tout cas plus connu » ? Trouvant que cette demande « venant d'un homme aussi fin... ne manquait pas d'insolence », Ball refusa net. Lorsque Hupfauer demanda un jour à Speer pourquoi il se maintenait si visiblement à l'écart des autres détenus, ne participant ni aux cours de gymnastique, ni aux soirées musicales ni aux séances de lecture, il obtint cette réponse : « Je me prépare à faire vingt ans [5]. »

John Kenneth Galbraith a défendu la thèse selon laquelle Speer aurait commencé dès cette époque à mettre au point sa stratégie de survie. D'abord à Glücksburg, puis à Mondorf et par la suite au camp « dustbin », sa distanciation méticuleuse à l'égard de ses complices d'hier, comme s'il n'avait jamais été des leurs, ses efforts pour établir un climat de confiance et d'entente collégiale avec les représentants des puissances alliées, auxquels, entre autres, il livra spontanément les archives déposées dans les coffres d'une banque de Hambourg, sans oublier les dépositions relatives à ses tentatives souvent couronnées de succès de contrecarrer les ordres de destruction totale donnés par Hitler et bien d'autres témoignages de bonne foi apparente, ne seraient qu'autant de tentatives hypocrites, réalisées avec l'habileté et le calme souverain d'un joueur-né, pour sauver sa peau et, comme l'a dit un auteur, renaître « tel un phoenix des cendres du "ashcan [6]" ».

Ce raisonnement a indubitablement du poids. Il ne faut pas pour autant négliger l'autre facette de la personnalité de Speer qui, pour rationnel qu'il fût, se laissait souvent guider par ses émotions. S'il est vrai que le comportement d'un être humain s'explique rarement par un mobile unique, ce l'est plus encore pour une personnalité aussi complexe et déroutante, au point de paraître parfois absurde et dont la biographie a déjà mis en lumière les innombrables contradictions. Chez Speer, la logique la plus rationnelle et le sens du concret cohabitaient, apparemment sans problèmes, avec une exaltation et une vision « planétaire », avec cet « idéalisme » emphatique qui le conduisit à chercher « la » grande tâche qui serait digne de lui — recherche que la puissance de séduction du national-socialisme réussit à orienter, en l'amenant à enjoliver son exaltation d'accessoires tels que la foi dans le Führer, la conscience d'avoir une « mission » à accomplir et de contribuer au « salut » du monde. S'il est vrai que Speer commença dès l'époque de Kransberg à tout faire pour tenter de sauver sa tête et échapper au piège qui se refermait autour de lui, il faut probablement en déduire qu'il commençait à réaliser qu'il était impliqué dans ce crime monstrueux bien plus gravement qu'il ne l'avait jamais cru, et qu'il était par conséquent tenu de révéler clairement son rôle et l'étendue de sa responsabilité, ou du moins de les prendre plus au sérieux que ne le faisaient la plupart de ses codétenus.

Vers la fin du mois de septembre, une Jeep américaine s'arrêta dans la cour du château de Kransberg. Elle venait chercher Speer. Après une courte halte au camp d'Oberursel, près de Francfort, un camion l'emmena à Nuremberg. Après avoir traversé l'immense champ de ruines de la ville dévastée, il fut incarcéré dans l'aile cellulaire du palais de justice. Au bout de trois semaines de détention solitaire, en partie dans une cellule où il n'y avait qu'un sac de paille et de vieilles couvertures en loques, le major britannique Airey Neave entra et lui tendit une épaisse liasse de documents contenant un acte d'accusation de près de trente pages, un résumé des conventions et accords internationaux que l'Allemagne avait violés pendant la période hitlérienne, ainsi qu'une liste donnant les noms de quarante avocats allemands. Neave lui expliqua que chaque accusé avait le droit d'assurer sa propre défense ; si toutefois il voulait un avocat, il devait le choisir sur cette liste. Il reviendrait chercher la réponse de l'inculpé le lendemain.

Jusqu'alors, Speer avait « cru que chaque accusé aurait son propre acte d'accusation individuel ». Or, il se révélait que « chacun [d'eux] était accusé de tous les crimes monstrueux[7] » commis par le régime national-socialiste. Le premier chef d'accusation avait trait à la participation à une « conspiration » en vue de dominer l'Allemagne et l'Europe ; le deuxième concernait les « crimes contre la paix » ; le troisième retenait la participation à de nombreux « crimes de guerre » ; et le quatrième faisait état de « crimes contre l'humanité ». Une annexe exposait brièvement dans quelles mesures les divers chefs d'accusation s'appliquaient à l'inculpé auquel cet exemplaire avait été remis.

Le psychologue de la prison, l'Américain Gustav M. Gilbert, demanda à chaque accusé de faire un bref commentaire sur l'acte d'accusation et de le noter sur la page de titre du document. Göring écrivit : « Le vainqueur sera toujours le juge » ; l'ex-ministre des Affaires étrangères von Ribbentrop assura que l'accusation « se trompait de cible » ; Fritz Sauckel déclara : « J'ai été profondément ébranlé par l'abîme entre l'idéal d'une société socialiste, que je partageais et que j'avais jadis défendu en tant que marin et ouvrier, et les événements horribles des camps de concentration » ; le maréchal Keitel estimait pour sa part que, « pour un soldat, les ordres sont les ordres », tandis que Dönitz qualifiait le procès de « farce américaine » et que Julius Streicher, le véhément antisémite et ex-gauleiter de Franconie, affirmait : « Ce procès est un triomphe de la juiverie mondiale. » L'instable Robert Ley donna un autre type de réponse en se pendant dans sa cellule peu après avoir reçu communication de l'acte d'accusation [8].

Après avoir lu l'acte d'accusation, Speer ressentit d'abord un « sentiment de désolation », comme il l'écrit. Mais il ne tarda pas à retrouver son sang-froid et, avec la même énergie dont il avait témoigné d'abord comme architecte, puis en tant que ministre de l'Armement, il se mit à préparer sa défense. John Kenneth Galbraith n'était pas le seul à le soupçonner d'avoir commencé très tôt à développer une stratégie visant à justifier ses actes passés [9]. Une observation attentive donne cependant l'impression qu'il considérait le procès comme une sorte de duel dont il espérait simplement se sortir avec honneur. Il n'est d'ailleurs pas exclu que, malgré l'extrême gravité de sa situation, il ait éprouvé une certaine satisfaction à avoir de nouveau, « comme il en avait toujours ressenti le besoin », une tâche à accomplir, tâche qui revêtait sans doute à ses yeux une plus grande signification que l'espoir manifestement insensé de devenir une sorte de « ministre de la Reconstruction » travaillant pour les Alliés. Il était parfaitement conscient que sa vie ne tenait qu'à un fil, mais cela ne faisait que rendre le défi plus excitant. A la demande de Gilbert, il écrivit sur la couverture de l'acte d'accusation : « Ce procès est nécessaire. La responsabilité collective pour des crimes aussi horribles existe, même dans un Etat totalitaire [10]. »

Le fait que Speer reconnaisse la responsabilité de tous ceux qui avaient joué un rôle important durant le régime hitlérien constitua bientôt le principal point de désaccord entre Speer et son avocat — dont, typiquement, il avait laissé le choix au tribunal. Le Dr. Hans Flächsner, qui avait un modeste cabinet à Berlin, était un petit homme fluet, chaussé de grosses lunettes, dont l'attitude était pleine de modestie. A la fin de leur première entrevue, il remit à Speer un formulaire en le priant de bien réfléchir avant de lui donner mandat de le représenter. Speer signa sur-le-champ — à la seule condition que pendant le procès Flächsner s'abstienne de toute déclaration susceptible de nuire à la dignité d'un ex-ministre du Reich, ou de charger un quelconque de ses subordonnés [11].

Speer lui exposa ensuite comment il comptait organiser sa défense, ajoutant que, par-delà son propre domaine de compétences, il avait l'intention d'endosser la « responsabilité globale » des crimes du régime national-socialiste. Cela entraîna de vives discussions avec Flächsner qui jugeait l'attitude de Speer insensée : « Vous êtes au deuxième rang, le troisième avant la fin, sur le banc des accusés, lui dit-il, bien après Göring, Hess, Ribbentrop et Keitel. Si vous déclarez endosser la responsabilité de tous les événements de ces années-là, vous voulez paraître plus important que vous ne l'êtes en réalité et vous attirez indûment l'attention sur vous. Non seulement cela fait une impression désastreuse, mais cela peut signifier votre condamnation à mort. Pourquoi tenez-vous absolument à dire vous-même que vous êtes perdu ? Laissez ce soin au tribunal [12] ! »

Flächsner tenta en vain de faire revenir Speer sur sa décison. « Je ne voulais pas m'en tirer par des faux-fuyants », écrira-t-il plus tard pour expliquer son attitude. « Je ne comprenais pas mes coaccusés qui allaient souvent jusqu'à refuser de porter la responsabilité d'événements qui relevaient directement de leur compétence. Nous avions tout misé et tout perdu : le Reich, la réputation de notre pays, ainsi qu'une bonne part de notre intégrité personnelle ; nous avions maintenant l'occasion de témoigner d'un peu de dignité, d'un peu de virilité ou de courage et de prouver que, en plus de tout ce qu'on nous reprochait, nous n'étions pas aussi des lâches [13]. » En fin de compte, Speer et Flächsner convinrent d'une ligne de conduite ménageant leurs conceptions respectives, ce qui donna précisément à leur défense une efficacité que nombre d'observateurs ont qualifiée de « retorse ».

Pendant le procès, Flächsner dépeignit son client comme un artiste assoiffé d'idéal que des circonstances imprévisibles avaient en quelque sorte catapulté à de hautes fonctions gouvernementales, mais qui serait toujours resté « apolitique » et qui, contrairement aux autres accusés, estimait que sa tâche était d'ordre purement « technique » et concret ; fait caractéristique, peu après son entrée en fonctions au ministère, Speer avait demandé à Hitler de lui donner l'assurance que, dès que la guerre serait terminée, il pourrait revenir à l'architecture. Il n'avait en tout état de cause rien à voir avec les ténèbres idéologiques qui marquaient la pratique du pouvoir du régime et ses atrocités. Dans ce contexte, la volonté de Speer d'assumer sa part de la responsabilité collective des crimes commis par le régime n'en était que plus impressionnante. Selon Flächsner, Speer se chargeait en effet d'une responsabilité qui le concernait moins directement que ses coaccusés. Tout cela, allié à son attitude résolue et jamais obséquieuse, dénuée d'apitoiement sur soi, en désaccord sur certains détails mais conscient de sa culpabilité globale, lui valut le respect des juges et même des procureurs.

Cinq jours avant la séance inaugurale du procès, Speer fit un pari qui, de l'avis de nombreux observateurs, était un coup de maître et qui améliora considérablement ses chances de sauver sa tête. Prévoyant certainement les dissensions qui ne manqueraient pas de diviser les puissances victorieuses et effrayé par les rumeurs selon lesquelles il serait livré à l'Union soviétique à l'issue du procès, Speer prit contact, par l'intermédiaire d'un officier des services secrets américains, avec Robert H. Jackson, principal représentant du ministère public pour les Etats-Unis. Dans sa lettre, Speer rappelait que, dès ses premiers interrogatoires à Glücksburg, puis dans ceux menés par la suite par les représentants des puissances occidentales, il avait exposé avec franchise et en détail sa « lutte en partie couronnée de succès » contre la stratégie aérienne des Alliés. Comme il avait fait ces dépositions « par conviction » et non pour en tirer des avantages futurs, il lui paraîtrait « déplorable » de dévoiler publiquement au cours du procès ces faits restés confidentiels. Cela pouvait être interprété comme une suggestion au procureur Jackson d'éviter de poser au témoin Speer des questions dont les réponses « pourraient fournir d'utiles renseignements d'ordre militaire » au camp soviétique. Dans la mesure où Jackson tiendrait compte de cette recommandation, il serait possible de considérer qu'il avait conclu un « accord secret » avec Speer[14].

Lorsque le texte de cette lettre fut publié des années plus tard, il fut effectivement interprété par certains comme une sorte de convention tacite. Un examen objectif des faits va cependant à l'encontre de cette thèse. Non seulement Jackson ne semble pas avoir tenu compte de la suggestion de Speer, mais, le 31 juillet 1946, peu après l'interrogatoire de l'accusé, il transmit au tribunal (avec son adjoint Thomas Dodd), une recommandation qui, après avoir résumé les charges retenues contre Speer et les preuves présentées, se terminait par cette phrase : « L'équité exige que Speer soit condamné à la peine maximale pour ses crimes. » Quinze jours avant le prononcé du verdict, Jackson avait de surcroît établi une « ligne directrice » relative aux éventuelles mesures de grâce, dans laquelle il faisait valoir qu'aucun des accusés ne pouvait prétendre à un « traitement de faveur », car aucun d'entre eux « n'avait fait quoi que ce soit pour mériter l'indulgence de l'accusation[15] ». L'historien américain Bradley F. Smith, qui possède une connaissance approfondie des événements et des protagonistes du procès, n'en estime pas moins que Speer, sans même parler de sa condamnation du Troisième Reich, « avait épousé la cause anglo-américaine d'une manière qui ne pouvait qu'impressionner favorablement la plupart des procureurs et des juges[16] ».

Le procès commença le 20 novembre 1945, dans la grande salle du palais de justice de Nuremberg aux fenêtres occultées par d'épais rideaux vert foncé et éclairée par des projecteurs aveuglants. Après une brève déclaration préliminaire du président du Tribunal, sir Geoffrey Lawrence, suivie de la lecture de l'acte d'accusation, le procureur général américain Robert H. Jackson prononça un réquisitoire passionné, dans le noble style des Pères fondateurs américains. Il évoqua pour commencer le sort du peuple allemand privé de ses droits, puis parla du viol des accords internationaux et des innombrables atrocités commises par le système dans tous les territoires soumis à sa domination. Après avoir fait l'inventaire de ces crimes, il ajouta : « Sur le banc des accusés sont assis quelque vingt hommes brisés, privés à jamais de la possibilité de faire le mal. » Il fallait cependant se représenter le pouvoir dont ils disposaient « lorsque, en tant que dirigeants nazis, ils avaient dominé d'immenses territoires et avaient terrorisé la majeure partie du monde ». Leurs crimes avaient été « tellement raffinés, tellement affreux et avaient eu des conséquences tellement dévastatrices » qu'il le genre humain « ne survivrait pas à une répétition de pareilles calamités ». Le fait que les vainqueurs n'exerçaient pas une vengeance, « mais livraient volontairement leurs ennemis à la justice et au droit, [était] une des concessions les plus significatives que la force eût jamais faite à la raison », bien que ce processus, il le reconnaissait volontiers, « fût imparfait » et souffrît de « certaines insuffisances ».

Après avoir mentionné certaines de ces faiblesses, Jackson précisa que les vainqueurs n'avaient en aucune façon l'intention de « faire porter la responsabilité à l'ensemble du peuple allemand ». L'existence d'un appareil policier très important ainsi que des camps de concentration prouvait que la grande masse n'avait pas embrassé volontairement le programme national-socialiste ; les Allemands avaient eux aussi, « en vérité, un compte à régler avec les accusés, pas moins que le reste du monde ». Vers la fin de son réquisitoire, il ajouta : « A la barre de ce tribunal, le véritable accusateur est la civilisation. Elle est encore imparfaite et lutte pour s'imposer dans tous nos pays. Elle ne prétend pas que les Etats-Unis, ou n'importe quel autre pays, soit innocent... Mais elle montre du doigt les conséquences effroyables des agressions et des crimes que j'ai décrits. Elle signale les blessures qui ont été infligées, les forces qui ont été réduites à néant, elle signale tout ce qui était beau et utile dans le monde et qui est maintenant détruit[17]. »

Le réquisitoire de Jackson fit une très forte impression. Speer le qualifia d'« écrasant », Göring parla de « faits incroyables » qui « [leur] avaient été cachés », cependant que certains autres accusés s'accrochaient aux « imperfections et insuffisances » du processus judiciaire qu'avait mentionnées Jackson, ce qui les confortait dans leurs préventions[18]. Les objections de principe soulevées à l'époque et qui feraient l'objet d'une controverse durable, tenaient notamment au fait que les défenseurs étaient dès le départ dans une position défavorable, car ils ne pouvaient avoir accès aux pièces du procès et autres documents qu'en s'adressant au ministère public. Souvent, les documents demandés ne leur étaient pas communiqués, ou l'étaient avec du retard et dans une traduction insuffisamment précise. De surcroît, les demandes de communication des dossiers devaient être présentées publiquement et autorisées par le tribunal. Et, lorsqu'un défenseur produisait des pièces concernant des violations du droit international imputables à l'adversaire, notamment à l'Union soviétique, ces pièces étaient déclarées soit contestables, soit non pertinentes et sans objet dans le cadre du procès.

La situation de Speer était peut-être encore plus difficile que celle des autres accusés. Persuadé de son innocence, il avait de son propre chef, à Flensburg, remis ses archives aux autorités britanniques, lesquelles en faisaient maintenant grand usage, alors que l'avocat de Speer y avait difficilement accès. Ces problèmes ne prirent fin que le jour où la secrétaire de Speer, Annemarie Kempf (qui était toujours retenue à Kransberg pour mettre de l'ordre dans les montagnes de papier des archives de Speer), apparut inopinément sur la scène. Grâce à un laissez-passer fourni par les autorités d'occupation britanniques pour lui permettre d'aller voir sa mère, prétendument malade, elle ne tarda pas à faire l'aller-retour entre Kransberg et Nuremberg. Sa parfaite connaissance des dossiers lui permit de fournir à Flächsner des photocopies des documents dont il avait besoin ; se faisant passer pour une « reporter », elle cachait les documents dans ses sous-vêtements pour échapper aux contrôles.

Une autre circonstance eut sans doute des conséquences encore plus graves pour Speer. Les accusés n'avaient pas tardé à se diviser en deux groupes, respectivement dirigés par Göring et par Speer. Chaque camp était naturellement convaincu que l'autre avait tort ; leur formation n'était bien entendu pas sans rapport avec la longue rivalité entre les deux hommes. Les principaux points de désaccord étaient le jugement porté sur le régime disparu et l'attitude à l'égard du processus judiciaire en cours. Tandis que Speer estimait que le procès de Nuremberg offrait la possibilité d'« accélérer la rupture avec le passé », Göring ne se contentait pas de rejeter la légitimité des puissances victorieuses que rien, selon lui, n'autorisait à juger les vaincus pour une défaite assimilée à un crime. Ne témoignant délibérément pas du moindre repentir, il ne voyait dans ce procès qu'une chance de créer une « légende nationale » dont lui-même serait le héros et le témoin exemplaire. « Ce n'est pas tous les jours que se présente l'occasion d'entrer dans l'Histoire en tant que martyr ! » déclarait-il avec une incroyable suffisance. « Dans cinquante ou soixante ans, l'on verra dans toute l'Allemagne des statues de Hermann Göring », assurait-il encore, ajoutant avec une feinte modestie : « Enfin, peut-être pas des statues, mais une image dans chaque maison [19]. »

Mû par une volonté de puissance toujours égale à elle-même et plus combatif que jamais depuis la cure d'amaigrissement et de désintoxication (il était morphinomane) que lui avaient fait subir les autorités américaines, Göring s'employa avec toute son énergie à unir les accusés en un seul « front » qu'il conduirait à la « dernière bataille ». Avec des visages vides de fonctionnaires soudain déchus de leur pouvoir, les Keitel et les Ribbentrop, les Sauckel et les Rosenberg se réunirent sous sa bannière ; durant le procès, lorsqu'ils se retranchaient d'un commun accord derrière les ordres reçus, les observateurs croyaient entendre, derrière cette litanie monotone, la voix de Göring lui-même. Se référant constamment à son rang de Reichsmarschall, celui-ci était devenu la plus forte personnalité du groupe et avait imposé ses vues à la plupart de ses coaccusés. Speer était de plus en plus isolé ; seuls le suivaient encore Hans Fritzsche, « commentateur en chef » du régime qui comparaissait à la place de Joseph Goebbels (lequel s'était suicidé dans le bunker) et aussi, du moins quelque temps, l'hésitant Baldur von Schirach, ex-chef de la Jeunesse hitlérienne. Tous les autres lui reprochaient, avec plus ou moins de véhémence, d'être un traître à leur cause — aujourd'hui face au tribunal, comme jadis du temps de sa splendeur.

Une dizaine de jours après la lecture de l'acte d'accusation, se produisit un événement qui gâcha l'inébranlable assurance des inculpés qui, tantôt faisaient étalage de cynisme, tantôt jouaient aux offensés car ils s'estimaient accusés à tort. Le *commander* Donovan leur fit projeter un film documentaire montrant ce que les troupes américaines avaient découvert dans divers camps de concentration ; comme le précisa Thomas Dodd, adjoint du procureur américain, ce film avait pour but d'« expliquer sous une forme condensée et inoubliable » ce que signifiait le terme « *Lager*[20] ». Presque tous les accusés réagirent avec effroi à ces images insoutenables ; pendant plus d'une heure, ils virent se succéder sur l'écran les corps décharnés accrochés aux barbelés, les tracteurs rassemblant les cadavres qui encombraient les allées, les fours crématoires dont les cheminées fumaient encore, les montagnes de cadavres... A maintes reprises, plusieurs des accusés se mettaient la main devant les yeux. Le psychologue G. M. Gilbert a pris de brèves notes sur leur comportement : « Schacht proteste d'être contraint de voir le film... Ribbentrop ferme les yeux ou les détourne... Funk pleure... Speer semble infiniment triste, il a du mal à avaler... Schirach respire péniblement... Göring est morose... Dönitz a baissé la tête, il ne regarde plus... Fritzsche, très pâle, se mord les lèvres... Streicher manifeste pour la première fois une certaine inquiétude... Lorsque Hess dit après la projection qu'il n'y croit pas, Göring lui murmure de se taire[21]. »

Pour Speer qui, en dépit de toutes ses critiques contre le régime hitlérien, avait gardé un certain respect de soi, ce film réduisit à néant ce qui lui restait de bonne conscience. Sa reconnaissaance d'une « responsabilitié collective » qu'il entendait partager n'était au fond rien de plus qu'une formule idéaliste. Maintenant qu'il savait à quoi se référait cette responsabilité, il prenait conscience du piège qu'il s'était tendu à lui-même. Flächsner ne manqua pas de le lui faire remarquer et lui conseilla une fois de plus de se faire plus discret. Peine perdue : Speer resta sur ses positions, en proie à l'« effroi à retardement » dont il a parlé[22]. A diverses occasions, il a affirmé que ce film avait constitué le « tournant décisif » concernant le jugement qu'il portait sur les années écoulées, sur Hitler et sur les discours parlant d'« annihilation » et de « liquidation » qu'il avait si souvent entendus sans soulever la moindre protestation. Depuis la projection du 29 novembre 1945, a-t-il ajouté, il s'attendait à être condamné à mort et cela ne lui aurait pas paru contraire à la justice[23].

Sur les photographies et films réalisés durant le procès, Speer paraît effectivement, du moins à compter de ce jour, extrêmement nerveux, le regard inquiet, le visage agité de tics nerveux, comme s'il avait énormément de mal à se contrôler. Contrairement à la plupart des accusés, qui étaient sans cesse occupés à compulser des documents, à consulter leurs voisins, ou qui prenaient un air respectueusement ennuyé, Speer paraissait songeur, introverti, comme s'il voulait repousser tout ce qui aurait pu le distraire. Mais, cette fois, il ne s'agissait plus de cette distanciation hautaine qui était devenue chez lui une habitude. Bien plus que tous les autres, il semblait avoir compris qu'il s'agissait de rien moins que d'une question de vie ou de mort et que, du moins pour lui, la seule — et mince — chance de s'en tirer était de convaincre ses juges qu'il n'était plus l'individu futile et inconscient qu'il avait été à l'ouverture du procès.

Quelques mois plus tard, lorsque ce fut son tour de se présenter à la barre, Speer se défendit avec autant de sérieux que d'opiniâtreté. Il n'est pas excessif de supposer qu'il lui importait moins de sauver sa peau que sa réputation et son honorabilité, ou du moins ce qui en restait. Le « point fort » de sa défense [24] fut indubitablement l'habileté consommée avec laquelle il porta à la connaissance du tribunal son projet d'attentat contre Hitler, que lui-même ne prenait peut-être pas vraiment au sérieux et qui avait de toute façon échoué dès le départ. Pendant leurs délibérations, Flächsner lui avait conseillé de s'abstenir de mentionner cet épisode, car il s'agissait tout au plus d'une tentative, que Speer n'avait guère de témoins à produire et que s'attribuer le mérite d'un acte qui avait sans doute été envisagé, mais jamais réalisé, ne pourrait que paraître ambigu, opportuniste ou ridicule. Comme Speer insistait, ils convinrent finalement qu'il ne ferait que « mentionner brièvement devant le tribunal [son] projet d'attentat et [que] ce rappel devait surtout servir à montrer à l'évidence quels dangers [lui] semblaient comporter les desseins destructeurs de Hitler [25] ».

En fait, Speer n'était pas vraiment certain d'avoir l'accord de son défenseur. Profitant d'une absence de Flächsner lors d'un des interrogatoires de témoins, il pria l'avocat de von Papen, le Dr. Egon Kubuschok, de demander à Otto Ohlendorff, ex-chef du *Sicherheitsdienst* (Service de sécurité) de la SS qui savait soi-disant toujours tout, s'il avait été informé, vers le 15 février 1945, d'un projet d'attentat fomenté par Speer. Ohlendorff répondit évidemment par la négative, mais Speer avait atteint son objectif : l'événement en question avait été porté à la connaissance du tribunal.

Un témoin du moment où Speer fit cette révélation a affirmé que cela « fit l'effet d'une bombe ». Peu après, pendant une suspension de séance, Göring quitta sa place au banc des accusés, se planta devant Speer les poings sur les hanches et « lui demanda, furieux, comment il avait pu oser reconnaître une telle perfidie pendant une séance publique du tribunal, faisant ainsi éclater leur front uni » ! Après un vif échange de paroles, Speer dit à Göring d'« aller au diable ». Jusqu'au soir, Göring, très « déprimé », ne cessa de parler de ce « fichu crétin de Speer », se demandant comment il pouvait « agir de façon si déplorable, rien que... pour prolonger sa misérable vie — pour parler carrément, pour pisser par-devant et chier par-derrière [sic] un peu plus longtemps ! Sacré nom de Dieu ! ». Le lendemain pendant la pause du déjeuner, il chargea Schirach de rappeler à l'ordre ce « traître » de Speer. Speer lui déclara que cela lui était complètement égal que Göring fût furieux : « Göring aurait dû se mettre en colère quand Hitler a conduit la nation entière tout droit à sa perte. » En sa qualité de « numéro deux du Reich », ajouta-t-il dans le couloir tandis qu'ils continuaient à se quereller bruyamment, il était du devoir de Göring de « faire quelque chose, mais il était bien trop lâche pour cela ! Au lieu d'agir, il s'anesthésiait à la morphine et pillait les trésors d'art de l'Europe entière[26] ».

Ce fut l'une des rares occasions où Speer perdit son calme ; son agitation dura toute la journée. Lorsque Gilbert vint le voir dans sa cellule en début de soirée, pour lui montrer quelques photographies de convois de prisonniers de guerre allemands, de ruines de villes dévastées et de détenus assassinés, Speer tapa soudain du poing sur sa couchette et s'écria : « Un jour, je voudrais me libérer de tout cela... M'asseoir simplement à ma table et prendre la plume pour maudire cette fichue saloperie nazie, en donnant tous les noms et tous les détails, afin que le peuple allemand comprenne une fois pour toutes sur quelle hypocrisie, sur quelle corruption ignoble et sur quelle démence le système entier était fondé ! Je n'épargnerais personne, moi pas plus que les autres[27] ! »

Mais aussitôt après, toujours selon le témoignage de Gilbert, Speer se ressaisit et rejeta la suggestion du psychologue de rédiger une sorte de résumé de ces divers points. Il encouragea toutefois celui-ci à tout faire pour empêcher l'arrogant Göring de continuer à exercer une autorité usurpée sur ses coaccusés, et à demander aux autorités pénitentiaires d'instaurer une séparation plus rigoureuse des détenus. Peu après, les échanges et conversations entre ces derniers furent interdits sauf dans la salle du tribunal et pendant les repas. Les tablées furent elles aussi réorganisées : Göring eut droit à une pièce pour lui tout seul, tandis que les autres accusés étaient quatre par table ; Speer se retrouva en compagnie de Fritzsche, de Schirach et de Funk dans la « salle des juniors[28] ».

Le 19 juin 1946, Speer fut appelé à la barre des témoins. Peu auparavant, il avait déclaré au psychologue de la prison, quelque peu inquiet, qu'il parlerait en toute franchise : « Je ne vais pas me défiler rien que pour m'en tirer avec une condamnation à perpétuité et ensuite me haïr pendant le restant de mes jours[29]. » Dans ses réponses aux questions qui lui étaient posées, il évita soigneusement de minimiser les crimes du régime et se défendit avec son objectivité coutumière, rétablissant au besoin les faits sans chercher à se trouver des excuses, tout en restant conscient de la position singulière qu'il avait toujours occupée et qu'il ne songeait nullement à abandonner maintenant, du simple fait qu'un hasard de la vie l'avait conduit devant ce tribunal. La suffisance que d'aucuns auraient pu lui reprocher était compensée par sa simplicité et par sa franchise. Il impressionna favorablement les juges et les observateurs par son refus de se retrancher derrière les ordres, revendiqua la responsabilité de ceux qu'il avait exécutés et n'oublia pas de faire allusion à son revirement décisif. Dès le début, en exposant brièvement les étapes de sa vie, il déclara : « L'amour de Hitler pour ses monuments me permit d'avoir d'étroits contacts personnels avec lui. Je faisais partie du cercle de ses intimes, qui comprenait d'autres artistes ainsi que ses collaborateurs personnels. Si Hitler avait eu des amis, j'aurais certainement été l'un de ses amis les plus intimes [30]. »

Cette déclaration de Speer, selon laquelle il aurait été plus proche de Hitler qu'aucun des autres accusés, suscita ici et là des hochements de tête surpris. Speer avait manifestement réfléchi à l'effet que ferait cette révélation, qui s'avéra une manœuvre tactique d'une grande habileté. Sa distanciation ultérieure à l'égard de Hitler et de sa pratique du pouvoir, ainsi que sa reconnaissance du principe de « responsabilité collective », auquel il se référa peu après, paraissaient en effet d'autant plus convaincantes qu'elles venaient d'un « ami intime » de Hitler. « Cette guerre a plongé le peuple allemand dans une catastrophe inimaginable et a déclenché une catastrophe à l'échelle planétaire, poursuivit Speer. Il est naturellement de mon devoir de répondre de ce malheur également devant le peuple allemand. Ce devoir me revient d'autant plus que le chef du gouvernement s'est soustrait à sa responsabilité devant le peuple allemand et le monde... Dans la mesure où Hitler me donnait des ordres et où j'ai exécuté ces ordres, j'en porte la responsabilité, mais il est vrai que je n'ai pas exécuté tous les ordres [31]. »

Cette dernière remarque donna à Flächsner l'occasion d'interroger Speer sur sa résistance à la politique de la « terre brûlée » décrétée par Hitler, sur les « entreprises-Speer » comme on les appelait, qui non seulement protégèrent de la destruction de nombreuses installations industrielles de divers pays européens, mais sauvèrent de la déportation ou du Service du travail obligatoire des centaines de milliers de travailleurs, ainsi que sur le 20 juillet 1944 et sur la présence de son nom sur la liste de ministres établie par les conjurés. Après plusieurs heures consacrées à l'industrie de l'armement allemande et à la remarquable augmentation de sa productivité jusqu'à la fin de la guerre, ainsi qu'aux espoirs de victoire exprimés par Hitler jusqu'au dernier moment, Flächsner aborda le sujet que tout le monde attendait avec impatience : le projet d'attentat. Se fondant sur une déposition écrite de Dietrich

Stahl, corroborée par l'ancienne secrétaire du ministre, il demanda à Speer ce qui l'avait amené à prendre cette résolution. Dans sa réponse, Speer décrivit le « désespoir » croissant qu'il ressentait en réalisant que, de plus en plus, Hitler « confondait son destin personnel avec celui du peuple allemand et considérait que sa propre fin était également celle du peuple allemand[32] ».

Dans ses Mémoires, Speer assure qu'il ne voulait « mentionner que brièvement » son projet d'attentat et « éviter de [s'en] glorifier[33] ». Il commença effectivement sa déposition dans cette optique et parla de cette affaire en termes plutôt laconiques. Il était cependant prévisible, comme il ne l'ignorait sans doute pas, que cette brève esquisse ne satisferait pas la curiosité des juges et des procureurs. Le tribunal lui demanda donc de faire un récit plus détaillé des événements. Il est fort probable que Speer avait l'intention de faire du projet d'attentat une des clefs de voûte de sa défense, comme en témoignait déjà sa volonté d'aborder ce sujet devant le tribunal quelque six mois auparavant et comme en témoignait maintenant le luxe de détails avec lequel il s'étendait sur ses motivations, sur les stades successifs du projet et finalement sur les raisons de son échec, non sans assurer à plusieurs reprises qu'il ne décrivait tout cela « qu'à contrecœur..., car les choses de ce genre ont toujours un aspect assez déplaisant ». En réponse à une question, il assura que son projet n'exigeait pas un courage exceptionnel, fit l'éloge de Guderian et de Jodl, critiqua vivement Göring et déclara pour finir que Hitler avait « sciemment trompé » le peuple allemand et avait essayé de le « pousser définitivement dans l'abîme ». Le projet d'attentat, de même qu'auparavant son opposition active aux ordres de destruction de Hitler, trouvaient leur justification dans la « loyauté » qu'il avait toujours éprouvée à l'égard de son peuple et de son pays. C'était aussi pour cette raison, expliqua-t-il en réponse à une question de Flächsner, qu'il avait « en juillet 1944... [considéré] qu'il était de [son] devoir de rester à [son] poste[34] ».

La déposition de Speer fit de nouveau grande impression, mais suscita cette fois des réactions diverses. Göring quitta sa place sans dire un mot ; Funk déclara « presque en sanglots » qu'il y avait de quoi « baisser la tête de honte » ; Jodl jugea que le comportement de Speer était « d'une certaine façon pas très correct ». Papen, par contre, déclara en lançant un regard satisfait sur Göring : « Voilà qui règle son compte au gros ! » Schacht et Neurath estimèrent d'un commun accord que c'en était bel et bien fini de la « saga Hitler-Göring ». Retrouvant sa langue peu après, Göring lui-même « marmonna de sombres menaces et des jurons ». Il ajouta à l'intention des quelques inculpés qui l'entouraient, en se tournant dans la direction de Speer, que le « tribunal de la Sainte-Vehme... liquiderait » le traître s'il sortait vivant de ce procès[35].

Le même soir, Speer apprit avec satisfaction que, contrairement à ce qui avait été prévu, lord Justice Jackson dirigerait en personne son contre-interrogatoire. Etre interrogé par le procureur principal pour les Etats-Unis signifiait un important gain de prestige, notamment dans le cadre de la lutte pour le pouvoir qui continuait à l'opposer à Göring. Bien entendu, ce changement de dernière minute apporta de l'eau au moulin de ceux qui soupçonnaient l'existence d'un « accord secret » entre Speer et Jackson. Tout concourt cependant à prouver que les mobiles de Jackson étaient infiniment moins mystérieux. Quelques semaines auparavant, alors que Jackson procédait au contre-interrogatoire de Göring, ce dernier avait réussi à prendre l'avantage, à la grande humiliation du procureur. Ayant une connaissance imparfaite de la structure du pouvoir totalitaire, Jackson se perdait dans le fouillis des titres, des fonctions et des compétences et dans la montagne de matériaux qui s'étaient accumulés ; de surcroît, il ne possédait pas parfaitement la langue allemande. Avec une audace effrontée, le rusé Göring en avait profité pour diriger lui-même l'interrogatoire. Cette défaite avait été d'autant plus cuisante pour Jackson que le président du tribunal, Geoffrey Lawrence, loin de prendre des mesures pour interrompre le flux oratoire de Göring, avait suivi sa rhétorique belliqueuse avec une sorte de fascination mêlée d'indignation. Le contre-interrogatoire du sociable Speer devait effacer la mauvaise impression qu'avait laissée celui de l'« accusé n° 1 ».

Ce ne fut pas vraiment le cas. Jackson se perdait dans des détails accessoires, produisait des documents douteux, s'embrouillait et prouvait une fois de plus combien peu il connaissait le surprenant « chaos ordonné » de l'Etat du Führer. Après une vérification aussi détaillée que superflue de titres, de fonctions et de compétences, Jackson aborda soudain le sujet des camps de concentration et du travail forcé, interrogea Speer sur les ambitions de Himmler dans le domaine de l'armement et parvint à lui faire reconnaître qu'il était informé tant de l'antisémitisme global du régime que de l'« évacuation » des Juifs. Pourtant, lorsque Speer, ce qui était contraire à la vérité, nia avoir participé à l'« exécution de ces mesures d'évacuation », Jackson ne tarda pas à abandonner ce thème et passa au recrutement de travailleurs étrangers.

Lors d'un interrogatoire précédent, Speer avait déjà déclaré spontanément : « Je ne voudrais pas donner l'impression que je n'ai pas demandé très énergiquement à Sauckel... de la main-d'œuvre étrangère [36]. » Puis, il reconnut que la plupart de ces travailleurs étrangers n'étaient pas allés en Allemagne de leur plein gré, ou avaient été réquisitionnés pour le « Service du travail obligatoire » dans leurs pays d'origine, en précisant toutefois que cette pratique existait déjà du temps de son prédécesseur. Jackson l'interrogea ensuite sur le projet, envisagé par Hitler vers la fin, d'utiliser des gaz toxiques, ce que Speer avait empêché en arrêtant la production de certains composants indispensables, puis sur les divers complots qu'il avait fomentés puis abandonnés, mais cette fois Speer répondit évasivement. Jackson révéla ensuite qu'il était sans doute le dernier à croire encore en l'existence des « armes miracles ». Il parla en effet d'une « substance destructrice d'invention récente » qui aurait été essayée « à proximité d'Auschwitz » et aurait « tué presque instantanément vingt mille personnes et cela de telle façon qu'il n'en restait pas la moindre trace ». Speer n'eut aucun mal à démontrer que le « rapport » sur lequel se fondait Jackson était manifestement fantaisiste.

Pendant la deuxième partie de l'interrogatoire, Jackson se retrouva en terrain plus sûr, en produisant des documents relatifs à des camps de travail qui dépendaient de la société Krupp, témoignant de conditions de travail et de détention inhumaines, de la sous-alimentation et des mauvais traitements. Speer répondit qu'il s'agissait de cas particuliers et qu'il ne fallait pas généraliser ; ne serait-ce que dans l'intérêt du bon fonctionnement de ses services, il exigeait toujours « des travailleurs bien nourris et satisfaits de leur sort », tandis que Sauckel lui-même se heurtait à un « mur d'incompréhension » pour lui donner satisfaction. Le procureur général ne posa pas de questions plus précises sur le taux de mortalité très élevé des travailleurs forcés, ni sur le camp de « Dora » qui avait pourtant été rappelé au souvenir de Speer par des séquences effroyables du film sur la libération des camps de concentration, et que le médecin attaché au camp avait comparé à « l'Enfer de Dante. »

Peu après, Jackson se trouva de nouveau dans une situation embarrassante. Il produisit des photographies d'une « boîte en acier » qui, selon les témoignages de plusieurs détenus, avait été construite pour servir de « cellule de torture » et qui était « tellement petite qu'on ne pouvait s'y tenir debout » ; en examinant les documents, Speer identifia l'objet, qui était en fait un casier à vêtements de type courant, sans nier pour autant que, entre les mains d'un surveillant brutal, il ait pu servir de moyen de torture. D'autres documents témoignant de conditions de détention scandaleuses et de l'absence de soins médicaux dans un autre camp illustraient en fait les conditions qui y régnaient après de violents bombardements aériens. Chaque fois que Speer soulevait une objection, Jackson lui donnait raison, allant même une fois jusqu'à dire : « J'ai effectivement tiré la même conclusion de ce document[37]. » Suite à sa connaissance insuffisante des dossiers, l'univers monstrueux des camps et la situation de millions de travailleurs obligatoires capturés au terme de véritables « chasses à l'homme » s'était réduit à quelques images certes déplorables et à des souvenirs d'anciens détenus qui exagéraient les faits, ce qui était somme toute compréhensible, comme Speer le reconnut avec magnanimité, le tout étant imputable au pouvoir arbitraire de la SS et des instances qui en dépendaient.

Les Britanniques ayant renoncé à procéder à un contre-interrogatoire de Speer, les défenseurs posèrent à leur tour quelques questions, puis la parole fut donnée au général M. Y. Raginsky, procureur adjoint et représentant du ministère public soviétique. Dès les premiers mots, il se révéla à la fois mieux préparé, infiniment plus systématique et aussi, ce qui n'avait pas de quoi surprendre, bien mieux informé des subtilités d'un Etat totalitaire. Ses questions brèves et tranchantes transformèrent aussitôt l'ambiance lénifiante du contre-interrogatoire précédent en un affrontement acharné. Pourtant, Raginsky se trompait en supposant qu'il réussirait à intimider Speer. Avec l'obstination qu'il cachait sous des dehors conciliants, celui-ci réfuta les documents incriminants présentés par le procureur soviétique ainsi que ses conclusions, donnant parfois l'impression qu'il préférait un adversaire de cette trempe à un homme aussi confus et connaissant aussi mal les dossiers que Jackson. Aussi, Speer était parfaitement conscient de la tension qui régnait de nouveau entre les grandes puissances et il savait que les représentants du « camp occidental » lui sauraient gré de ne pas révéler certains faits.

Le caractère de ce contre-interrogatoire est parfaitement illustré par l'exemple qui suit. Peu après le début de son intervention, Raginsky demanda à Speer si, en sa qualité « d'un des amis de Hitler », il avait lu le livre *Mein Kampf* et était informé des objectifs, notamment antisoviétiques, du dictateur. Comme s'il n'attendait que ce signal, Speer répondit : « Je peux effectivement donner quelques éclaircissements à ce sujet. Ayant eu l'occasion d'approcher Hitler de près, je l'ai entendu exposer ses vues personnelles et ces vues personnelles ne permettaient pas de conclure qu'il avait des desseins tels que les illustrent les documents produits ici. Je fus particulièrement rassuré en 1939, lors de la conclusion du pacte de non-agression avec la Russie ; vos diplomates avaient certainement lu *Mein Kampf*, ce qui ne les avait pas empêchés de signer le pacte de non-agression. Et ils étaient sans conteste plus intelligents que moi, je veux dire en matière politique. » A une autre occasion, lorsque Speer fit allusion aux conditions qui régnaient en Union soviétique, Raginsky le rappela vertement à l'ordre : « Je ne vous ai pas interrogé sur notre Etat. » Ce à quoi Speer rétorqua : « Je voulais seulement contribuer à votre compréhension des faits[38]. »

L'interrogatoire conduit par le procureur soviétique n'apporta pas de faits nouveaux. Il fut d'ailleurs retardé par des malentendus attribuables à une traduction fautive et interrompu à maintes reprises par des polémiques d'ordre conceptuel, que Speer tournait généralement à son avantage grâce à sa meilleure connaissance des documents. Quelques jours plus tard, cette phase du procès s'acheva sur les contre-interrogatoires de von Neurath et de Fritzsche et la date des plaidoiries finales fut fixée.

Le 23 juillet, l'avocat de Speer, le Dr. Flächsner, fut appelé à la barre. Il passa rapidement sur les deux premiers chefs d'accusation, « participation à une conspiration » et « crimes contre la paix », car, comme il l'expliqua, ils ne s'appliquaient manifestement pas à son client. Il se consacra d'autant plus longuement aux charges qui étaient effectivement retenues contre Speer, « crimes de guerre » et « crimes contre l'humanité », charges qui, dans le cas de son client, avaient surtout trait à l'utilisation de travailleurs étrangers amenés en Allemagne sous la contrainte et à l'emploi de prisonniers de guerre dans les usines d'armement, ce qui était contraire au droit international. Suivant toujours un raisonnement rigoureux et subtilement différencié, Flächsner fit notamment observer que cette pratique était déjà courante du temps du prédécesseur de Speer, Todt, et que Speer n'avait donc pas de raisons de douter de sa légitimité. Certes, Speer savait, depuis septembre 1942 au plus tard, que ces travailleurs ne venaient pas volontairement en Allemagne, mais il n'avait en rien participé à ces déportations, se contentant de faire connaître ses besoins et laissant tout le reste à Sauckel, selon les compétences définies par Hitler. Il n'était pas davantage responsable des conditions de vie des travailleurs étrangers et encore moins de celles des détenus des camps de concentration, livrés à l'arbitraire de la SS. De surcroît, il avait toujours préféré utiliser de la main-d'œuvre allemande et il s'était d'ailleurs efforcé d'obtenir l'augmentation de production demandée en améliorant et en rationalisant l'organisation et les méthodes de fabrication au lieu de faire appel à des ouvriers supplémentaires. Flächsner appuya ses dires sur des documents dont il ressortait que, pendant la durée du ministère Speer, les effectifs de l'industrie de l'armement n'avaient que très peu augmenté, passant de quatre millions à même pas cinq millions de travailleurs, tandis que la production était multipliée par cinq et demi et dans certains domaines par sept.

Ces solutions ingénieuses mises en œuvre par Speer allant à l'encontre de la violence habituelle du régime avaient entraîné une « petite guerre » permanente contre Sauckel, expliqua Flächsner, avant de passer aux « entreprises Speer », autre mesure que son client avait conçue et réussi à imposer, afin d'éviter les funestes déportations, notamment en Europe de l'Ouest. Speer avait également fait tout son possible pour remédier aux anomalies dont il avait connaissance et pour améliorer les conditions de vie des travailleurs, y compris des travailleurs soviétiques, comme en témoignaient deux ordonnances promulguées par Hitler à son instigation, datées respectivement de mars 1942 et d'environ un an plus tard, ces documents étant portés à la connaissance du tribunal. La situation était analogue concernant les prisonniers de guerre. Tout dépendait, certes, de l'interprétation donnée au concept d'« industrie de l'armement » ; l'accusation se fondait sur la définition qui en avait été donnée à La Haye, dans le contexte d'une guerre uniquement terrestre, définition qui était sans doute dépassée et ne s'appliquait plus à la guerre moderne. De fait, les conditions de vie des détenus s'amélioraient sensiblement dès qu'ils travaillaient pour l'industrie de l'armement, comme en témoignaient les dépositions de divers témoins. Toutefois, Speer n'avait aucune autorité sur les camps où ils étaient ramenés après avoir travaillé dans les usines.

Avec une rigueur confinant à la pédanterie, Flächsner examina point par point tous les arguments de l'accusation. Il souligna également tout ce qui était susceptible d'étayer la thèse de l'artiste naïf entraîné contre son gré dans l'univers de la politique (Flächsner peut être à juste titre considéré comme l'inventeur de la légende du technocrate et ministre « apolitique » qu'aurait été Speer). Vers la fin de sa plaidoirie, il rappela que, à partir de juin 1944 au plus tard, Speer avait à maintes reprises informé Hitler de la situation critique de la production et aussi, avec une insistance croissante, de l'inutilité d'une guerre désormais sans espoir, au point que le procureur Jackson dut reconnaître que, parmi les têtes du régime, Speer avait été « le seul homme qui eût dit toute la vérité à Hitler ».

Flächsner parla ensuite de l'insubordination de Speer. Une masse de documents, ainsi que les déclarations de nombreux témoins, dont il mentionna sept nommément (von Poser, Kempf, Schieber, Kehrl, Rohland, Seyss-Inquart et Hirschfeld), confirmaient que Speer avait contrecarré les ordres de destruction de Hitler en prenant des risques énormes, s'efforçant ainsi de préserver — et il était pratiquement le seul à agir dans ce sens — les bases matérielles de la survie, non seulement en Allemagne, mais aussi dans une partie de l'Europe. Il ne s'attarda pas sur les divers complots et projets d'attentat de Speer, lequel aurait préféré les passer sous silence et qu'il mentionnait uniquement à cause de l'intérêt qu'ils avaient suscité. Il conclut sur ces mots : « Sans égards pour sa personne, sans tenir compte de sa sécurité personnelle, Speer a agi comme l'exigeait selon lui son devoir envers son peuple. Pour rester fidèle à son peuple, Speer ne pouvait que trahir Hitler. Le caractère tragique de son destin force le respect[39]. »

Speer avait suivi l'exposé de son défenseur avec un intérêt tout relatif. Comme si son sort était déjà fixé et que la plaidoirie n'avait pas grande importance, il passa la majeure partie de la session à dessiner. Un de ces croquis a été conservé ; tracé à traits secs, il représente un château-fort à plusieurs tours dominé par des montagnes abruptes, symbolisant peut-être sa propre situation, qu'il jugeait désespérée. A la fin de la séance, il l'offrit au Dr. Flächsner après avoir écrit en bas de la feuille : « Dessiné pendant sa plaidoirie du 23.VII.1946. Nuremberg[40]. »

Peut-être aussi Speer dessinait-il pour trouver un dérivatif qui lui permettrait de maîtriser ses émotions. Il a parlé de la « tension presque intolérable » avec laquelle il attendait la sentence. Lorsque le président du tribunal, lord Lawrence, déclara que celui-ci s'ajournait *sine die* pour délibérer, les trente-deux correspondants de presse américains présents engagèrent des paris sur les peines qui seraient prononcées contre les divers accusés. En ce qui concernait Speer, onze d'entre eux prédisaient la peine de mort et les autres, une peine de prison plus ou moins longue. Flächsner s'attendait à la peine capitale, tout en espérant une condamnation à environ quinze ans de privation de liberté. De plus en plus découragé, Speer lui-même était persuadé qu'il n'échapperait pas à la mort.

Entre-temps, en effet, les 26 et 27 juillet, les accusateurs avaient pris la parole une dernière fois. Speer avait été particulièrement impressionné par le réquisitoire de sir Harley Shawcross, procureur principal pour le Royaume-Uni. Avec autant de passion que de froide rigueur, alliées à une connaissance souveraine des pièces du procès, il démonta les arguments des accusés et de leurs défenseurs en s'appuyant sur une abondante documentation et démontra l'abjection du système en se fondant sur les propres textes du régime. Les accusés, ajouta-t-il, avaient créé eux-mêmes le « monstre » Hitler et ne pouvaient pas se plaindre maintenant d'être tenus « coresponsables des agissements de ce monstre ». En dépit de tous les efforts de la défense, ils n'étaient rien de plus que « des assassins parfaitement ordinaires ». Un des points forts de son réquisitoire fut le témoignage d'un ingénieur allemand qui avait assisté en Ukraine à l'exécution de cinq mille Juifs par des unités de la SS et des milices locales. Sa description fit revivre l'atroce réalité de cette époque, qui avait été pendant les interrogatoires noyée sous les interruptions et déformée par les interventions des défenseurs, et elle redonna aux accusés une idée plus claire de leur responsabilité.

Voici un extrait de ce témoignage : « Sur l'ordre d'un SS tenant à la main un fouet d'équitation ou pour chiens, les hommes, femmes et enfants de tous âges que des camions avaient amenés durent se déshabiller et poser leurs vêtements en des endroits désignés, mettant à part chaussures, sous-vêtements et vêtements de dessus. J'ai vu un tas contenant, selon mon estimation, huit cents à mille paires de chaussures, des monceaux de linge de corps et de vêtements. Sans pleurs ni lamentations, tous ces gens se dévêtaient, se regroupaient par familles, s'embrassaient et se disaient adieu, en attendant le signe d'un autre SS... Une vieille femme aux cheveux d'un blanc de neige tenait dans ses bras un enfant d'un an, lui chantait quelque chose et le chatouillait. L'enfant poussait des cris de plaisir. Les parents regardaient la scène, les yeux pleins de larmes. Le père tenait par la main un garçon d'une dizaine d'années et lui parlait à voix basse. Le jeune garçon avait du mal à refouler ses larmes. Levant le bras, le père montra le ciel et parut lui expliquer quelque chose. Mais déjà, le SS faisait signe d'approcher de la fosse... Je contournai le monticule de terre et me tins devant l'immense tombeau. Les hommes et femmes étaient entassés les uns par-dessus les autres, tellement serrés qu'on ne voyait que leurs têtes. De presque toutes les têtes, du sang coulait sur les épaules[41]... »

Par la suite, Speer a assuré que ce témoignage lui avait fait une impression aussi indélébile que le film montré aux accusés au début du procès ; allié au réquisitoire de sir Harley Shawcross, il lui avait fait perdre tout espoir. Pour détourner son esprit de cette pensée, il consacra les jours suivants à ébaucher la « déclaration finale » que chaque accusé était autorisé à faire. Ensuite, Speer rédigea son testament et l'envoya à Rudolph Wolters. Il demandait à son ami d'être son exécuteur testamentaire, de réunir des matériaux pour une biographie et en particulier de préparer la « Chronique » en vue d'une éventuelle publication. Speer était convaincu qu'il méritait d'être présenté à la postérité « comme un homme différent de ces répugnants révolutionnaires bourgeois » qui devaient leur ascension au mouvement hitlérien[42]. A la même époque, Speer emprunta à la bibliothèque de la prison le roman de Charles Dickens, *Histoire de deux villes*, dont l'action se situe en partie à la prison de la Bastille. Il commença également à écrire ses Mémoires ; au cours des semaines suivantes, il rédigea plus de cent pages, principalement consacrées à la période pendant laquelle il était ministre.

Le dernier jour d'août 1946, les accusés firent leurs déclarations finales qui, de même que par la suite les attendus du jugement des sentences, furent retransmises par la radio. A l'exception de Hess et aussi de Jodl, qui se contenta de quelques phrases de justification, tous condamnèrent les terribles crimes et les assassinats de masse, mais se défendirent d'avoir participé à ces événements et même d'en avoir eu connaissance. Conscient d'avoir déjà dit à ce sujet tout ce qui s'imposait, Speer n'aborda pas ces questions, mais se lança dans un long discours sur les conséquences catastrophiques de la technique moderne qui avait radicalement transformé le monde et les conditions d'existence des hommes. Il parla d'abord des nouveaux moyens techniques qui permettaient d'asservir des populations entières et d'exercer une surveillance policière très ramifiée, tout en offrant la possibilité de garder secrets les agissements criminels, puis des fusées, de la bombe atomique et des armes chimiques... Après bien des détours, Speer revenait donc à ses anciens préjugés contre le monde moderne. Dans le contexte qu'il esquissait, les défaillances humaines et les destins personnels devenaient presque insignifants. « En tant que principal représentant d'une technocratie qui venait, sans s'embarrasser de scrupules, d'engager tous ses moyens contre l'humanité, j'essayai non seulement de reconnaître mais également de comprendre ce qui était arrivé », a écrit Speer. Devant le tribunal, il déclara notamment : « Les dictatures précédentes avaient besoin de collaborateurs de qualité..., d'hommes capables de penser et d'agir par eux-mêmes », tandis qu'une époque mécanisée pouvait se contenter de former et d'utiliser « le type d'individu qui reçoit un ordre sans le discuter ». Il termina sa déclaration sur ces mots : « Le cauchemar de beaucoup d'hommes, cette peur de voir un jour la technique dominer les peuples, a failli se réaliser dans le système autoritaire de Hitler. Tout Etat au monde court aujourd'hui le danger de passer sous le règne de la terreur née de la technique ; dans une dictature moderne, cela me semble inéluctable. Par conséquent, plus le monde devient technique, plus il est nécessaire de lui faire contrepoids par l'exigence de liberté individuelle et de prise de conscience de l'individu... C'est pourquoi ce procès doit contribuer à établir les règles fondamentales de la coexistence de tous les hommes [43]... »

Ensuite, un long mois s'écoula avant la session suivante du tribunal. Les huit juges se relayèrent des heures durant pour donner lecture des attendus du jugement. Les sentences ne furent communiquées que le lendemain aux accusés, quand ils se rendirent l'un après l'autre dans la salle du tribunal. Douze d'entre eux, y compris Martin Bormann, jugé par contumace, furent condamnés à la mort par pendaison, trois furent acquittés et les sept autres firent l'objet de peines de prison allant de dix ans à la perpétuité. Les juges avaient retenu contre Speer les points III et IV de l'acte d'accusation, notamment à cause de sa participation à la déportation de travailleurs étrangers ; il fut condamné à vingt ans de prison. Le tribunal avait estimé qu'il devait bénéficier de circonstances atténuantes, en particulier du fait que, « au stade final de la guerre, il fut l'un des rares hommes qui eurent le courage de dire à Hitler que la guerre était perdue et à prendre des mesures — tant dans les territoires occupés qu'en Allemagne — pour empêcher la destruction insensée de sites de production. Dans plusieurs pays occidentaux, Speer s'opposa à la politique de la terre brûlée de Hitler en sabotant celle-ci délibérément et en prenant des risques considérables [44]. » L'on devait apprendre par la suite que le prononcé des sentences avait notamment été retardé parce que, concernant précisément Speer, les juges soviétiques ainsi que l'Américain Francis Biddle exigeaient la peine capitale et qu'ils ne s'étaient montrés moins intransigeants qu'au terme de plusieurs jours de débats acharnés [45].

Ultérieurement, l'on a maintes fois reproché à Speer d'avoir utilisé des moyens douteux pour obtenir l'indulgence de la majorité des juges de Nuremberg et échapper ainsi à la potence. Ses efforts pour se rendre utile aux services de renseignements occidentaux, sa lettre au procureur Jackson, son attitude arrogante à l'égard du procureur soviétique et bien d'autres éléments, sans oublier l'évocation de ses vagues projets de complot et dans l'ensemble son comportement d'homme « bien élevé », n'auraient été que des tentatives délibérées de donner le change au tribunal, de déformer les faits et de donner une vision erronée de l'histoire. De même, sa reconnaissance de la « responsabilté collective » n'aurait été qu'un subterfuge dans le cadre de sa stratégie de survie. Par ce geste, il voulait à la fois impressionner favorablement le tribunal et l'opinion, se démarquer des autres accusés et jouer de nouveau devant ses juges ce rôle de premier plan auquel il était habitué depuis si longtemps et auquel il ne voulait pas renoncer. Cela lui avait également permis de se présenter comme un complice en quelque sorte abstrait des crimes du régime national-socialiste. Chaque fois que la réalité concrète, sanglante et effroyable menaçait de s'imposer, il pouvait ainsi se retrancher derrière cette complicité globale, excluant toute culpabilité personnelle [46].

Speer a toujours accueilli ce genre d'observations avec une indifférence mêlée de surprise. Le seul reproche qu'il ait vigoureusement rejeté est celui de s'être, tout simplement, défendu. Quels buts visaient ces critiques ? se demandait-il. N'était-il pas légitime de se défendre face à ses juges, dans la mesure où ce n'était pas au détriment d'une tierce personne ? Comme tous les autres, il voulait simplement sauver sa tête. En tout état de cause, il n'avait jamais nié sa participation à ces crimes — ni devant le tribunal, ni en discutant avec son avocat —, ce qui lui avait valu, des semaines durant, d'être taxé de traître par les autres accusés. Qu'aurait-il pu, ou dû, faire de plus ?

Il était évidemment conscient que de telles explications revenaient à reconnaître ce que ses critiques lui reprochaient. Mais peu lui importait ; sa susceptibilité n'allait pas jusque-là, faisait-il observer non sans ironie, en ajoutant qu'après le verdict son succès, si c'en était vraiment un, ne l'avait nullement réjoui, mais au contraire plongé dans une angoisse sans précédent. Le Dr. Flächsner a peut-être fourni une explication en supposant qu'en fin de compte Speer se serait « senti rabaissé à ses propres yeux par le fait qu'il n'avait pas été condamné à mort [47] ».

Il se peut, mais il ne faut pas négliger un autre facteur. A l'époque du verdict, Speer avait quarante et un ans. Pour un homme incapable de vivre sans avoir une tâche à accomplir et pour lequel une activité frénétique remplaçait toutes les autres satisfactions de la vie, la perspective de passer ses années de maturité à tourner en rond dans une cour de prison était le pire de tous les châtiments imaginables. Lorsque sa femme lui rendit visite peu après le prononcé des sentences, l'on entendait se répercuter dans les couloirs de la prison le bruit sourd des marteaux indiquant selon toute probabilité que l'on montait la potence où les condamnés à mort seraient pendus quelques jours plus tard. Au cours de leur conversation entrecoupée de longs silences, Speer s'exclama soudain « avec désespoir » : « Que vais-je faire de toutes ces années ? Cela ne revient-il pas à une condamnation sans fin, à un supplice qui recommence tous les matins ? » Pour préciser sa pensée, il avait ajouté que, dans toutes les situations difficiles qu'il avait connues, il avait toujours pu trouver une solution, sous la forme de projets, de travail et de grands objectifs ; pour la première fois de sa vie, ce n'était pas le cas [48].

XI

L'ÉCOLE DE LA SURVIE

Les premières semaines furent les plus difficiles. Dans les notes prises par Speer à l'époque, il est question d'« existence crépusculaire », de périodes d'apathie totale, de nuits d'insomnie peuplées d'images horribles et de pénibles souvenirs des jours du procès. Dans ses rêves éveillés, il imagine une scène récurrente au cours de laquelle « un homme se débat pour traverser un profond cloaque... dont la sortie est hors d'atteinte[1] ». Il reste des jours sans ouvrir les livres qu'il a demandés, ou essaie de se mettre à écrire, mais ne tarde pas à y renoncer.

Les relations avec ses codétenus lui pèsent énormément. Un jour, lorsque Baldur von Schirach engage avec lui une discussion sur la « responsabilité collective » et que Speer s'oppose à ses vues, tous lui tournent le dos d'un commun accord. A plusieurs reprises, il calcule combien des « sept mille trois cents jours plus cinq, correspondant aux années bissextiles », se sont écoulés et le résultat est accablant. A la fin du mois de novembre, le directeur américain de la prison, le colonel Andrus, vient annoncer aux détenus qu'ils seront prochainement transférés à Berlin. Pourtant, décembre passe sans que le transfert ait lieu, puis le printemps, car les puissances alliées ne parviennent pas à se mettre d'accord sur les conditions de détention. Ce sont des semaines harassantes, emplies de la peur de « sombrer dans le néant », comme l'a écrit Speer. Accoutumé à attribuer tous les problèmes à des questions d'organisation mal résolues, Speer finit par décider d'« organiser son existence de prisonnier » et de mettre au point une « technique de survie[2] ».

La première mesure que Speer envisagea consistait à prolonger la période de sommeil quotidienne à douze heures, au lieu des six heures habituelles, dans le but de diminuer la durée effective de sa détention de moitié et non plus seulement du quart. Constatant qu'il n'y arrivait pas, il se força à lire régulièrement, se remit à dessiner et se livra à des

« conversations avec [lui]-même » mettant en scène plusieurs protagonistes qu'il incarnait tour à tour. De temps à autre, il était consulté par les avocats des procès ultérieurs, ce qui l'amena à faire de courtes apparitions à la barre des témoins. A une occasion, cela lui permit d'apercevoir Karl Brandt, accusé d'avoir pratiqué des expériences médicales sur des êtres humains. Une autre fois, il se trouva face à Karl Otto Saur, ce qui lui permit d'observer « avec amusement » l'attitude obséquieuse de son ancien collaborateur qui obéissait avec empressement aux ordres d'un sergent ; il reconnut en lui « l'effroyable mélange » de « docilité et de dynamisme » auquel « le régime devait tant[3] ». Vers la même époque, il commença à tenir son journal et à noter des souvenirs des années écoulées ; il écrivait aussi des lettres à sa femme et à Wolters, qu'il transmettait par l'intermédiaire de l'aumônier de la prison.

En été 1947, au terme de longues négociations, les Alliés se mirent finalement d'accord sur les conditions de détention des condamnés de Nuremberg. Le 18 juillet à l'aube, les détenus furent tirés de leur sommeil et emmenés à Berlin par avion, sous haute surveillance. Pour la première fois depuis deux ans, ils eurent un aperçu du monde extérieur. Lorsqu'ils survolèrent la ville, Speer distingua, au milieu des champs de ruines entourant la chancellerie du Reich, l'axe est-ouest ainsi que la « colonne de la Victoire » ; cela au moins existait encore, se dit-il. Tout le reste, tous les projets qui devaient être achevés cette année-là, resterait à jamais de l'« architecture de papier[4] ».

Un convoi d'autocars aux fenêtres occultées emmena les détenus — chacun portant des menottes reliées à un soldat par une chaîne — à la prison de Spandau. Aménagée par les Anglais, elle était protégée par de hauts murs doublés de barbelés électrifiés et éclairée par de puissants projecteurs. Dès leur arrivée, ils durent mettre des treillis en provenance des camps où étaient incarcérés les travailleurs forcés de Speer. Selon son ordre d'arrivée, chacun reçut un numéro qui lui servirait dorénavant de nom ; Speer devint ainsi « Numéro cinq ». En arrivant dans sa cellule, il remarqua que la couverture était frappée du sigle « GBI » — les initiales de la *Generalbauinspektion*, cette Inspection générale du bâtiment qui avait marqué le début de son ascension.

Les détenus étaient traités avec « une froideur glaciale ». Toute conversation était interdite, y compris avec le personnel de surveillance. Une demi-heure par jour, les détenus, à bonne distance les uns des autres, étaient emmenés dans le jardin en friche situé derrière le bloc cellulaire. En principe, les visites étaient interdites. Tous les deux mois, ils étaient néanmoins autorisés à recevoir la visite d'un membre de la famille pendant un quart d'heure ; et une fois par mois, ils pouvaient recevoir ou écrire une lettre d'un seul feuillet. Ils recevaient du papier pour rédiger des notes ou des réflexions, mais chaque soir ils devaient remettre aux gardiens ce qu'ils avaient écrit — et, comme ils ne l'apprirent que douze ans plus tard, tout était livré à la déchiqueteuse. Comme pour faire savoir qu'il n'était pas responsable de ces méthodes dignes du régime nazi, le gardien-chef français fit observer au bout de dix jours seulement, à voix basse mais assez fort pour être entendu : « Comment peut-on les traiter ainsi ? C'est une honte [5]. »

Speer avait un avantage sur ses codétenus : il acceptait le verdict, du moins moralement. De fait, Raeder lui dit un jour, non sans une pointe d'envie, qu'il supportait manifestement mieux la détention que les autres. Dans une remarque révélatrice, Speer a expliqué qu'il comptait le verdict du tribunal, au même titre que les autres éléments de la discipline qu'il s'imposait tels que lire ou écrire, parmi les problèmes qu'il devait résoudre en prison, autrement, comment résister à vingt années de détention [6] ?

Le règlement ne tarda d'ailleurs pas à s'assouplir. Dès le mois d'août, le directeur britannique de la prison proposa aux détenus de travailler quelques heures par jour au jardin ; tous se déclarèrent prêts à le faire. Parallèlement et toujours à titre « thérapeutique », Speer commença à rêver à une sorte de « troisième période de sa vie », à repartir du point où sa destinée avait été, ainsi qu'il le pensait maintenant, brisée par sa rencontre avec Hitler. En repensant à son professeur Heinrich Tessenow qui, pour protester contre la démesure de l'époque, continuait à prôner une architecture ascétique et artisanale, Speer se dit que, compte tenu de la pénurie actuelle, l'idéal de Tessenow prenait une signification nouvelle. Il voulait poursuivre l'œuvre de Tessenow, écrivit-il, conscient d'avoir de nouveau une mission à accomplir : « Je me trouve à un commencement. Je ne suis pas malheureux [7]. »

Quelques semaines plus tard, il se produisit un événement infiniment plus riche de conséquences. Vers la mi-octobre, un des infirmiers de la prison, un Néerlandais de vingt-trois ans du nom de Toni Proost, lui proposa d'établir avec le monde extérieur un lien secret échappant à toute censure. Proost avait été, comme on l'apprit par la suite, un des millions de travailleurs forcés déportés en Allemagne pendant la guerre et contraints de travailler pour l'industrie de l'armement. Profitant d'un moment où ils n'étaient pas observés, Proost confia à un Speer médusé que, dans l'ensemble, il était bien tombé ; gravement malade, il avait été soigné dans une clinique spécialisée et ensuite, non seulement engagé comme assistant par le médecin-chef, mais accueilli « comme un fils » au sein de sa famille [8].

Cette offre inespérée transforma d'un coup l'existence entière de Speer, comme lui-même l'a reconnu. Ils convinrent d'un langage de signes permettant à Speer de lui faire savoir qu'il avait quelque chose à envoyer, ou était à court de papier. Un « réseau » existait d'ailleurs déjà, depuis que Rudolf Wolters avait décidé de venir en aide à Speer et aux siens, d'autant que lui-même « s'en était tiré sans être inquiété ». Assisté par l'infatigable Annemarie Kempf, il organisa une « filière » fonctionnant dans les deux sens qui ne se limita bientôt plus à la transmission de lettres et de documents. En dépit des contrôles rigoureux, il parvint à lui procurer des livres censurés, de l'alcool et, en quelques grandes occasions, du foie gras, du champagne et autres friandises ; finalement, Wolters réussit même à procurer à Speer un appareil photo miniature [9]. En dépit des longues heures que le détenu passait dans sa cellule, où il pouvait être observé à tout moment et malgré les inévitables erreurs et négligences, cette filière ne fut jamais découverte. Tous les textes que Speer transmettait à Wolters étaient ensuite dactylographiés par l'assistante de ce dernier, Marion Riesser. Le fait que, pendant la durée de la détention de Speer, environ vingt mille feuillets furent ainsi envoyés et recopiés donne une idée de l'ampleur des échanges entre Spandau et Coesfeld.

Au-dehors des murs apparemment impénétrables de Spandau et en plus de ces développements inespérés, l'on ne restait pas inactif. Wolters ouvrit sous son nom un compte bancaire qui devait servir à aider la nombreuse famille de Speer qui était dans le besoin. Wolters demanda notamment aux anciens collaborateurs de Speer — dont beaucoup occupaient de nouveau des positions importantes — d'apporter leur contribution, en leur faisant observer qu'en quelque sorte Speer payait pour eux tous. Il rappela également aux industriels établis entre Düsseldorf et Dortmund le télégramme envoyé vers la fin de la guerre, exprimant la « reconnaissance éternelle » du bassin de la Ruhr envers Speer. Ce « fonds d'entraide » permit bientôt de verser à la famille de Speer qui avait regagné Heidelberg, deux cents marks par mois. Lorsque le fils de Proost tomba gravement malade, Speer utilisa également ce compte pour lui envoyer l'argent nécessaire à une transfusion.

Ces nouvelles possibilités réveillèrent aussi l'ambition littéraire de Speer. Après quelques essais pour transposer en mots ses premières rencontres avec Hitler et analyser son pouvoir de fascination, Speer décida, au début de 1948, de se fixer une nouvelle tâche. Conformément à son caractère, il ne pouvait que la considérer comme un « grand œuvre » et rien ne lui paraissait mieux correspondre à ce projet ambitieux qu'une biographie de Hitler. Il se mit au travail, rassemblant des souvenirs d'événements vécus et tout ce qui lui venait à l'esprit au sujet de cet homme qui avait exercé une influence tellement décisive sur sa vie. Au terme de plusieurs tentatives laborieuses, son projet commença à s'enliser dans des détails superflus et anecdotiques, en un mélange inextricable des diverses couches de la mémoire. Il finit par y renoncer en commentant laconiquement : « Dégoût, scepticisme et lassitude. » En août, après quelques nouveaux essais infructueux, il confesse : « Trois mois sans prendre une seule note [10]. »

Faute d'écrire, il se consacra avec une ardeur renouvelée — et, comme toujours incapable de faire les choses à moitié, en allant souvent jusqu'à l'épuisement — au jardin en friche situé derrière les cellules et décida de transformer en parc ces quelque six mille mètres carrés plantés de vieux noyers, de lilas négligés et de broussailles. Il se prescrivit en outre un pensum quotidien de plusieurs heures, se remit à dessiner, dressant même des plans pour quelques-uns des gardiens. Dans l'organisation de son existence, il n'oubliait pas les « vacances » qu'il s'accordait deux fois par an et qu'il passait surtout à dormir, à l'aide de tranquillisants. Une fois, la direction de la prison ordonna aux détenus de confectionner des enveloppes, mais elle ne tarda pas à y renoncer, de crainte que cela n'occasionne une sorte de « commerce de reliques ». A une autre occasion, le directeur américain de la prison eut l'idée de faire faire aux détenus des travaux de vannerie, mais ceux-ci, soutenus par leurs avocats, se refusèrent si énergiquement à pratiquer cette activité « discriminatoire » d'ordinaire réservée aux maisons de correction et aux asiles d'aliénés que l'ordre fut annulé.

Speer n'avait de relations réellement personnelles — en dehors de celles qui devinrent bientôt affectueuses, avec Toni Proost — qu'avec l'aumônier de la prison, le Français Georges Casalis. Casalis avait fondé son premier sermon sur cette référence aux Ecritures : « En Israël, les lépreux étaient séparés de la communauté du peuple par de nombreux interdits légaux qu'il était plus difficile de franchir que les murailles d'une prison. » Raeder, Dönitz et Schirach se montrèrent indignés par le choix de ce texte, reprochant à Casalis de les avoir traités de « lépreux ». Speer prit la défense du prêtre et rechercha sa compagnie, voire son amitié. Ce fut en tout cas Casalis qui l'aida à surmonter les difficiles premières années et Speer fut consterné lorsque le prêtre dut quitter Spandau au cours de l'été 1950. Jusqu'alors, Casalis avait été pour lui un guide, s'efforçant avec persévérance de lui faire comprendre les vérités spirituelles, bien que, en dépit de tous ses efforts, l'univers de la religion fût toujours resté inaccessible à Speer. Pourtant, toujours prêt à apprendre, il suivit les recommandations du prêtre et s'efforça, des années durant, de venir à bout des neuf mille pages de la *Kirchliche Dogmatik* du théologien calviniste Karl Barth. Même ce qu'il ne comprenait pas, se disait-il pour se donner du courage après être arrivé à plus de la moitié du livre, avait un effet apaisant [11].

Les relations avec ses codétenus restaient en revanche difficiles. Dans l'ensemble, il n'avait pas de problèmes avec les gardiens (représentant les quatres puissances alliées, ils étaient changés tous les mois). Par contre, de nouvelles tensions l'opposaient constamment aux autres prisonniers. Plus ou moins ouvertement, ils lui reprochaient son « opportunisme », voire parfois son « masochisme » et lui firent savoir que, par son besoin de se singulariser, il diffamait « le peuple allemand tout entier ». Lorsque, au bout d'un certain temps, les conversations entre les détenus furent tolérées plus ou moins officiellement, il les voyait souvent murmurer entre eux, mais dès qu'il approchait, note Speer dans son Journal, « ils se taisaient et se détournaient », de sorte qu'il était tenté de se montrer conciliant pour être de nouveau admis « dans leur cercle grâce à quelques mots ». Seul son sentiment de supériorité orgueilleuse, ainsi que la pensée de n'avoir « jamais... vraiment été à [sa] place nulle part », l'empêchèrent de faire cette concession[12]. Les relations entre les autres détenus étaient elles aussi très tendues. Les dissensions étaient dues notamment à des questions de hiérarchie — par exemple qui devait avoir la préséance, Hess, en tant qu'« adjoint » de Hitler, ou Dönitz, en tant que son successeur désigné ? Ces vaines querelles depuis longtemps tombées dans l'oubli qui n'avaient de réalité que dans cet univers de fantômes, se terminaient souvent par des crises d'agressivité et d'apitoiement sur soi-même. Lorsque la direction de la prison leur proposa de prendre désormais les repas en commun, elle se heurta à un refus unanime.

En juin 1949, Speer reçut pour la première fois la visite de sa femme ; comme elle avait accumulé plusieurs droits de visite, elle fut autorisée à le voir pendant une heure entière. Mais « ce fut une torture », note Speer. Sous les regards de cinq gardiens assistés d'un « responsable du protocole », séparés par une double grille, « nous étions incapables de sortir un seul mot naturel ». En regardant les photos de ses enfants qu'il n'avait pas vus depuis cinq ans, il fit plusieurs fois des erreurs car il avait du mal à les reconnaître, au point qu'il en vint à se demander s'il les avait « perdus non seulement pour la durée de la détention, mais à jamais ». Lorsque ses enfants vinrent le voir par la suite, ce ne fut guère mieux : assis face à eux avec raideur, il se forçait à sourire et cherchait désespérément à formuler des questions pour lesquelles il obtenait des réponses polies, ne signifiant rien. « Nous échangions des monologues », commente-t-il avec lassitude. Des années durant, il fut tourmenté par la question : « Peut-être serait-il préférable que je ne rentre jamais à la maison[13]. »

Les détenus n'avaient qu'une notion fort vague de ce qui se passait dans le monde extérieur : ils n'avaient pas le droit de recevoir de journaux et il était strictement interdit aux gardiens de leur donner des informations. Ils étaient néanmoins au courant de quelques événements : le blocus de Berlin, la fondation de la République fédérale et celle de la RDA, la guerre de Corée... Les nouvelles concernant le durcissement croissant des relations Est-Ouest les intéressaient particulièrement, car leur propre sort en dépendait. Quelques allusions et recoupements leur permirent de supposer que l'administration en commun de la ville par les quatre puissances ne durerait probablement pas et ils se demandaient avec angoisse dans quel secteur ils se retrouveraient. Il circulait aussi des rumeurs : l'officier SS Otto Skorzeny qui avait réalisé pendant la guerre quelques opérations de commandos particulièrement audacieuses, par exemple la libération de Mussolini alors interné dans les Abruzzes, aurait l'intention de monter une opération héliportée pour libérer les détenus de Spandau. Selon une autre rumeur, il serait question de les transférer dans une « villa munie de barreaux » proche du Kurfürstendamm [14].

Dans l'ambiance d'apaisement et d'oubli du début des années 50, il y eut plusieurs tentatives pour obtenir la libération des détenus. Wolters persuada l'avocat de Düsseldorf et futur ministre Werner Schütz d'intervenir en leur faveur à Bonn ; Adenauer eut quelques paroles encourageantes mais refusa de prendre position, tandis que le premier président fédéral Theodor Heuss réagissait à toutes les interventions par un « refus glacial ». De même, l'avocat de Nuremberg Otto Kranzbühler, défenseur de Karl Dönitz, ne réussit pas à mettre en marche une procédure de révision, ne serait-ce que pour son ex-client et pour Speer. Vers la même époque, le Dr. Flächsner s'efforçait d'empêcher ou du moins de retarder une procédure de la *Spruchkammer* (chambre d'épuration) à l'encontre de Speer. Wolters l'aida à constituer son dossier. Il recueillit les témoignages de l'architecte Paul Bonatz et de Heinrich Tessenow, ainsi que de diverses personnes qu'il avait aidées à l'occasion de conflits avec les instances du parti. D'autres témoignages concernaient son opposition déterminée à la politique de la « terre brûlée ». Un des grands succès de cette entreprise fut une lettre de Paul Nitze qui avait dirigé l'interrogatoire de Speer à Glücksburg et occupait maintenant un poste important au ministère des Affaires étrangères des Etats-Unis ; Nitze assurait Speer de sa sympathie et disait même éprouver du respect pour lui [15].

Pour la bonne organisation psychologique de sa détention, Speer s'interdisait tout espoir de libération anticipée. Néanmoins, il lui était difficile de rester insensible aux démarches entreprises de divers côtés et auxquelles la perspective d'un réarmement de la République fédérale semblait donner encore plus de poids. Dönitz alla même jusqu'à déclarer que la constitution d'une nouvelle armée allemande était impossible tant que les Alliés maintenaient en prison des officiers supérieurs tels que lui [16]. Autre événement de bon augure, Hilde Speer obtint au printemps 1952 une bourse lui permettant d'aller étudier pendant un an en Amérique ; elle profita de son séjour aux Etats-Unis pour prendre contact avec John J. McCloy qui était encore récemment haut commissaire américain pour l'Allemagne de l'Ouest. Bien que McCloy se fût retiré de la politique pour devenir président d'une banque de Boston, il avait encore d'importantes relations à Washington. Impressionné par l'attitude de la fille de Speer, il écrivit dans une lettre à Heidelberg qu'il avait bon espoir que Speer bénéficierait d'une remise de peine ; de surcroît, il procura à Hilde Speer un rendez-vous avec le ministre des Affaires étrangères, Dean Acheson.

Durant ces semaines d'attente impatiente et de vains espoirs, Speer se raccrocha plus que jamais à son projet de livre qui commençait à prendre forme. Au début de sa détention, il avait fait de la « libération par l'écriture » une de ses maximes de survie[17]. Depuis, il s'était rendu compte que la biographie de Hitler qu'il avait d'abord projeté d'écrire dépassait ses moyens et surtout correspondait moins à son besoin de comprendre l'histoire de sa propre vie qui, de toute façon correspondait, du moins en partie, à une biographie du dictateur. Après plusieurs faux départs, il se mit sérieusement au travail au début de 1953, en commençant par les événements des derniers mois de la guerre — les ordres de destruction totale de Hitler, les conflits que ceux-ci avaient suscités, ainsi que sa dernière visite à la chancellerie. De nouveau insatisfait du résultat, il rejeta ces pages et recommença tout. Cette fois, il renonça à un début qui le montrait sous un jour par trop favorable et résolut de commencer par son enfance et la maison parentale. Cette fois, constata-t-il avec soulagement, cela « allait tout seul » ; par-dessus tout, il était « heureux d'avoir du travail pour des années[18] ». Dans une lettre accompagnant la première partie du manuscrit, il pria Wolters de ne pas la juger trop sévèrement et de ne la montrer à personne. Lui-même n'était « pas satisfait » du résultat, car il était sans cesse dérangé par les gardiens : « Je suis toujours obligé d'être aux aguets, ce qui est mauvais pour la concentration[19]. »

Il avait de bonnes raisons de craindre le jugement de son ami, mais ses critiques ne portaient pas sur des problèmes de style. Dès le procès de Nuremberg, Wolters avait observé l'attitude de Speer avec stupéfaction et, lorsqu'il avait critiqué la position de Speer, en des termes d'ailleurs très prudents, celui-ci lui avait répondu qu'il avait sans doute endossé la responsabilité, mais « non la culpabilité[20] ». Bien que Wolters n'eût jamais été membre du parti national-socialiste et se fût toujours efforcé de conserver un jugement indépendant, il considérait que le rejet catégorique du régime nazi par Speer constituait une infidélité, voire une trahison à l'égard du passé, des grands projets qu'ils avaient faits, de cet avenir qu'ils avaient imaginé avec tant d'enthousiasme avant de tout perdre. Lorsque Wolters lui reprocha maintenant de qualifier Hitler de « criminel » dans les pages qu'il lui avait envoyées, Speer comprit pour la première fois qu'il « perdrait encore plus d'un ami ». Mais, ajouta-t-il, « on ne peut pas y échapper[21] ».

Ne voulant pas démoraliser son ami, qu'il continuait à vénérer, Wolters s'abstint désormais de tout commentaire défavorable et alla même jusqu'à l'encourager dans son entreprise littéraire. Speer mit environ un an à terminer le premier jet de son livre ; les ajouts et corrections lui prirent encore plusieurs mois. Le 29 décembre 1954, il note dans son Journal que la rédaction des Mémoires est « tant bien que mal terminée » et que la version dactylographiée comportera environ onze cents feuillets.

Dans ses moments de dépression, notamment après la libération de von Neurath et de Raeder, le livre inachevé lui permettait souvent de ne pas perdre pied. « C'est devenu la seule tâche que je vois encore devant moi[22] », a-t-il écrit à ce sujet. Maintenant, il était de plus en plus angoissé à la pensée du vide qui le menaçait. Avant même d'avoir achevé le manuscrit, il avait longuement réfléchi à une autre activité à laquelle il pourrait se consacrer. Finalement, il eut l'idée de parcourir, en faisant le tour du jardin, la distance séparant Berlin de Heidelberg. Six cent vingt kilomètres, avait-il calculé. Comme il n'avait pas de mètre à sa disposition, il mesura le jardin avec ses chaussures : le périmètre correspondait à huit cent soixante-dix unités ; en multipliant ce chiffre par trente et un centimètres, la longueur d'une chaussure, il parvint à un total d'environ deux cent soixante-dix mètres. Il s'imposa ensuite un parcours quotidien et constata qu'au bout de quatre semaines il avait parcouru quelque deux cent quarante kilomètres. En le voyant faire inlassablement le tour du jardin, Hess lui demanda un jour en plaisantant s'il se préparait à faire carrière en tant que facteur de village.

En dépit de la monotonie de ce parcours, Speer tint bon et, avec son obstination coutumière, accrut régulièrement son pensum quotidien. Mais le jour où il parcourut plus de vingt-quatre kilomètres de la sorte, son corps se rebella. Comme onze ans auparavant, sa jambe droite se mit à enfler jusqu'à atteindre le double de son volume normal ; il souffrait également d'une bronchite qui se compliqua de nouveau d'une embolie pulmonaire ; il dut rester trois semaines sous une tente à oxygène. Il est probable que sa maladie avait aussi une origine psychologique : elle se produisit en effet au moment de l'élargissement de Neurath. Lorsqu'il fut ramené à sa cellule, prématurément selon lui, ses nerfs le lâchèrent ; il lui arrivait d'invectiver, écumant de rage, le personnel médical assemblé. Son état était suffisamment préoccupant pour que les médecins, craignant qu'il ne se suicide, lui prescrivent des calmants. Aussitôt rétabli, il reprit ses pérégrinations, en choisissant d'abord Munich pour objectif, puis en décidant de poursuivre le voyage à l'infini. Tout en marchant, il lisait ce que la bibliothèque municipale de Spandau pouvait lui procurer Il demanda des guides touristiques, des récits de voyages, des livres d'histoire et des essais sur diverses cultures, ce qui lui permettait de se faire une idée à peu près exacte des régions qu'il traversait fictivement. Dans une sorte de livre de bord, il consignait ses « impressions de voyage », mélange de souvenirs de lecture et de faits imaginaires : il franchit ainsi les Balkans, passa par Istanbul, traversa l'Afghanistan jusqu'en Inde et continua vers d'autres contrées, prêt à poursuivre le voyage jusqu'à la fin de sa détention.

Les années passèrent ainsi, pareilles à elles-mêmes. Encore et toujours, de vagues espoirs de libération anticipée alternaient avec des périodes de profonde dépression. Dönitz quitta la prison au cours de la nuit du 30 septembre au 1ᵉʳ octobre 1956, dix ans après le jugement. L'après-midi précédent, Speer et lui avaient eu une vive discussion dans le jardin, donnant une dernière fois libre cours aux rancunes accumulées pendant dix ans. Son départ ne mit pas fin aux éternelles dissensions entre les autres détenus, pas plus qu'aux tracasseries et aux humiliations que leur faisaient subir les gardiens. Speer remarqua que chaque détenu avait sa façon bien à lui de faire face à ces vexations, allant de l'indifférence à la flatterie et à la servilité. Selon Speer, tous avaient fait une double expérience de l'autorité et de l'arbitraire, une fois au sommet de l'échelle et une fois au tout dernier échelon et il se demandait dans lequel des deux cas ils se montraient sous leur jour le plus vil. De temps à autre, des visiteurs haut placés venaient à la prison et faisaient défiler devant eux les puissants d'hier comme « des personnages animés d'un musée de cires [23] ».

Speer consacrait une bonne partie de son temps à inventer de nouvelles variantes de son « système de survie ». Il songeait par exemple à des représentations théâtrales, pour lesquelles il imaginait les costumes et choisissait la distribution, puis, se promenant dans le pseudo-foyer aussi imaginaire que le reste du théâtre, il attendait que le rideau se lève sur une scène fictive et commençait à réciter le texte sur un ton déclamatoire. Il redécouvrit aussi le plaisir de lire des romans, essayant de rattraper le temps perdu pendant toutes ces années d'activité excessive. Il dévorait les œuvres de Dostoïevski, Balzac et Hemingway, Tolstoï, Maupassant, Schnitzler, Swift ou Dreiser dans le désordre le plus total, sans aucune méthode, mais n'avait guère de goût pour la « littérature des lamentations, de Böll à Walser », comme il l'a écrit, se demandant si elle donnait « une image tant soit peu fidèle de la réalité contemporaine » et si celle-ci était effectivement « ce bourbier de cupidité, de vice, de conformisme, d'attitudes nazies et de médiocrité » présenté au lecteur ; il avait souvent l'impression que la société que décrivaient ces écrivains « n'existait qu'en mots [24] ».

Un jour, un sergent américain lui proposa à l'improviste de lui servir de messager, de sorte que Speer disposait désormais d'une double liaison avec le monde extérieur. Après quelques hésitations, car il craignait que le fait d'avoir deux messagers dont chacun devait ignorer l'existence de l'autre n'entraînât des complications, il finit par accepter. Cette décision se révéla sage, car, suite à un différend avec les autorités d'occupation soviétiques, Proost dut quitter son service au début de 1958. Lorsque Funk, gravement malade, fut autorisé peu après à quitter la prison avant d'avoir purgé l'intégralité de sa peine, Speer nota qu'il était arrivé ce qu'il « craignait le plus », en ajoutant avec angoisse : « Plus que trois. En fait, je me retrouve seul. Schirach et Hess ne comptent pas [25]. »

Il se consacra avec d'autant plus d'énergie, souvent jusqu'à la limite de ses forces, aux travaux de jardinage, plantant des arbustes fruitiers et des fleurs, créant des rocailles, des massifs ou des pelouses et récoltant les noix avec les gardiens. Par contre, il devait se forcer pour écrire — depuis qu'il avait fini ses Mémoires, il avait tiré un trait sur le passé et il ne trouvait pas de mots pour décrire la monotone routine de sa vie de prisonnier. Il avait également de plus en plus de mal à lire ; il lui semblait que ces livres qui l'avaient tant aidé pendant quelques années commençaient à le lasser. Quant à ses voyages autour du jardin, il s'était fixé pour objectif fictif Calcutta, espérant que, quand il l'aurait atteint, il serait libéré. Mais en octobre 1958, il se vit contraint de traverser la frontière entre l'Inde et la Chine et, le cœur lourd, de continuer sa route jusqu'à Pékin, peut-être même jusqu'à Vladivostok, avant d'aborder le continent américain. Il avait l'impression terriblement angoissante que le monde l'avait oublié. Mais un jour, l'ambassadeur des Etats-Unis, David Bruce, arriva à Spandau. Le simple fait que, contrairement aux gardiens et aux autres visiteurs officiels, Bruce ne l'appelant pas « Numéro cinq », mais utilisant son nom le rasséréna énormément. Et lorsque Bruce, comme s'il avait deviné ce qui tourmentait le prisonnier, lui répéta à plusieurs reprises avant de prendre congé : « You are not forgotten ! » Speer sentit renaître, du moins quelque temps, ses espoirs maintes fois réduits à néant.

Les mois passèrent ainsi et les années. Après avoir atteint Los Angeles, Speer traversa les paysages désertiques séparant les Etats-Unis du Mexique. « Soleil impitoyable, chemins poussiéreux », écrit-il dans son journal de bord ; « la terre me brûle la plante des pieds... les bornes kilométriques sont les stations de ce douloureux chemin[26] ». Un gardien russe avec lequel il avait engagé la conversation en jardinant lui parla de ses expériences inquiétantes avec les fonctionnaires de la RDA : « Sous Hitler, Allemands sinistres, lui dit-il dans son mauvais allemand. Sous Ulbricht, Allemands toujours pareils. Toujours tout parfait. Tout bien en ordre. » Se tournant brusquement vers Speer, il ajouta : « Vous aussi, avec votre jardin[27]. »

Aussi vaines et vides de sens que les autres événements de ces années, les tentatives d'obtenir la libération anticipée de Speer se poursuivirent. Herbert Wehner, Charles de Gaulle, George Ball, Martin Niemöller, Fabian von Schlabrendorff et bien d'autres intervinrent en sa faveur. Speer accueillait avec avidité ces nouvelles qui lui étaient pour la plupart communiquées par sa fille Hilde et puis, il ne se passait rien. Speer observa que, dans ce temps immobile, il devenait de plus en plus un « reclus » et que le monde lui échappait. Il se contentait de parcourir rapidement les journaux, que les détenus avaient le droit de lire depuis quelque temps, prenant à peine conscience de la réalité de ce qu'il lisait — heureux, en fait, que les circonstances l'eussent empêché de participer en quoi que ce soit aux événements politiques, aux luttes absurdes, aux débats stériles des politiciens emplis de morgue. Il redevenait aussi « apolitique » qu'à ses débuts, lui qui avait pourtant nourri l'ambition de devenir le « deuxième personnage » du Reich. « Comme tout cela est loin ! commenta-t-il un jour. Un autre monde ! » Il s'intéressait davantage à la statique d'une coupole, à la façade d'un palais Renaissance ou à la notion de fenêtre en architecture, sujets sur lesquels il commença à écrire des essais, qu'à l'insurrection hongroise ou à la crise de Cuba. Quand il était d'humeur à philosopher, il se demandait parfois si, quand tout cela serait terminé, le rythme régulier des années de détention ne viendrait pas à lui manquer : les travaux de jardinage, les longues heures de lecture, les rêveries, et même les stupides accrochages avec les gardiens. Comme tel ermite du Moyen Age que l'Eglise avait amené à Rome pour le faire pape, il était tenté de demander qu'on lui redonne son désert. Pour le citer : « La perspective de passer ici le restant de mes jours n'a plus rien d'effrayant pour moi [28]. »

Speer tirait une grande satisfaction des succès universitaires et professionnels de ses enfants, en particulier les concours remportés par son fils aîné Albert qui se destinait comme lui à l'architecture. Il finit d'ailleurs par renoncer au système élaboré d'expédients destinés à lui permettre de tenir le coup et qui était devenu un simple automatisme. Il écrit que ces stratégies de survie qu'il avait mises au point l'avaient non seulement soutenu, mais aussi usé : « Cette stupide organisation du vide était plus exaspérante que ne l'aurait jamais été le vide en soi. Ce qu'il m'en reste en fin de compte, ce n'est rien de plus que la satisfaction stérile d'être venu à bout de quelques tâches que je m'étais imposées... Ne s'agit-il pas déjà d'un symptôme de cette folie à laquelle tout cela devait me permettre d'échapper ? J'avais toujours regardé de haut ceux de mes codétenus qui restaient oisifs et étaient incapables de se fixer un objectif. Mais que valaient mes objectifs, en réalité ? Le spectacle d'un homme s'acharnant à marcher en rond pendant dix ans n'était-il pas bien plus absurde et inquiétant ? » Avec résignation, Speer ajoute : « Je ne me fais aucune illusion : je suis déformé. » Dans son nouvel état d'esprit, il lui paraissait même maladif d'être en proie à la rage d'écrire, au point qu'il détruisit ses notes à plusieurs reprises. Ce qui ne l'empêchait pas de se demander peu après : « Aurais-je pu survivre tout ce temps, si je n'avais pu écrire une seule ligne [29] ? » Le 1ᵉʳ janvier de sa dernière année de détention, il regarda par la haute fenêtre de sa cellule, perché sur un tabouret, le maigre feu d'artifice tiré par des soldats britanniques.

Le 30 septembre 1966, la veille de son élargissement, fut un jour comme les autres. Speer alla à deux reprises au jardin, désherba une dernière fois les plates-bandes et parcourut dix kilomètres dans un morne désert de son imagination. Au cours de l'après-midi, un gardien vint lui dire confidentiellement que Willy Brandt, maire de Berlin, avait envoyé un bouquet de roses rouges à Hilde à l'occasion de la libération de son père. Ensuite, il demanda à son fidèle « messager » d'envoyer dans la soirée à Rudolf Wolters un télégramme, dont la teneur était :

« Prière venir chercher à trente-cinq kilomètres au sud de Guadalajara (Mexique). Oncle Alex. »

Une minute avant minuit, les quatre directeurs de la prison accompagnèrent Speer, ainsi que Baldur von Schirach qui avait également purgé sa peine, jusqu'à l'entrée de l'établissement pénitentiaire. Au moment où une horloge commençait à sonner l'heure, le portail bleu s'ouvrit. Dès que Speer franchit le seuil, sa femme courut vers lui, fendant les rangs des gardes britanniques débordés. A quelques mètres de là, le Dr. Flächsner l'attendait à côté d'une Mercedes. L'esplanade et la Wilhelmstrasse étaient noires de monde ; quelques excités criaient « Libérez Hess ! », et une banderole proclamait : « Le peuple iranien salue Speer et Schirach dans la liberté retrouvée ». Sous la lumière aveuglante des projecteurs de la télévision et les éclairs des flashs, escortée par quelques véhicules de police, la voiture se fraya un chemin à travers la foule, suivit la Heerstrasse, puis gagna le centre-ville jusqu'à un hôtel écarté du quartier de Grünewald. C'était de nouveau une cohue indescriptible ; des journalistes et photographes emplissaient le hall, ainsi que d'innombrables curieux. Montant sur une marche, Speer leur demanda de se montrer compréhensifs : cette soirée appartenait à sa femme, il ne dirait par conséquent que quelques mots. Une voix s'éleva alors dans la foule : « Vous n'avez absolument plus rien à nous dire, monsieur Speer ! » Après avoir hésité un moment, Speer s'abstint de répondre. Lorsque quelqu'un lui demanda s'il avait des projets d'avenir, il rappela qu'il était architecte et exprima l'espoir de recevoir des commandes[30].

Le lendemain matin, Speer et sa femme réussirent à semer les journalistes qui les suivaient et prirent l'avion pour Hanovre. De la prison de Spandau, il avait déjà, avec l'assistance de sa secrétaire Annemarie Kempf, prévu une réunion de famille et loué à cet effet un pavillon de chasse isolé sur le lac de Kellersee, dans le Schleswig-Holstein. Lorsqu'il y arriva vers midi, une petite quinzaine de personnes l'attendaient, heureuses de le revoir et s'efforçant d'exprimer dignement leur joie et le caractère solennel de l'événement. Chacun et chacune semblait avoir répété des expressions et des mots « spontanés » et faisait tout son possible pour paraître naturel.

Les enfants devenus grands ne se souvenaient pratiquement plus de leur père, tout au plus avaient-ils aperçu le prisonnier derrière un grillage. Quant aux beaux-fils et belles-filles, ils ne l'avaient jamais vu auparavant. Mais les phrases qu'ils avaient préparées, le ton presque trop familier qu'ils s'efforçaient d'adopter pour dissiper la gêne qu'ils éprouvaient, ne suffisaient pas à alimenter la conversation, et il y eut de nombreux silences pénibles. Speer lui-même parla à plusieurs reprises de Spandau, des gardiens compréhensifs ou hostiles, des livres qu'il avait lus en prison, des fleurs qu'il avait plantées et de ses efforts pour tromper l'interminable ennui de la captivité, mais la plupart de ceux qui étaient venus l'accueillir savaient déjà tout cela et devaient s'armer de patience pour l'écouter. Lorsqu'un des invités essayait d'aborder un autre sujet, il s'installait bientôt un silence effroyable et quand un autre lançait une remarque qui se voulait amusante, cela ne faisait qu'augmenter l'embarras général et la conversation s'enlisait une fois de plus.

Lorsqu'il recevait des visites à Spandau, Speer s'était déjà rendu compte que les mots les plus simples lui manquaient, ces mots spontanés et sans grande signification qui créent une ambiance détendue et amicale ; à l'époque, il avait attribué ces difficultés aux circonstances. Maintenant, il réalisait que le mal était plus profond. Pendant les années de son absence, tous les autres s'étaient créé un monde à eux, une vie à eux. Ils avaient des projets, des amis et des professeurs qu'il ne connaissait pas, des conceptions qui lui étaient étrangères. Tout ce qu'ils disaient était fondé sur des expériences qu'il n'avait pas partagées ; ils parlaient de l'avenir, tandis que lui ne pouvait se détacher d'un passé qui était tout ce qu'il avait, tout ce qu'il aurait jamais. Chaque fois qu'il fit allusion par la suite à cette réunion de famille, ce fut pour parler de l'amère déception qu'il avait ressentie : jamais il ne s'était senti aussi seul, même à Spandau. Ces deux semaines lui parurent interminables, au point qu'il ne tarda pas à éprouver la nostalgie de sa cellule, de son jardin et de ses livres, de ses pérégrinations opiniâtres et de son existence monacale [31].

La rencontre avec Rudolf Wolters, qu'il alla voir dans sa résidence de Coesfeld peu après la réunion familiale, fut elle aussi décevante. Sans manifester la moindre émotion, Speer entra dans la maison en disant, avec une négligence étudiée : « Comment va ? Il y a un bout de temps qu'on s'est pas vus... » Quelques jours auparavant, il y avait déjà eu un désaccord entre eux parce que Speer, sans lui demander son avis, avait invité l'industriel Ernst-Wolfgang Mommsen à Coesfeld pour le soir de son arrivée. Speer pensait que cette invitation était d'autant plus justifiée que Mommsen qui avait fait partie de son équipe en qualité de conseiller pour l'armement, avait non seulement alimenté généreusement le compte d'entraide ouvert par Wolters, mais avait fourni la voiture avec laquelle Wolters était allé chercher Speer à la prison de Spandau. Wolters aurait voulu passer cette première soirée seul avec son ami, qu'il avait aidé à bien des titres — porteur de nouvelles et de messages clandestins, conseiller familial, administrateur de biens, etc. — et peut-être en profiter pour régler leur différend aussi fondamental que durable qui avait trait au jugement porté sur l'ère hitlérienne. Pour ne pas gâcher ces retrouvailles, il avait réfréné sa colère et résolu d'accepter, bon gré, mal gré, le fait accompli [32].

Dès le lendemain, il remit à Speer les volumineuses liasses de documents soigneusement classés : la version définitive de la Chronique, les messages clandestins qu'il avait envoyés de prison, la première version des Mémoires avec les ajouts et corrections, les notes constituant le Journal de Spandau, ainsi que de nombreux autres documents, notamment le « journal de bord » de son voyage imaginaire autour du monde (à la fin de sa détention, Speer avait parcouru près de trente-deux mille kilomètres). La plupart de ces manuscrits presque illisibles avaient été dactylographiés. Il y avait également des copies de ses plans architecturaux, des photographies des édifices construits et des maquettes, ainsi que quelques photos prises à Spandau. Avant son départ, Madame Riesser lui remit un chèque de vingt-cinq mille marks, représentant le solde du compte spécial [33]. Ce chèque, ainsi que le produit de la vente d'une modeste propriété qu'il possédait à Berlin-Schlachtensee (vente qui avait été rendue possible par l'abandon de la procédure d'épuration suite à une intervention de Willy Brandt), constitua la base financière de Speer pour les années à venir. En guise de cadeau d'adieu, Wolters offrit à son ami un jambon de Westphalie, cadeau promis à Spandau plus de dix ans auparavant, provenant d'un cochon né le 5 mars 1953, jour de la mort de Staline.

De Coesfeld, Speer alla à Ratingen pour rendre visite à Walter Rohland. Dans sa lettre de remerciements à Wolters, il parle des « jours merveilleusement harmonieux » qu'ils avaient passés ensemble. Wolters était meilleur observateur. Dans son livre de souvenirs *Lebensabschnitte* (« Tranches de vie »), il écrit que, dès ces premières retrouvailles, il avait senti « subliminalement » que leur amitié « touchait à sa fin » : « Lorsqu'il apparut en chair et en os devant moi, je le vis soudain tout autrement qu'avec la distance qui nous séparait à Spandau. Un peu comme lorsque lui-même avait revu Hitler après une longue maladie. » Comme Speer jadis, Wolters ne voyait soudain plus ce que l'autre pouvait avoir de séduisant, ses qualités de courage et d'altruisme, mais, comme il l'écrit, « seulement le "gros nez épaté [34]" ».

Cette désaffection faillit déjà aboutir à une rupture lorsque Speer accorda une interview au magazine *Spiegel*, début novembre. Pour commencer, le simple fait qu'il se fût prêté au jeu des questions et des réponses avec ce périodique considéré comme l'arrogant porte-parole des libéraux de gauche de l'époque irrita Wolters au plus haut point. Il fut encore plus consterné de constater que son ami se livrait de nouveau à cette condamnation sans appel du nazisme qui dominait depuis vingt ans la vie publique de l'Allemagne, depuis les écoles jusqu'à la politique étrangère, comme il le lui fit savoir dans une lettre. Ce faisant, lui disait-il, de même qu'en diabolisant Hitler, il donnait une image déformée de l'Histoire. L'Allemagne portait-elle la responsabilité de la guerre ? A cette question, Speer avait répondu : « Non, pas l'Allemagne, mais Hitler. » En vérité, estimait Wolters, ils ne faisaient à l'époque aucune différence entre Hitler et l'Allemagne ; en dépit de l'angoisse qui les étreignait en cet automne 1939 et de leur manque d'ardeur belliqueuse, ils avaient toujours considéré que les provocations des Polonais et les intérêts britanniques avaient contribué à l'extension du conflit. Précisément pour cette raison, il était erroné de présenter Hitler comme un personnage démoniaque. Toujours selon Wolters, la responsabilité de la guerre incombait « à nous tous, aux Allemands, aux Européens et en définitive à tous... les peuples ». A la fin de sa lettre, il demandait à Speer de tenir compte de ces observations avec « intérêt et compréhension » dans ses ouvrages à venir [35].

Speer commençait lui aussi à se rendre compte que cette amitié qui avait résisté aux années et à tant de vicissitudes, était sur le point de se briser. Désireux de ne pas précipiter une rupture irréparable, Speer laissa la lettre de Wolters sans réponse. Des années auparavant, il avait chargé Wolters de veiller sur son héritage littéraire, indiquant ainsi qu'il comptait sur son aide pour rédiger la version définitive des Mémoires. Compte tenu des divergences d'opinion insurmontables avec Wolters qu'il avait déjà remarquées à Spandau, Speer était revenu sur cette décision et, en toute discrétion, avait nommé sa fille Hilde exécutrice testamentaire. Et maintenant, il voyait s'effriter progressivement tout ce qui les avait unis, car les critiques de Wolters visaient manifestement les conclusions essentielles auxquelles Speer était parvenu concernant Hitler, le passé et son propre rôle.

Peu après l'incarcération de Speer à Spandau, un éditeur d'Allemagne du Sud et, surtout, la grande maison d'édition américaine Alfred A. Knopf avaient fait savoir à Speer qu'ils seraient intéressés par ses Souvenirs. Mais le passé était encore trop proche et le quotidien de la prison trop envahissant pour que Speer pût envisager de donner suite à ces propositions. En automne 1963, Wolf Jobst Siedler, directeur des éditions Ullstein et Propyläen, s'était de nouveau adressé à Speer ; cette fois, celui-ci s'était montré plus intéressé. Sans doute demanda-t-il à sa famille « pour le moment, de faire patienter cordialement l'éditeur », mais cela ne l'empêche pas de noter dans son Journal : « Cela me tenterait de faire paraître mes Mémoires sous ce label qui m'est familier depuis que, jeune assistant, je lisais l'Histoire de l'art publiée par Propyläen [36]. » Ensuite, lorsqu'il rencontra Siedler en personne peu après sa sortie de prison, il ne tarda pas à décider de collaborer avec lui.

Car il s'agissait effectivement d'une collaboration. Speer avait un grand don d'observation, une excellente mémoire et l'esprit de synthèse ; il se révéla aussi parfaitement capable de mettre de l'ordre dans les milliers de feuillets et de documents qu'il avait à sa disposition et d'en faire un livre de souvenirs à la fois clair et convaincant. Il lui était en revanche difficile de distinguer l'essentiel de l'accessoire, il n'avait pas le sens du rythme et de la tension dramatique, de sorte que, en fin de compte, son manuscrit avait démesurément gonflé, jusqu'à compter près de deux mille feuillets. Afin de mieux structurer le texte et aussi de préciser le contexte historique, Siedler, à l'instigation de Speer, fit appel à un conseiller littéraire. Ensemble, ils donnèrent au manuscrit davantage de concision et de densité, ainsi qu'une sorte de dramaturgie[37]. Le contenu resta, en revanche, inchangé. Au terme de près de trois ans de travail, le livre parut en automne 1969.

Les Mémoires de Speer eurent un plus grand retentissement que tous les autres ouvrages sur le Troisième Reich publiés auparavant. Le livre avait sans doute en commun avec la grande majorité des Souvenirs d'officiers supérieurs, hauts fonctionnaires et autres qui avaient été pris dans le maelström de ces années un certain aspect apologétique. Mais l'intégrité morale de Speer, reconnue même par ses adversaires, des protagonistes du 20 juillet à l'historien britannique Hugh R. Trevor-Roper et à Paul Nitze, ainsi que par l'ensemble de l'opinion, donnait à son récit une autorité sans précédent. Speer brossait en outre un tableau d'ensemble — pour aussi personnel qu'il fût — de cette époque et donnait à la jeune génération une première réponse à la question, restée si longtemps sans réponse, de savoir comment un homme de cette origine sociale et de cette envergure avait pu devenir aussi aveuglément dépendant de Hitler. La crédibilité de Speer, ainsi que le fait qu'il avait été très proche de Hitler, donnaient à son verdict sur le régime nazi un poids sans pareil, même si les Mémoires n'eurent pas l'« effet cathartique » que d'aucuns leur ont attribué[38]. Robert M. W. Kempner, un des procureurs des procès annexes de Nuremberg, parlait d'une « véritable confession » ; Golo Mann les comptait parmi les « sommets des souvenirs politiques » ; le *Wall Street Journal*, stupéfait de découvrir un adepte de Hitler repentant, allait dans son enthousiasme jusqu'à les comparer aux confesssions de saint Augustin et de Jean-Jacques Rousseau ! Des voix plus critiques parlaient de la position ambiguë de Speer au sein de l'appareil de ce régime monstrueux, de son aveuglement et de sa duplicité, ou encore de la contradiction flagrante entre son appartenance au cercle des intimes de Hitler et sa prétendue ignorance des crimes du régime ; selon eux, toutes ses protestations n'étaient que les faux-fuyants d'un auteur en quête d'autojustification[39].

Dans le camp opposé aussi, les réactions étaient partagées. Beaucoup, surtout parmi les plus âgés, avaient été des partisans fanatiques du régime, auquel ils étaient restés fidèles jusqu'à la fin et même au-delà. Depuis près de vingt-cinq ans, ils se sentaient trompés, privés de tout ce en quoi ils avaient cru et leur fidélité ne leur valait que d'être taxés de coupables. Ils trouvaient dans ce livre plusieurs motifs d'apaisement : il était donc possible d'avoir cru en Hitler et d'être cependant resté un « honnête homme » ; et surtout, puisque le ministre favori de Hitler qui avait même été appelé à lui succéder à un moment donné, ignorait tout des assassinats de masse et autres crimes du régime, n'était-il pas absurde de supposer que l'homme de la rue en savait davantage ? Et dans les contradictions de Speer, dans son éthique du travail doublée d'un aveuglement volontaire à tout ce qui était étranger à ses fonctions, ils reconnaissaient fréquemment leur propre comportement. Pour douteux que fussent ces parallèles qui, en tout état de cause, ne tenaient pas compte de la rébellion tardive de Speer, nombre d'entre eux voyaient en Speer une grande figure, symbole de déculpabilisation apparu à point nommé. Beaucoup d'autres témoignaient d'une hostilité non déguisée et des gens qui avaient jadis été des amis se détournaient de lui avec indignation. Le sculpteur Arno Breker qui lui était redevable de nombreuses commandes et pour une bonne part de sa position de sculpteur officiel du Troisième Reich, lui envoya une lettre dans laquelle il disait être contraint de se faire « une nouvelle image » de son camarade de jadis ; un ex-haut fonctionnaire de l'Office de l'armement fit état d'un Speer « que nous ne connaissions pas alors » ; d'autres encore le qualifiaient sarcastiquement de « Titan de l'expiation » ; Wolters, quant à lui, fit savoir à son ami que « l'intrigue d'un roman policier n'aurait pu être plus passionnante [40] ».

Les reproches les plus fréquents étaient toujours les mêmes : Speer avait minimisé l'enthousiasme qu'il éprouvait pour Hitler et accordé une importance tout à fait excessive à sa résistance des derniers mois, « trahissant » ainsi tout ce qu'ils avaient jadis en commun et qu'ils avaient même considéré comme « sacro-saint ». Depuis Nuremberg et Spandau, Speer ne connaissait que trop ces reproches, mais plus étaient nombreux ceux qui prenaient position contre lui, plus son inquiétude s'accroissait. Il s'était sans doute attendu à des réactions hostiles, mais cette véhémence le consternait et elle n'était pas toujours compensée par la fierté et la satisfaction d'être devenu un auteur mondialement connu.

L'on accusait surtout Speer de faire preuve d'« opportunisme ». Comme il l'avait déjà fait du temps de Hitler, il se ralliait de nouveau à l'opinion dominante et ses mea-culpa n'étaient que des concessions serviles aux circonstances. Loin d'être limité au cercle de ses anciens amis et collaborateurs, ce reproche fut repris par de nombreux observateurs, dont plus d'un voyait dans cet opportunisme sans scrupule servant encore et toujours son avancement personnel le trait de caractère le plus frappant et le plus constant de Speer. Wolters parlait avec irritation de l'« artiste » Speer, champion du « double saut périlleux [41] ». Il est certain que ces reproches étaient fondés — du moins en partie, car ils ne tenaient pas compte, précisément, des nombreux amis que son attitude lui avait fait perdre. En agissant ainsi, il sentait tout un monde se détacher de lui, tandis que des hommes dont il avait apprécié des années durant la compétence et le dévouement lui devenaient hostiles. Leur perte pesait indubitablement aussi lourd pour Speer que la faveur d'une opinion inconstante. Quoi qu'il en soit, l'on ne peut qu'admirer la fermeté avec laquelle Speer maintint le jugement qu'il avait porté sur l'ère hitlérienne.

Dans la lettre d'accompagnement qu'il avait jointe à l'exemplaire des Mémoires envoyé à Wolters, Speer écrivait : « J'avoue que j'appréhende un peu ta réaction. » Peu de temps après, en novembre 1969, il annonça à Wolters qu'il avait l'intention de venir prochainement à Coesfeld. Sur ce, Wolters lui adressa une lettre fort alambiquée dont il ressortait qu'il ne tenait pas à le revoir — il comprendrait parfaitement, écrivait-il en substance, que Speer renonce à ce voyage, car il avait certainement une masse de travail et d'obligations. Il joignit à sa lettre une longue « prise de position », dans laquelle il louait sans doute le style et la construction du livre, mais réitérait les anciennes accusations. Dans le paragraphe final, il reprenait le ton d'amicale ironie de jadis : « Quand on a lu ton livre jusqu'au bout, on est tenté de conclure que l'auteur, vêtu d'une robe de bure, parcourra le pays en prêchant, distribuera sa fortune aux victimes du national-socialisme et renoncera à tous les plaisirs et vanités de la vie, se nourrissant de criquets et de miel sauvage [42]. »

Speer ne se laissa pas décourager pour autant et alla à Coesfeld pour tenter de sauver *in extremis* leur amitié ou ce qu'il en restait. Dès son arrivée, il adopta à son tour le ton ironique qui leur était coutumier depuis l'Université. En prenant place à table, il demanda en souriant : « Où sont les criquets [43] ? » Mais ce fut peine perdue ; leurs dissensions étaient trop profondes pour être effacées par des plaisanteries. Début 1971, Speer accorda une longue interview qui devait s'étendre sur plus de dix jours, à Eric Norden, collaborateur du magazine américain *Playboy*. Il n'esquiva aucune des questions que lui posa Norden, parla une fois encore de la nature criminelle du régime hitlérien et reconnut qu'il avait eu tort de ne pas prendre au sérieux les discours vénéneux contre les Juifs. Sa grande faute était d'avoir donné son « assentiment » tacite aux assassinats de masse, même s'il n'en était pas réellement informé, du simple fait qu'il était un partisan et collaborateur haut placé de Hitler et de s'être donné bonne conscience en se persuadant que ces choses ne le concernaient pas « tant qu'il n'y participait pas personnellement ». Il réitéra aussi cet aveu terrible : « Si je n'ai rien vu, c'est parce que je ne voulais pas voir [44]. »

La publication de l'interview fit exploser au grand jour la rage sourde de Wolters et de tous ceux, et ils étaient nombreux, qui partageaient son jugement à l'égard de l'attitude de Speer. Dans une lettre datée du 24 mai 1971, Wolters le réprimande vertement : « Mais qu'est-ce qui te prend ? Après avoir reconnu ta culpabilité dans tes Mémoires, voilà que tu recommences, en te présentant plus que jamais comme un criminel. » La contradiction entre les déclarations accablantes de son ami et son apparente insouciance dans la vie de tous les jours lui était, dit-il, « aussi intolérable » que ses accusations contre les complices mineurs et sa tendance à « incriminer... de vieux amis ». En agissant de la sorte, Speer calomniait « gravement », non seulement lui-même, mais aussi son propre peuple, tout en se gardant bien de « prendre aussi clairement position sur les guerres actuelles en Asie du Sud-Est et au Proche-Orient ». Pour finir, il lui suggérait de mettre leur amitié en sommeil et de ne reprendre leurs relations que quand Speer aurait passé « cette phase. »

Speer lui répondit dix jours plus tard. Il faisait retomber une partie de la responsabilité sur Norden qui avait pris la liberté de réécrire ou de grossir des passages entiers. « Mais dans les grandes lignes, poursuivait-il, l'interview exprimait fidèlement mon point de vue et c'est sans doute le point décisif à tes yeux. Ce que j'ai... écrit au sujet de ma culpabilité avait déjà, sous une forme analogue, suscité ton exaspération du temps de Spandau. Mais cela n'a rien perdu de sa pertinence. Que beaucoup y voient de l'opportunisme me laisse indifférent. » Il réfutait ensuite le reproche selon lequel sa vie privée ne correspondrait pas à la culpabilité qu'il disait ressentir et ajoutait cette précision : « D'ailleurs, depuis un an environ, mon contrat avec le Propyläen-Verlag prévoit... qu'une grande partie de mes revenus sera reversée à des œuvres charitables. Après impôts, il me reste net environ douze pour cent des droits d'auteur du livre. » Il concluait sur ces mots : « Je serais extrêmement heureux si un jour tu levais cette barrière que tu as toi-même établie. Tu comprendras que, d'ici là, il m'est impossible de prendre de nouveau l'initiative de m'adresser à toi[45]. »

Leur amitié qui avait joué un rôle si important pour tous deux, ne se releva jamais de cette querelle. Elle succomba finalement, non seulement à ces désaccords spécifiques, mais aussi à cause de différences de caractère jusqu'alors cachées par les événements. Quatre ans plus tard seulement, pour le soixante-dixième anniversaire de Speer, Wolters qui était alors gravement malade, fit une ultime tentative de réconciliation en envoyant à Speer quelques vers de mirliton qui s'efforçaient péniblement de retrouver le ton amical de leur jeunesse et se terminaient par ce couplet ironique : « Continuons donc à jouer aux taiseux, / Puisque cela semble nous convenir... » Aux divergences d'opinion vinrent s'ajouter des malentendus. Speer le remercia sans tarder pour le « plus beau cadeau d'anniversaire » qu'il avait reçu, en ajoutant qu'il accourrait au premier clin d'œil de son ami, sans réaliser que la lettre et le poème constituaient d'ores et déjà le « clin d'œil » espéré. Deux mois plus tard, Speer s'attaqua à un long mémento dans lequel il tentait d'éclaircir leurs divergences d'opinion et prônait une plus grande tolérance mutuelle compte tenu de la « prison » dans laquelle chacun d'entre eux vivait. « En dépit des différences innées qui nous séparent, je tiens beaucoup à toi », écrivait-il pour conclure. Mais le lien était définitivement rompu. Ils ne se revirent jamais.

Après la rupture avec Wolters, Speer se retrouva plus seul que jamais ; la quasi-totalité de ses anciens collaborateurs n'avait plus aucune relation avec lui. Il est possible que son empressement à accueillir chez lui les journalistes ou chercheurs en quête d'interviews, correspondants, critiques, etc., qui se présentaient fût lié à la prise de conscience de son isolement croissant. Speer avait toujours décidé souverainement de la distance qu'il mettait entre lui et les autres ; maintenant, c'étaient les autres qui le fuyaient. Pour la première fois de sa vie, cette distanciation le faisait souffrir. Afin d'aider Speer à sortir de son isolement, Theodor Hupfauer qui lui était toujours resté fidèle, proposa de réunir régulièrement dans la maison d'un industriel munichois un groupe d'anciens amis et de gens partageant ses opinions. Mais, comme auparavant la réunion de famille, ces « colloques » connurent une fin pitoyable. Lors de ces réunions, a dit Speer, il se sentait compulsivement poussé à parler encore et toujours de ce passé que les autres voulaient précisément oublier ; et chaque fois qu'ils parlaient de leurs succès, de chiffres de production en hausse ou de nouveaux marchés, il avait l'impression de se trouver face à des copies déformées et anachroniques de l'homme qu'il avait été. Il n'y eut que deux ou trois réunions en tout et ce fut la fin. « Je ne faisais que les gêner », a reconnu Speer[46].

Au printemps 1975 parut un autre livre de Speer, les *Spandauer Tagebücher* (« Journaux de Spandau »). Composé à partir de quelque vingt mille notes et fiches, il réunissait des réflexions sur soi, observations et souvenirs de sa période de détention. Le choix opéré par Speer dans cette énorme masse de documents privilégiait souvent les moments de dépression et d'angoisse qui avaient marqué cette période de sa vie ; cela reflétait sans doute la mélancolie et le découragement chroniques qu'il éprouvait depuis sa remise en liberté. De fait, nombre d'observateurs avaient du mal à réconcilier l'homme timide et étrangement réservé qu'il était devenu avec l'image du dynamique dictateur de l'économie que décrivaient les divers ouvrages consacrés à l'ère nationale-socialiste. Plusieurs d'entre eux eurent même l'impression que l'« école de la survie » était loin d'être terminée.

Quelque temps, Speer caressa l'idée de revenir à l'architecture ; il proposait à des visiteurs des projets pour une brasserie ou pour une usine d'emballage. Ses amis et connaissances ne tardèrent pas à le convaincre de renoncer à ce projet, car tous les plans qu'il dessinait reflétaient, sans même qu'il s'en rendît compte, le décor grandiose de « Germania, capitale du monde », style qui ne convenait guère à une maison dans le Midi ou à un entrepôt. Finalement, ces velléités architecturales aboutirent à un livre présentant son œuvre, tant construite que restée à l'état de projets. Dans la préface, Speer écrit que « cette redécouverte de l'héritage architectural d'une courte décennie » éveillait chez lui, pour aussi lointaines que fussent ces réalisations dans son esprit, « un profond sentiment de satisfaction ». Il ajoutait : « L'homme de soixante-dix ans considère avec fierté, émerveillement et effroi l'élan perverti des années trente... Je voudrais le critiquer, mais ne puis m'en distancier[47]. »

Ce furent dans l'ensemble des années d'activité inlassable et quiconque lui demandait ce qui le faisait avancer pouvait déduire de ses réponses que son principal souci était de blanchir sa réputation. Il voyageait beaucoup, se retirait souvent dans la modeste propriété qu'il avait achetée dans l'Allgäu. La controverse qui l'opposait à Erich Goldhagen l'affecta beaucoup et fut peut-être une des causes de l'embolie dont il souffrit de nouveau. Régulièrement, il avait la nostalgie de la solitude de sa cellule de Spandau. Rétrospectivement, cette vie recluse lui paraissait moins intolérable que le présent, avec ses accusations sans cesse répétées et toujours identiques et la lassante litanie de ses propres tentatives de justification. A plusieurs reprises, il alla faire une retraite au couvent bénédictin de Maria Laach — la fuite et les évasions, c'était sa spécialité, commenta-t-il avec un triste sourire. Il y trouva de nouveau un guide spirituel qui tenta, d'ailleurs aussi vainement que son prédécesseur de Spandau, de l'éveiller à certaines réalités spirituelles[48]. Après chaque retraite d'une durée de cinq jours, son agitation reprenait et il se jetait sur le téléphone, recommençait à voyager et à faire des apparitions à la télévision.

Speer se fixa également une nouvelle tâche : il s'attela à la rédaction d'un livre qu'il titra *Der Sklavenstaat* (« L'Etat esclavagiste »). Des mois durant, il se rendit régulièrement aux Archives fédérales de Coblence pour consulter les dossiers de la SS. Il en résulta un livre assez mal structuré, empli d'amertume, de déception et d'accusations, sur les intrigues de Himmler pour constituer progressivement un empire SS, véritable Etat dans l'Etat. Le sous-titre, « Mes conflits avec la SS », donnait l'impression erronée que Speer était à l'origine d'une hostilité qui venait en réalité de Himmler. Parallèlement à ce travail d'écriture, il continuait à répondre aux innombrables lettres qu'il recevait, revoyait les traductions de ses livres et recevait des visiteurs venus du monde entier, y compris les importuns et ceux qui n'avaient rien à dire. Comme il aimait le faire observer, il restait un personnage du musée de figures de cire, en ajoutant parfois que, en vérité, c'était là sa place.

Au printemps 1977, le président du « Board of Deputies » des Juifs d'Afrique du Sud écrivit à Speer pour lui demander son aide dans le cadre d'une action en justice intentée à une organisation raciste et révisionniste qui avait publié un pamphlet intitulé *Did Six Millions die ?*, niant l'assassinat méthodique des Juifs européens. Dans sa lettre, le Board lui demandait de faire une déclaration sous serment attestant qu'il existait effectivement un plan concerté d'annihilation des Juifs, qu'il était informé de l'existence de ce plan et que celui-ci avait été réalisé concrètement, en précisant comment il en avait été informé. Dans une lettre de trois pages qui se fondait principalement sur les documents et dépositions présentés devant le tribunal de Nuremberg par ceux qui avaient directement participé à ces événements, Speer répondit aux questions du Board of Deputies dans le sens souhaité, de sorte qu'une décision de justice interdit peu après la diffusion du pamphlet en question. Speer terminait son exposé en déclarant qu'il considérait « dans l'ensemble correct » tant le procès de Nuremberg en soi que la sentence dont il avait fait l'objet. Il ajoutait : « Aujourd'hui encore, j'estime justifié, en ce qui me concerne, d'endosser la responsabilité, *et par conséquent la culpabilité*, de tous les crimes, dans le sens général du terme qui ont été commis à partir de mon entrée dans le gouvernement de Hitler le 8 février 1942... Pour cette raison, j'ai reconnu au procès de Nuremberg, toujours en ce qui me concernait, la notion de responsabilité collective et ma position est restée inchangée. Je considère toujours que ma plus grande faute fut d'avoir toléré la persécution des Juifs et l'assassinat de millions d'entre eux[49]. »

Ce texte ne fut pas sans suite. Au début de l'année suivante, Speer reçut à Heidelberg sa future biographe Gitta Sereny. A la fin de l'entretien, elle aborda la question qui lui avait déjà été posée cent fois, question qu'il attendait toujours avec un mélange de gravité, de nervosité et de profonde lassitude : elle voulait savoir ce qu'il savait exactement sur le massacre des Juifs. Lorsque Speer reconnut « s'être douté... qu'il se passait quelque chose d'effroyable concernant les Juifs », Gitta Sereny répliqua aussitôt : « Si vous vous en doutiez, vous saviez. » Il n'était pas possible, précisa-t-elle, de se douter de quelque chose ou de le supposer sans aucune raison, en quelque sorte dans le néant. Par la suite, Speer devait souvent insister sur la différence entre un « savoir » fondé sur des preuves certaines et le « doute » qui ne surgissait évidemment pas du « néant » mais qui était d'une tout autre nature qu'une forme, même mineure, de certitude. C'était une impression issue d'allusions, de sombres rumeurs ou de signaux perçus ici ou là et dont seule la méfiance, sentiment qui lui était alors étranger, pouvait faire un tableau d'ensemble. Ce « doute », ou ce « pressentiment », était d'ailleurs caractéristique de la situation de la majorité des Allemands de l'époque qui devenaient peut-être fautifs, voire coupables, chaque fois qu'il était question du sort des Juifs pendant l'ère hitlérienne.

Selon l'article de Gitta Sereny, Speer n'avait pas fait de telles distinctions sémantiques pendant leur entretien. Il lui avait simplement remis le texte écrit pour le Board of Deputies en lui disant de l'utiliser à sa guise. Mais lorsqu'elle cita ce texte dans un portrait de Speer destiné à *Die Zeit*, il demanda à la rédaction d'ajouter une note précisant le sens du mot *Billigung* (« tolérance », « acceptation »). En utilisant ce terme, il avait en effet reconnu, ne serait-ce qu'implicitement, qu'il était non seulement informé de la persécution des Juifs, mais qu'il avait accepté au moins tacitement ses conséquences meurtrières. Gitta Sereny a d'ailleurs estimé que, si Speer avait fait à Nuremberg un aveu d'une portée aussi générale, il aurait certainement été condamné à mort. La note qui avait pour objet de rectifier le sens de sa déclaration disait : « Tolérance ou acceptation en détournant les yeux, non en ayant connaissance d'un ordre ou en l'exécutant. Le premier est aussi grave que le second. » Speer était revenu aux arguties de sa ligne de défense de Nuremberg [50].

Les années suivantes, Speer mena une existence de plus en plus retirée. Les quelques personnes qui étaient restées proches de lui avaient rarement de ses nouvelles. Même sa famille semblait lui échapper, encore qu'il ne se privât pas de répéter combien il était fier de son fils aîné qui continuait à remporter des concours d'architecture dans le monde entier. Quiconque le rencontrait pouvait avoir l'impression qu'il avait enfin réussi à se libérer du passé. A une occasion, il exprima sa satisfaction d'avoir revu Georges Casalis, l'aumônier de Spandau qui l'avait aidé à surmonter le désespoir de ses premières années de détention. Il accordait sans doute encore plus de prix aux relations amicales qu'il avait nouées récemment avec l'ex-rabbin Robert Raphaël Geis qui lui avait adressé, après la parution des Mémoires, une lettre émouvante. Geis l'assurait de sa respectueuse considération, « même là, où je ne vous comprends pas » et parlait de « pardon [51] ». Il semblait que Speer avait finalement renoncé aux combats et au besoin de se justifier qui l'avaient tourmenté pendant tant d'années. Vers la même époque, il avait lu quelque part une formule qui l'avait frappé : « le bonheur d'oublier ». Cependant, précisait-il avec ce ton de repentir qui semblait être devenu un automatisme chez lui, cela ne pouvait s'appliquer à lui ; il commençait cependant à éprouver le « bonheur d'être oublié [52] ».

Ce fut en cette heure tardive que tout l'édifice de son repentir, mêlant effroi réel, autocritique, circonspection et routine, fut soudain ébranlé. Fin 1979, il reçut la visite de Matthias Schmidt qui préparait une thèse de doctorat au Friedrich-Meinecke-Institut de Berlin. Comme toujours, Speer lui donna sans se faire prier les informations demandées ; certaines questions étant restées sans réponse, il lui conseilla de s'adresser à son ex-collaborateur Rudolf Wolters qui était très compétent et l'aiderait certainement à les résoudre. Wolters avait déjà, à diverses occasions, laissé entendre sur un ton rageur qu'un jour il publierait la version originale de la Chronique et révélerait où celle-ci avait été conservée. Se fiant à la loyauté de son ami qui avait résisté à toutes leurs dissensions, Speer, dans son insouciance de grand seigneur, n'avait pas accordé d'importance à ces déclarations qui constituaient pourtant une menace à peine voilée. Cette attitude de supériorité de Speer qui pensait pouvoir juger souverainement de la loyauté de son ami de jadis, avait une fois encore piqué Wolters au vif. Wolters était malade depuis longtemps et, plus la fin approchait, plus il éprouvait le désir de rendre la pareille à Speer qui lui avait causé tant de déceptions.

Au printemps 1980, Schmidt se rendit à Coesfeld. Il plut aussitôt à Wolters qui l'autorisa à consulter l'original de la Chronique ; cette version qui n'avait jamais été communiquée à quiconque, contenait notamment les passages concernant l'« évacuation » des Juifs de Berlin, qu'il avait pris l'initiative de supprimer. Wolters l'informa de surcroît de l'accord qu'il avait conclu à ce sujet avec Speer. Se rendant aussitôt compte qu'il tenait un sujet sensationnel, Schmidt retourna à Heidelberg. Speer fut tellement consterné par les révélations qu'avait faites son ami qu'il affirma n'avoir jamais eu connaissance de l'existence d'une version originale et « non expurgée » de la Chronique. Il nia également avoir échangé avec Wolters une correspondance destinée à tromper les Archives fédérales. Speer était encore tellement ébranlé qu'il ne souleva pas d'objection lorsque Schmidt lui annonça peu après qu'il avait l'intention d'utiliser les passages supprimés. Et, lorsque Schmidt lui demanda, par mesure de précaution, s'il tenterait de s'opposer à leur publication par des voies légales, Speer répondit par la négative, en se référant à la longue amitié qui le liait à Wolters.

Aussitôt après le départ de Schmidt, Speer se ravisa. De jour en jour, sa colère montait ; c'était lui qui parlait de « trahison », maintenant. De fait, Schmidt, en lequel Speer voyait de plus en plus l'instrument de la vengeance de l'ami à jamais perdu, pouvait réduire à néant tout ce qu'il était ou paraissait être : sa crédibilité, son abjuration et son repentir, bref, toute l'image qu'il avait minutieusement édifiée. Environ un mois après la deuxième visite de Schmidt, il confia le dossier à son avocat ; Wolters fit lui aussi appel à un conseil juridique. Les deux parties ne tardèrent pas à échanger des lettres virulentes relatives à la propriété littéraire de la version originale de la Chronique et aux droits de reproduction et de publication de celle-ci, ainsi qu'aux pleins pouvoirs donnés à Wolters par Speer alors qu'il était détenu à Spandau et qu'il avait discrètement annulés quelques années plus tard. Pour plus de sûreté, Speer fit paraître dans une revue professionnelle de l'édition allemande un encart annonçant la « Résiliation de mandat », dans lequel il déclarait reprendre tous les droits concernant ses écrits tant publics que privés, dont il réclamait le copyright personnel et exclusif [53]. La controverse se prolongea des mois durant et elle aurait encore pu durer longtemps si un événement imprévu n'y avait mis fin brutalement.

Parmi le courrier reçu par Speer à l'époque de cette polémique avec Wolters, il remarqua une lettre venant d'une jeune admiratrice. Des années auparavant, écrivait-elle, elle avait épousé un Anglais, s'était établie en Angleterre, où elle avait élevé deux enfants et s'y trouvait toujours en butte à une certaine hostilité du fait de son origine allemande. Souvent, ajoutait-elle sans trop insister, elle se sentait perdue dans cet environnement britannique tellement froid et si réservé. Mais elle avait repris courage depuis qu'elle avait lu, tout récemment, ses « passionnants "Journaux" ». Ce récit de ses années de captivité était le livre le plus poignant qu'elle eût jamais lu, l'assurait-elle ; elle avait été émue jusqu'aux larmes et tenait à le lui faire savoir.

Touché par la franchise et le naturel de cette lettre, Speer invita son auteur à venir le voir à Heidelberg — comme il l'avait déjà fait pour nombre de ses correspondants — la prochaine fois qu'elle prendrait le chemin de l'Allemagne. Nul ne sait quand eut lieu leur première rencontre, ni comment naquirent une affection réciproque puis des amours tardives, d'abord tenues secrètes. Wolf Jobst Siedler est une des rares personnes auxquelles Speer se soit confié à cet égard. Au cours d'une conversation portant sur des problèmes éditoriaux, Speer s'était soudain, « avec une fougue juvénile », mis à parler d'une « jeune Anglaise » et de sa surprise incrédule d'avoir pour la première fois, à soixante-dix ans passés, une relation passionnelle avec une femme. Siedler qui le connaissait pourtant depuis de longues années, ne l'avait jamais vu aussi « libéré ». A croire que sa hantise du passé, ses sombres ruminations au sujet de Hitler, ses remords et sentiments de culpabilité avaient été effacés d'un seul coup. A la fin de leur entretien, Speer lui avait fait voir une photo le montrant en compagnie d'une femme nettement plus jeune que lui, gais et insouciants, sur la terrasse d'une maison du Midi de la France[54].

Le 31 août 1981, Speer alla à Londres sur l'invitation de la BBC. Il passa la soirée avec des représentants de la chaîne de télévision et avec l'historien Norman Stone qui devait l'interviewer le lendemain matin. Speer était visiblement détendu et enjoué et, comme Stone le déclara par la suite, « en grande forme ». Après l'enregistrement de l'émission, Stone proposa que l'équipe et Speer déjeunent ensemble, mais Speer déclina l'invitation ; il avait rendez-vous avec une amie et demanda qu'une voiture le conduise au Park Court Hotel de Bayswater.

Trois heures plus tard, la direction de l'hôtel fit savoir que Speer avait eu une attaque d'apoplexie et avait été admis au St. Mary's Hospital. Quelque temps plus tard, l'hôpital annonça que Speer était dans le coma ; l'on apprit également qu'une femme jeune et jolie, sans doute une parente ou une amie, était à son chevet. Comme l'état du patient devenait de plus en plus critique, la jeune femme alla téléphoner à Madame Speer. De nouveau un certain temps après, les agences de presse annoncèrent qu'Albert Speer était décédé dans la soirée du 1er septembre 1981.

D'aucuns ont estimé que la mort de Speer était, du moins en partie, attribuable au coup que lui avait porté Wolters ; il est certain que la menace de ces révélations a assombri les derniers mois de sa vie.

Peut-être aussi cette passion tardive constituait-elle la dernière de ces tentatives de fuite qui étaient, selon ses propres termes, sa « spécialité ». Si l'on tient absolument à chercher un facteur psychologique susceptible d'avoir hâté sa mort, ce serait plutôt la solitude et l'isolement dans lesquels il vivait. Speer s'était sans doute résigné à la perte ou à l'éloignement de ses amis de jadis, mais il sentait que ses nouveaux amis, ou ceux qui prétendaient être ses amis, ne pouvaient les remplacer. Même chez ceux qui lui étaient les plus proches, il sentait toujours un doute, une méfiance, comme s'ils n'étaient pas certains de pouvoir vraiment lui faire confiance, en dépit de ses belles déclarations. C'était une situation sans issue, un dilemme qu'il décrivit un jour en disant en substance que les uns lui reprochaient d'avoir trop longtemps eu foi en Hitler et les autres, de l'avoir trahi. Entre les deux, il n'y avait rien.

Speer a rarement parlé du profond désarroi que lui causaient les constantes attaques auxquelles il était en butte de tous côtés. En revanche, il a fait observer à maintes reprises que, en fin de compte, il avait été favorisé par le destin. Peut-être sa fin soudaine au St. Mary's Hospital était-elle un nouveau signe de la Providence. Le livre de Schmidt qui annonçait « la fin d'un mythe », ne parut en effet qu'au printemps 1982, quelque six mois après la mort de Speer et n'eut d'ailleurs qu'un faible retentissement. La crédibilité de Speer, ses erreurs, les faiblesses qui l'avaient rapproché de Hitler, n'intéressaient plus guère l'opinion. Loin de commencer, les questions avaient pris fin en même temps que le personnage médiatique qui permettait à tout un chacun de se sentir moralement supérieur, ou du moins de se donner bonne conscience.

Épilogue

LA RÈGLE ET L'EXCEPTION

Le modèle n'est pas sans précédents. A première vue, la biographie de Speer ressemble à une de ces trajectoires retraçant l'ascension, la brève période des splendeurs, les compromissions et la chute, dont l'Histoire nous offre d'innombrables exemples. En y regardant de plus près, cette courbe par trop simple se déchire, se brise en plusieurs endroits, s'estompe et devient floue pour reprendre aussitôt. Speer lui-même a fait observer qu'il avait vécu quatre vies, chacune complète en soi et pourtant inconcevable sans la précédente : les années de sincérité sans substance du début ; la décennie pendant laquelle il fut l'architecte de Hitler et son ministre favori ; ensuite, plus de vingt années de procès et de détention ; et, pour finir, une « existence posthume[1] » marquée par le succès qu'il connut en tant qu'écrivain et témoin d'une époque.

Toute étude biographique consacrée à Speer doit commencer par Hitler, le centre de gravité sans lequel sa vie ne serait pas devenue ce qu'elle fut. Cet étrange assujettissement, cette emprise qu'exerçait sur lui le dictateur et que Speer a tenté de décrire en des termes aussi impuissants à rendre compte de la réalité que « magie », « envoûtement » ou « charme », a été reconnu par tous les observateurs et attribué en premier lieu à l'admiration éperdue pour le « grand homme » qui incarnait les espoirs de l'Allemagne à cette époque. Speer a écrit à ce sujet : « Il suffisait que quelqu'un "joue" avec quelque habileté au grand personnage historique pour que nous tombions à plat ventre devant lui[2]. » Par ailleurs, les possibilités vertigineuses offertes au jeune ambitieux par Hitler qui « mettait un monde à ses pieds », les succès et les triomphes qu'il connaissait en Allemagne comme à l'étranger, sans oublier ses sentiments amicaux voire affectueux pour Hitler, furent autant de facteurs décisifs. Tout cela est évident et a été maintes fois observé.

Il est beaucoup plus rare que l'on ait analysé cette relation du point de vue de Hitler, aspect pourtant le plus étonnant de cette amitié singulière. Tous les documents et témoignages connus concernant les « relations humaines » de Hitler montrent un homme égomaniaque, incapable d'éprouver des sentiments tant soit peu altruistes qui subordonnait ses émotions les plus intimes à sa stratégie politique et à sa volonté de pouvoir. Pourtant, depuis le jour où, peu après le début de son mandat de chancelier, il rencontra cet homme d'à peine trente ans sur le chantier de la chancellerie du Reich, il se produisit en Hitler un changement qui n'échappa à personne. Il déploya tout son charme pour séduire Speer, le distingua entre tous et fit de lui un homme célèbre. Dans ces témoignages d'admiration qui étaient en quelque sorte son privilège statutaire, il qualifia à plusieurs reprises de « génial » d'abord l'architecte, puis l'organisateur et enfin le ministre de l'Armement. Dans la répétition de ces éloges dithyrambiques, il est impossible de ne pas déceler, derrière la fierté qu'il éprouvait pour son jeune et talentueux adepte, une composante érotique. De même, lors des inévitables divergences d'opinions qui se manifestaient depuis que Speer avait été nommé ministre, il ne s'agissait pas seulement de désaccords sur des sujets concrets, comme ceux qui opposaient régulièrement Hitler à Göring, à Milch ou aux généraux. Nous avons vu quelle part y jouaient les éléments passionnels : blessures d'amour-propre, jalousie, dépit ou déception qu'il n'est pas excessif de qualifier de sentimentale. Qui d'autre aurait osé interrompre le flot de paroles de Hitler en sortant quelques papiers de sa serviette pour se plonger dans quelque tâche secondaire ? Et que penser de la photographie montrant Speer et Hitler, apparemment en désaccord sur un quelconque problème, assis le plus loin possible l'un de l'autre sur le même banc ? Cette scène aurait été inconcevable avec un des autres paladins du dictateur[3].

Lors de ces disputes, Speer avait presque toujours le dessus. Dans ses Mémoires, il rapporte un épisode caractéristique : un après-midi, alors qu'ils étaient installés au pavillon de thé de l'Obersalzberg, Hitler se mit à le regarder fixement ; Speer releva le défi et, mobilisant toute son énergie, soutint le regard du dictateur jusqu'à ce que celui-ci baisse les yeux et se détourne[4]. La plupart de leurs querelles obéissaient au même schéma. Irrité par une quelconque initiative de Speer, Hitler prenait une décision « irrévocable ». Speer exprimait son désaccord dans un mémoire, ou manifestait son mécontentement en ne se montrant plus au quartier général et en évitant de le rencontrer ; à une occasion, il alla jusqu'à menacer de démissionner. Mais dès qu'il se montrait tant soit peu conciliant, Hitler s'empressait d'accepter ce témoignage de bonne volonté, au risque de paraître faible. Il semblait exister entre eux une sorte d'accord tacite : Hitler pouvait seulement lui retirer telle ou telle compétence, tandis que Speer pouvait lui refuser son amitié, voire son affection.

Speer connut son triomphe le plus remarquable vers la fin de la guerre. Le prélude en fut la scène touchante de la nuit du 27 au 28 mars

1945, lorsque Hitler, les larmes aux yeux, accepta les protestations de fidélité purement formelles de Speer. L'ordre de la « terre brûlée », dont Hitler exigeait l'application avec une intransigeance dont témoignaient de nombreuses condamnations à mort, fut pratiquement annulé, ou du moins rendu inopérant, par le dictateur en échange de la réconciliation dont Speer avait pris l'initiative. Il « ne verserait pas de larmes » sur le sort du peuple allemand si celui-ci se révélait plus faible que ses ennemis, avait déclaré Hitler le 27 novembre 1941[5], annonçant ainsi ses desseins, ce « châtiment » qu'il mit à exécution pendant les semaines qui précédèrent l'effondrement de son règne. Pourtant, il versait des larmes sur Speer qui restait dans tous les sens du terme son « ministre bien-aimé ». Tous ses actes de rébellion plus ou moins ouverte n'eurent d'autre conséquence que d'affecter le dictateur, que Speer parvenait rapidement à amadouer. L'indulgence dont Hitler témoigna littéralement jusqu'à sa dernière heure à l'égard de Speer et des centaines d'actes d'insubordination qui lui avaient certainement été signalés, ne peut s'expliquer autrement que par une dépendance affective. Il est en tout cas certain que jamais il n'aurait accepté de quiconque d'autre une désobéissance aussi flagrante à ses ordres, comme Brandt et Fegelein, Göring, Himmler et d'innombrables anonymes l'apprirent à leurs dépens pendant ces mois précédant la chute. Au début d'avril 1945, alors que leur relation était déjà fortement ébranlée, Saur l'entendit dire que Speer était malgré tout « le meilleur de tous[6] ».

Par ailleurs, le comportement de Speer à l'égard de Hitler n'était pas seulement celui d'un carriériste froid et calculateur, loin de là. Il avait indubitablement davantage en commun avec Hitler qu'une admiration partagée pour les « héros de l'Antiquité » et l'enthousiasme « pharaonique » qui les transportait devant leurs projets architecturaux. Speer ne parvint pas à se libérer de son emprise, même en cette époque tardive où leur exaltation commune était oubliée depuis longtemps et où les « traits profondément criminels du visage de Hitler » lui étaient apparus[7]. Il continuait à éprouver à son égard des sentiments très forts, lesquels expliquent également la « crise de larmes » qui le submergea à Flensburg, et ces sentiments lui survécurent. Avec sa réserve habituelle, Speer lui-même a reconnu que leur relation ne pouvait s'expliquer par des raisons purement objectives ; il fallait également tenir compte des paradoxes des sentiments personnels que la raison ne peut jamais élucider entièrement[8].

Si Speer avait effectivement été un calculateur opportuniste, uniquement préoccupé de son avancement personnel, il aurait certainement, à Meran, persévéré dans son intention de se retirer de toute activité publique et ne serait pas davantage revenu dans la capitale encerclée pour y faire des adieux funèbres. Parallèlement à la « froideur glaciale » qui fut si souvent attribuée à Speer, il existait chez lui une capacité d'émotion, un « idéalisme » juvénile qui avaient résisté aux années. Ces deux facettes de son être expliquent sans doute les nombreuses contradictions qui ont marqué toutes les périodes de sa vie — en particulier son attachement « aveugle » à Hitler, mais aussi la détermination avec laquelle il s'opposa finalement au dictateur, en mettant ses forces au service du « bien commun ».

La nature émotionnelle de cette relation fait de Speer une exception et échappe dans une grande mesure à l'analyse. L'on ne peut guère que tenter de dégager quelques constantes de son comportement, déjà manifestes pendant ses années de jeunesse. Il y a notamment ses débuts prétendument « apolitiques » qui le poussèrent presque inévitablement, comme bien d'autres, dans le camp de Hitler. Il y eut ensuite la conviction, ou la volonté de croire, que les excès du régime, les persécutions et les violations de traités, etc., dans la mesure où l'on en était conscient, n'avaient pas grande importance — on les justifiait fréquemment par la formule ressassée : « On ne fait pas d'omelette sans casser des œufs. » Une majorité croissante d'Allemands estimait que c'était le seul moyen de rétablir l'ordre et d'assurer le développement du pays, tout en s'efforçant de rester à l'écart de « ces choses ».

Une autre caractéristique générale était sans doute l'indifférence aux questions idéologiques, que Speer partageait avec d'innombrables Allemands. A l'exception d'un patriotisme aussi vague qu'exacerbé, aspirant à une grande Allemagne, unie et crainte de ses voisins, auquel venaient s'ajouter quelques postulats de fraternité sociale, l'idéologie et le programme du régime ne signifiaient rien pour lui. Pour Speer, comme pour la majorité des Allemands, le national-socialisme était une question d'exaltation plutôt que de conviction. Il est significatif à cet égard qu'il ait reconnu (dans une interview) qu'il se serait mis au service d'un régime prônant une idéologie totalement différente si celui-ci lui avait offert des possibilités équivalentes [9]. Cet aveu illustre bien l'aveugle « éthique fonctionnelle » à laquelle Speer a obéi presque toute sa vie, et qui lui évitait de s'interroger sur les objectifs ultimes de son activité. Un autre aspect qu'il ne faut pas négliger était la possibilité de faire carrière qui s'ouvrait à de nombreux Allemands depuis l'arrivée de Hitler au pouvoir, à cela près que, dans le cas de Speer, ce fut une ascension fulgurante et à proprement parler exemplaire.

Cela faisait oublier tout le reste. Les aspects ténébreux du régime, la médiocrité hargneuse qui le caractérisait, mélange de violence arbitraire, de corruption et d'abjection masqué par une « union sacrée » pathétique, ne parvenaient pas à le troubler : ce n'était, après tout, que de la « politique ». Comme beaucoup d'autres, il usait de ce concept pour mieux se voiler la face et justifier son indifférence. Il allait jusqu'à s'imaginer que son « idéalisme » et son « dévouement » le distinguaient des « répugnants petits-bourgeois » de l'entourage de Hitler [10] et faisaient de lui un véritable révolutionnaire ; ils l'amenèrent en tout cas à prendre à plusieurs reprises des positions radicales : en se faisant le porte-parole du « parti de la guerre » en 1939, en contribuant au recrutement massif de travailleurs forcés, en favorisant par tous les moyens la « guerre totale » et aussi, vers la fin, en contribuant à répandre des mots d'ordre belliqueux et de faux bulletins de victoire, en dépit de ce qu'il savait.

Soudain, la chaîne se rompit et Speer renonça à tout ce qui faisait de lui un représentant type de ce régime — et même une sorte de modèle idéal du dirigeant national-socialiste. Lorsque Hitler donna ses ordres de destruction, il se libéra, non sans mal d'ailleurs, de sa « sujétion ». Speer n'avait jamais eu une âme de subalterne. Une des énigmes les plus indéchiffrables de la phase finale de la guerre reste la docilité et souvent la rage, avec laquelle une grande partie de la population mit à exécution les ordres d'autodestruction émanant des hommes au pouvoir. Le gauleiter Florian qui se délectait des images de Düsseldorf dévorée par les flammes et se réjouissait à l'avance de voir l'ennemi entrer dans un désert de cendres vidé de ses habitants, n'était nullement une exception. Nous avons vu comment le maréchal Kesselring, sourd aux arguments de Speer, se refusa ne serait-ce qu'à discuter des ordres d'anéantissement de Hitler ; comment le maréchal Model lui tourna le dos dès qu'il se douta que le ministre était en disgrâce ; et comment les maréchaux von Manstein et Busch restèrent « bouche bée » lorsque, le 24 avril 1945, après son retour du bunker de Berlin, Speer leur déclara qu'il avait décidé, « contrairement aux ordres du Führer », d'empêcher la destruction des ponts de Hambourg — « Contrairement aux ordres du Führer ? » répétèrent-ils avec effarement[11].

Les hauts dignitaires du parti et de l'armée ne furent pas les seuls à exécuter ces ordres avec empressement, en proie à une sorte d'ivresse destructrice. Il ressort des rapports et témoignages sur ces dernières semaines que cette « ivresse » s'était emparée de toutes les couches de la population, y compris de gens qui n'étaient pas particulièrement proches du régime. Il ne faut pas négliger, certes, le rôle joué par un appareil policier exerçant une terreur constante et une dernière fois exacerbée, par une propagande entretenant méthodiquement la peur de la « vengeance » des vainqueurs. Cela n'explique pas pour autant l'étrange absence de l'instinct de survie le plus élémentaire, comme en témoignent les nombreux suicides, souvent de familles entières. Sans oublier l'espionnage et les dénonciations entre voisins qui connurent une recrudescence remarquable, comme si tout était permis maintenant que la fin était proche et que l'on ne devrait rendre de comptes à personne.

C'est au plus tard à ce moment-là que Speer change de cap et devient atypique. Contrairement aux autres comparses du Führer, son instinct de survie était intact, ou du moins non corrompu par l'ambiance du quartier général. Sans doute son sens des responsabilités était-il plus développé, peut-être parce qu'il se souvenait de ses origines et d'une *Weltanschauung* bourgeoise longtemps refoulée. Vers la fin du mois de mars 1945, alors que la campagne de destruction totale battait son plein, Goebbels nota avec regret que Speer n'était pas un révolutionnaire comme eux, les vrais nationaux-socialistes, mais était resté « à demi bourgeois[12] ». Cette composante « bourgeoise » suffit apparemment à Speer pour le pousser à affaiblir les desseins destructeurs de Hitler, à les retarder et finalement à s'y oppposer activement — mais rien dans ce comportement ne correspond à l'image que nous avions pu nous faire de Speer en étudiant les phases successives de sa carrière.

En effet, aussi bien ses projets architecturaux qui surpassaient souvent les rêves les plus délirants de Hitler, que la façon dont il dirigea le ministère de l'Armement, montrent qu'une des principales caractéristiques « géniales » de Speer était sa faculté d'adaptation et son conformisme. En dépit de tous ses dons, il donne souvent l'impression d'avoir vécu par procuration. De nombreux critiques ont remarqué sa souplesse, son adaptabilité aux circonstances et sa faculté quasi surnaturelle de prévoir les changements d'orientation et les sautes d'humeur de son maître. A Nuremberg, Göring avait dit : « Nous n'aurions jamais dû lui faire confiance. » Bien d'autres ont hésité à lui faire crédit : Gustav M. Gilbert, Airey Neave, John K. Galbraith et autres observateurs du procès de Nuremberg, Wolters, mais aussi des connaissances et amis d'autrefois, ainsi que plus d'un critique de ses livres de souvenirs[13]. Speer lui-même leur a en quelque sorte donné raison, dans un de ses moments d'introspection à Spandau : « [je me demande] s'il n'existe pas en moi un mystérieux instinct qui me livre, bon gré, mal gré, à l'esprit du temps, comme si le courant dominant de l'époque me portait dans telle ou telle direction. La culpabilité que j'ai ressentie à Nuremberg était certes totalement sincère, mais j'aurais préféré l'avoir éprouvée en 1942[14]. »

Les huit ou neuf mois qui précédèrent l'effondrement du national-socialisme font toutefois exception à cette règle. Comme en témoignent son attitude et ses actes, Speer se libère alors des influences qui l'ont dominé si longtemps comme si, au moins une fois dans sa vie, il voulait obéir à sa conscience ou du moins à une inspiration personnelle, en faisait fi des risques. Il est certain qu'en décidant de contrecarrer de toutes ses forces le grandiose et « wagnérien » spectacle d'autodestruction que préparaient les maîtres du pays, il courait un grave danger ; et, si c'était bien à l'« esprit du temps » qu'il avait si souvent cédé auparavant, il faut soulinger que jamais cet esprit ne fut aussi puissant ni aussi redoutable qu'en cette période finale où Speer s'opposa à Hitler.

Speer resta obstinément fidèle à cette ligne de conduite en dépit de toutes les accusations de « trahison » portées contre lui par ses coaccusés, tant pendant le procès qu'au cours de sa détention. Les notes prises à Spandau sont aussi la chronique de son isolement croissant et son travail de pénitence, puis son élargissement, ne mirent pas fin à ce dilemme. Les « vieux camarades », comme le pilote de Hitler, Hans Baur, pensaient : « Speer doit avoir perdu la raison[15]. » Les autres lui reprochaient de s'adapter avec trop d'empressement aux nouvelles circonstances de la République fédérale, tout en estimant que, trop souvent, l'état d'esprit des Allemands n'avait guère changé. Et les deux camps se rejoignaient pour reprocher une fois encore à Speer d'être trop enclin à servir l'esprit du temps. Pourtant, depuis Nuremberg, Speer était bien plus atterré qu'aucun de ses coaccusés par la catastrophe majeure qu'ils avaient occasionnée pendant qu'ils étaient au pouvoir.

Sa stupéfaction et son effroi étaient sans doute moins sincères ou moins intenses qu'il ne le prétendait ; en effet, le poids des indices témoignant de sa connaissance des crimes du régime n'est rien moins qu'écrasant. Mais à l'époque, il n'avait pas encore vu les images, il n'avait pas une véritable idée de la réalité qui se cachait derrière les formules grandiloquentes et les colonnes de chiffres qui l'aveuglaient. Lorsque cette réalité lui fut présentée, il lui aurait été difficile d'y rester insensible ; il est certainement injustifié de supposer qu'au cours du procès Speer n'aurait eu que des remords de pure forme et que, sans souci de la vérité, il aurait mis son habileté tactique au service d'un unique objectif : « sauver Albert Speer[16] ».

De nombreuses analyses et réflexions incitent à se demander si, pour Speer, le procès de Nuremberg constitua effectivement ce « drame de la révélation » qui l'ébranla si fortement et le marqua à jamais. Son insistance finissait par hérisser tous ceux qui l'approchaient. Il parlait inlassablement des horreurs commises par le régime, ainsi que de sa propre responsabilité et bientôt de sa culpabilité — mais tous les observateurs et critiques de Speer, à quelque bord qu'ils appartiennent, s'accordent pour dire que ses déclarations avaient un caractère impersonnel, comme si elles étaient faites par un homme incapable d'émotion. Certains attribuaient cette « impassibilité » à sa remarquable maîtrise de soi, d'autres parlaient simplement de sa « froideur ». Un interviewer qui séjourna plusieurs jours chez Speer remarqua avec gêne qu'il était capable d'évoquer les atrocités du passé, puis de lui offrir sans transition une part de tarte aux pommes, le tout exactement sur le même ton. Quelques théologiens ont acquis la conviction que Speer éprouvait un « repentir sincère » d'avoir participé au sort tragique des persécutés, des soldats tombés au front et autres victimes du régime nazi. John K. Galbraith, en revanche, a jugé que Speer était un homme « extrêmement intelligent qui s'y entendait parfaitement pour "esquiver la vérité" », tandis qu'un des procureurs de Nuremberg a fait rétrospectivement ce commentaire : « Il était froid. Mais à Spandau, il s'est dégelé [17]. »

Ces jugements, dont il existe toute une gamme, étaient toujours fondés sur une écoute attentive à la moindre nuance. Quelques observateurs sont parvenus à la conclusion que les « regrets » qu'éprouvait Speer étaient dus moins à la compassion pour les victimes qu'à l'amère déception d'avoir vu ses rêves se briser et au fait que Hitler l'avait « déshonoré ». Lorsqu'il assurait que son unique préoccupation était le passé, d'aucuns estimaient que cette obsession qui le poussait à fouiller inlassablement dans ses souvenirs n'était rien de plus que l'expression d'un besoin d'affirmation narcissique : Speer était prêt à s'accuser des péchés les plus irrémissibles, dans la mesure où cela faisait revivre l'époque de sa gloire. Mais s'il avait gardé le silence, il aurait été jugé non moins sévèrement. On lui reprochait d'autre part d'avoir exprimé publiquement son angoisse et ses remords : le repentir sincère ne se donne pas en spectacle, mais reste caché [18].

Il est certain que les « confessions » de Speer ne tardèrent pas à prendre un caractère étrangement consciencieux, comme s'il s'acquittait d'une obligation. Les réponses qu'il donnait aux questions d'innombrables chercheurs étaient dénuées de toute émotion et paraissaient apprises par cœur. Conscient de ce fait, Speer en donnait l'explication suivante : « Personne ne peut pendant tant d'années reconnaître encore et toujours sa propre culpabilité, en continuant à paraître sincère [19]. » Répéter inlassablement les mêmes formules finissait par n'être plus qu'une obligation pénible, dont il s'acquittait patiemment. Tout le monde lui demandait de répéter ce qu'il avait déjà dit à d'innombrables reprises, fit-il observer un jour. En réalité, disait-il aussi, les « aveux de culpabilité » ne signifiaient « rien du tout » ; ils constituaient « tout au plus un début ». Les véritables questions, celles qu'il se posait maintenant, ne pouvaient venir qu'après : quelles circonstances personnelles et éventuellement sociales avaient fait de lui ce qu'il était devenu ; peut-être aussi comment il s'en était libéré en dépit de nombreuses résistances tant intérieures qu'extérieures ; et pourquoi l'homme qu'il avait été lui paraissait parfois un « étranger » qu'il croiserait dans la rue sans lui accorder un regard. Mais cela, ajoutait-il, personne ne voulait le savoir. Seule sa culpabilité intéressait les gens. Il lui arrivait de penser qu'ils voulaient avant tout pouvoir se sentir moralement supérieurs à lui. Il aurait aimé savoir, aussi, si l'on avait jamais demandé à Heinrich Mann et à bien d'autres s'ils éprouvaient du repentir ou de la culpabilité, non seulement d'avoir toléré les crimes de Staline, mais de les avoir justifiés avec toute la puissance de leur verbe [20].

La lassitude dont témoignent les rares déclarations de ce genre qui datent toutes des dernières années de sa vie, a sans doute pour raison essentielle que Speer était en quelque sorte incapable par nature de concevoir la notion de faute, de culpabilité. C'était pour ainsi dire sa tache aveugle. Il s'efforçait de faire les gestes d'humilité et de prendre l'attitude contrite que son rôle de pécheur repenti exigeait et prononçait avec gravité les formules adéquates. Mais cela paraissait de moins en moins naturel ; parfois, l'on aurait dit une marionnette actionnée par des fils invisibles. Par ailleurs, l'importance historique que lui donnaient déjà les accusations solennelles de ses juges ne le laissait pas insensible ; elle l'emplissait même d'une certaine fierté. En revanche, il ne comprenait que très superficiellement les principes fondamentaux qu'il avait enfreints, les raisons qui avaient fait de lui un coupable et comment il aurait dû agir pour sortir de ces années sans avoir rien à se reprocher. Comme s'il était conscient de cette inaptitude, il recopia un jour dans son Journal de Spandau une citation d'Oscar Wilde selon laquelle les hommes qui sont à l'origine de grandes tragédies ne sont pas nécessairement capables d'éprouver des sentiments élevés à la mesure de la tragédie [21].

En dernière analyse, cette déficience est due au fait que l'aspect spirituel de l'existence lui était totalement étranger. Speer n'était pourtant pas dénué de sens moral, comme en témoignent divers exemples, notamment lorsqu'il a soutenu et aidé des personnes en difficulté, ou du moins les a protégées par son silence. Sa réputation d'intégrité, d'ailleurs méritée, tenait au fait qu'il était incorruptible et digne de confiance. Mais tout cela était surtout une question de respect de soi et ne signifiait nullement qu'il obéissait à des critères moraux, encore moins qu'il considérait ces derniers comme ayant valeur de loi universelle. Dans cette mesure, Speer était effectivement un « homme incomplet » auquel il manquait, en dépit de tous ses dons, une qualité essentielle sans laquelle un homme n'est pas vraiment un homme [22]. Sur le conseil de l'aumônier de la prison, Speer avait lu à Spandau un volumineux ouvrage de théologie et d'éthique ; il s'était en particulier intéressé aux passages traitant du péché, du repentir et de la pénitence, mais n'en avait gardé en mémoire aucune phrase, aucune pensée, comme il l'a reconnu avec embarras.

Les écrits de Speer laissent parfois entrevoir, en quelque sorte à son insu, combien peu de traces ces années de ruminations sur sa culpabilité avaient laissé en lui. Dans son Journal de Spandau, il cite à propos de Hitler une remarque faite par Léonard de Vinci après la fuite de son puissant mécène, Ludovic Sforza, duc de Milan : « Le duc a perdu son Etat, ses biens et sa liberté et n'a pu mener à bien aucune de ses œuvres. » La désinvolture avec laquelle Speer compare son « maître d'œuvre » au duc de Milan témoigne de sa méconnaissance totale du caractère sans précédent et proprement scandaleux de l'irruption de Hitler dans l'histoire européenne. De même, lorsque quelqu'un lui demanda un jour si, après tout ce qu'il avait appris sur Hitler et sur le système qu'il avait instauré, il se serait comporté différemment, il parut d'abord déconcerté, puis répondit : « Non, je ne crois pas [23]. »

L'idée que l'on se faisait de l'artiste à l'époque ne faisait que renforcer Speer dans son indifférence aux questions d'éthique. Avec le romantisme était apparue l'image de l'artiste marginal, se plaçant au-dessus des normes sociales et des impératifs moraux. A l'époque où il rêvait d'être artiste, Hitler lui-même s'était fabriqué un modèle réunissant tous les traits du comportement excentrique et des excès de langage de la bohème de Vienne ou de Munich. L'exemple de Richard Wagner avait sacralisé cette image en lui donnant une valeur de précepte ainsi qu'une orientation politique. Le programme politique élaboré par Hitler au début de son activité d'agitateur était sans doute fondé sur des données concrètes, mais le sentiment de supériorité morale qui lui faisait négliger les légitimes aspirations des hommes à la justice, à la liberté et au bonheur en vue d'instaurer un « ordre nouveau » dans le monde, était emprunté à cette « idéologie de l'artiste ». Lorsqu'il qualifiait Speer de « génie », il le hissait en quelque sorte sur l'autel de l'art, le libérant ainsi des normes « bourgeoises » auxquelles lui-même restait sans doute attaché en vertu de ses origines et de sa fonction.

De fait, dès lors qu'il s'agissait d'art, Speer se sentait libéré de toute obligation morale. Tout ce qu'il a écrit sur l'« ivresse » et l'« exaltation » de ces années de grands projets, sans oublier son manque de scrupules lorsqu'il ouvrait des chantiers dans la substance homogène des vieux quartiers de Berlin, montre qu'il se pensait investi d'un « droit » transcendant toutes les lois et règles de la société. L'évacuation de milliers d'appartements, dont il fut directement responsable depuis la fin des années 30, lui paraissait certainement justifiée. Il est d'ailleurs probable qu'il ne cacha pas sa participation à ces « déplacements », « opérations d'expulsion » ou de « relogement », du moins à l'époque où leur véritable nature n'avait pas encore été révélée. Dans toutes ces mesures, il ne voyait encore et toujours que des conséquences du « droit éternel de l'artiste », d'autant plus que ces déplacements de populations devaient servir à l'œuvre d'art totale « Germania [24] ».

Loin de mettre fin à cet état d'esprit, sa nomination au poste de ministre de l'Armement ne fit que le transposer sur un autre plan. Dans l'optique de l'époque, la technique n'était pas plus que l'art sujette à des impératifs moraux et le « génie technologique » était en quelque sorte le demi-frère pragmatique de l'artiste, le laboratoire ou l'usine ayant simplement remplacé l'atelier. A Nuremberg, Speer a sans doute reconnu que sa participation à des activités d'ordre politique avait fait de lui un coupable, mais lui-même et plus encore son avocat, n'en ont affirmé qu'avec plus de vigueur que, en sa qualité d'artiste et de technicien, il appartenait à un univers différent, auquel cette notion de culpabilité ne pouvait s'appliquer. De façon plus générale, cette tentative de disculpation doit être située dans le contexte de l'idéologie séculaire du privilège des artistes et intellectuels, de leur droit supposé, non seulement de dicter leur loi à la réalité, mais aussi de châtier celle-ci dès lors qu'elle s'écarte de leur idéal. Cette conception erronée a contribué aux horreurs de l'époque plus qu'on ne pourrait le croire, en plaçant quelques « élus » au-dessus de toutes les règles du monde civilisé.

Tout cela explique, du moins en partie, la cécité morale de Speer — ces blocages perceptifs qui faisaient passer tous les impératifs moraux à l'arrière-plan. Il est possible de lui attribuer l'étrange amnésie qui lui fit oublier les ruines calcinées de la synagogue de la Fasanenstrasse, son silence maussade, voire navré, pendant les diatribes antisémites de Hitler, ainsi que le refoulement de ce qu'il savait des crimes du régime. Dans ce contexte, la question disputée de savoir s'il était ou non présent à Posen au moment où Himmler avait prononcé son discours a tout au plus un intérêt secondaire. Aucune de ces « révélations » ne pouvait franchir les barrières mentales qu'il avait érigées. Et puis un jour, ce système de défense s'est brutalement effondré, ce dont témoignent la violence du choc qu'il éprouva alors et ses efforts désespérés pour sauver sa qualité d'artiste et de technocrate « impartial » des abîmes qui s'ouvraient sous ses pieds. Il réalisa tardivement qu'un régime de cette nature n'autorisait aucune collaboration purement « objective » ou apolitique et que Hitler était, comme il l'écrit, « un roi Midas inversé » qui transformait tout ce qu'il touchait, « non en or, mais en cadavres [25] ».

Parmi les critiques dont Speer a fait l'objet, deux reviennent régulièrement. On lui reprochait d'une part sa froideur et son manque de compassion et de l'autre, sa méthode de refoulement, ou d'oubli, programmé [26]. Ces deux éléments relèvent sans doute de la même incapacité mentale. Si, après la chute du régime et par la suite après avoir purgé sa peine de prison, Speer était incapable de ressentir la moindre émotion, c'est parce qu'il n'avait en fait plus rien à « refouler ». Par ailleurs, il ne faut pas oublier que Speer est à ce jour le seul ex-dirigeant du Troisième Reich qui ait reconnu sa responsabilité et sa culpabilité. Après la chute de l'empire totalitaire, des milliers de fonctionnaires et de dignitaires ont tenté de justifier la terreur qu'ils faisaient régner lorsqu'ils détenaient le pouvoir — et même l'idéologie qui était à sa base — par le poids des circonstances ainsi que par la « trahison » dont beaucoup se seraient rendus coupables. D'autres, non moins incapables d'admettre que leur idéal avait été brisé, ont déversé leur ressentiment sur l'Histoire, sur la marche du monde ou sur le genre humain tout entier. Ces piètres excuses montrent surtout combien il est difficile de renier ce en quoi l'on a cru.

L'on n'a peut-être pas assez souligné que Speer ne s'est à aucun moment livré à ce genre d'exercice et que, en dépit de doutes croissants quant à l'équité du verdict dont il avait fait l'objet, il n'a jamais manifesté de ressentiment ni d'apitoiement sur lui-même. Malgré toutes ses tentatives de justification plus ou moins voilées, ses étranges trous de mémoire et la comédie qu'il se jouait à lui-même, il n'a jamais essayé d'absoudre le régime dans son ensemble. Les révélations qu'il fit à la consternation de nombre de ses anciens pairs et collaborateurs, ses témoignages sur l'avidité, la recherche du profit personnel et l'incapacité des dirigeants du régime, se sont révélés des moyens particulièrement efficaces pour lutter contre la mythification qu'espéraient jusqu'à leur dernier souffle Hitler, Göring, Goebbels et bien d'autres. Cela aussi fait partie du bilan de sa vie.

Au passif de ce bilan, Speer a toujours inscrit les plans architecturaux qui jaunissent dans les casiers sans avoir jamais été réalisés. Hitler lui avait dit un jour qu'il « bâtirait des édifices comme on n'en a plus construit depuis quatre millénaires ». Maintenant, son unique legs architectural était la modeste maison de Heidelberg qu'il avait dessinée pour ses beaux-parents alors qu'il était étudiant, les vestiges du dispositif monumental de Nuremberg et quelques dizaines de lampadaires bordant l'axe est-ouest de Berlin. Même le « mince espoir » qu'au moins quelques-uns de ses projets prendraient place dans l'histoire de l'architecture et « pas seulement en tant que monstruosités [27] » n'a pas été exaucé. Ils furent oubliés, considérés comme des bizarreries d'une époque révolue au même titre que les mastodontes et les mammouths, ou délibérément ignorés compte tenu de la cause qu'ils servaient. La nouvelle chancellerie servit de carrière pour un monument aux morts construit par les Soviétiques à Berlin ; le « lieu de pèlerinage » de Nuremberg fut quelque temps transformé en décharge ; et le ministère de Speer donnant sur la Pariserplatz devint une prison où la Stasi enfermait ceux qui avaient tenté de fuir la RDA.
Ceux qui aiment les clins d'œil de l'Histoire y ont vu la fin qui convenait à ces édifices, lesquels trouvaient enfin leur véritable destination. Ce qui a survécu, ce sont les plans qui ont d'ailleurs eu certaines retombées. Les traces les plus visibles que Speer a laissées sont les concepts élaborés par certains de ses planificateurs et ex-collaborateurs, concepts qui ont marqué les programmes de reconstruction de diverses villes allemandes, dont le cadre architectural traditionnel, considéré comme une relique d'une époque révolue, a été profondément remanié voire détruit [28]. Son véritable legs, comme Speer le reconnaît à contrecœur, ne réside pas dans les édifices qu'il nous a laissés, mais dans le rejet méprisant de l'architecture du passé qu'il avait en commun avec Hitler. Il faut encore mentionner son « architecture de lumière », dont Wieland Wagner s'inspira pour les décors spectaculaires de ses premières mises en scène de Bayreuth après la guerre, perpétuant ainsi un passé qu'il prétendait renier.
Les doutes quant à la qualité de son architecture vont encore plus

loin. D'aucuns se sont demandé si avec ses « coupoles de lumière » et ses parades de drapeaux, ses défilés liturgiques et même (surtout peut-être) ses projets d'édifices grandioses, il a jamais été davantage que le « décorateur en chef » du régime et si son modèle secret n'était pas plutôt Barnum que Schinkel. En repensant à la position dictatoriale qu'il avait atteinte et aux satisfactions qu'elle procurait à son ambition, Speer a déclaré un jour qu'il aurait « renoncé le cœur léger à tout le pouvoir du monde... en échange d'un seul édifice achevé ». Mais pour être un grand architecte, il lui manquait sans doute la passion de la forme. Dans une de ses réflexions de Spandau, il s'est demandé pourquoi, durant toutes ces années où il se cherchait inlassablement une tâche ou du moins des occupations, il ne lui était jamais venu à l'esprit de concevoir un grand projet architectural susceptible de lui assurer une place dans l'histoire de l'art — tout ce qui est construit étant éphémère —, « au moins par des plans témoignant d'une pensée élevée ». Il a laissé la question sans réponse [29].

Le dilemme de la vie de Speer tient peut-être au fait qu'il possédait de multiples talents, qu'il mettait en quelque sorte à la disposition de quiconque faisait appel à ses services. Ils lui permettaient de servir efficacement ses maîtres dans les domaines les plus divers, qu'ils fussent d'ordre artistique ou technologique, sans oublier ses remarquables capacités d'organisation. Cela explique aussi, sans doute, sa surprenante capacité d'adaptation aux situations les plus diverses. Ces constants changements de rôle étaient certainement facilités par son inébranlable assurance, par son obstination et par son charisme. Il est permis de supposer qu'il aurait tout aussi bien pu faire carrière en tant que diplomate, capitaine d'industrie ou chef d'état-major ou encore, pourquoi pas, en tant que commissaire du Reich ou *Statthalter* (gouverneur) d'un territoire occupé.

Ce bilan révèle une faiblesse fondamentale : durant toutes ces années d'activité officielle, rien n'est jamais venu de lui-même. Pour déployer ses riches possibilités, il avait toujours besoin d'un catalyseur, de l'impulsion donnée par une force extérieure : Speer était un homme aux nombreuses capacités, mais un homme sans qualités. Sans doute est-il vrai, comme il le supposa un jour à Spandau, qu'il n'était devenu productif que grâce à Hitler. Dans le même ordre d'idées, il s'est demandé à maintes reprises quel cours aurait suivi sa vie sans cette rencontre fortuite de l'hiver 1933 qui donna soudain un sens et un but à sa vie. L'idéal traditionnel de l'existence humaine présuppose une aspiration, innée chez l'homme, à une vie indépendante, dont chacun assume la responsabilité. Mais le contraire existe également : l'aspiration à une existence impartie, réglée par la coutume ou par des instances supérieures, purement fonctionnelle qui pour beaucoup paraît plus enviable que toute forme de liberté ou d'autodétermination. Speer devait à Hitler non seulement ses réalisations les plus remarquables, mais aussi les plus fortes satisfactions qu'il eût connues.

Au printemps 1944, Sebastian Haffner avait publié dans le journal londonien *Observer* un bref portrait du ministre de l'Armement, sous le titre « Albert Speer — Dictator of the Nazi Industry ». L'article témoignait d'une connaissance surprenante de la biographie, des capacités et du caractère de Speer, ainsi que d'une vision pessimiste de l'avenir : Speer est un jeune homme « assez sûr de soi », écrivait Haffner, certainement pas un de ces nazis « voyants et excentriques », mais « un homme moyen qui a réussi, poli, bien habillé, pas corrompu ». Dans un sens, Speer était devenu « plus important pour l'Allemagne que Hitler, Himmler, Goebbels ou les généraux » : « Tous sont en quelque sorte devenus de simples collaborateurs de cet homme... En sa personne, nous voyons se concrétiser la révolution du manager. » Speer, ajoute Haffner, symbolise « un type humain qui joue un rôle de plus en plus important dans tous les Etats belligérants : le pur technicien, l'homme brillant sans origine de classe qui ne connaît d'autre objectif que de se faire une place au soleil... A cause précisément de l'absence de poids mort psychologique ou spirituel et de la désinvolture avec laquelle il domine l'effroyable machinerie de notre ère », lui-même et les autres jeunes hommes de son calibre peuvent « aller extrêmement loin... L'époque leur appartient. Nous nous débarrasserons sans doute des Hitler et des Himmler dit encore Haffner. Mais les Speer, quel que soit leur destin individuel, vivront longtemps parmi nous[30]. »

De fait, Speer incarnait le type humain de l'avenir : pragmatique, ambitieux, dénué de convictions profondes. Cela explique en grande partie pourquoi il se sentait si peu à sa place au sein de la galerie des dirigeants du régime. Si la thèse du « double visage » du Troisième Reich est exacte, Speer en représente la facette « moderne », ce dont témoigne sa façon de considérer comme des « sornettes » les traits archaïques et alambiqués de l'idéologie dominante, tous ces discours qui parlaient de *Völkerfrass* (« bouffe allemande »), de remparts de sang germanique et de faire le « salut du monde ». Pourtant, le mépris qu'il éprouvait à cet égard n'a en rien amoindri son arrivisme et sa soif de pouvoir, ni sa volonté de coopération. Au contraire, il minimisait les aspects désuets et grotesques du régime en lui attribuant une volonté d'aller de l'avant qui expliquait sa grande force d'attraction.

En été 1947, environ trois ans après la parution de l'article de Haffner, Hugh Trevor-Roper publia son essai sur « Les derniers jours de Hitler ». S'appuyant sur de nombreux témoignages de collaborateurs du régime qui avaient survécu au naufrage, il faisait une description précise de la fin du Troisième Reich et brossait de nombreux portraits, dont celui d'Albert Speer qui l'avait visiblement impressionné. Il écrivait notamment que Speer était l'unique membre de l'entourage de Hitler « dont le jugement n'eût pas été corrompu par l'assujettissement à ce maître monstrueux », ajoutant que c'était un « mystère » que cet homme « solitaire, gardant délibérément ses distances, ait pu survivre au milieu de tant d'intrigants vigilants et assoiffés de vengeance ». Trevor-Roper poursuit : « En tant qu'administrateur, il était indubitablement un génie... son ambition était pacifique et constructive : il voulait reconstruire Berlin et Nuremberg. » Changeant brusquement de cap, Trevor-Roper passe de la perspective générale dans laquelle se plaçait Haffner à la situation spécifique de l'Allemagne : « Du point de vue politique, Speer n'en est pas moins le véritable criminel de l'Allemagne nazie. Il représente plus que tout autre cette philosophie funeste qui a perdu l'Allemagne et a manqué détruire le monde entier. » Il ajoute : « Sa vive intelligence lui avait permis de reconnaître la véritable nature du gouvernement nazi et l'orientation de sa politique, il connaissait ses ordres passant toute mesure et était conscient des ambitions fantasmatiques de ce régime, mais... il ne fit rien [31]. »

Cette accusation remet en question les tentatives de justification de Speer — et du même coup la thèse d'une Allemagne redevenue apolitique après la chute du régime hitlérien. Aux yeux de l'historien britannique, Speer en était le représentant exemplaire. Il incarnait à la perfection le type du subordonné loyal et dévoué, sans opinions et renonçant à toute ambition personnelle. Précisément parce que lui et ses pareils se tenaient à distance de toute forme de politique, affirmant avec insistance qu'ils n'avaient fait que ce qu'ils considéraient comme leur « devoir », ils avaient rendu possible l'instauration d'un tel régime et les atrocités qu'il perpétra. Les Sauckel, Ley et Streicher, ajoute encore Trevor-Roper, n'expliquent rien : des têtes brûlées de leur espèce existent dans toute société. Ils ne constituaient que le noyau entourant Hitler et pouvaient être remplacés à tout moment. Ceux qui étaient irremplaçables, c'étaient les Speer et les innombrables autres citoyens qui faisaient leur « devoir » avec abnégation.

Peut-être s'était-il effectivement comporté ainsi, a reconnu Speer, surtout au cours de ses dernières années. Mais partout où il allait, le monde était plein de « technocrates » et d'innombrables personnes faisant passer leurs intérêts personnels avant l'intérêt commun. Qu'est-ce qui leur donnait l'autorité de le juger, lui et son comportement ? se demandait-il. En quoi ces accusateurs souvent jeunes qui le montraient du doigt étaient-ils différents de lui ? Dans une situation similaire, auraient-ils fait preuve d'un plus grand discernement, d'une plus grande force morale, de plus de fermeté ? Auraient-ils eu moins peur d'être rejetés par la société, de perdre leur situation, d'être l'objet de violences ?

Les questions étaient sans fin. Speer finissait par ne pas s'y retrouver dans la multitude des opinions et des questions sans réponse. Il savait qu'une grande partie des critiques faites à son encontre était irréfutable, seulement, il ne s'y reconnaissait pas et n'y reconnaissait pas davantage sa vie [32]. Tout cela était trop abstrait, ou ne le concernait pas réellement. Les idées abstraites ne l'avaient jamais fait progresser. A Spandau, il avait déjà dû faire face à une question maintes fois répétée, à laquelle il n'avait jamais trouvé une réponse satisfaisante : « [S'il était sommé de choisir] entre mener en qualité d'architecte municipal une vie tranquille et respectable à Augsburg où à Göttingen, avec une belle maison près de la ville, trois bonnes commandes par an et des vacances en famille à Hahnenklee ou à Norderney, ou alors, une fois de plus, la célébrité et la culpabilité, la capitale du monde puis Spandau ainsi que le sentiment d'avoir raté sa vie : que choisirais-je ? Serais-je prêt à en payer une fois encore le prix ? Cette question me donne le vertige. J'ose à peine me la poser. Et je suis incapable d'y répondre. » En se remémorant ce passage, Speer a fait ce commentaire malicieux : « Comme il est rassurant que chacun de ceux que j'ai rencontrés depuis soit sûr de sa réponse [33]. »

Son ironie visait cette certitude trompeuse à laquelle lui-même avait succombé bien des années auparavant, en se persuadant que, contrairement aux autres étudiants, il ne rejoindrait jamais le camp de Hitler. Cette illusion est une des principales raisons qui font que la biographie de Speer possède un intérêt général, par-delà les circonstances particulières de son itinéraire. C'est précisément parce qu'il était tellement sûr de lui, tellement cultivé et accessible à la raison, qu'il est inquiétant de voir à quel point il fut subjugué par Hitler « sans conditions ni réserves, prêt à le suivre n'importe où [34] ».

De nombreux auteurs estiment que l'avènement de régimes totalitaires au milieu du siècle a constitué pour le monde européen un véritable choc culturel. Mais Hitler et les autres dictateurs de l'époque n'ont fait que servir de déclencheur. La cause profonde de ce choc a été la prise de conscience que, dans certaines circonstances, les êtres humains sont tout prêts à se mobiliser autour d'un quelconque message de violence et à oublier avec une facilité déconcertante les traditions de charité et de pacifisme qu'ils ont établies au fil des siècles pour se protéger d'eux-mêmes.

Car Hitler surgissait en quelque sorte du néant ; il était, comme l'a observé l'historien Otto Hintze, la réincarnation de l'homme primitif, au retour duquel nous assistons périodiquement. De par ses origines et son éducation, Speer était en revanche le produit d'un long processus de civilisation. Il venait d'une famille à principes jouissant d'une haute considération et avait été de surcroît formé par un professeur qui s'efforçait de transmettre à ses élèves, en plus de connaissances techniques, des valeurs qui leur permettraient de résister à toutes les tentations de l'époque. L'exemple de Speer, bien plus que celui de Hitler, prouve combien ces bases étaient insuffisantes et fragiles.

La fêlure qui en résulta constitue le principal enseignement de ces années. La certitude que le monde, en dépit de tous les obstacles et de nombreux revers, devenait de plus en plus « humain » a été définitivement ébranlée. La volonté destructrice venait sans doute de Hitler, mais il n'aurait jamais atteint ses objectifs sans les innombrables complices dont Speer n'offre qu'un exemple.

Une dernière remarque s'impose. Speer a fait observer un jour qu'il avait toujours pensé que, après les années de détention, tout deviendrait plus facile. Il avait reconnu sa responsabilité, confessé sa faute et purgé sa peine. Pourtant, il s'était trompé, et sans doute plus que jamais sur l'essentiel. Le fardeau qu'il portait ne s'était pas allégé pour autant et il lui semblait parfois que tous ses efforts avaient été vains — une activité dénuée de sens, comme tant d'autres dans sa vie. Et une question de plus à laquelle il ne pouvait répondre.

NOTES

Avant-Propos

1. Mathias Schmidt, *Albert Speer. Das Ende eines Mythos, Speers wahre Rolle im Dritten Reich*, Berlin et Munich 1982 (ci-après « Speer ») ; Gitta Sereny, *Das Ringen mit der Wahrheit, Albert Speer und das deutsche Trauma*, Munich 1995 (ci-après « Speer » et Dan van der Vat (D. v. d. Vat), *Der gute Nazi. Leben und Lügen des Albert Speer*, Berlin 1997 (ci-après « Speer »).
2. Esther Vilar, *Speer,* Berlin, 1998.
3. Golo Mann, « Noch ein Versuch über Geschichtsschreibung », in *Zwölf Versuche*, Francfort-sur-le-Main, 1973, p. 8.
4. G. Sereny, « Speer », p. 229.
5. Hitler a longtemps ignoré que Speer était entré au NSDAP dès 1931 : il ne l'avait jamais interrogé à ce sujet. Plus tard, en janvier 1939, le Führer décora son architecte attitré de la « médaille d'or du parti » à l'occasion de l'inauguration de la nouvelle chancellerie, voir chap. IV.
6. G. Sereny ainsi que D. v. d. Vat s'étendent longuement sur ce problème.
7. Albert Speer, *Spandauer Tagebücher*, Francfort, Berlin, Vienne, 1975 (ci-après « Journal »), p. 365.
8. Voir chap. X. Néanmoins, tout porte à croire que la déclaration que fit Speer au début de sa déposition au procès de Nuremberg était une manœuvre tactique.
9. Note de l'auteur.
10. A. Speer, « Journal », p. 219.
11. M. Schmidt, « Speer », p. 240.
12. G. Sereny, « Speer », p. 638 sq. (témoignage de Paul Nitze).

Chapitre I

1. Voir Alice Miller, *Am Anfang war Erziehung*, Francfort-sur-le-Main : « Hitler n'aurait guère obtenu un tel soutien si le type d'éducation qui fut le

sien et les séquelles qui en découlèrent n'avaient pas été aussi répandus. » Cet ouvrage et la phrase citée ici résument les nombreuses tentatives d'interprétation psychologique consacrées aux milieux bourgeois partisans de Hitler. Dans un autre ouvrage, où A. Miller traite ce problème complexe cas par cas, elle se livre à une analyse plus différenciée de la personnalité de Hitler : « Comme n'importe quel autre enfant, Hitler vit le jour innocent, mais comme beaucoup d'autres à l'époque, il fut victime d'une éducation parentale destructrice qui l'amena à se transformer lui-même en monstre. C'était un rescapé de cette machine à anéantir que l'on appelait "éducation" dans l'Allemagne du tournant du siècle, une éducation que je qualifierai d'univers concentrationnaire de l'enfance. » Voir *100 Jahre Hitler : Eine Bilanz*, dirigé par Rudolf Augstein, Hambourg, 1989, p. 92.

2. C'est aussi la position de D. v. d. Vat, « Speer », qui, malgré certaines réserves à l'égard de raccourcis simplistes, voit le lien existant entre l'influence parentale et les traits de caractère définitifs de l'enfant ; G. Sereny, « Speer » argumente dans le même sens.

3. Albert Speer, *Erinnerungen*, Francfort-sur-le-Main, Berlin 1969, p. 20 ; en français : A. Speer, *Au cœur du Troisième Reich*, traduit par Michel Brottier, Fayard, Paris, 1971, p. 13 (ci-après : « Mémoires »).

4. A. Speer, « Journal », p. 574.

5. A. Speer, « Mémoires », p. 91 ; cette remarque sur Hitler est due à Otto Hintze ; elle a été rapportée par Friedrich Meinecke, in : *Die deutsche Katastrophe »,* Wiesbaden, 1955, p. 89.

6. Parmi les innombrables ouvrages traitant de la bourgeoisie allemande pendant la république de Weimar, consulter le texte très informatif de Horst Möller : « Bürgertum und bürgerlich-liberale Bewegung nach 1918 », in *Historische Zeitschrift*, numéro 17, Munich, 1997, p. 293 sq. Le même numéro de la revue contient plusieurs autres analyses suivies de bibliographies. Cette étude approfondie part de cas particuliers et examine le rôle de la bourgeoisie au XIXe siècle et son agonie au cours des années 20. A propos du poids économique et social de la bourgeoisie pendant l'empire, consulter David Blackbourn et Geoff Eley, *Mythen deutscher Geschichtsschreibung. Die gescheiterte bürgerliche Revolution von 1948 (The Pecularities of German History)*, Londres, 1980, Francfort-sur-le-Main/Berlin, 1980. Défendant la thèse que la révolution bourgeoise allemande n'a pas échoué, mais prit une autre forme qu'en Angleterre ou en France, les auteurs ont déclenché une controverse sur la « singularité » allemande.

7. Benito Mussolini, *Die Lehre des Faschismus*, cité d'après Ernst Nolte, *Theorien über den Faschismus,* Cologne/Berlin, 1967, p. 216.

8. Voir D. v. d. Vat, « Speer », p. 64.

9. Cette expression manifestement très courante est également citée par Theodor Eschenburg, *Deutsches Geistesleben und Nationalsozialismus. Eine Vortragsreihe der Universität Tübingen »,* Tübingen, 1965, p. 40.

10. Note de l'auteur.

11. Cité d'après Ulrich Herbert, *Best. Biographische Studien über Radikalismus, Weltanschauung und Vernunft, 1903-1989* ; Bonn, 1996, p. 43 sq.

12. Note de l'auteur.

13. A. Speer, « Mémoires », p. 21 sq.

14. Paul de Lagarde, *Ausgewählte Schriften*, dirigé par Paul Fischer, Munich, 1934, p. 34.
15. A. Speer, « Journal » p. 162 sq. et p. 432.
16. Rudolf Wolters, *Lebensabschnitte*, BA Koblenz NL 1318/51, p. 106 et 222 sq. La relation entre Speer et Wolters ne devint une véritable amitié qu'après leurs retrouvailles à Berlin.
17. Voir Gerda Wangerin et Gerhard Weiss, *Heinrich Tessenow. Ein Baumeister. 1876-1950*, Essen, 1976 (ci-après : Tessenow) ; voir aussi A. Speer, « Mémoires », p. 22.
18. Voir Helmut Heiber (éd.), *Das Tagebuch von Joseph Goebbels 1925/1926*, Stuttgart, s.d., p. 118.
19. Lettre de Spandau adressée par Speer à ses enfants, citée d'après G. Sereny, « Speer », p. 93 sq.
20. Voir M. Schmidt, « Speer », p. 39.
21. A. Speer, « Journal », p. 536. Il apparaît que R. Wolters qualifie son maître de « précurseur spirituel du Troisième Reich » au même titre qu'Oswald Spengler, Ernst Jünger et Gottfried Benn, même si ce terme recouvrait à ses yeux tout autre chose que ce qui devint ensuite réalité. Voir *Lebensabschnitte*, p. 191.
22. A. Speer, *ibid.* p. 128.
23. A. Speer, « Mémoires », p. 31.
24. Note de l'auteur.
25. Elke Fröhlich (éd.) *Die Tagebücher von Joseph Goebbels. Sämtliche Fragmente*, Munich, 1987 (ci-après « Fragmente »), vol. 2, p. 388 sq.
26. Voir Max Domarus, *Hitler. Reden und Proklamationen 1932-1945*, Würzburg, 1962, vol. 1, p. 259 et 264.
27. A. Speer, « Mémoires », p. 39 sq.
28. *Ibid.* p. 46.
29. A. Speer, « Journal », p. 550.
30. A. Speer, « Mémoires », p. 25.
31. Voir Lothar Gall, *Bürgertum in Deutschland*, Berlin, 1989, p. 466 sq.
32. A. Speer, « Mémoires », p. 48.

Chapitre II

1. Voir Joachim C. Fest, *Hitler. Eine Biographie*, Francfort/Berlin 1973 (ci-après « Hitler »), p. 716 ; ainsi qu'Alexander Mitscherlich, *Hitler blieb ihm ein Rätsel – Die Selbstblendung Albert Speers* (ci-après « Selbstblendung »), p. 466 sq. ; voir aussi Adelbert Reif, *Albert Speer. Kontroversen um ein deutsches Phänomen*, Munich, 1978.
2. Otto Dietrich, *Zwölf Jahre mit Hitler*, Munich, 1955, p. 235.
3. Herbert Lüthy, « Der Führer persönlich », publié dans : *Nach dem Untergang des Abendlandes. Zeitkritische Essays*, Cologne/Berlin, 1964, p. 128. Lüthy est sans doute le premier à avoir révélé cet aspect dans une brillante analyse de la personnalité du dictateur qui a été publiée dès 1955.
4. A. Speer, « Mémoires », p. 45. A propos de l'échec de Speer lors du concours pour l'école des cadres du NSDAP de Munich-Grünwald, consulter

Karl Arndt, « Architektur und Politik », in *Albert Speer, Architektur. Arbeiten 1933-1942*, Berlin, 1978 (ci-après « Architektur »), p. 117.

5. Adolf Hitler, « Die Reichskanzlei », in : *Völkischer Beobachter* du 16.7.1939, ainsi que A. Speer, « Mémoires », p. 116 ; Christa Schröeder, *Er war mein Chef. Aus dem Nachlassder Sekretärin von Adolf Hitler* 2e édition, Munich, 1985 (ci-après « Chef »).

6. Le futur maréchal Erhard Milch, proche ami de Speer pendant son ministère, puis après la guerre, qualifiait ce dernier « d'ambitieux avide de pouvoir » ; voir M. Schmidt, « Speer », p. 136. Après sa brouille avec Speer, Rudolf Wolters racontait que « l'argent et la célébrité » étaient les mobiles qui avaient animé son ami toute sa vie durant, voir BA Koblenz, NL 1318/44. Walter Funk partage visiblement cette opinion quand il reproche à Speer de s'être conduit à Spandau « à la manière d'un Parsifal », ajoutant qu'il était bien plus « raffiné » que tous les autres ; voir A. Speer, « Journal », p. 354.

7. A. Speer, « Journal », p. 529 ; du même auteur, « Mémoires », p. 116.

8. A. Speer, « Journal », p. 609.

9. *Ibid*. p. 48.

10. *Ibid*, p. 530 sq.

11. A. Speer, « Mémoires », p. 62 et « Journal », p. 139 sq.

12. *Ibid*.

13. Günther Weisenborn, *Memorial*, Munich, 1948, p. 212 sq. Speer cite ce passage en l'abrégeant légèrement, in : « Journal », p. 216.

14. A. Speer, « Journal », p. 585. Consulter aussi Michael Prinz et Rainer Zitelmann (éd.), *Nationalsozialismus und Modernisierung*, Darmstatt, 1991, ainsi que Peter Reichel, *Der schöne Schein des Dritten Reiches*, Munich/Vienne, 1991, p. 232 sq.

15. A. Speer, « Mémoires », p. 72. Contrairement à ce qu'affirme Speer dans ses Mémoires, p. 62, il n'aurait jamais accompagné Hitler dans l'atelier de Troost avant la mort de ce dernier, mais n'aurait rencontré qu'une seule fois l'architecte lors d'une visite de chantier avec Hitler ; voir la note de R. Wolters relatant un entretien avec Madame Gerdy Troost, à Salzbourg, le 9.1.1978, BA NL 1318/46.

16. En effet, Speer pensait – comme il le disait, non sans une certaine gêne — que Hitler et Winifred Wagner avaient eu une liaison. Il expliquait que, à l'époque, « il en avait eu la certitude en raison d'innombrables petits indices révélateurs ». De plus, il aurait entendu dire qu'à son retour Hitler avait l'air « étrangement exalté... avec une sorte de lueur dans les yeux – dans un état proche de la béatitude ». Il nia que ce changement puisse avoir eu un lien avec Bayreuth et encore moins avec Tietjen. Presque toutes les personnes présentes lors de ces voyages partageaient plus ou moins cet avis. Quand Hitler était de mauvaise humeur plusieurs jours durant, ils « plaisantaient » en disant que le Führer avait de nouveau besoin d'une « cure à Bayreuth ». Toutefois, cette assertion fort peu crédible relève plutôt des « ragots de mess des officiers ».

17. A. Speer, « Mémoires », p. 40.

18. David Schoenbaum, *Die braune Revolution. Eine Sozialgeschichte des Dritten Reiches*, Cologne/Berlin, 1968, p. 150 — *La Révolution brune*, Gallimard, coll. « Tel. », réed. 2000.

19. Voir *Der Parteitag der Arbeit vom 6. bis 13. September 1937. Offiziel-*

ler Bericht. Le décor avait, certes, été perfectionné depuis le moment où fut rédigé le rapport, mais, pour l'essentiel, il ne se distinguait guère des mises en scène précédentes.

20. A. Speer, interview du *Spiegel*, n° 46, 1966, p. 52 ; voir aussi « Mémoires », p. 85.

21. Konrad Heiden, *Die Geburt des Dritten Reiches. Die Geschichte des Nationalsozialismus bis Herbst 1933*, Zurich, 1934, p. 266.

22. Robert Coulondre, *Von Moskau nach Berlin, 1936-1939*, Bonn, 1950, p. 473. — *De Staline à Hitler, souvenirs de deux ambassades*, 1936-1939, Hachette, 1950. Voir aussi André-François Poncet, *Botschafter in Berlin 1931-1938*, Berlin/Mayence, 1962, p. 308 — *Souvenirs d'une ambassade à Berlin*, Flammarion, 1946 — qui notait à propos des congrès du parti, que nombreux étaient ceux qui rentraient chez eux « séduits et conquis » ; voir aussi A. Speer, « Mémoires », p. 85 sq.

23. A. Speer, « Journal », p. 128 ; voir aussi « Mémoires », p. 71.

24. *Ibid.*, p. 115.

25. Voir M. Domarus, vol. 1, p. 446.

26. Ernst Nolte, *Der Faschismus in seiner Epoche*, Munich, 1963, p. 358 ; voir aussi A. Speer, « Journal », p. 155, ainsi que « Mémoires », p. 48.

27. *Ibid.*, p. 71. À propos de la remarque évoquée précédemment, consulter M. Domarus, vol. 1, p. 461 ; cette remarque tomba lors d'un entretien avec Jean Goy, le président de l'Association française des anciens combattants.

28. A. Speer, « Journal », p. 609.

29. Chronique 1941, vol. 1, p. 31 ; voir aussi A. Speer, « Mémoires », p. 54.

30. K. Arndt : A. Speer « Architecture », p. 119 ; voir aussi A. Speer, « Memoires », p. 91.

31. Jost Dülffer, Jochen Thies, Josef Henke, *Hitlers Städte. Baupolitik im Dritten Reich*, Cologne, 1978 (ci-après « Hitlers Städte »), p. 211 sq. Il fallut attendre l'après-guerre pour que l'on obtînt des chiffres exacts ou du moins un peu plus précis. A la fin des années 60, Speer estimait que les coûts avaient atteint environ trois milliards de marks.

32. Hans Frank, *Im Angesichts des Galgens*, Neuhaus, 1955, p. 312. A propos des édifices de Nuremberg, voir aussi Joachim Petsch, *Baukunst und Stadtplanung im Dritten Reich*, Munich/Vienne 1976 (ci-après « Baukunst »), particulièrement p. 91 sq. Cet ouvrage contient de nombreuses indications bibliographiques.

33. J. Petsch, « Baukunst », p. 92.

34. A. Speer, « Mémoires », p. 93.

35. Voir M. Schmidt, « Speer », p. 255 (note 46) ; voir aussi Gregor Janssen, *Das Ministerium Speer. Deutschlands Rüstung im Krieg*, Berlin/Francfort, 1968 (ci-après « Ministerium »), p. 36 ; ainsi que A. Speer, « Mémoires », p. 92. Dans ce contexte, la comparaison avec la décoration du logement de fonction de Goebbels (1938-1939) est intéressante. Les frais ont été estimés à un minimum de 3,2 millions de marks ; voir Ralf Georg Reuth, *Goebbels*, Munich, 1990 (ci-après « Goebbels), p. 414 sq.

36. A. Speer, « Mémoires », p. 106.

37. *Ibid.*

38. Voir Jochen Thies, *Architekt der Weltherrschaft. Die Endziele Hitlers* ; Düsseldorf, 1976 (ci-après « Weltherrschaft »), p. 8.

39. *Ibid.*, p. 85
40. A. Speer, « Mémoires », p. 107.
41. *Ibid.*, p. 110.
42. A. Speer dans une note adressée à l'auteur.
43. A. Speer, « Journal », p. 216, ainsi qu'une interview du *Spiegel*, n° 46, 1966, p. 48. Rudolf Wolters s'est montré critique à l'égard des aptitudes d'architecte de Speer. Dans ses Mémoires, il relate que le « talent de Speer ne se manifestait pas dans le volet artistique du métier. Mais il aspirait malgré tout au statut "d'artiste" et voulait – ce qu'il proclamait à l'occasion – devenir un second Schinkel. La critique passe à côté de cet aspect essentiel quand elle qualifie l'architecte Speer de manager peu doué pour les arts. La muse l'avait indéniablement embrassé, mais avec pudeur et réserve, jamais avec l'ardeur de la passion », voir Wolters, *Lebensabschnitte*, p. 224.

Chapitre III

1. A. Speer, « Die Bauten des Führers », in : *Bilder aus dem Lebens des Führers* (Reemtsma-Bilderdienst), Altona, 1936, p. 72.
2. BA R 43 II/1187a, fol. 137 sq.
3. *Libres Propos sur la guerre et la paix ;* édité par François Genoud, Paris, 1952, p. 46 (27.28.9.1941).
4. Voir Ernst Hanfstaengl, *Zwischen Weissem und Braunem Haus* ; Munich, 1976 (ci-après « Erinnerungen »), p. 80 ; Heinrich Hoffmann, *Hitler, wie ich ihn sah*, Munich/Berlin, 1974, p. 146.
5. « Libres propos », p. 46.
6. A. Speer, « Mémoires », p. 108. Le carton avec dessin que Speer avait reçu de Hitler resta en sa possession jusqu'au début des années 70. Après la parution des « Mémoires », on organisa une exposition à New York où ce dessin devait être présenté. Mais le carton, ainsi que d'autres dessins de Hitler, se « perdit » pendant le transport et n'est pas réapparu depuis. Le carnet de croquis appartient encore aux héritiers de Speer.
7. Joseph Goebbels, « Fragmente », vol. 1, p. 197 (25.7.1926).
8. A. Hitler, *Reden, Schriften, Anordnungen* ; Munich/New Providence/Londres/Paris, 1994, vol. 3, p. 192 : discours prononcé lors du meeting du NSDAP à Munich, le 9.4.1929. Les blancs fréquents sont dus à la transcription de cette allocution, où l'on a tenu compte de toutes les répétitions et redondances. Ce texte de vingt-quatre pages contient la diatribe de Hitler contre l'art « décadent » qui se pratiquait à Munich.
9. Voir J. C. Fest, « Hitler », p. 310.
10. A. Speer, « Mémoires », p. 112-114.
11. Voir Paul Ortwin Rave, *Schinkel, Lebenswerk*, Berlin, 1948, p. 29 sq. ; voir aussi Martin Mächler, *Denkschrift über Gross-Berlin*, Berlin, 1920, qui contient d'autres informations.
12. Voir R. Wolters, « Lebensabschnitte », p. 202 sq.
13. A propos du complexe traité ici, consulter A. Speer, « Mémoires », p. 90 sq., et p. 147 sq. ; voir aussi J. Thies, « Weltherrschaft », p. 70 sq. ; J. Petsch, « Baukunst », p. 98 sq. ; Lars Olof Larsson, *Albert Speer. Le plan de*

Berlin 1937-1943, Bruxelles, 1983 et A. Speer, « Architektur ». Tous les ouvrages cités contiennent des bibliographies.

14. « Libres propos », p. 81.

15. A. Speer, « Mémoires », p. 229. Voir aussi A. Hitler, *Mein Kampf,* 37e édition, Munich, 1933 ; ainsi que J. Thies, « Weltherrschaft », p. 88 et p. 81.

16. Speer a certes affirmé qu'il se moquait parfois de Hitler et de sa « manie des records », mais Hitler s'étonnait aussi de la mégalomanie de Speer. R. Wolters (« Lebensabschnitte », p. 257) relate que, lors d'une visite de la maquette de l'arc de triomphe, le Führer aurait lancé la réflexion suivante, non sans un brin d'humour : « Une jolie petite porte de la victoire. » Par ailleurs, Willi Schelkes se souvient du dialogue suivant qui eut lieu pendant une autre visite : « Le Führer demanda ensuite : Quelle est la hauteur de cette coupole ? – Speer : Plus de trois cents mètres. Elle ne saurait être plus basse, c'est une affaire d'honneur. – Le Führer : Elle aura donc la même altitude que l'Obersalzberg au-dessus de Berchtesgaden... ». Cette anecdote figure aussi chez R. Wolters « Lebensabschnitte », p. 225. L'application avec laquelle Speer tentait toujours de suivre les instructions de Hitler ressort d'une explication que Speer donna à l'auteur. Il raconta qu'il avait fait faire des agrandissements photographiques de la coupole dessinée par Hitler, et qu'il avait soigneusement mesuré les points qui représentaient les personnages. Il avait ensuite défini la taille de l'édifice et rétabli l'échelle. D'après ce récit, d'abord « effrayé » par les dimensions du projet, Hitler fit part de ses réserves quant aux techniques de réalisation. Mais les arguments de Speer vinrent à bout de ses craintes et suscitèrent son « enthousiasme », si bien que Hitler approuva le projet et l'échelle du bâtiment. A propos de l'impression d' « ivresse », voir A. Speer, « Journal », p. 40 ainsi que p. 609, où il note qu'à l'inverse de Hitler et de nombreux comparses il n'avait pas « l'esprit ébranlé ».

17. A. Speer, « Mémoires », p. 222. Ce palais en l'honneur de Lénine était, probablement, le projet de B. M. Iofan qui prévoyait de construire le palais des congrès dans un quartier constitué de gigantesques bâtiments représentatifs groupés le long d'une grande avenue, comme à Berlin. Un prix fut décerné à ce projet en 1932. Voir aussi Wolfgang Pehnt, *Das Ende der Zuversicht. Architektur in diesem Jahrhundert*, Berlin, 1983 (ci-après « Zuversicht »), p. 61, illustration p. 189 ; ainsi que J. Thies, « Weltherrschaft », p. 79.

18. Voir W. Pehnt, « Zuversicht », p. 37 sq. Wolters attribuait la réussite de l'enfilade des salles de la nouvelles chancellerie à l'influence de Tessenow. Mais, quand Wolters lui envoya un livre illustré sur la nouvelle architecture allemande, l'ancien maître répondit : « Je n'aime certes pas la froideur glaciale qui prédomine ici, ni la force de ces fronts ridés qui n'ont rien à voir avec la force, ni ces... façades massives qui n'ont rien de « grandiose » et encore moins cette rigueur inhumaine, dénuée du moindre sourire. Vous savez, cher Wolters, que je crois en un autre monde. » Cité d'après R. Wolters, « Lebensabschnitte », p. 269.

19. Note de l'auteur.

20. Henry Picker, *Hitlers Tischgespräche im Führerhauptquartier 1941/42*, Stuttgart, 1965 (ci-après « Tischgespräche »), p. 143. A propos du désintérêt de Hitler pour le style classique, voir aussi A. Speer, « Mémoires », p. 228 sq., ainsi que « Journal » p. 166 et p. 202.

21. La comparaison avec Cecil B. De Mille vient de Speer (« Mémoires »,

p. 228). Comparant ces bâtiments avec les édifices et les avenues de Washington, Wolters ne les trouvait pas trop grands. Il pensait plutôt qu'il était impossible de recourir à des éléments formels classiques à une telle échelle. Il jugeait, par conséquent, que « le manque de talent artistique de l'architecte » était la cause de l'échec du plan d'urbanisme de Berlin. Voir R. Wolters, « Lebensabschnitte », p. 226.

22. Voir G. Wangerin et G. Weiss, « Tessenow », p. 19 sq. et p. 56 ; voir aussi Chronique, mai 1943, p. 61, où l'on peut lire que Speer avait invité son maître à une soirée entre architectes.

23. A. Speer, « Journal », p. 217. Les notes de Speer sur les impressions architecturales que lui laissa ce voyage se trouvent dans les « Mémoires » ainsi que dans le « Journal ».

24. Note de l'auteur.

25. Joseph Goebbels, *Die Tagebücher*, édité par Elke Fröhlich, Munich, (ci-après « Tagebücher »), vol. 5, p. 519 (19.9.1942) ; voir aussi BA NL 1318/ 7, p. 11.

26. Voir M. Domarus, vol. 1, p. 449 sq. (5.9.1934) et p. 316 (15.10.1933).

27. J. Thies, « Weltherrschaft », p. 99 ; voir aussi J. Dülffer, J. Thies, J. Henke, « Hitlers Städte ».

28. BA R$_3$/1582.

29. Voir M. Schmidt, « Speer », p. 66.

30. Voir Hermann Giesler, *Ein anderer Hitler. Bericht seines Architekten Hermann Giesler*, Leoni, 1982 (ci-après « Hitler »), p. 341 sq., et en particulier p. 346 ; voir aussi Chronique, janvier 1941, vol. 1, p. 5.

31. H. Giesler, « Hitler », p. 213 ; voir aussi A. Speer. « Mémoires », p. 142.

32. Note de l'auteur.

33. H. Giesler, « Hitler », p. 213 ; voir aussi A. Speer, « Mémoires », p. 252 sq. et p. 730 sq. où l'on trouve des extraits du texte dans lequel Speer déclare démissionner de ses fonctions au sein du parti. Voir aussi Chronique, janvier 1941, p. 5 sq., ainsi que BA R$_3$/1573.

34. Dix-sept artistes amis de Speer avaient signé ce document, entre autres : Breker, Thorak, Kreis, Tamms, Hentrich, Pinnau ; voir aussi H. Giesler, « Hitler », p. 352.

35. Chronique, février 1941, vol. 1, p. 10.

36. Lettre de Speer à Lippert, datée du 1.6.1940, BA NS 19/2046 ; toute la correspondance avec Lippert citée par la suite est archivée dans le même dossier ainsi que la correspondance de Speer avec le *Reichsicherheitshauptamt* (Office central de la sûreté du Reich).

37. J. Goebbels, « Fragmente », p. 255 (27.7.1940), ainsi que p. 265 et 291.

38. BA NS 19/2046, p. 20 sq.

39. A. Speer, « Mémoires », p. 247.

40. A. Speer, « Journal », p. 230 ; voir aussi « Mémoires », p. 221.

41. *Ibid.*, p. 574.

42. Voir illustration p. 129.

43. M. Domarus, vol. 1, p. 527. Les notes de l'auteur contiennent une remarque de Speer sur la réaction surprenante de Hitler à la vue du dessin représentant des ruines.

44. Voir A. Speer, *Technik und Macht*, dirigé par Adelbert Reif, Esslingen, 1979, p. 49 sq. ; voir aussi « Mémoires », p. 81 sq.
45. A. Speer, « Journal », p. 255.
46. A. Speer, « Mémoires », p. 191. Il s'agit en fait de la visite relatée au chap. I, au cours de laquelle le père de Speer rencontra Hitler pour la première fois.

Chapitre IV

1. A. Speer, « Mémoires », p. 121.
2. BA NL 1318/11, rapport du 17.12.1953, p. 18
3. BA NL 1318/11, rapport du 15.11.1953, p. 21 ; voir aussi A. Speer, « Mémoires », p. 134.
4. A. Speer, « Journal », p. 222.
5. A. Speer, *Technik und Macht*, p. 186 sq. ; voir aussi « Mémoires », p. 126, où il est écrit que les « diatribes antisémites... étaient courantes à l'heure du thé ».
6. On raconte que, après avoir entendu un rapport de Goebbels, son rival, lors d'une conversation de table, Hanfstaengl aurait fait une réflexion désobligeante sur la combativité des troupes allemandes engagées dans la guerre d'Espagne. Sur ce, la tablée décida de lui donner une leçon. Quelques jours plus tard, il reçut de Hitler un ordre cacheté accompagné d'une lettre stipulant que le pli ne devait être ouvert qu'après le décollage de l'avion mis à disposition. L'avion venait de partir quand Hanfstaengl fut pris de stupeur en lisant qu'il faisait route vers l'Espagne où il serait déposé derrière les lignes républicaines pour agir comme agent de Franco. Désespéré, et pensant qu'il s'agissait d'un malentendu, il demanda au commandant de l'appareil de faire demi-tour. Mais le pilote, qui était dans le secret, invoqua l'ordre du Führer et resta imperturbable. En fait, tandis que Hanfstaengl suait sang et eau, le pilote tournait depuis plusieurs heures au-dessus des nuages et donnait de fausses informations sur sa position. Pour finir, il expliqua qu'il devait atterrir d'urgence à cause d'une panne de moteur. A sa descente d'avion, Hanfstaengl constata qu'il se trouvait à Leipzig et qu'il avait été victime d'une mauvaise plaisanterie. Il se rendit alors dans son appartement, empaqueta le strict nécessaire et quitta l'Allemagne. Tous les efforts pour le faire revenir échouèrent. Voir E. Hanfstaengl, « Erinnerungen », p. 362 sq.
7. Note de l'auteur, à propos du déroulement des journées sur l'Obersalzberg, voir A. Speer, « Mémoires », p. 121 sq.
8. Voir Chr. Schroeder, « Chef », p. 189 sq. ; note de l'auteur ; voir aussi A. Speer, *Alles, was ich weiss. Aus unbekannten Geheimdienstprotokollen vom Sommer 1945*, dirigé par Ulrich Schlie, Munich, 1999 (ci-après : « Geheimdienstprotokolle »), p. 27.
9. BA NL 1318/11, rapport du 17.12.1953, p. 19 ; voir aussi A. Speer, « Mémoires », p. 124.
10. A. Speer, « Journal », p. 206.
11. Note de l'auteur.
12. A. Speer, « Journal », p. 152.
13. R. Wolters, « Lebensabschnitte », p. 232. Quand Wolters demanda s'il

devait entrer au parti, Speer lui répondit : « Si tu tiens absolument à faire la quête le dimanche, alors oui ! » ; *ibid.*, p. 234.

14. A. Speer, « Mémoires », p. 102.
15. *Ibid.*, p. 147 ; voir aussi A. Speer, « Geheimdienstprotokolle », p. 177.
16. A. Speer, « Architektur », p. 126.
17. A. Speer, « Mémoires », p. 163.
18. Voir *Die Neue Reichskanzlei*, Munich, s.d. (1939), p. 7.
19. Voir Saul Friedländer, *Das Dritte Reich und die Juden. Die Jahre der Verfolgung 1933-1939,* Munich, 1998, p. 294 — *L'Allemagne et les Juifs,* t. I, *Les Années de persécution*, Flammarion, 1998 ; voir aussi J. Goebbels « Fragmente », vol. 3, p. 533 (13.11.1938).
20. Les conseillers que A. Speer avait consultés étaient les éditeurs Wolf Jobst Siedler ainsi que l'auteur. Le résultat de leurs interventions figure dans les « Mémoires », p. 159 sq.
21. A. Speer, « Mémoires », p. 160.
22. G. Sereny, « Speer », p. 199.
23. A. Speer, « Journal », p. 20.
24. Voir A. Speer, « Journal », p. 216. La réflexion de Hettlage était censée servir d'avertissement. En effet, Speer lui demanda naïvement et sur un ton étonné comment il devait comprendre ces paroles. Hettlage répliqua : « C'est pour le meilleur comme pour le pire, pensez-y ! » Sur ce, et d'après une note de l'auteur, Speer dit n'avoir pas pu obtenir davantage d'informations.
25. R. Wolters, « Lebensabschnitte », p. 229.
26. A. Speer, « Mémoires », p. 165.
27. Hitler n'a cessé de parler des angoisses qui l'assaillaient pendant ces mois-là. Voir J. C. Fest, « Hitler », p. 738 ; voir aussi A. Speer, « Mémoires », p. 148-152.
28. R. Wolters, « Lebensabschnitte », p. 256.
29. A. Speer, « Mémoires », p. 232.
30. *Ibid.*, p. 239 sq.
31. *Ibid.*, p. 232.
32. C'est ce qu'indique Speer dans une annotation de la photo qui montre Hitler devant la tour Eiffel. Il mentionne A. Breker, mais pas Giesler qui marchait à sa droite. Ces événements sont d'ailleurs contestés. On comprend que Speer ne l'ait pas relaté. Giesler, qui resta lié à Breker jusqu'à la fin, ne mentionne pas davantage cette invitation tardive. Lors d'une conversation, Speer fit remarquer que l'invitation de Hitler avait récompensé Giesler « plus que de raison ». Quand on lui demanda s'il était jaloux de ce rival, Speer répliqua : « Comment aurais-je pu être jaloux ? Giesler était un infâme petit-bourgeois ! Comment aurait-il pu me supplanter auprès de Hitler ? » Voir aussi William Hamsher, *Albert Speer, Victim of Nuremberg ?*, Londres, 1970, p. 103 sq. La rancune que Speer éprouvait à l'égard de Giesler transparaît dans le fait qu'il simulait l'inattention et commettait presque systématiquement des erreurs dans l'orthographe de son nom.
33. A. Speer, « Mémoires », p. 245 ; voir aussi Arno Breker, *Im Strahlungsfeld der Ereignisse* ; Preussisch Oldendorf, 1972 (ci-après : « Strahlungsfeld »), p. 154 sq.
34. Giesler, « Hitler », p. 391.

35. A. Speer, « Mémoires », p. 246 ; voir aussi A. Breker, « Strahlungsfeld », p. 166. Speer se réfère à l'intention initiale de Hitler de détruire Paris, qu'alors en même temps, il considérait cette ville comme un modèle pour tous les architectes et urbanistes.

36. A. Speer, « Mémoires », p. 246 sq. et 253. Le document que Speer remit en cette occasion est reproduit dans *ibid.*, p. 253.

37. Note de l'auteur. A propos de la réflexion de Hitler sur l'éventuelle « Finis Germaniae », voir A. Speer, « Journal », p. 287.

38. J. Goebbels, « Fragmente », vol. 4, p. 48 (11.2.1940).

39. M. Schmidt, « Speer », p. 219 ; voir aussi J. Goebbels, « Fragmente », vol . 4, p. 547 (22.3.1941). Nous n'avons pas d'autres informations sur Dietrich Clahes. Certes, son nom apparaît chez Wolters ainsi qu'une fois chez Speer (*Sklavenstaat*), mais il ne figure pas dans l'organigramme du ministère de Speer (daté seulement du 1.1.1944). Par ailleurs les ouvrages de référence sur les persécutions des Juifs berlinois ne le mentionnent pas.

40. Chronique, 1941, p. 21.

41. *Ibid.*, p. 65 sq., ainsi que d'autres notes p. 87 (« La troisième grande opération d'expulsion des logements juifs a démarré à la fin novembre », et « 3 000 autres logements juifs ont été mis à disposition » pour héberger d'éventuelles victimes des bombardements). Au total, on a « recensé » 23 765 appartements juifs à Berlin.

42. Témoignage du Dr. Martha Mosse, in : *Archives of the Wiener Library, London : Testaments to the Holocaust, Section Two : Eyewitness Accounts* ; Reading, 1998, minute 50, Index-n° P III, c, n° 962.

43. Monika Richarz (éd.), *Bürger auf Widerruf. Lebenszeugnisse deutscher Juden 1780-1945*, Munich, 1989, p. 543 (Récit de Camilla Neumann). Nous disposons de nombreux témoignages oculaires sur ces événements. Voir par ex. Hildegard Henschel, « Gemeindearbeit und Evakuierung von Berlin », in : *Zeitschrift für die Geschichte der Juden*, 1972, n° 1/2 (ci-après : « Gemeindearbeit »), p. 33 sq. Dans un contexte plus général, voir Wolfgang Scheffler, *Judenverfolgung im Dritten Reich*, Berlin, 1964 ; Christopher Browning, « Zur Genesis der Endlösung », in : VJHfZ 29/1981 ; Gerald Fleming, *Hitler und die Endlösung*, Wiesbaden/Munich, 1982 ; ainsi que l'ouvrage de S. Friedländer (note 19) et sa bibliographie. Christian Gerlach dépeint les circonstances dans lesquelles on est passé du « déplacement » à la déportation dans : « Die Wannseekonferenz », in *Werkstattgeschichte*, 1997, n° 18, p. 7 sq. — Sur la Conférence de Wannsee, L. Levy éd., Paris, 1999.

44. Chronique, 1942, p. 108.

45. Témoignage de H. Henschel, « Gemeindearbeit », p. 40.

46. Voir Illustration p. 166 in : *Von Berlin nach Germania. Eine Ausstellung des Landesarchivs Berlin, 7.11.1984 bis 30.4.1985*, p. 77.

47. A. Speer, *Der Sklavenstaat. Meine Auseinandersetzung mit der SS* ; Stuttgart, 1981 (ci-après : « Sklavenstaat »), p. 355. Speer a commis une erreur en ce qui concerne la gare. D'après les témoignages recueillis, les convois partaient des gares de Grunewald et de Wannsee. Aucune source n'évoque la gare de Nikolassee.

48. A. Speer, « Journal », p. 40 ; voir aussi *ibid.* p. 89.

49. R. Wolters, « Lebensabschnitte », p. 236.

50. *Ibid.*, p. 502 sq. On y trouve aussi des explications sur les passages

supprimés par Wolters ainsi que sur la correspondance avec Speer. Dans ce contexte, il faut noter un fait révélateur, à savoir qu'à la fin du travail sur les « Mémoires », les conseillers littéraires ont demandé à Speer s'il n'avait pas oublié ou dissimulé un quelconque événement à sa charge, tout en lui indiquant que ce serait certainement bénéfique pour sa réputation et pour sa crédibilité d'en parler lui-même plutôt que d'avoir à se justifier par la suite. Il réfléchit longuement, puis finit par déclarer qu'il avait encore une fois vérifié l'ensemble sans rien trouver ; qu'il n'y avait « plus aucun secret ».

51. Compte tenu du ton familier de la lettre datée du 22.1.1970 qui contenait ces conseils, Speer estima qu'elle ne pouvait être transmise aux archives fédérales en l'état. Par conséquent, il pria Wolters de la remanier, BA NL 1318/40. Sous le même numéro d'archive, on trouve également une « note officielle » rédigée par Wolters le 8.2.1945, qui porte la mention « *Geheim* » (secret) avec une indication sur les lieux où l'on avait déposé les exemplaires de la Chronique, compte tenu de l'imminence de la fin de la guerre.

52. A propos des circonstances de cette brouille, voir le chap. XI. Le mérite de M. Schmidt est incontestable même s'il a visiblement fait siens certains partis pris de son informateur. Pour preuve le fait qu'il parle à plusieurs reprises d'un compte bancaire intitulé « *Schuldgeldkonto* » sur lequel Wolters déposa pendant toute la détention de Speer des sommes d'argent qu'il collectait auprès de ses anciens collaborateurs. Cet argent était destiné à aider la famille Speer qui vivait sans ressources à Heidelberg. Par ailleurs, Speer tenta, en vain, d'empêcher la publication du livre de M. Schmidt. Il n'a pas pu s'exprimer sur les autres ouvrages le concernant car ceux-ci n'ont été publiés qu'au début de 1982, soit six mois après sa mort en septembre 1981.

53. *Das Kriegstagebuch des Oberkommandos der Wehrmacht*, édité par Percy Ernst Schramm, Francfort-sur-le-Main, 1961, vol. 1, p. 258.

54. A. Speer, « Mémoires », p. 257.

55. Chronique du 29.11.1941, p. 91. Dès mars 1941, Willi Schelkes, ami de Speer et de Wolters, note que Hitler regrette « que toutes ces idées grandioses ne puissent être réalisées dès maintenant, car Churchill lui prend un tiers de son temps ». Voir aussi R. Wolters, « Lebensabschnitte », p. 269 et A. Speer, « Mémoires », p. 258.

Chapitre V

1. A. Speer, « Mémoires », p. 275 sq. ; à propos du « profil de métaille romaine » de Todt, voir R. Wolters, « Lebensabschnitte », p. 242.

2. *Ibid.*, p. 275 sq.

3. G. Janssen, « Ministerium », p. 33 sq. (la date est erronée). D'après Janssen, Hitler avait eu trois autres entretiens avec Todt avant le 7.2.1942 ; mais aucun document ne nous est parvenu à ce sujet. Le fait que Speer ait lu cette thèse de doctorat à Spandau (!) et qu'il ait fourni des indications à l'auteur n'est pas sans importance. R. Wolters a offert 500 DM à titre de contribution pour l'impression d'une édition spéciale. Cet ouvrage, considéré aujourd'hui encore comme l'étude la plus approfondie sur l'économie de guerre, complète les « Mémoires » de Speer. Voir aussi David Irving, *Hitlers Krieg. Die Siege 1939-1942*, Munich/Berlin, 1983, p. 401 et 531. Irving a pu

consulter le « Carnet de notes » de Walter Rohland. Pour plus de détails, consulter W. Rohland, *Bewegte Zeiten*, Stuttgart, 1978 (ci-après : « Zeiten »), p. 77 sq.

4. Voir. A. Speer, « Mémoires », p. 732. W. Rohland qui, initialement, devait aussi accompagner Speer et Todt, a déclaré à propos de l'accident : « Cela n'a pas pu se produire dans des circonstances normales. » Plus tard, il est revenu sur ces soupçons, les déclarant non fondés ; voir « Zeiten », p. 81.

5. A. Speer, « Mémoires », p. 280.

6. *Ibid.*, p. 280 ; voir aussi H. Picker, « Tischgespräche », p. 175. Dans ses « Mémoires », Speer n'évoque la présence de Himmler ni à midi ni le soir.

7. C'est en tout cas ce que l'on lit chez A. Speer, « Mémoires », p. 280. Ailleurs, on présume que le général Dietel, commandant les troupes de montagne en Finlande, disparu dans un accident d'avion en juin 1944, aurait été victime d'un attentat ; or, fait étrange, il venait lui aussi d'avoir une violente altercation avec Hitler. Voir Alexander Stahlberg, *Die verdammte Pflicht. Erinnerungen 1932 bis 1945*, Berlin/Francfort, 1994 (ci-après : « Pflicht »), p. 388. Stahlberg se réfère au général Fellgiebel qui, en sa qualité de chef des services de renseignements, disposait de certaines informations confidentielles.

8. Chronique, 1944, p. 83, ainsi qu'une note de l'auteur. Dans ce contexte, Speer parle d'une « rosserie commise de sang-froid » dont il n'aurait même pas cru Hitler capable. Mais des années plus tard, l'une des filles de Todt répondit à Wolters qui l'interrogeait sur la mort de son père et sur la coresponsabilité de Speer : « Je le crois capable de tout. » Voir BA NL 1318/ 46 (Notes de Wolters sur l'entretien du 7.1.1978 avec Madame Todt). Mais ceci reflète plutôt les ressentiments de la famille Todt à l'égard de Speer.

9. Nicolaus von Below, *Als Hitlers Adjutant 1937-45*, Mayence, 1980 (ci-après : « Adjutant »), p. 305 sq. Au cours des années suivantes, les von Below et les Speer entretinrent une amitié de voisinage.

10. Note de l'auteur ; voir aussi Alan S. Milward, *Die deutsche Kriegswirtschaft 1939-1945*, Stuttgart, 1966 (ci-après : « Kriegswirtschaft), p. 54 — *The German Economy of War*, Londres, 1965 (The Athlone Press). Milward pense que Speer ne fut pas surpris d'entendre que Hitler avait décidé de lui confier la succession de Todt ; voir aussi *ibid.*, p. 69.

11. C'est ce qu'on lit dans les « Mémoires », p. 277 et 281 ; à propos du dilettantisme de Hitler, voir *ibid.*, ainsi que A. Speer, « Journal », p. 522 sq. ; sur l'entrée de Speer dans la politique, voir « Mémoires », p. 272.

12. A. Speer, « Journal », p. 609 sq.

13. Voir Golo Mann, « Des Teufels Architekt », *in* A. Reif, « Speer », p. 318 ; voir aussi A. Speer, « Mémoires », p. 281.

14. Hans Kehrl, *Krisenmanager im Dritten Reich. 6 Jahre Frieden – 6 Jahre Krieg. Erinnerungen*, Düsseldorf, 1973 (ci-après : « Krisenmanager »), p. 245.

15. A. Speer, « Mémoires », p. 286.

16. Voir D. Irving, *Die Tragödie der deutschen Luftwaffe. Aus den Akten und Erinnerungen von Feldmarschall Erhard Milch*, Francfort/Berlin, 1990 (ci-après : « Tragödie »).

17. Chronique, 1942, p. 26 sq. Ces faits sont contestés. Selon G. Janssen, « Ministerium », p. 65 et p. 357, Speer a affirmé que ce décret n'a jamais été appliqué. Ceci contredit la conférence de presse du 19 février 1942, où il décla-

rait avoir envoyé deux directeurs d'usine en camp de concentration parce qu'ils avaient employé du personnel de l'industrie de l'armement à leur domicile privé. Plus tard, Speer expliqua que cette déclaration était une « annonce choc », courante à l'époque, pour montrer qu'il prenait les choses au sérieux. En fait, les documents ne contiennent aucun indice prouvant qu'une peine ait été prononcée en vertu de ce décret. En revanche, M. Schmidt, « Speer », p. 144 sq. parle de trois procédures, l'une ayant été classée, tandis que l'issue des deux autres reste inconnue. Voir aussi A. Speer, « Sklavenstaat », p. 164 sq. Compte tenu des chiffres, on peut mettre au crédit de Speer qu'en dépit de sa formulation draconienne ce décret a effectivement protégé son personnel.

18. H. Kehrl, « Krisenmanager », p. 244 ; A propos de l'incorporation du « *Baustab Speer* » (état-major de la construction) dans l'Organisation Todt, voir Chronique, 1942, vol. 3/4, p. 14 sq.

19. A. Speer, « Mémoires », p. 280.

20. *Ibid.*, p. 290.

21. Chronique du 11 février 1942 ; voir aussi R. Wolters, « Lebensabschnitte », p. 246.

22. A propos des détails de ces accords, voir A. Speer, « Mémoires », p. 291-292. Speer misait sur la paresse de Göring ; cette attitude lui donna raison puisque, dans le conflit qui les opposa, les menaces de démission restèrent sans suite.

23. D'après les propos de Speer lors d'un entretien avec Allan Bullock en 1979 ; voir *Die Zeit* du 2.11.1979.

24. Viscount Haldane of Cloan, *Before the war*, Londres, 1920, p. 71.

25. H. Kehrl, « Krisenmanager », p. 256 et p. 202 sq.

26. A. Speer, « Mémoires », p. 289. Dans ce contexte, voir aussi Ludolf Herbst, *Der totale Krieg und die Ordnung der Wirtschaft. Die Kriegswirtschaft im Spannungsfeld von Politik, Ideologie und Propaganda 1939-1945*, Stuttgart, 1982.

27. A. S. Milward, « Kriegswirtschaft », p. 66 ; voir aussi A. Speer, « Mémoires », p. 229.

28. H. Kehrl, « Krisenmanager », p. 244.

29. G. Janssen, « Ministerium », p. 49.

30. *Ibid.*, p. 57.

31. A. Speer, « Mémoires », p. 289 ; concernant les « faveurs », voir A. S. Milward, « Kriegswirtschaft », p. 78, ainsi que Willi A. Boelcke, *Deutschlands Rüstung im Zweiten Weltkrieg. Hitlers Konferenzen mit Albert Speer 1942-1945*, Francfort-sur-le-Main, 1969 (ci-après « Rüstung »), p. 21, à propos du nombre de postes dans le ministère Speer.

32. Interview télévisée (NDR, 1970) de Speer par l'auteur (sans précision de date) ; voir aussi A. Speer, « Mémoires », p. 225 sq. et 268. Etant donné les milliards dépensés pour la guerre, Speer songea à instaurer une forme d'« autoévaluation » fiscale du contribuable, les quelques centaines de millions de pertes dues à la fraude de quelques-uns étant sans importance.

33. W. A. Boelcke, « Rüstung », p. 27 sq.

34. Chronique, 1942, p. 33 sq.

35. Note de l'auteur. Le discours prononcé par Speer devant les gauleiters est archivé dans BA R$_3$/1547.

36. A. Speer, « Mémoires », p. 298 et 295 sq., ainsi que 733 sq. D'après D. v. d. Vat, « Speer », p. 190 sq. La production allemande d'avions resta à la traîne de la production anglaise jusqu'en 1944.

37. H. Kehrl, « Krisenmanager », p. 342. Ayant été nommé par Hitler (et non par Göring), Sauckel avait des prérogatives qu'il ne manquait pas de rappeler à Speer ; voir A. Speer, « Geheimdienstprotokolle », p. 121.

38. A. Speer, « Mémoires », p. 311.

39. Discours de Sauckel du 6.1.1943, IMT, vol. XLI, p. 225, où il déclare entre autres : « le volontariat est défaillant... partout ». Voir aussi IMT, vol. V, p. 539 sq. A propos des diverses catégories de travailleurs forcés et de la « hiérarchie » interne déterminante pour leur traitement, voir Ulrich Herbert, « Das Millionenheer des modernen Sklavenstaats », in : *Frankfurter Allgemeine Zeitung* du 16.3.1999 ; voir aussi du même auteur : *Fremdarbeiter. Politik und Praxis des 'Ausländereinsatzes' in der Kriegswirtschaft des Dritten Reichs* ; Berlin/Bonn, 1985.

40. Le chiffre exact est de 3 638 056 ; voir G. Janssen, « Ministerium », p. 85.

41. D. Irving, « Tragödie », p. 209 sq., et particulièrement p. 239 sq.

42. A. Speer, « Mémoires », p. 361 sq. et 744. Rétrospectivement, Speer convient qu'il s'est félicité de ne pas avoir mené ce projet à terme.

43. Décret secret préparant à la guerre totale, promulgué le 13. 1943 ; reproduit in : Wolfgang Michalka, *Das Dritte Reich. Dokumente zur Innen- und Aussenpolitik* ; Munich, 1985, vol. 2, p. 294 sq. La réflexion de Goebbels sur la « conduite socialiste » de la guerre date de l'automne 1941. Voir J. Goebbels, « Tagebücher », vol. 2, p. 226 (13.8.1941), voir aussi *ibid.*, vol. 7, p. 283 (8.2.1943), ainsi que d'autres notes de l'année 1943 où Goebbels ajoutait sur un ton presque incantatoire que Hitler prônait « énergiquement le principe de la guerre totale » (vol. 8, p. 348) ; or ceci ne reflétait pas la vérité, puisqu'une telle décision aurait nui aux intérêts de la population et des gauleiters.

44. A. Speer, « Mémoires », p. 366.

45. *Ibid.*, voir p. 365 sq. Dans son Journal, Goebbels exprime son « désarroi » face aux hésitations de Hitler.

46. J. Goebbels, « Tagebücher », vol. 7, p. 576 (18.3.1943) ; voir aussi M. Schmidt, « Speer », p. 94.

47. A. Speer, « Mémoires », p. 373 ; J. Goebbels, « Tagebücher », vol. 7, p. 516 sq. (10.3.1943).

48. J. Goebbels, « Tagebücher », vol. 7. p. 561 (16.3.1943) ; voir aussi *ibid.*, p. 375 sq. (19.2.1943) à propos du discours du Palais des sports. On y trouve également la note sur le « coup d'Etat silencieux » que ce discours aurait provoqué.

49. Voir Günter Moltmann, « Goebbels' Rede zum totalen Krieg », *in* : VJHfZ 1961/1, p. 13 sq. Voir aussi H. Kehrl, « Krisenmanager », p. 294 sq. A propos de la réflexion de Goebbels sur les gauleiters, voir « Tagebücher », vol. 7. p. 577 (18.3.1943).

50. Les discours de Speer et de Goebbels sont reproduits in : *Ursachen und Folgen. Vom deutschen Zusammenbruch 1918 und 1945 bis zur staatlichen Neuordnung Deutschlands in der Gegenwart*, Berlin (s.d.) vol. XIX, p. 127 sq., et p. 136 sq. A propos des événements précédents, voir A. Speer, « Mémoires », p. 380. Initialement, il était prévu que Speer et Göring prennent la

parole, mais Göring se rétracta au dernier moment parce que, comme le nota Goebbels, « il n'avait pas confiance en sa capacité de mobiliser les foules ». Voir « Tagebücher », vol. 8, p. 393 (30.5.1943).

51. Goebbels, « Tagebücher », vol. 8, p. 157 (24.4.1943). Sur la coopération, somme toute sans problèmes, entre Speer et Sauckel, voir aussi la Chronique à partir de 1942. Il en ressort que les divergences d'opinions entre les deux hommes n'avaient rien à voir avec les réserves morales de Speer. Dès sa nomination au ministère en décembre 1941, Speer avait convenu, lors d'une visite chez Heydrich, qu'« après guerre, le Protectorat fournirait 50 000 jeunes Tchèques par an qui viendraient travailler à Berlin à la réalisation des programmes de construction » ; voir Chronique, 1941, vol. 1, p. 94.

52. Manifeste du 20.4.1943 du délégué général à la main-d'œuvre, *in* : « Ursachen und Folgen », vol. XIX, p. 117 sq.

53. G. Janssen, « Ministerium », p. 121. Voir aussi J. Goebbels, « Tagebücher », vol. 8, p. 136 sq. (20.4.1943). Les écarts entre les chiffres sont en partie dus au fait que chaque employé ayant changé de poste était enregistré dans la statistique comme nouvelle embauche, alors qu'il n'apparaissait pas dans la colonne des départs.

54. Voir A. Speer, « Mémoires », p. 385.

55. Tel fut le trait d'humour de Funk désemparé ; voir H. Kehrl « Krisenmanager », p. 310 sq. Lors d'entretiens préalables, Speer avait réussi à convaincre Funk de renoncer à plusieurs de ses ressorts.

56. G. Janssen, « Ministerium », p. 137. Voir aussi J. Goebbels, « Tagebücher », vol. 9, p. 447 (8.9.1943) : « Ces mesures ont pratiquement annulé le plan quadriennal. »

57. G. Janssen, « Ministerium », p. 135.

58. Hugh R. Trevor-Roper, *Hitlers letzte Tage*, Francfort/Berlin, 1965 (ci-après : « Letzte Tage »), p. 236 — *The Last Days of Hitler*, Londres, MacMillan, 1947.

Chapitre VI

1. J. Goebbels, « Tagebücher », vol. 4, p. 343 (23.5.1942), vol. 7, p. 267 (5.2.1943) et *ibid.*, p. 513 (9.3.1943).

2. *Ibid.*, vol. 6, p. 48 (2.10.1942).

3. A. Speer, « Mémoires », p. 426 à 429.

4. J. Goebbels, « Tagebücher », vol. 7, p. 213 (28.1.1943), p. 458 sq. (2.3.1943). Voir également vol. 5, p. 347 (20.8.1942), p. 603 (30.9.1942) ainsi que vol. 6, p. 131 (16.10.1942) ; vol. 8, p. 43 (3.4.1943) et vol. 6, p. 33 (1.10.1942).

5. Voir H. Picker, « Tischgespräche ». Voir aussi J. Goebbels, « Tagebücher », vol. 8. p. 286 sq. (13.5.1943), où l'on trouve un exemple édifiant du zèle idéologique qui caractérisait les discussions avec Hitler.

6. J. Goebbels, « Tagebücher », vol. 8, p. 126 (18.4.1943) ; voir aussi A. Speer, « Sklavenstaat », p. 345 sq., ainsi que R. G. Reuth, « Goebbels », p. 524 sq. Consulter également les innombrables notes du journal de Goebbels, par ex. vol. 4, p. 351 (24.5.1942), *ibid.*, p. 405 (30.5.1942), vol. 7, p. 515 (9.3.1943), vol. 8, p. 126 (18.4.1943). Le 2 mars 1943, il exprime son mécontent-

tement d'avoir constaté que « les milieux bourgeois et les intellectuels en particulier » avaient « éventé » l'opération « si bien qu'un grand nombre de Juifs lui auraient glissé entre les mains ». Voir vol. 7. p. 449 (2.3.1943).

7. A. Speer, « Sklavenstaat », p. 352. La remarque sur la tactique de Goebbels qui cherchait à le « prendre en tenaille » pour le contraindre à céder se trouve dans une lettre adressée à Wolters à la fin janvier 1970, dans laquelle Speer qualifie Goebbels de « salaud ». BA NL 1318/40.

8. Voir G. Janssen, « Ministerium », p. 348. Speer ne déclina pas seulement le grade honorifique des SS parce qu'il avait peu d'affinités avec les rituels compliqués de l'ordre de Himmler, mais parce qu'il craignait que cela ne permette aux SS et à Himmler de faire pression sur lui et sur ses activités. Voir A. Speer, « Sklavenstaat », p. 102 sq., ainsi que « Mémoires », p. 379.

9. J. Goebbels, « Tagebücher », vol. 9, p. 229 (6.8.1943).

10. G. Janssen, « Ministerium », p. 251 ; voir aussi « Kriegstagebuch des OKW », vol. III, 2ᵉ partie, p. 1127.

11. A. S. Milward, « Kriegswirtschaft », p. 107.

12. Note de l'auteur.

13. A. Speer, « Mémoires », p. 404 sq., ainsi que les notes, et surtout p. 750 sq. En fait, dès 1942, la « *Economic Warfare Division* » recommandait de causer d'importantes destructions aux industries vitales pour la guerre plutôt que d'endommager un grand nombre d'usines ». Mais cette suggestion fut écartée. A propos de l'opération « Schweinfurt », voir Friedhelm Golücke, *Schweinfurt und der strategische Luftkrieg*, Paderborn, 1980.

14. A. Speer, « Mémoires », p. 406. Cela est aussi partiellement dû au fait que les paliers lisses ont progressivement remplacé les roulements à billes ; *ibid.*, p. 406.

15. A propos de ces « kamikazes allemands », voir Werner Baumbach, *Zu spät ? Aufstieg und Untergang der deutschen Luftwaffe*, Munich, 1949 (ci-après : « Aufstieg »), p. 268 sq. On y lit aussi que ce fut Hitler lui-même qui refusa cet « engagement total ».

16. A ce propos et pour complément d'information, voir A. S. Milward, « Kriegswirtschaft », p. 121 sq., ainsi que G. Janssen, « Ministerium », p. 178 sq. La disparité de l'armement de la Luftwaffe venait de ce qu'elle était encore « indépendante » et que ses responsables ne pouvaient par conséquent pas compter sur l'appui de Speer. A. S. Milward parle d'un « cuisant échec de l'économie de guerre ».

17. Voir D. Irving, « Tragödie », p. 295 sq.

18. Propos tenus par un des constructeurs de l'appareil lors d'un colloque en juin 1943 ; voir G. Jansen, « Ministerium », p. 180 ; voir aussi A. Speer, « Mémoires », p. 372 ; A. S. Milward, « Kriegswirtschaft », p. 93.

19. A. Speer, « Journal », p. 514.

20. A. Speer, « Mémoires », p. 330 sq. et p. 742 ; voir aussi H. Kehrl, « Krisenmanager », p. 331 sq. ; G. Janssen, « Ministerium », p. 231 sq., ainsi que A. Speer, « Sklavenstaat », p. 208. Les statistiques de la production d'armement des années 1941-1945 figurant chez W. A. Boelcke, « Rüstung », p. 13 sq., sont très claires et ne sont pas dépourvues de sens critique ; consulter les tableaux p. 20 sq.

21. Speer était passé maître en l'art de présenter les chiffres de production sous un éclairage favorable en procédant par sélection et en utilisant des

méthodes de calcul qui prêtaient à confusion. Certes, il ne manipulait pas les chiffres, mais sa façon de faire était parfois déconcertante. Or, ses indications se relativisent si l'on tient compte de la réalité, car, d'après son propre témoignage, il n'existait aucune stratégie de l'armement au sens strict du terme quand il prit le ministère en charge. Goebbels notait dans son Journal que les états-majors demandaient sans cesse où étaient passés ces milliers d'avions, de blindés et de canons, dont Speer se vantait si souvent avec force chiffres. Voir J. Goebbels, « Tagebücher », vol. 13, p. 136 (23.7.1944). A la mi-novembre 1944, Speer admettait : « Jusqu'à présent je n'ai rencontré aucune personne externe à cette maison qui ait cru aux chiffres de production d'armement que nous donnions. Partout, nous nous sommes heurtés à l'incrédulité, et l'on affirmait même que tout n'était que mensonge. Que nous trichions. » Voir W. A. Boelcke, « Rüstung », p. 8.

22. A. Speer, « Mémoires », p. 392.
23. A. Speer, « Sklavenstaat », p. 336.
24. Relaté in : *Adolf Hitler. Monologue im Führerhauptquartier 1941-1944. Die Aufzeichnungen Heinrichs Heims* ; Hambourg, 1980 (ci-après : « Monologue », p. 234 (25/26.1.1942).
25. M. Schmidt, « Speer », p. 99 ; voir aussi A. Speer, « Geheimdienstprotokolle », p. 32.
26. H. Kehrl, « Krisenmanager », p. 335.
27. Tête de chapitre des « Mémoires » de Speer, p. 379.
28. H. Giesler, « Hitler », p. 434, et A. Speer, « Sklavenstaat », p. 316 sq.
29. J. Goebbels, « Tagebücher », vol. 10, 137 (20.10.1943) ; voir aussi A. Speer, « Mémoires », p. 380.
30. A. Speer, « Mémoires », p. 380.
31. *Ibid.*, p. 411 sq. ; voir aussi IMT, vol. XVI, p. 584 sq.
32. Déclaration de Speer lors d'une conférence de l'« Office central de la planification » ; il tint ensuite les même propos devant Hitler ; voir D. Irving, « Tragödie », p. 300 sq. Concernant les occupations de Speer pendant les interminables tirades de Hitler, voir A. Stahlberg, « Pflicht », p. 346, où Speer affirme qu'il lui arrivait de se mettre à dessiner. Ce geste attirant aussitôt l'attention de Hitler, Speer pouvait reprendre la conversation en main.
33. H. Kehrl, « Krisenmanager », p. 355.
34. A. Speer, « Mémoires », p. 514 sq. ; voir l'exposé très informatif de Karl-Heinz Ludwig, « Die Wohlreflektierten "Erinnerungen" des Albert Speer », *in* : A. Reif, « Speer », p. 411 sq ; on trouve un récit détaillé des controverses sur l'armement, et plus précisément des discussions autour des fusées V1 et V2 chez G. Janssen, « Ministerium », p. 189 sq.
35. A. Speer, « Sklavenstaat », p. 296.
36. Consulter le résumé des doutes exprimés par Speer à l'égard de « l'arme miracle » chez G. Janssen, « Ministerium », p. 204 sq.
37. A. Speer, « Sklavenstaat », p. 296 sq.
38. *Ibid.* p. 200 et p. 211 sq.
39. *Ibid*, p. 160 et p. 173 ; voir aussi Joachim Fest, « Die andere Utopie. Eine Studie über Heinrich Himmler », in : *Fremdheit und Nähe*, Stuttgart, 1996, p. 138 sq., ainsi que A. S. Milward, « Kriegswirtschaft », p. 137 sq. Sur la méthode d'infiltration de Himmler, voir *ibid.*, p. 81 sq. et p. 102 sq.
40. D. Irving, « Tragödie », p. 322.

41. BA NS 317 (lettre du 17.12.1943).

42. Note de l'auteur, ainsi que A. Speer, « Mémoires », p. 383, et du même auteur : « Sklavenstaat », p. 392. Lors d'une conférence, Kammler s'était vanté d'avoir « simplement mis 50 000 hommes en détention préventive » afin de procurer de la main-d'œuvre aux entreprises de constructions de la SS.

43. A. Speer, « Sklavenstaat », p. 300 ; voir aussi Peter Kuhlbrodt, *Mittelbau-Dora bei Nordhausen 1943-1945. Ein überblick*, Nordhausen, 1991.

44. Voir Chronique du 10.12.1943. Cité comme témoin au procès des surveillants du camp « Dora » en 1968, juste après la déposition du Kapo du four crématoire, Speer déclara ne pas se souvenir des préparatifs de cette exécution ni de son intervention ; voir IfZ Ge 0108/1.

45. A. Speer , « Sklavenstaat », p. 300. À propos de la visite du camp de Mauthausen évoquée au paragraphe suivant, voir IMT, vol. XVI, p. 400 sq.

46. Chronique, 1943, p. 246 et Chronique, 1944, p. 8 sq. Détails chez Angela Fiedermann, *Das Konzentrationslager Mittelbau Dora : ein historischer Abriss* ; Berlin/Bonn, 1993 ; voir aussi A. Speer, « Mémoires », p. 381 sq. Ley s'opposa au projet de Speer, parce qu'en qualité de responsable du « front du travail », il estimait que les soins médicaux prodigués dans les camps étaient de son ressort. En fait, le 7 septembre 1942, Sauckel avait confié au « Front du travail », et par là même à Ley, la responsabilité exclusive du suivi médical de toute la main-d'œuvre étrangère employée dans le Reich. Peu après, Sauckel et Ley mirent en place une « Inspection centrale », dont les droits étaient insignifiants compte tenu du pouvoir détenu par Himmler dans les camps de concentration.

47. A. Speer, « Sklavenstaat », p. 277. Dans la préface de cet ouvrage, Speer explique qu'il était en train de consulter les sources dans les archives fédérales de Coblence pendant les années 70, quand il eut la « surprise » de découvrir la stratégie orchestrée par Himmler pour le mettre sur la touche. Ce fait démontrerait également sa naïveté politique. Dans ce contexte, voir Enno Georg, *Die wirtschaftlichen Unternehmungen der SS*, Stuttgart, 1963.

48. H. Kehrl, « Krisenmanager », p. 297 ; concernant cet entretien avec Rohland et le jugement que Speer portait sur la situation militaire, voir IMT, vol. XLI, p. 493 ; consulter aussi G. Janssen, « Ministerium », p. 187. R. Wolters raconte même que Speer aurait fait preuve d'un « optimisme hallucinant » l'année suivante ; voir « Lebensabschnitte », p. 342.

49. J. Goebbels, « Tagebücher », vol. 10, p. 69 (7.10.1943), d'où sont tirées les citations de Goebbels.

50. BA R$_3$/1548. Dans la Chronique d'octobre 1943, Speer fustige les produits de luxe que l'on continue de commander en dépit des nécessités imposées par la guerre ; il parle, entre autres, de bottes cavalières pour les officiers, ou de sucre en morceau dont le conditionnement mobilise une usine entière et gaspille quatre-vingts tonnes de papier ; voir BA NL 1318/4, p. 190 sq.

51. A. Speer, « Mémoires », p. 445.

52. R. Wolters, « Lebensabschnitte », p. 341.

53. Voir Goebbels, « Tagebücher », vol. 7, p. 454 (3.3.1943), ainsi que Andreas Hillgruber (éd.), *Staatsmänner und Diplomaten bei Hitler. Vertrauliche Aufzeichnungen über Unterredungen mit Vertretern des Auslands*, Francfort-sur-le-Main, 1967-1970, vol. II, p. 377, et A. Speer, « Mémoires », p. 306.

54. Agenda de Himmler, archives spéciales de Moscou, 1372-5-23, Bl. 334 ; voir aussi Chr. Gerlach, « Die Wannsee-Konferenz », p. 22. Concernant cette thématique, consulter Martin Broszat, *Hitler und die Genesis der 'Endlösung'*, *in* : VjfZ 25/1977, p. 739 sq. Bibliographie exhaustive chez Klaus Hildebrand, *Das Dritte Reich*, Munich, 1995, 5e édition, p. 281 sq.

55. Le texte de ce discours est reproduit *in* : Bradley D. Smith et Agnes Peterson, *Heinrich Himmler. Geheimreden 1933 bis 1945*, Francfort/Berlin/Vienne, 1974 (ci-après : « Geheimreden »), p. 162 sq. A propos du discours prononcé deux jours avant par Himmler devant les officiers supérieurs SS, voir IMT, 1919-PS, vol. XXIX, p. 110 sq.

56. Baldur von Schirach, *Ich glaubte an Hitler*, Hambourg, 1967, p. 269 sq. En réalité c'est Schirach qui convia Bormann « à déjeuner » et fixa la date de la manifestation au 29 mai 1944. Il pourrait s'agir ici de l'allocution de Himmler devant les généraux qui eut lieu le 5 mai 1944 ou de celle du 24 mai, à Sonthofen ; voir « Geheimreden », p. 202 sq., mais comme les passages cités sont extraits du discours prononcé par Himmler le 6 octobre, il y a visiblement une erreur.

57. Erich Goldhagen, « Albert Speer, Himmler and the Secrecy of the Final Solution », in *Midstream*, 1971 (ci-après : « Final Solution »), p. 43 sq., voir aussi A. Reif, « Speer », p. 383 sq et la traduction en allemand du texte de Goldhagen.

58. Note de l'auteur. Nous signalons ici que Speer a commis une erreur dans ses « Mémoires ». Il y écrit qu'il se serait rendu au quartier général du Führer par le train spécial des gauleiters le soir de ce fameux 6 octobre 1943. Plus tard, il rectifia et déclara qu'il s'agissait de sa deuxième intervention à Posen, le 3 août 1944. Cela permet de comprendre l'accusation de Goldhagen, mais pas les propos qu'il prêtait à Himmler.

59. Déclaration sous serment de W. Rohland du 6 juillet 1973, cité *in* . A. Speer, « Ein Nachtrag », *in* A. Reif, « Speer », p. 405 ; on y trouve aussi la déclaration sous serment de H. Siegmund et la confirmation de E. Milch. Voir aussi W. Rohland, « Zeiten », p. 87 sq., où Rohland relate la soirée et les discussions avec Hitler. – G. Sereny, « Speer », p. 464 sq., émet des doutes sur le départ prématuré de Speer de Posen et sur les dépositions de W. Rohland et de H. Siegmund. Siegmund lui aurait expliqué qu'à la suite de cette déclaration Speer l'aurait bombardé d'appels téléphoniques et qu'il aurait fini par faire ce qu'il voulait. A propos de la déclaration sous serment de Rohland, Sereny signale que, selon toute vraisemblance, « Rohland était un ami » qui avait visiblement voulu aider Speer. Toutefois, les preuves qu'elle apporte ne suffisent pas à étayer sa thèse.

60. Voir E. Goldhagen, « Final Solution », p. 47 ; voir aussi D. v. d. Vat, « Speer », p. 254.

61. A. Speer, « Journal », p. 46 sq.

62. A. Speer, « Mémoires », p. 326.

63. *Ibid.*, p. 529 sq.

64. Note de l'auteur, d'après un entretien avec Annemarie Kempf, la secrétaire de Speer. Speer a confirmé le témoignage de A. Kempf.

65. A. Speer, « Journal », p. 152 ; voir aussi note de l'auteur.

66. A. Speer, « Mémoires », p. 384 ; voir aussi J. Goebbels, « Tagebücher », vol. 7, p. 267 (5.2.1943) : « Speer travaille comme une bête. »

67. A. Speer, « Technik und Macht », p. 123 ; la citation vient d'Arthur Koestler.
68. Note de l'auteur.

Chapitre VII

1 A. Speer, « Mémoires », p. 452. Dans ses Mémoires, Speer mentionne que Hitler cessa de lui demander de lui fournir un rapport mensuel sur la production d'armements vers l'automne 1943, pour s'en référer à Saur. Mais lors d'un entretien avec l'auteur, il déclara que ce changement était une conséquence directe du congrès des gauleiters et de la perte de confiance qui s'ensuivit.

2. A. Speer, « Mémoires », p. 449 sq.
3. Erich Kästner, *Notabene 45. Ein Tagebuch*, Berlin, 1961, p. 55 ; voir aussi A. Speer, « Mémoires », p. 449 sq. A propos du décret sur la reconstruction, voir W. A. Boelcke, « Rüstung », p. 243 ainsi que Werner Durth et Niels Gutschow, *Träume in Trümmern. Planungen zum Wiederaufbau zerstörter Städte im Westen Deutschlands 1940-1950,* Braunschweig/Wiesbaden, 1988, p. 55 sq.
4. H. Giesler, « Hitler », p. 334, nie que Hitler ait choisi pour sépulture la tour du « Forum du parti » à Linz. En revanche, Speer a maintenu ce qu'il affirmait dans ses Mémoires, donnant comme explication plausible que ce pathos correspondait très bien à la nature de Hitler. Il a également profité de l'occasion pour souligner le peu de considération dont jouissait Giesler auprès du Führer : cela aurait « manifestement gêné » Hitler de confier ce secret à un homme « qui lui était bien plus étranger que moi ». Voir A. Speer, « Journal », p. 258 sq. Par ailleurs, on envisageait d'aménager un mausolée pour les parents de Hitler dans la partie inférieure du beffroi de Linz. Voir Karl Brandt, « Frauen und Hitler », *in* : A. Speer, « Geheimdienstprotokolle » p. 241.
5. A. Speer, « Mémoires », p. 201.
6. Voir Peter Hüttenberger, *Die Gauleiter. Studie zum Wandel des Machtgefüges in der NSDAP*, Stuttgart, 1969 (ci-après : « Gauleiter »), p. 184 sq. Voir aussi A. Speer, « Mémoires », p. 451 sq.
7. Note de l'auteur.
8. A. Speer, « Sklavenstaat », p. 317.
9. C'est également l'avis de A. Mitscherlich, « Selbstblendung » ; voir A. Reif, « Speer », p. 469 ; voir aussi les témoignages de A. Kempf, la secrétaire de Speer, chez G. Sereny, « Speer », p. 479, ainsi que les arguments plus étoffés de G. Sereny (p. 485) qui relate que Speer aurait dit : « Je crois qu'à l'époque, je voulais vraiment mourir. »
10. BA R$_3$/1515.
11. *Notebook of Generalfeldmarschall Erhard Milch*, IfZ, ED 100/137 (ci-après : « Notebook »). D'après une note de la « *Bürokasse des Preussischen Staatsministerium* » datée du 20.1.1944, le montant du cadeau de Göring s'élevait à 100 625 DM, somme dont le ministère demandait le remboursement. Envisageant de construire une villa sur ce terrain après la guerre, Speer avait

déjà réalisé plusieurs esquisses de plans. Cette note est conservée aux Archives spéciales, Moscou 700-01-45.

12. BA R₃/1515 ainsi que NL 1318/46, à propos de Ley, voir A. Speer, « Mémoires », p. 347.

13. A. Speer, « Mémoires », p. 464 sq.

14. Lettre de Speer à Bormann, non datée, voir BA R₃/1612.

15. Lettre de Speer à Dorsch, datée du 27.1.1944, BA R₃/1515 et BA R₃/1630.

16. A. Speer, « Mémoires », p. 464 ; BA R₃/1630.

17. Version différente des faits chez M. Schmidt, « Speer », p. 106 sq. Fidèle à son intention de prouver le manque de franchise de Speer, Schmidt se réfère au rapport médical rédigé par Gebhardt pour affirmer que Speer aurait chargé le professeur Gebhardt, et personne d'autre, de faire appel au professeur Koch. Pas un instant, il ne songe à remettre en question l'honnêteté de Gebhardt. Schmidt conteste également la méfiance de Speer envers Gebhardt, bien que l'on puisse citer plusieurs témoins, notamment A. Kempf, secrétaire de Speer et personne de confiance, son épouse Margret Speer, la femme du Prof. Koch, etc.

18. G. Sereny, « Speer », p. 482. Koch a relaté que Gebhardt serait venu à lui en disant : « Eh bien il faut que nous fassions sauter le poumon de Speer. » Koch refusant énergiquement, Gebhardt fit alors machine arrière et expliqua qu'il voulait « seulement mettre son collègue à l'épreuve ». Voir A. Speer, « Sklavenstaat », p. 317 sq.

19. Voir Speer, « Mémoires », p. 469 sq., ainsi que G. Janssen, « Ministerium », p. 158 et G. Sereny, « Speer », p. 482 sq. M. Schmidt, « Speer », p. 107, donne de nouveau une version différente des faits ; il parle d'un « hallucinant attentat médical » et s'en prend à Speer et à d'autres en invoquant que, même après la guerre, le professeur Koch n'évoqua pas la « périlleuse intervention » que Gebhardt aurait, paraît-il, exigée de lui. Il ne lui vient naturellement pas à l'esprit de supposer que la discrétion de Koch pourrait s'expliquer par les us et coutumes de l'ordre des médecins. Voir aussi la déposition instructive que fit Koch le 12.3.1947 au tribunal de Nuremberg, dont les passages décisifs sont cités chez A. Speer, « Mémoires », p. 566.

20. Cité chez M. Schmidt, « Speer », p. 108. A l'époque où Speer se trouvait à Hohenlychen, Himmler y retenait aussi le SS et général de police Kurt Daluege contre sa volonté ; voir A. Speer, « Sklavenstaat », p. 323.

21. A. Speer, « Sklavenstaat », p. 316. Après sa libération de Spandau, Speer a fait expertiser les rapports médicaux de Gebhardt par trois médecins réputés. Les résultats concordaient : tous trois estimaient que de telles erreurs étaient « impardonnables, même de la part d'un orthopédiste » ; voir *ibid.*, p. 320.

22. G. Sereny, « Speer », p. 482.

23. D. v. d. Vat, « Speer », p. 281 et p. 285. Le fait que le professeur Koch ait partagé la méfiance de Speer envers Gebhardt ressort d'un événement qu'il relate dans sa déposition : « En février 1945, alors que j'étais en Haute-Silésie, j'ai été légèrement blessé lors d'une collision avec un camion. Gebhardt prit aussitôt un avion spécial pour venir me chercher et me faire entrer dans sa clinique. Mon chef de bureau, Karl Cliever, fit échouer ce projet sans m'expliquer le motif de son acte – il me fit néanmoins comprendre qu'il avait de

bonnes raisons. » Il faut aussi signaler qu'à la même époque, en janvier 1945, Jean Bichelonne, ministre français et ami de Speer, était venu à Hohenlychen sur les recommandations de ce dernier pour se faire opérer du genou ; or Bichelonne est mort d'une embolie pulmonaire — ce qui avait failli arriver à Speer.

24. C'est ce que présumait la secrétaire de Speer, A. Kempf, qui, de surcroît, a signalé qu'il était « impossible de comprendre les petits jeux qui se tramaient » ; voir G. Sereny, « Speer », p. 494. La lettre dans laquelle Gebhardt informe le Reichsführer SS Himmler que Speer souhaite qu'il l'accompagne à Meran n'est connue que depuis la mort de Speer. Par conséquent, personne n'a jamais pu interroger Speer sur ce qui avait motivé cette requête.

25. Note de l'auteur. Les citations du passage suivant sont extraites tantôt des notes prises par l'auteur lors d'entretiens avec Speer, tantôt des « Mémoires », p. 472-473, où Speer traite de cette rencontre et de ses conséquences.

26. W. A. Boelcke, « Rüstung », p. 349 sq.

27. BA R$_3$/1573. Voir aussi A. Speer, « Mémoires », p. 477 sq.

28. A. Speer, « Mémoires » p. 478 ; voir aussi la lettre adressée par M. Bormann à Speer le 1.3.1944, et BA R$_3$/1573.

29. A. Speer, « Mémoires », p. 760.

30. W. Rohland, « Zeiten », p. 99.

31. E. Milch, « Notebook », *op.cit.*

32. Dans son récit de la visite de Milch, Speer a modifié le contenu du message de Hitler (« ressemblant presque à une déclaration d'amour ») et atténué la grossièreté de sa réponse (« Non, j'en ai marre... »). Voir « Mémoires », p. 480.

33. Dans ses « Mémoires », p. 354, Speer utilise uniquement le terme « apaisement ». D'après les notes de l'auteur, en revanche, il se qualifie lui-même de : « soulagé et même heureux ».

34. Voir G. Janssen, « Ministerium », p. 236 ; voir aussi A. S. Milward, « Kriegswirtschaft », p. 143. A propos des conséquences de l'opération « Big Week », consulter D. Irving, « Tragödie », p. 346 sq. W. Baumbach, « Aufstieg », p. 230, traite de la disparition prévisible des bombardiers allemands.

35. A. Speer, « Mémoires », p. 489.

36. Voir le texte reproduit chez G. Janssen, « Ministerium », p. 238 sq. ; voir aussi A. Speer, « Mémoires », p. 493 et 762, qui fournit d'autres chiffres concernant les réserves de carburant.

37. D. Irving, « Tragödie », p. 307.

38. BA R$_3$/1580.

39. P. Hüttenberger, « Gauleiter », p. 186 ; A. S. Milward, « Kriegswirtschaft », p. 135. Dans son livre, « Der Sklavenstaat », Speer fait un récit détaillé de toutes les machinations orchestrées par Bormann, et surtout par Himmler et les SS contre le ministère de l'Armement et contre sa personne.

40. A. Speer, « Mémoires », p. 488 ; et note de l'auteur.

41. N. von Below, « Adjutant », p. 368.

42. A. Speer, « Technik und Macht », p. 182 sq. ; Speer a également constaté la « tendance à la réduction » du contenu des conférences du Führer. La première année de ses fonctions de ministre, l'ordre du jour contenait jusqu'à 938 points, plus de 700 en 1943, autour de 530 en 1944 et tout juste 53 pendant les cinq premiers mois de l'année 1945.

43. E. Milch, « Notebook », *op. cit.* ; voir aussi A. Speer, « Mémoires », p. 495 sq. et p. 569.
44. D. Irving, « Tragödie », p. 363.

Chapitre VIII

1. J. Goebbels, « Tagebücher », vol. 12, p. 464 (14.16.1944). Quelques jours plus tard, Goebbels notait que sa proposition avait été acceptée et que les fusées étaient désormais appelées fusées « V » pour « *Vergeltung* » (représailles) ; voir aussi *ibid.*, p. 525 (22.6.1944). Concernant la réflexion de Milch, voir D. Irving, « Tragödie », p. 350.
2. Voir A. Speer, « Mémoires », p. 502 et 763 sq.
3. BA R$_3$/1587 (Discours du 13.1.1945 aux généraux chefs de corps).
4. A. Speer, « Mémoires », p. 504.
5. A. Speer, « Sklavenstaat », p. 118.
6. A. Speer, « Mémoires », p. 537 sq. En l'absence d'une autre notation, les autres citations sont extraites du même passage.
7. BA R$_3$/1627.
8. Wilfried von Oven, *Verrat und Widerstand im Dritten Reich*, Coburg, 1978, p. 57 ; von Oven, chef du service de presse du ministre de la Propagande, ajoute que « s'il avait réellement été impliqué dans le complot », Speer aurait été « un habile comédien ».
9. BA NL 1318/14 ; A. Speer, « Die Tätigkeit als Minister », p. 32.
10. Voir M. Schmidt, « Speer », p. 123 sq. Schmidt relate aussi que Carl Goerdeler aurait tenté de prendre contact avec Speer en dépit du peu d'estime qu'il lui portait. A propos de la liste des ministres, voir Peter Hoffmann, *Widerstand, Staatsstreich, Attentat*, Munich, 1979, p. 454.
11. Chronique, 1944, p. 22 ; voir aussi A. Speer, « Mémoires », p. 551. En fait Speer a commis une erreur, car d'après le vol. 2 de la Chronique, il a également clos son allocution d'investiture au ministère Todt par un « *Sieg Heil !* ».
12. Voir *Spiegelbild einer Verschwörung. Die Kaltenbrunner-Berichte an Bormann und Hitler über das Attentat vom 20. Juni 1944*, Stuttgart, 1961, p. 445 ; voir aussi A. Speer, « Mémoires », p. 551.
13. J. Goebbels, « Tagebücher », vol. 13, p. 259 (18.8.1944) et p. 239 (10.8.1944).
14. D'après un entretien de Speer avec G. Sereny, « Speer », p. 521. Concernant les personnes en faveur desquelles Speer est intervenu, ainsi que la lettre du 29.12.1944 où il élève une protestation contre les soupçons de Kaltenbrunner tout en prenant la défense d'un de ses chefs de service, voir G. Janssen, « Ministerium », p. 270, avec indications des sources. A propos de l'interdiction faite au général Fromm de déposer comme témoin à décharge, voir A. Speer, « Mémoires », p. 618.
15. J. Goebbels, « Tagebücher », vol. 12, p. 518 (22.6.1944).
16. *Speer-Denkschrift 20.7.1944*, BA NL 1318/3.
17. A. Speer, « Sklavenstaat », p. 85 sq., p. 98 sq., et p. 188 sq. ; voir aussi G. Janssen, « Ministerium », p. 283 sq.
18. J. Goebbels, « Tagebücher », vol. 12, p. 521 (22.6.1944).

19. *Ibid.*, vol. 13, p. 180 (27.7.1944).
20. Cité d'après Helmut Heiber (éd.), *Goebbels-Reden 1939-1945*, Düsseldorf, 1972, vol. 2, p. 342 sq.
21. Voir lettres de Bormann du 14.8.1944 et du 24.8.1944, BA R$_{55}$/665 et BA R$_{55}$/666a.
22. A. Speer, « Mémoires », p. 556.
23. J. Goebbels, « Tagebücher », vol. 13, p. 526 sq. (20.9.1944) ; voir aussi A. Speer, « Mémoires », p. 557 sq., ainsi que la Chronique de début octobre 1944.
24. Voir le mémoire de A. Speer du 20.9.1944, reproduit *in* : « Ursachen und Folgen », vol. XXI, p. 607 sq., ainsi que A. Speer, « Mémoires », p. 556 sq.
25. D. Irving, « Tragödie », p. 360 sq.
26. J. Goebbels, « Tagebücher », vol. 13, p. 203 (3.8.1944).
27. D. Irving, « Tragödie », p. 360 sq. ; à propos des conflits qui opposèrent Hitler à Speer et à Galland, voir A. Speer, « Mémoires », p. 570-573.
28. A. Speer, « Mémoires », p. 578-579. Concernant les rencontres avec Dorpmüller et autres, voir Lutz Graf Schwerin von Krosigk, *Es geschah in Deutschland. Menschenbilder unseres Jahrhunderts* ; Stuttgart/Tübingen, 1951, p. 302. A propos de Saur, voir Walter Lüdde-Neurath, *Regierung Dönitz. Die letzten Tage des Dritten Reichs*, 3e édition, Göttingen, 1964 (ci-après : « Dönitz »), p. 18.
29. IMT, vol. XVI, p. 541.
30. A. Speer, « Mémoires », p. 561 sq.
31. Hermann Rauschning, *Gespräche mit Hitler* ; Zurich/Vienne/New York, 1940, p. 115. De nombreux doutes sont émis depuis quelque temps quant au sérieux de l'ouvrage de Rauschning, mais dans le cas présent, on peut se référer au « Mein Kampf » de Hitler (p. 742) et au *Zweites Buch*, Stuttgart, 1961, p. 47 sq., ainsi qu'à *Hitlers Lagebesprechungen. Die Protokollfragmente seiner militärischen Konferenzen 1942-1945*, Stuttgart, 1962 (ci-après : « Lagebesprechungen »), p. 713 et 739. La réflexion de Hitler après l'échec de l'offensive des Ardennes y figure presque littéralement, voir note 44.
32. Joachim C. Fest, « Albert Speer und die technizistische Unmoral », in : *Das Gesicht des Dritten Reiches*, Munich, 1963, p. 281.
33. H. R. Trevor-Roper, « Letzte Tage », p. 79.
34. Propos de Theodor Hupfauer, voir G. Sereny, « Speer », p. 544, ainsi que R. Wolters, « Lebensabschnitte », p. 342.
35. Note de l'auteur. Voir W. Rohland, « Zeiten », p. 103.
36. IMT, bol. XLI, p. 515 sq.
37. A. Speer, « Mémoires », p. 566.
38. Note de l'auteur. G. Sereny a obtenu de M. von Poser une liste de ces déplacements mensuels ; cette liste qui ne commence qu'à la mi-février tend à donner le même chiffre ; G. Sereny, « Speer », p. 558.
39. Note de l'auteur.
40. A. Speer, Interview du *Spiegel*, n° 44/1966, p. 59.
41. Voir IMT, vol. XLI, p. 527 et *ibid.*, vol. XVI, p. 551 et 577 sq. Voir aussi Reimer Hansen : « Albert Speers Konflikt mit Hitler », in : *Geschichte in Wissenschaft und Unterricht*, 1966, p. 596 sq. ; G. Sereny, « Speer », p. 545 sq., ainsi que A. Speer, « Mémoires », p. 576 sq. et p. 645. A propos du

conflit avec Göring, voir aussi le « Journal », p. 286 et p. 288. Le colonel de la Luftwaffe à qui Speer aurait exposé ce plan était Werner Baumbach, un pilote de chasse qui avait reçu plusieurs décorations. Dans ses Mémoires, Baumbach donne de plus amples détails sur sa relation avec Speer. Il parle de leurs réflexions communes sur divers projets, notamment de l'entreprise du Groenland que nous évoquerons plus loin ; en revanche on n'y trouve pas un mot sur ce plan. Il se peut que, rétrospectivement, ces projets lui aient semblé trop aventureux. Toutefois, après la guerre, les services secrets américains ont révélé que D. Stahl était dans le secret ; voir D. v. d. Vat, « Speer », p. 339.

42. A. Speer, « Journal », p. 309 sq.

43. N. von Below, « Adjutant », p. 391. A propos de l'offensive des Ardennes conçue comme un acte de représailles prémédité par Hitler contre son peuple, voir aussi Sebastian Haffner, *Anmerkungen zu Hitler*, Munich, 1978, p. 191 sq. — *Un certain Adolf Hitler*, Grasset, Paris, 1979.

44. N. von Below, « Adjutant », p. 391. Concernant la disproportion entre les pertes de la Luftwaffe et celles de l'aviation alliée, voir W. Lüdde-Neurath, « Dönitz », p. 20. A propos de la consternation de Speer quand Hitler décida la poursuite de la guerre malgré l'échec de l'offensive des Ardennes, voir Gustav M. Gilbert, *Nürnberger Tagebuch*, Francfort-sur-le-Main, 1962 (ci-après : « Nürnberg »), p. 143 sq.

45. Voir Franz Kurowski, *Der Luftkrieg über Deutschland*, Düsseldorf/Vienne, 1977, p. 328 sq.

46. A. Speer, « Mémoires », p. 584.

47. *Ibid.*, p. 588.

48. Voir NA NL 1318/7 ainsi que les documents reproduits *in* : « Ursachen und Folgen », vol. XXII, p. 365 sq. Un exemple des conflits qui opposaient Hitler et Guderian, y compris un extrait relativement long d'un dialogue absurde, se trouve *in* : Heinz Guderian : *Erinnerungen eines Soldats*, Heidelberg, 1951, p. 374 sq.

49. BA NL 1318/7.

50. A. Speer, « Mémoires », p. 592.

51. A. Hitler, « Mein Kampf », p. 104.

52. BA NL 1318/7 ; voir aussi A. Speer, « Mémoires », p. 597-598.

53. Déposition de D. Stahl au tribunal de Nuremberg, voir IMT, vol. XLI, p. 517.

54. Voir H. Giesler dans une lettre datée du 22.11.1970 au Propyläen Verlag, voir BA NL 1318/44.

55. A. Speer, « Mémoires », p. 645 et p. 675 sq. ; voir aussi W. Baumbach, « Aufstieg », p. 230 sq. Il semble que l'on ait même envisagé de neutraliser Hitler et les dirigeants du régime pour les livrer aux Anglais ; c'est du moins ce qu'affirme W. Hamsher, « Victim », p. 172, qui se réfère à un entretien avec Baumbach et Galland.

56. J. Goebbels, « Tagebücher », vol. 15. p. 500 (14.3.1945).

57. *Ibid.*, vol. 15, p. 511 (15.3.1945).

58. Le mémoire remis dans la soirée du 18.3.1945 est daté du 15.3.1945. On suppose que Speer l'a conservé quelques jours pour le remettre la veille de son quarantième anniversaire, dans l'espoir que Hitler serait plus conciliant ce jour-là. A propos du texte, voir « Ursachen und Folgen », vol. XXII, p. 531 sq., ainsi que A. Speer, « Mémoires », p. 607 sq.

59. Témoignage de A. Kempf, la secrétaire de Speer ; voir G. Sereny, « Speer », p. 561. A Nuremberg, Madame Kempf a déclaré : « Plus d'une fois, nous avons craint que les rapports qu'il [Speer] adressait au Führer ainsi que les arguments qu'il exposait en public conduisent à son arrestation. Mais ces craintes ne l'impressionnaient guère, il considérait que c'était son devoir. » Voir Karl Anders, *Im Nürnberger Irrgarten,* Regensburg, 1948, p. 121.
60. BA NL 1318/10.
61. A. Speer, « Mémoires », p. 611.
62. IMT, vol. XLI, p. 430 sq.
63. G. Sereny, « Speer », p. 563.

Chapitre IX

1. Extrait d'une lettre écrite à Spandau et adressée à R. Wolters, BA NL 1318/7. A propos du film sur Kolberg, voir J. Goebbels, « Tagebücher », vol. 15, p. 542 (19.3.1945). En réalité, le rapport de la Wehrmacht n'évoque la chute de la ville que deux jours plus tard ; voir *Ibid.,* p. 552.
2. D. Irving, « Tragödie », p. 359 ; voir aussi A. Speer, « Mémoires », p. 619.
3. Voir G. Janssen, « Ministerium », p. 359. Les noms des personnes présentes, entre autres : Paul Pleiger de l'Union des houillères du Reich, Otto Steinbrink des *Vereinigte Stahlwerke* (aciéries) et le général Guderian, sont cités dans une note.
4. BA NL 1318/7, ainsi que A. Speer, « Mémoires », p. 620-22. Concernant ces rencontres avec des industriels de la Ruhr et la distribution de pistolets-mitrailleurs, consulter aussi W. Rohland, « Zeiten », p. 100 sq.
5. Reproduit *in* : « Ursachen und Folgen », vol. XXII, p. 518 sq.
6. Note de l'auteur. Comme il n'existe aucune preuve matérielle de ces conflits entre Hitler et Speer, nous nous référons aux « Mémoires » de Speer ; les détails qui les complètent sont tirés des notes consignées par l'auteur.
7. J. Goebbels, « Tagebücher », vol. 15, p. 619 sq. (28.3.1945).
8. A. Speer, « Mémoires », p. 627-629. Concernant les deux derniers entretiens entre Hitler et Speer, il faut garder en mémoire que nos connaissances sont exclusivement dues au témoignage de Speer. La teneur de la conversation relatée ici est confirmée par la lettre que Speer a adressée à Hitler dès son retour du Bunker du Führer. Voir citation du chap. VIII, note 61.
9. Voir « *Spiegel* », n° 46/1966, p. 60.
10. Cette lettre, souvent citée sous forme d'extraits, est reproduite in extenso *in* : IMT, vol. XLI , p. 426 sq., et *in* : « Ursachen und Folgen », vol. XXII, p. 534 sq.
11. Voir chap. VIII, note 61.
12. A. Speer, « Mémoires », p. 630-631.
13. *Ibid.,* p. 632 sq.
14. Témoignage du Dr. Mauterer, ancien collaborateur de Speer, voir « *Spiegel* », n° 40/1966, p. 60.
15. Cet exemple et d'autres, avec mention des sources, figurent chez G. Janssen, « Ministerium », p. 317 sq.

16. BA NL 1318/7.

17. Note de l'auteur consignée lors d'un entretien avec Speer. Ce dernier signala toutefois que cette information était « une rumeur qui circulait à Berlin à l'époque » et pour laquelle il ne fournissait aucune garantie. Toujours est-il qu'il en aurait entendu parler le soir après le concert ; par ailleurs, il se souvenait avoir vu les jeunesses hitlériennes à la sortie, ce qui était inhabituel.

18. R. Wolters, « Lebensabschnitte », p. 347.

19. IMT, vol. XVI, p. 545 sq. ; voir aussi G. Janssen, « Ministerium », p. 309 sq. Concernant les ponts de Berlin, voir A. Speer, « Mémoires », p. 646-647.

20. BA R$_3$/1625 (lettre de Speer à Karl Hanke du 14.4.1945).

21. Note de l'auteur.

22. IMT, vol. XLI, p. 438 sq. ; le discours de Speer a été en partie diffusé par la radio de Hambourg le 3.5.1945 ; voir BA R$_{62}$/11a.

23. H. R. Trevor-Roper *in* : A. Reif, « Speer », p. 238.

24. Voir A. Stahlberg, « Plicht », p. 431.

25. Voir Chr. Schröder, « Chef », p. 202 ; voir aussi A. Speer, « Mémoires », p. 658, ainsi que A. Speer, « Geheimdienstprotokolle », p. 224. A Berlin, Speer apprit que Himmler avait conduit l'ancien médecin de Hitler « en Allemagne du Nord », ce qui aurait expliqué son retard. Il revit Brandt à Luxembourg, puis il le retrouva plus tard à Nuremberg. Comme le médecin SS Gebhardt, Brandt comparut à Nuremberg lors du procès des médecins ; il fut condamné à mort, puis exécuté, pour avoir participé à des expérimentations humaines.

26. A. Speer, « Mémoires », p. 658-659 ; dans la courte missive qu'il adressa à sa femme, il indiquait qu'il n'avait pas l'intention de suivre Hitler dans la mort. Dans les premiers brouillons des « Mémoires » écrits à Spandau, Speer donne davantage de détails sur ce qui l'a motivé à se rendre à Berlin que dans la version publiée. Le passage expliquant pourquoi il n'avait pas changé d'avis figure dans son récit à R. Wolters, BA NL 1318/7.

27. Ce passage, ainsi que la description de la scène suivante, est tiré de plusieurs récits de Speer à l'auteur. Ces témoignages doivent être mis en relation avec les « Mémoires », p. 661-663. La version publiée est moins détaillée et ne contient que quelques citations des propos de Hitler. D'après les souvenirs de l'auteur, Speer a remanié le texte à plusieurs reprises et même procédé à des coupes sans invoquer les raisons qui l'y ont poussé. Wolters a déclaré qu'il n'aimait pas parler de cette visite car on lui en avait voulu de l'avoir relatée (lettre du 6.7.1975), BA NL 1318/40.

Dans ce contexte, il faut noter que, dans une autre lettre adressée à Wolters au début des années 50, Speer raconta qu'après avoir échangé quelques propos sur Dönitz il s'était entretenu avec Hitler sur ses projets de rester à Berlin ou de partir pour Berchtesgaden. Il déclara n'avoir abordé aucun autre sujet avec le Führer et que pas un « mot de cette entrevue n'avait concerné [leurs] relations personnelles ». (BA NL 1318/7) Il ajouta qu'en aucun cas il n'avait été question de « confesser » avoir transgressé l'ordre de la « terre brûlée ». C'est d'ailleurs ce qu'avait expliqué Speer dans ses « Mémoires », p. 664, dans le « Journal de Spandau » (p. 323), ainsi que lors de plusieurs entretiens avec W. J. Siedler et avec l'auteur. Mais il ne faut pas non plus exclure que Speer ait pu inventer tout cela par la suite. C'est du moins l'avis de G. Sereny, « Speer »,

p. 610 sq. En effet, G. Sereny affirme qu'à la suite d'un article gonflant les faits et paru dans la revue française « *Carrefour* » en 1952, Speer aurait eut l'idée de parler de « confession ». Inversement, il est également possible que Speer ait d'abord dissimulé ces faits à Wolters, pour présenter, une fois encore, Hitler comme un « monstre » déshumanisé, ce que son ami refusait de croire. Comme il l'écrivait à Wolters, il avait l'intention de « "deshéroïser"... toute cette affaire ». Il faut aussi noter que, dans la lettre à Wolters, Speer conclut le récit de la rencontre en ces termes : « Il faut, hélas ! que je te dise que cette dernière période efface tout ce qui a pu être positif autrefois. » Le problème qui se pose alors est de savoir si Speer a voulu duper Wolters ou bien le public. Ces deux solutions étant plausibles, on ne comprend pas pourquoi G. Sereny affirme que le récit de la dernière entrevue entre Hitler et Speer, qui figure dans la version des « Mémoires » écrites à Spandau, « sonne indéniablement vrai » (p. 611).

La critique majeure que l'on peut faire à la thèse de G. Sereny, qui prétend que Speer aurait fait siennes les inventions contenues dans le reportage à sensation de « *Carrefour* », se fonde sur un autre indice. L'article avait certes été publié dans la revue le 3.9.1952, mais dès l'été 1945, Speer avait affirmé à Hugh R. Trevor-Roper qu'un avion l'avait déposé dans Berlin encerclée le 23 avril. D'ailleurs, on peut lire dans les notes que l'historien avait prises lors de cet entretien que le but de Speer était : « *to see Hitler and explain him the decision which he had made in his conflict between his personal loyalty and his duty towards the people* » [de voir Hitler et de lui expliquer la décision qu'il avait prise, pour résoudre le dilemme entre sa loyauté personnelle et son devoir envers le peuple]. Ces paroles pouvant être interprétées comme un aveu, Trevor-Roper conclut de cet entretien que Speer avait eu une franche explication avec Hitler. Or, les déclarations de Speer remontaient à plus de sept ans avant la parution du reportage de *Carrefour*. Qui plus est, il ressort des notes de Trevor-Roper que Speer était très conscient des risques d'une telle entreprise et qu'il s'attendait « à être arrêté ou même fusillé ». Mais l'amitié que lui vouait Hitler résista à l'épreuve, car « *Hitler, Speer says, was deeply moved by his candour* » [Speer dit que Hitler avait été profondément ému par sa candeur] ; cité d'après une lettre de Trevor-Roper à l'auteur.

Il reste à dire que le récit que donne Speer de cette scène d'aveux correspond bien à son caractère. Oscillant entre la passion et le désarroi qui s'emparèrent de lui au cours de ces semaines, il pouvait réellement croire que la grande amitié qui le liait à Hitler arrivait à son terme et qu'il lui fallait y mettre un point final en la concluant par un acte de franchise sans états d'âme. Ou, si l'on préfère une métaphore dans l'esprit romantique qui caractérisait sa pensée, il avait agi comme s'il avait voulu ériger une ultime « Cathédrale de lumière » où il aurait joué le rôle du dernier héros, debout dans l'apside.

28. Voir A. S. Milward, « Kriegswirtschaft », p. 163.

29. D'après le témoignage de Kaufmann, gauleiter de Hambourg, qui se réfère au récit de Speer à son retour de Berlin. Hugh R. Trevor-Roper trouva cette indication dans ses notes de l'été 1945 et en fit part à l'auteur. Naturellement, il est permis de mettre en doute les explications de Kaufmann tout comme le récit de Speer.

30. A Speer, « Mémoires », p. 664.

31. *Ibid.*, p. 671.

32. *Ibid.*, p. 614.
33. *Ibid.*, p. 635.
34. A. Speer, « Journal », p. 323 ; Hitler a évoqué ce fameux « saut dans le néant » pour la dernière fois le 27.4.1945. Voir « *Spiegel* », n° 3/1966 (première publication).
35. Au début du mois d'octobre 1918, le prince Max de Bade avait été appelé au gouvernement en qualité de chancelier par intérim afin de négocier l'armistice proposé par les Alliés. La passation de pouvoir à Friedrich Ebert eut lieu le 9 novembre à 12 heures. Deux heures plus tard, Scheidemann proclamait la république.
36. BA NL 1318/7, ainsi que, avec de légères modifications : A. Speer, « Mémoires », p. 673.
37. A. Speer, « Mémoires », p. 675.
38. J. C. Fest, « Hitler », p. 1015.
39. Déposition de W. Baumbach, IMT, vol. XLI, p. 540 ; voir aussi W. Lüdde-Neurath, « Dönitz », p. 52.
40. BA R_{62}/2, fol. 18 sq.
41. BA R_3/1624 (Lettres de Speer à Schwerin von Krosigk du 5.5.1945 et du 15.5.1945) ; voir aussi Lüdde-Neurath, « Dönitz », p. 84.
42. BA NL 1318/7.
43. A. Speer, « Sklavenstaat », p. 341 sq., voir aussi G. Janssen, « Ministerium », p. 284, ainsi que A. Speer, « Mémoires », p. 680 sq. Les circonstances de la mort du Gruppenführer SS Kammler n'ont visiblement jamais été élucidées. D'après certaines sources, sa dernière affectation fut de commander une division engagée dans la défense de Berlin ; il serait tombé lors des ultimes combats pour la ville. Selon d'autres informations, il aurait été fusillé par les troupes soviétiques près de Prague en mai 1945. Voir « Lagebesprechungen », p. 914, ainsi que Peter-Ferdinand Koch (éd.), *Himmlers graue Eminenz. Oswald Pohl und das Wirtschafts-Verwaltungshauptamt der SS*, Hambourg, 1988, p. 218. Le renseignement fourni par Speer serait par conséquent la troisième version des faits.
44. A. Speer, « Mémoires », p. 685.
45. John Kenneth Galbraith, *Wirtschaft, Friede und Gelächter*, Munich/-Zurich, 1974 (ci-après « Friede und Gelächter »), p. 246.
46. *Ibid.*, p. 238.
47. *Ibid.*, p. 238.
48. BA NL 1318/10.
49. W. Lüdde-Neurath, « Dönitz », p. 182 ; BA NL 1318/7. Lüdde-Neurath, p. 116 sq. relate aussi que le général Jodl, également incarcéré, aurait qualifié le contrôle des bagages et la fouille corporelle de « pillage organisé ».
50. Note de l'auteur.

Chapitre X

1. L'officier américain qui engagea de longues conversations avec Speer était le capitaine Hoeffding. Il réussit à établir une relation de confiance avec le détenu. Comme nous l'évoquions, le procès-verbal de ces entretiens a été

publié récemment par Ulrich Schlie ; voir A. Speer, « Geheimdienstprotokolle ».

2. Voir IfZ Ed. 99/19 et « Report on "Technische Entwicklung und wissenschaftliche Forschung in Deutschland" » du 13.6.1945.

3. H. Kehrl, « Krisenmanager », p. 435. Dans la première version des « Mémoires », écrite à Spandau, Speer nie avoir espéré que les Alliés lui confient un poste clé dans le cadre de la reconstruction du pays. Il affirme ne pas en avoir eu l'intention, mais que certaines personnes chargées des interrogatoires auraient dit : « Si seulement nous pouvions vous engager » voir BA NL 1318/7. Toutefois, le fait que, lors de l'entretien du 8.2.1945, Speer affirmait à Wolters qu'il était « fort probable » que les Alliés « fassent appel à lui pour la reconstruction » contredit ces déclarations. BA NL 1318/51.

4. A. Speer, « Journal », p. 56 sq. Rétrospectivement, Speer s'est souvent posé cette question parce que la réponse était susceptible de lui révéler quels étaient les véritables sentiments de Hitler à son égard. Il expliqua à l'auteur qu'il ne croyait toutefois pas que Hitler avait « simplement oublié » de lui donner une de ces fameuses capsules.

5. J. K. Galbraith, « Friede und Gelächter », p. 239 ; voir aussi G. Sereny, « Speer », p. 635 et 646.

6. Propos de Hannah Arendt lors d'une conversation sur Speer avec l'auteur.

7. A. Speer, « Mémoires », p. 699.

8. Concernant les notes manuscrites que Gilbert se fit remettre par certains accusés, voir G. M. Gilbert, « Nürnberg », p. 10 sq.

9. C'est surtout l'avis de M Schmidt, « Speer », p. 173 sq.

10. G. M. Gilbert, « Nürnberg », p. 11 et A. Speer, « Mémoires », p. 700.

11. Thèse de M. Schmidt, « Speer », p. 176, fondée sur un renseignement fourni par le Dr. Flächsner.

12. A. Speer, « Journal », p. 57.

13. *Ibid.*, p. 28.

14. Voir Bradley E. Smith, *Der Jarhundert-Prozess. Die Motive der Richter von Nürnberg. Anatomie einer Urteilsfindung*, Francfort-sur-le-Main, 1977 (ci-après : « Jahrhundertprozess »), p. 243. L'éventualité d'un accord secret entre Jackson et Speer a été rendue publique par Werner Maser dans un livre intitulé : *Nürnberg. Tribunal der Sieger*, Düsseldorf/Vienne, 1977, p. 386. Il en ressort que Speer ne s'est pas adressé directement à Jackson, mais qu'il a remis sa déposition écrite à John J. Monigan, *major* des services secrets, qui lui fit alors remarquer qu'il devrait « l'adresser à Mr. Justice Jackson ». Le texte de Speer est reproduit chez A. Reif, « Speer », p. 224 sq.

15. La première prise de position de Jackson est intitulée « *Closing Brief Against Albert Speer* », BA Koblenz, procès alliés : AllProz 1 Rep. 501, XXXVII Y E 12. Dans la conclusion du « *Closing Brief* » qui déclare Speer coupable du chef d'accusation « conspiration contre la paix », il est mentionné que Speer ne saurait être jugé en fonction des limites de ses compétences gouvernementales, mais en tenant compte de sa position d'exception en tant qu'homme de confiance de Hitler : « *Justice demands that Speer should receive the maximum penalty for his crimes.* » Concernant la deuxième missive adressée au ministère de la Guerre des Etats-Unis, consulter. A. Reif, « Speer », p. 230. Werner Maser s'appuie sur le premier texte pour conclure qu'il y a eu

un « arrangement Speer-Jackson ». La note dans laquelle Jackson a cherché à dissimuler le marché conclu avec Speer devait ressembler à celle qu'il avait signée le 31 juillet 1946 (également parafée par Dodd). » W. Maser in : *Welt am Sonntag* du 14.11.1976.

16. B. F. Smith, « Jahrhundertprozeß », p. 330.
17. IMT, vol. 1, p. 115 sq.
18. A. Speer, « Mémoires », p. 703 sq. ; G. M. Gilbert, « Nürnberg », p. 45. Concernant la problématique du procès de Nuremberg, voir aussi Joe Heydecker et Johannes Leeb, *Der Nürnberger Prozess* ; Cologne, 1979 ; Gerhard E. Gründler et Arnim von Manikowsky, *Das Gericht der Sieger*, Oldenburg/Hambourg, 1967 ; Telford Taylor, *Kriegsverbrechen und Völkerrecht. Die Nürnberger Prozesse*, Zurich, 1951 ; ainsi que David Irving, *Der Nürnberger Prozess. Die letzte Schlacht*, Munich, 1979.
19. Douglas M. Kelley, *22 Männer um Hitler*, Olten/Bern, 1947, p. 86. Les propos de Göring sur les « héros martyrs » sont cités *in* G. M. Gilbert, « Nürnberg », p. 90 sq. ; voir aussi A. Speer, « Journal », p. 103 sq.
20. IMT, vol. III, p. 476.
21. G. M. Gilbert, « Nürnberg », p. 51 sq.
22. A. Speer, « Journal », p. 47.
23. Note de l'auteur.
24. M. Schmidt, « Speer », p. 189.
25. A. Speer, « Mémoires », p. 708.
26. G. M. Gilbert, « Nürnberg », p. 105 sq. Göring a également reproché à Speer de ne pas l'avoir informé qu'Ohlendorf serait interrogé sur un prétendu attentat.
27. *Ibid.*, p. 144. En mai 1946, Speer déclara à Gilbert qu'il ne dévierait pas de sa ligne : « Je ne suis pas versatile comme Frank ou Schirach, dit-il. Je parlerai franchement et espère seulement que je ne perdrai pas le souffle et que je m'exprimerai avec suffisamment de clarté. Il faut que je me batte contre mon avocat pour qu'il accepte cette forme de défense ; il m'a d'ailleurs averti des risques encourus parce qu'un aveu justifie toujours le verdict. »
28. *Ibid.*, p. 152 sq.
29. *Ibid.*, p. 319.
30. IMT, vol. XVI, p. 476, et A. Speer, « Mémoires », p. 707.
31. *Ibid.*, p. 531.
32. *Ibid.*, p. 542.
33. A. Speer, « Mémoires », p. 708-709.
34. IMT, vol. XVI, p. 543 sq.
35. G. M. Gilbert, « Nürnberg », p. 394 sq. et p. 400.
36. Le procès-verbal de l'interrogatoire contradictoire se trouve *in* : IMT, vol. XVI, p. 563 sq., puis à partir de p. 609.
37. *Ibid.*, p. 599.
38. Concernant l'interrogatoire mené par M. Y Raginsky, voir *ibid.*, p. 617 sq.
39. *Ibid.*, vol. XIX, p. 242. La plaidoirie dont sont tirées les citations commence p. 199.
40. Voir illustration.
41. La déposition de l'ingénieur Hermann Friedrich Gräbe, dont certains extraits sont cités ici, se trouve *in* : IMT, vol. XXXI, p. 446 sq. Employé comme

cadre dans l'entreprise de bâtiment Josef Jung de Solingen, Gräbe travaillait dans les territoires occupés. Après avoir assisté à des persécutions de Juifs, il fit tout son possible pour embaucher des Juifs afin de les soustraire aux commandos de la mort et d'aider bon nombre d'entre eux à s'enfuir. D'après ce témoignage, il aurait « sauvé environ 300 personnes », voir Horst Sassin, *Hermann Friedrich Gräbe. Ein Solinger « Schindler »*, Solingen, 1997. Concernant la plaidoirie de sir Harley Shawcross, consulter IMT, vol. XIX, p. 482 sq. Sir Harley Shawcross fut aussi l'avocat qui cita deux longs passages de Goethe qui firent sensation. Il s'avéra par la suite qu'il n'avait pas cité Goethe, mais *Lotte in Weimar* de Thomas Mann.

42. Lettre de Speer à R. Wolters du 10.8.1946 *in* : BA NL 1318/42.
43. A. Speer, « Mémoires », p. 712 sq. ; voir aussi IMT, vol. XXII, p. 460 sq.
44. IMT, vol. XXII, p. 660. Concernant les points qui justifièrent une atténuation de peine pour Speer, il faut citer la position adoptée par l'assesseur Adrian Fisher, *in* A. Reif, « Speer », p. 228 sq.
45. B. F. Smith, « Jahrhundertprozeβ », p. 243 sq.
46. Voir D. v. d. Vat, « Speer », p. 409 sq. ; voir aussi M. Schmidt, « Speer », p. 176 sq.
47. Cité chez G. Sereny, « Speer », p. 687.
48. Note de l'auteur. Speer a rectifié plus tard. Il a expliqué que les coups de marteau qui provenaient de l'extrémité du bâtiment ne pouvaient pas être dus à la construction des potences, car, après la visite de sa femme, il avait appris que ces potences avaient été montées quelques heures seulement avant l'exécution ; voir A. Speer, « Journal », p. 23.

Chapitre XI

1. A. Speer, « Journal », p. 35.
2. *Ibid.*, p. 43.
3. *Ibid.*, p. 59.
4. *Ibid.*, p. 109 sq.
5. *Ibid.*, p. 112 ; c'est seulement en 1958 que les détenus ont appris que tout ce qu'ils avaient écrit était passé à la déchiqueteuse ; voir p. 498.
6. *Ibid.*, p. 95 et p. 107.
7. *Ibid.*, p. 114.
8. *Ibid.*, p. 119 sq. Dans le « Journal de Spandau », Toni Proost apparaît toujours sous le pseudonyme d'Anton Vlaer.
9. R. Wolters, « Lebensabschnitte », p. 487.
10. A. Speer, « Journal », p. 149 et p. 160 ; concernant la biographie de Hitler, voir *ibid.*, p. 120.
11. G. Sereny pense que G. Casalis a joué un rôle clé et a fortement influencé Speer. En revanche, quiconque a entendu Speer parler de problèmes religieux est forcé de constater qu'il ne manquait pas d'arguments et qu'il était inapte à la spiritualité. Par ailleurs, les propos que rapporte G. Sereny contredisent la thèse qu'elle voulait développer. Voir aussi A. Speer, « Journal », p. 118 sq. et p. 122, p. 125 et p. 511.
12. A. Speer, « Journal », p. 365 et p. 401.
13. *Ibid.*, p. 214, p. 427 et p. 431 sq.

14. *Ibid.*, p. 334.

15. *Ibid.*, p. 263 sq. A propos du « refus glacial » de Theodor Heuss, voir le récit de R. Wolters, *in* : « Lebensabschnitte », p. 496.

16. *Ibid.*, p. 273 ainsi que p. 276.

17. *Ibid.*, p. 134.

18. *Ibid.*, p. 340.

19. BA NL 1318/7, p. 1.

20. R. Wolters, « Lebensabschnitte », p. 470.

21. A. Speer, « Journal », p. 345.

22. *Ibid.*, p. 432 ; concernant l'achèvement de la version provisoire des « Mémoires », voir p. 406.

23. *Ibid.*, p. 433.

24. *Ibid.*, p. 625 et p. 584.

25. *Ibid.*, p. 461. Les services secrets soviétiques avaient tenté de recruter Toni Proost comme agent. Mais Proost révéla ces faits aux Alliés et suivit leur conseil de quitter Berlin. Voir p. 474 sq.

26. *Ibid.*, p. 637.

27. *Ibid.*, p. 552.

28. *Ibid.*, p. 524.

29. *Ibid.*, p. 638 et p. 654.

30. *Frankfurter Allgemeine Zeitung* du 3.10.1966.

31. Note de l'auteur. Voir aussi le passage sur le rêve que l'on peut lire à la fin du « Journal de Spandau », p. 664.

32. R. Wolters, « Lebensabschnitte », p. 467. Voir aussi le récit de A. Kempf chez G. Sereny, « Speer », p. 721. Après avoir été informée que Wolters était extrêmement mécontent d'apprendre que Mommsen s'était invité de son propre chef, Madame Kempf avait rendu visite à Wolters pour faire en sorte que les retrouvailles se déroulent dans la sérénité.

33. La somme totale créditée sur le compte d'entraide s'élevait à 154 138, 34 DM. Ce compte avait surtout été alimenté par d'anciens collaborateurs, entre autres par Hettlage, Rohland, Fränk, Schlieker, Bücher, Sohl et Mommsen, ainsi que par des architectes comme Schelkes, Hentrich, Pinnau et Tamms. Quelque temps avant la libération de Speer, Wolters leur demanda de réapprovisionner ce compte presque épuisé pour aider son ami à prendre un nouveau départ dans la vie ; ses anciens collaborateurs apportèrent une fois encore leur contribution ; voir BA NL 1318/31 sq.

34. R. Wolters, « Lebensabschnitte », p. 499.

35. BA NL 1318/40.

36. A. Speer, « Journal », p. 582 sq.

37. Ces conseils ont été prodigués par l'auteur. Parallèlement à son travail rédactionnel, il avait surtout pour mission d'attirer l'attention sur les omissions, les passages trop évasifs, ainsi que sur les longueurs où Speer se perdait dans les détails. Parmi les omissions que les historiens ne manquèrent pas de relever, il faut citer l'absence d'explication sur sa réaction à la « nuit de cristal » ; voir *Ibid.*, p. 150 ; par ailleurs, Speer ne prend pas position sur la guerre en soi, etc. D'après D. v. d. Vat, « Speer », p. 502 sq., Wolters a affirmé plus tard que l'auteur aurait eu un comportement de « dompteur » et qu'il aurait, pour ainsi dire, forcé Speer à « faire le beau ». En réalité, ni l'auteur ni W. L. Siedler n'ont exercé d'influence directe sur le jugement que portait

Speer sur Hitler et son régime. Du reste, son opinion à ce sujet ressort de ses déclarations devant le tribunal de Nuremberg ainsi que de la première version des « Mémoires » qui remonte à une période bien antérieure.

38. D. v. d. Vat, « Speer », p. 501.

39. Robert M. W. Kempner, « Albert Speer verfälscht das Bild der dunklen Jahre in Deutschland nicht », reproduit *in* : A. Reif, « Speer », p. 289. On y trouve aussi d'autres critiques, entre autres un texte de Golo Mann. Geoffrey Barraclough, Rebecca West, Elias Canetti, Hans Mommsen et d'autres ont écrit sur Speer des critiques très pertinentes.

40. R. Wolters, « Lebensabschnitte », p. 479. Voir aussi H. Giesler, « Hitler », p. 318.

41. R. Wolters « Lebensabschnitte », p. 476. Voir aussi M. Schmidt, « Speer » et D. v. Vat, « Speer », en particulier p. 545 sq. Dans une note de l'auteur, écrite au moment de la parution des « Mémoires », on peut lire : « Le succès du livre remplit Speer d'une joie naïve. Chaque jour il s'enquiert des chiffres de ventes. Son ancienne passion pour les chiffres a visiblement trouvé ici un objet aussi nouveau qu'inespéré. Aujourd'hui, il a parlé des rumeurs qui enflent et des accusations qui circulent à son insu, et qu'on ne cesse de lui rappeler. Il se demande parfois s'il n'est pas allé trop loin dans la condamnation du régime, ce qui pourrait avoir nui a l'effet instructif de son livre. De plus, la perte de certains amis qui avaient étroitement collaboré avec lui le peine. Il espère que les choses rentreront dans l'ordre avec le temps. En tout cas, ces problèmes le préoccupent bien plus qu'il ne le supposait. »

42. R. Wolters, « Lebensabschnitte », p. 479 sq., ainsi que la lettre de Speer datée de septembre 1969, BA NL 1318/40.

43. *Ibid.*, p. 481 et A. Speer, « Mémoires », p. 712.

44. Interview d'Eric Norden, *Playboy* (édition américaine) de juin 1971.

45. Lettre de Speer du 5.6.1971, BA NL 1318/44, où est aussi archivée la correspondance évoquée par la suite, notamment la lettre écrite par Wolters pour le soixante-dixième anniversaire de Speer, ainsi que la réponse de ce dernier (datée du 6.7.1975), où il tente une fois encore de trouver une explication à leurs divergences d'opinion. G. Sereny, « Speer », p. 791, a calculé les sommes que Speer faisait parvenir à des organismes de bienfaisance, entre autres à bon nombre d'institutions juives, tout en tenant à conserver l'anonymat. Il apporta aussi son soutien à madame Kempf, qui travaillait dans une école pour enfants handicapés.

46. Note de l'auteur.

47. A. Speer, « Architektur », p. 8. Alors qu'il était encore à Spandau, deux amis architectes lui avaient proposé d'entrer dans leur agence. Mais l'un d'entre eux, Karl Piepenburg, mourut en janvier 1966, et l'autre, Otto Appel, deux mois plus tard. Voir A. Speer, « Journal », p. 619 sq., p. 649 et p. 652.

48. Le moine bénédictin, avec qui Speer s'était lié d'amitié et dont il parle souvent dans les entretiens et la correspondance de l'époque, était le père Athanasius.

49. Souligné par l'auteur. Ce courrier a été reproduit intégralement *in* : A. Speer, « Technik und Macht », p. 132 sq.

50. Voir G. Sereny, « Speer », p. 816 sq. L'attitude de G. Sereny, qui refusait de distinguer entre « savoir » et « deviner », inquiétait beaucoup Speer. Lors de nombreux entretiens avec celle-ci (ainsi qu'avec l'auteur), il n'a

cessé de rechercher un point de vue corroborant ses conceptions. En réalité, il faut bien se rendre à l'évidence que l'argument invoqué par Speer est plausible et que la tragédie qui s'est déroulée a ceci de particulier que la plupart des contemporains ont certes « deviné » ce qui se passait, mais en sont restés là, car la crainte de « savoir » les poussait à prendre bien soin de ne pas se renseigner. Ce qui l'inquiétait davantage encore était la conclusion que l'on pouvait tirer de l'utilisation du terme « approbation ». A plusieurs reprises, il dit que c'étaient des paroles « irréfléchies », il ajoutait : « Il faut que je pense à tant de choses que j'ai tendance à la précipitation. » Il expliqua aussi qu'il avait perdu cette mauvaise habitude quand il était le ministre de Hitler ainsi qu'à Spandau, mais que « après [sa] libération, ce trait de caractère a ressurgi ». Pourtant, il ajoutait, sans s'apitoyer sur lui-même et avec un certain humour, qu'il était bien obligé de constater : « Comme jadis, j'ai tout le monde à mes trousses. Il n'y a pas grande différence. » Plus tard, Speer eut un sérieux différend avec G. Sereny à cause du portrait qu'elle brossa de lui bien avant d'écrire sa biographie ; ce différend portait surtout sur les conclusions qu'elle tirait du terme « approbation ». D'ailleurs, G. Sereny pense que, si Speer avait fait un tel aveu à Nuremberg, il aurait certainement été pendu ; voir *ibid.*, p. 819 sq.

51. Cité d'après G. Sereny, « Speer », p. 799.

52. Note de l'auteur. A propos de la relation amicale avec R. Geis, voir G. Sereny, « Speer », p. 798 sq.

53. Voir, l'exposé détaillé de D. v. d. Vat, « Speer », p. 538 sq, ainsi que chap. IV, note 43 du présent ouvrage. La rancœur, très compréhensible de R. Wolters, indigné par le comportement de Speer, transparaît dans la manière dont il relate cette brouille. On peut y lire que Speer lui aurait fait savoir par son avocat que la procuration testamentaire qu'il avait établie le 10.8.1946, juste avant l'annonce du verdict de Nuremberg, avait été résiliée dès le 6.3.1963, « et transférée à sa fille Hilde, et que la totalité des droits dérivés de la publication et de l'exploitation revenait exclusivement à Monsieur Speer ». Et Wolters de poursuivre que le passage qui définissait les « commandes » jadis passées à Nuremberg comme devant être considérées comme des travaux exécutés à titre gracieux et par amitié, « fit déborder la coupe ». « M'étant entièrement dévoué à Speer et à sa famille pendant les vingt années qu'ont duré son incarcération à Spandau, j'étais incapable de répondre immédiatement à un courrier aussi injuste. J'ai donc été obligé, moi aussi, de mandater un avocat pour régler l'affaire le plus rapidement possible. Cela provoqua la fin brutale d'une amitié de presque cinquante ans. » Voir BA NL 1318/64 ; p. 506.

54. Récit de W. J. Siedler. La conversation entre Speer et Siedler concernait le manuscrit de « Sklavenstaat » que Speer venait de proposer à un éditeur. Or, Siedler pensait que Speer s'était surestimé en entreprenant ce travail. C'était la première fois qu'il tentait d'écrire une monographie thématique, alors que les deux précédents ouvrages s'appuyaient surtout sur son expérience personnelle et sur la chronologie des événements. Siedler refusa de publier le livre, qui parut ensuite à la Deutsche Verlag-Anstalt de Stuttgart. Selon la thèse de G. Sereny, cet ouvrage a été un échec parce qu'il a été écrit à l'époque où un amour de vieillesse a changé la vie de Speer, l'a détourné de son travail et empêché de consacrer à ce livre le soin qu'il avait porté aux

précédents. Plus loin, elle affirme même que, à long terme, et certes sans le vouloir, la jeune femme cherchait paradoxalement à détruire les « meilleurs » côtés de Speer, c'est-à-dire les raisons pour lesquelles elle l'aimait ; voir « Speer », p. 823 et p. 825.

Épilogue

1. A. Speer, « Technik und Macht », p. 220.
2. A. Speer, « Journal », p. 52.
3. Voir illustration p. 467. Speer ne se souvenait plus précisément du motif de ce désaccord, mais il pensait qu'il s'était agi d'une des innombrables disputes au sujet de Bormann et de ses incursions dans l'Obersalzberg. Toutefois, il affirme n'avoir osé qu'une ou deux fois remettre en question les agissements et la personne de Bormann.
4. A. Speer, « Mémoires », p. 144.
5. Voir Andreas Hillgruber (éd.), *Staatsmänner und Diplomaten bei Hitler. Vertrauliche Aufzeichnungen über Unterredungen mit Vertretern des Auslands 1939-1941*, Francfort-sur-le-Main, 1967, p. 661.
6. Uwe Bahnsen. James P. O'Donnel, *Die Katakombe. Das Ende in der Reichskanzlei*, Stuttgart, 1975 (ci-après « Bunker » — *Les Hommes du bunker*, Paris, 1976, trad. Frank Straschitz.
7. A. Speer, « Journal », p. 29.
8. Note de l'auteur.
9. Interview du *Spiegel* (n° 46/1966), p. 53 ; voir aussi A. Speer, « Journal », p. 609. Le problème de l'opportunisme des artistes et des scientifiques à donné lieu à un nombre incalculable d'ouvrages que nous ne citerons pas ici. Dans ce contexte, il faut citer une anecdote exemplaire rapportée par J. Robert Oppenheimer à propos d'Edward Teller : comme des conflits l'opposaient constamment à ses rivaux, Teller, qui était en train de mettre au point la bombe H, aurait menacé de démissionner en disant : « Si je ne peux pas travailler pour ceux qui recherchent la paix, eh bien je travaillerai pour les fascistes. » Toutefois, il faut ajouter qu'Oppenheimer comptait parmi les plus farouches adversaires de Teller. Quoi qu'il en soit, ce récit illustre bien l'absence de scrupules avec laquelle les scientifiques cherchaient à s'imposer. Voir Richard Rhodes, *Die Atombombe oder die Geschichte des 8. Schöpfungstages*, Nördlingen, 1988, p. 781 ; voir aussi les mémoires de K. Alibek, l'un des chefs de file de la recherche soviétique qui travaillait sur l'arme bactériologique (variole, peste, ébola et charbon) et prétendait « n'avoir aucun scrupule moral ». Ken Alibek, *Direktorium 15. Russlands Geheimpläne für den biologischen Krieg*, Munich, 1999.
10. Lettre de Speer à R. Wolters écrite de Nuremberg, le 10.8.1946, BA NL 1318/42 ; voir aussi chap. IV, note 29.
11. A. Stahlberg, « Pflicht « , p. 431.
12. J. Goebbels, « Tagebücher », vol. 15, p. 120 (28.3.1945).
13. A. Reif, « Speer », p. 233 sq., donne un aperçu très informatif des jugements portés sur Speer. A propos des déclarations de Göring, voir G. M. Gilbert, « Nürnberg », p. 396.
14. A. Speer, « Journal », p. 210.

15. Cité d'après U. Bahnsen et J. P. O'Donnell, « Bunker », p 121. Baur aurait fait cette réflexion quand on révéla qu'en février 1945 Speer préparait un attentat contre Hitler. Or, on sait que Baur n'est jamais revenu sur le jugement méprisant qu'il portait sur Speer. Voir aussi Eberhard Wolfgang Möller, « Albert Speer und das Achte Gebot », in : *Klüter-Blättern*, août, 1970. Par ailleurs, G. Troost fit part à R. Wolters que le caractère de Speer « [avait] changé à Spandau. Que cela le pein[ait] », voir BA NL 1318/46.

16. D. v. d. Vat, « Speer », p. 288.

17. Cité d'après les propos de Henry T. King, l'un des procureurs des Etats-Unis, lors d'une émission de BBC-TV de 1997. Dans cette même émission, John K. Galbraith a également déclaré que : « Speer was a very intelligent escapist from the truth » [un homme extrêmement intelligent qui s'y entendait pour esquiver la vérité]. Le reporter évoqué n'était autre qu'Eric Norden, qui faisait part de ses observations dans un bref portrait précédant l'interview parue dans *Playboy* en 1971. Les théologiens évoqués ici étaient Helmut Gollwitzer, Georges Casalis et Markus Barth, le fils de Karl Barth, voir BA NL 1318/44.

18. D'après Jean Amery, *Offener Brief*, cité chez A. Reif, « Speer », p. 455.

19. A. Speer, « Journal », p. 628.

20. Note de l'auteur. Voir aussi les annotations se référant à une citation de Cocteau *in* : A. Speer, « Journal », p. 476.

21. A. Speer, « Journal », p. 634.

22. D'après le père Athanasius, moine évoqué dans le chap. XI, cité d'après G. Sereny, « Speer », p. 804.

23. Speer répondit de la même manière à Hugh R. Trevor-Roper quand ce dernier lui demanda s'il était membre du « parti de la guerre » en 1939 et s'il n'avait vu par la suite en Hitler qu'un « maître d'œuvre » dont les conquêtes lui auraient fourni l'occasion de construire des palais et des arcs de triomphe sur tout le continent. « Comme d'habitude », Speer « réfléchit quelques instants, puis répondit par un simple "oui !" ». Cité d'après une lettre adressée par Trevor-Roper (lord Dacre) à l'auteur. Trevor-Roper expliqua qu'à l'époque, la réponse de Speer l'avait à tel point déconcerté qu'il avait révisé le jugement qu'il portait sur lui. Concernant la citation de Léonard de Vinci, voir A. Speer, « Journal », p. 429.

24. Il faut aussi signaler que Speer a d'abord déclaré à M. Schmidt qu'il ne s'opposerait pas à la publication des passages de la Chronique qui avaient été supprimés par R. Wolters (voir chap. XI) A cette époque, il semblait se sentir moralement couvert par l'idéologie traditionnelle qui déresponsabilisait l'artiste. Il changea d'avis plus tard, probablement sous l'influence des avocats auxquels il avait fait appel. Cette attitude montre, en dépit de tous ses aveux de culpabilité, l'étendue d'une méconnaissance du caractère du régime qui devenait évidente chaque fois qu'on lui posait des questions inattendues. A propos de « l'amoralité des artistes et des technocrates », voir J. C. Fest, « Gesicht », p. 271 sq.

25. A. Speer, « Journal », p. 549.

26. M. Schmidt, « Speer », p. 197.

27. A. Speer », « Technik und Macht », p. 62 sq.

28. Voir Werner Durth, « Architektur und Stadtplanung im Dritten

Reich », *in* : Michael Prinz et Rainer Zitelmann (éd.), *Nationalsozialismus und Modernisierung*, p. 170.

29. A. Speer, « Journal », p. 610 et p. 593.

30. *Observer* du 9.4.1944. Lors d'une conversation avec l'auteur, S. Haffner a déclaré avoir reçu ses informations « de Berlin », notamment des milieux de l'université technique ; il n'a pas donné de plus amples détails. Au moment de la publication de cet article, Speer séjournait à Meran au château de Goyen. En ayant pris connaissance, il fit faire plusieurs copies qu'il envoya à Hitler ainsi qu'à d'autres personnes du quartier général du Führer. Haffner expliqua à l'auteur que Speer avait « visiblement tiré de cet article des arguments décisifs pour la stratégie de sa défense à Nuremberg ». La thèse du « pur technocrate sans fardeau idéologique ni objectifs politiques », l'ayant « manifestement impressionné », il s'en serait ensuite servi comme d'une « bouée de sauvetage ». En vérité, il faut bien avouer que cette ligne de défense s'imposait et que Speer n'avait guère eu besoin de l'article de Haffner pour s'en rendre compte. Haffner reconnut ensuite la pertinence de cet argument.

31. H. R. Trevor-Roper, « Letzte Tage », p. 99 et p. 225. Dans un portrait de 1949, Trevor-Roper a réitéré ce jugement tout en l'atténuant sensiblement. On peut y lire en conclusion : « Comme sa philosophie était aussi la philosophie de ces nombreux Allemands qui, inconsciemment, avaient rendu le nazisme possible, les *historiens de l'avenir* verront *peut-être* [souligné par l'auteur] en Albert Speer le vrai grand criminel de l'Allemagne nazie. » Voir A. Reif, « Speer », p. 239.

32. Note de l'auteur.

33. A. Speer, « Journal », p. 609.

34. A. Speer, « Mémoires », p. 71.

INDEX

Acheson, Dean : 289.
Adenauer, Konrad : 289.
Andrus, Burton C. : 283.
Augustinus, Hl. : 299.

Baarova, Lida : 77, 78.
Backe, Herbert : 215.
Ball, George : 256, 261, 293.
Balzac, Honoré de : 292.
Barth, Karl : 287.
Bassermann, Albert : 42.
Baumbach, Werner : 220, 227, 253, 254.
Baur, Hans : 316.
Beethoven, Ludwig van : 241.
Begas, Reinhold : 100.
Behrens, Peter : 76.
Below, Nicolaus von : 199, 221, 222, 229.
Bergner, Elisabeth : 31.
Bichelonne, Jean : 142, 143.
Biddle, Francis : 280.
Bismarck, Otto Fürst von : 54, 96, 100.
Böll, Heinrich : 292.
Bonatz, Paul : 276, 289.
Bormann, Martin : 14, 55, 66, 81 à 84, 88, 89, 102, 124, 132 à 134, 138 à 140, 144, 146, 148, 156, 157, 165, 167, 169, 170, 178, 180 à 182, 188, 190, 192, 195, 198, 199, 208, 210 à 215, 227, 228, 235, 240, 244 à 246, 252 à 254, 280.
Borries, Siegfried : 179.

Bose, Herbert : 57.
Boullée, Etienne-Louis : 74.
Brandt, Karl : 66, 77, 89, 102, 117, 180, 184, 210, 244, 245, 257, 284.
Brandt, Willy : 294, 297, 312.
Brauchitsch, Walther von : 116.
Braun, Eva : 12, 15, 45, 89, 92, 249.
Braun, Wernher von : 159 à 162, 187, 259.
Breker, Arno : 77, 95, 100, 102, 142, 300.
Bruce, David : 293.
Bruckner, Anton : 241.
Brückner, Wilhelm : 66.
Brugmann, Walter : 66, 190.
Brunner, Alois : 108.
Bücher, Hermann : 149, 172, 208.
Bürckel, Josef : 167.
Busch, Ernst : 243, 314.

Casalis, Georges : 287, 306.
Charell, Erik : 31.
Choltitz, Dietrich von : 216.
Churchill, Sir Winston : 126, 140, 150.
Clahes, Dietrich : 104 à 108.
Cosimo : 93.
Coulondre, Robert : 53.
Coudenhove-Kalergi, Richard Nikolaus Graf von : 22.

Darré, Walter : 148.
Dickens, Charles : 279.
Diels, Rudolf : 13.
Dietrich, Otto : 66, 204.

Dietrich, Sepp : 89.
Dodd, Thomas : 265, 268.
Dönitz, Karl : 170, 252 à 255, 257, 262, 268, 287 à 291.
Donovan, Commander : 268.
Dornberger, Walter : 160, 259.
Dorpmüller, Julius : 215.
Dorsch, Xaver : 122, 181, 182, 188 à 190, 192 à 195, 197, 202, 207, 260.
Dostojewski, Fjodor M. : 292.
Dreiser, Theodore Herman Albert : 292.
Dustmann, Hanns : 76.

Eichmann, Adolf : 105, 106.
Eisenhower, Dwight David : 251, 254.
Engel, Gerhard : 205.

Fegelein, Hermann : 250, 254, 312.
Fellgiebel, Erich : 206.
Fellner, Ferdinand : 47.
Flächsner, Hans : 263, 264, 267 à 272, 276 à 278, 281, 289, 295.
Florian, Friedrich Karl : 177, 233, 314.
Forst, Willy : 91.
Fränk, Gerhard : 190, 192, 259.
Friedrich II., röm.-dt. Kaiser : 78.
Friedrich II, der Grosse : 71, 92.
Friedrich Wilhelm III. : 63.
Fritzsche, Hans : 267, 268, 270, 275.
Fromm, Friedrich : 125, 157, 204, 206, 208, 232.
Funk, Walther : 51, 123, 125, 127, 131, 132, 144, 182, 185, 204, 268, 270, 272, 292.

Gablenz, Karl-August Freiherr von : 136.
Galbraith, John Kenneth : 17, 256, 257, 261, 263, 315, 316.
Galland, Adolf : 158, 213, 214, 227.
Ganzenmüller, Theodor : 132, 172.
Garnier, Charles : 47, 102.
Gaulle, Charles de : 293.
Gebhardt, Karl : 180, 181, 183 à 187, 191, 193, 199, 251, 255.
Geis, Robert Raphael : 306.
Giesler, Hermann : 75 à 83, 85, 102, 113, 116.

Giesler, Paul : 178.
Gilbert, Gustav M. : 262, 263, 268, 270, 315.
Goebbels, Joseph : 31, 34, 37 à 39, 51, 62, 67, 77, 78, 84, 97, 98, 101, 105 à 108, 138 à 141, 146 à 149, 156 à 158, 165 à 168, 171, 181, 182, 189, 199, 203 à 206, 208, 210 à 214, 222, 223, 227, 228, 232, 235, 240, 241, 244, 249, 253, 254, 267, 315, 321, 323.
Goebbels, Magda : 77, 78, 134, 249.
Göring, Hermann : 17, 57, 61, 86 à 89, 101, 121 à 125, 127, 130, 132, 136, 139, 140, 144, 146, 151 à 158, 162, 178, 181, 187 à 192, 194 à 198, 214, 220, 242, 249, 251, 253, 257, 259 à 263, 266 à 274, 311, 312, 315, 321.
Goethe, Johann Wolfgang von : 27, 31, 45, 79.
Goldhagen, Erich : 169, 170, 304.
Gropius, Walter : 33.
Guderian, Heinz : 153, 157, 220, 224, 232, 235, 236, 240, 272.
Gutterer, Leopold : 105.

Haasemann, Konrad : 122, 181, 182.
Haffner, Sebastian : 323, 324.
Hanfstaengl, Ernst "Putzi" : 67, 91.
Hanke, Karl : 35 à 37, 77, 78, 134, 157, 167, 172, 199, 242, 254.
Harris, Arthur : 150 à 152.
Hase, Paul von : 206.
Hausser, Paul : 230.
Hausmann, Georges Eugène : 71.
Heinrici, Gotthardt : 208, 242.
Helmer, Hermann : 47.
Hemingway, Ernest M. : 292.
Henderson, Neville : 54.
Henne Willy : 190.
Hentrich, Helmut : 76.
Hentschel, Johannes : 226.
Hess, Rudolf : 48, 263, 268, 279, 288, 291, 292, 295.
Hettlage, Karl Maria : 66, 99, 181, 259.
Heuser, Hans : 76.
Heuss, Theodor : 289.
Himmler, Heinrich : 90, 118, 119, 139, 146 à 149, 155 à 157, 160 à 172, 178,

180, 185 à 188, 191, 193 à 195, 198, 199, 208, 210, 214, 219, 227, 245, 248 à 254, 273, 304, 312, 320, 323.
Hindenburg, Paul von Beneckendorff und : 54, 57.
Hintze, Otto : 325.
Hirschfeld, Hans E. : 277.
Hitler, Adolf : Passim.
Hoffmann, Heinrich : 54, 61, 67, 89.
Hugenberg, Alfred : 38.
Hupfauer, Theodor : 219, 231, 259, 260, 303.

Ibsen, Henrik : 27.
Iofans, Boris M. : 73.
Irving, David : 110.

Jackson, Robert H. : 264 à 266, 273 à 277, 280.
Jodl, Alfred : 153, 220, 228, 241, 248, 272, 279.

Kaiser, Georg : 27.
Kalanag eigentl. Helmut Schreiber : 179.
Kaltenbrunner, Ernst : 207, 209, 214, 224.
Kammler, Hans : 163, 164, 171, 214, 234, 255.
Kannenberg, Artur : 51.
Kaufmann, Karl : 243, 244, 246, 252.
Kehrl, Hans : 156, 157, 172, 277.
Keitel, Wilhelm : 102, 139, 232, 240, 248, 262, 263, 267.
Kempka, Erich : 230.
Kempf, Annemarie : 267, 277, 285, 295.
Kempner, Robert M.W. : 299.
Kerrl, Hanns : 144.
Kesselring, Albert : 230, 257, 314.
Klein, Burt : 18, 56.
Kleist, Heinrich von : 27.
Knopf, Alfred A. : 298.
Koch, Erich : 254.
Koch, Friedrich : 184 à 187, 191.
Körner, Wilhelm : 130.
Korten, Günther : 213.
Kranzbühler, Otto : 289.
Krebs, Hans : 248.

Kreis, Wilhelm : 76, 77, 94.
Kubuschok, Egon : 269.
Kürnzer Franz : 13.

Lagarde, Paul de : 28.
Lammers, Hans Heinrich : 66, 103, 134, 139, 140.
Langbehn, Julius : 28.
Lawrence, Sir Geoffrey : 265, 273, 278.
Le Corbusier : 73.
Ledoux, Claude-Nicolas : 74.
Leeb, Emil Ritter von : 125.
Lenbach, Franz von : 96.
Lenin, Vladimir Iljitsch : 74.
Ley, Robert : 14, 82, 122, 139, 146, 164, 166, 177, 181, 214, 227, 243, 263, 324.
Liebel, Willy : 180, 210, 219.
Lippert, Julius : 62, 66, 70, 83, 84.
Liszt, Franz von : 113.
Ludendorff, Erich : 57.
Lüschen, Friedrich : 225, 244.

Mann, Golo : 11, 299.
Mann, Heinrich : 317.
Mann, Thomas : 40.
Manstein, Fritz Erich von : 243, 314.
March, Werner : 57, 76.
Maupassant, Guy de : 292.
Max, Prinz von Baden : 251.
May, Karl : 55.
McCloy, John : 289.
Messerschmitt, Willy : 153.
Mies van der Rohe, Ludwig : 33, 73.
Milch, Erhard : 123, 125, 129, 130, 136, 137, 142, 153, 157, 169, 170, 172, 181, 190, 192, 193, 197, 198, 200, 203, 213, 215, 311.
Mille, Cecil B. de : 76.
Model, Walter : 221, 230, 231, 233.
Moeller van den Bruck, Arthur : 25.
Mommsen, Ernst-Wolfgang : 296.
Morell, Theodor : 89, 183.
Moser, Hans : 91.
Murr, Wilhelm : 177.
Mussolini, Benito : 25, 149, 288.

Naumann, Friedrich : 22.

Naumann, Werner : 182.
Neave, Airey : 17, 261, 315.
Neufert, Ernst : 76.
Neurath, Konstantin von : 272, 275, 290.
Niemöller, Martin : 293.
Nietzsche, Friedrich : 174.
Nitze, Paul : 256, 289, 299.
Norden, Eric : 301, 302.

Ohlendorf, Otto : 171, 241, 269
Olbricht, Friedrich : 206.

Papen, Franz von : 57, 269, 272.
Pappenheim, Reichsgraf Friedrich Ferdinand zu : 20.
Paulus, Friedrich : 137.
Perikles : 63, 93.
Petersen, Offizier : 213.
Pinnau, Caesar : 76.
Poelzig, Hans : 30, 32.
Pohl, Oswald : 162, 171.
Porsche, Ferdinand : 259.
Poser, Manfred von : 219, 243, 251, 252, 277.
Proost, Toni : 285 à 287, 292

Raeder, Erich : 143, 285, 287, 290.
Raginsky, M. Y. : 275.
Rathenau, Walther : 129.
Raubal, Geli : 44.
Reinhardt, Max : 31.
Remer, Otto Ernst : 206, 207
Reusch, Paul : 208.
Ribbentrop, Joachim von 14, 140, 224, 262, 263, 267, 268.
Riesser, Marion : 111, 112, 286, 297.
Röchling, Hermann : 235.
Röhm, Ernst : 45, 56, 118.
Rohland, Walter : 116, 165, 170, 172, 191, 193, 196, 217, 218 233, 277, 297.
Roosevelt, Franklin Delano : 140.
Rosenberg, Alfred : 76, 90, 132, 148, 165, 267.
Rousseau, Jean-Jacques : 299.
Rühmann, Heinz : 91.
Ruff, Franz : 58.
Ruff, Ludwig : 58.

Sagebiel, Ernst : 76.
Sauckel, Fritz : 134 à 137, 141 à 143, 148, 171, 178, 180, 182, 210, 214, 262, 267, 273 à 275, 324.
Sauerbruch, Ferdinand : 184.
Saur, Karl Otto : 128, 163, 176, 192, 196, 197, 200, 207, 215, 223 à 225, 232, 235, 252, 254, 259, 260, 284, 312.
Schacht, Hjalmar : 13, 259, 260, 268, 272.
Schaub, Julius : 229.
Schelkes, Willi : 66.
Schieber, Walther : 128, 210, 277.
Schiller, Friedrich : 27, 79.
Schinkel, Karl Friedrich : 37, 63, 69, 70, 76, 93, 204.
Schirach, Baldur von : 268, 270, 283, 286, 292, 295.
Schlabrendorff, Fabian von : 293.
Schmidt, Matthias : 10, 112, 306, 307.
Schmundt, Rudolf : 155.
Schnitzler, Arthur : 292.
Schreck, Julius : 55.
Schütz, Werner : 289.
Schwerin von Schwanenfeld, Ulrich Wilhelm Graf von : 208.
Schwerin von Krosigk, Lutz : 215. 253.
Sereny, Gitta : 10, 305, 306.
Seyss-Inquart, Arthur : 239, 277.
Shawcross, Sir Hartley : 278, 279.
Siedler, Wolf Jobst : 298, 299, 308.
Siegmund, Harry : 170.
Simon, Hans : 99.
Skorzeny, Otto : 288.
Smith, Bradley F. : 265, 309.
Spaatz, Carl : 196.
Speer, Albert jun. : 294.
Speer, Hilde : 289, 293, 294, 298.
Speer, Margret geb. Weber : 23, 245, 288.
Speidel, Hans : 208.
Sperrle, Hugo : 118.
Stahl, Dietrich : 218, 226, 227, 248, 272.
Stalin, Josef : 75, 100, 317.

Stauffenberg, Claus Schenk von : 204, 206.
Stephan, Hans : 66.
Stöhr, Willy : 250.
Stone, Norman : 308.
Streicher, Julius : 14, 58, 262, 268, 324.
Suhrkamp, Peter : 27, 208.
Swift, Jonathan : 292.

Tamms, Friedrich : 76.
Taut, Bruno : 33, 73.
Tessenow, Heinrich : 30 à 33, 35, 37, 41, 45, 47, 49, 58, 76, 77, 99, 285, 289.
Thiele, Fritz : 205.
Thierack, Otto Georg : 208.
Thomale, Wolfgang : 233, 235, 254.
Thomas, Georg : 125, 130, 143.
Thorak, Josef : 77, 96.
Thyssen, Fritz : 259.
Todt, Fritz : 65, 113, 115 à 124, 128, 131, 132, 146, 178, 183, 276.
Todt, Ilse : 181.
Tolstoj, Leo N. : 292.
Trevor-Roper, Hugh R. : 145, 299, 323, 324.
Troost, Paul Ludwig : 38, 45, 50, 51, 56, 58, 62, 75, 77, 80, 96.

Ulbricht, Walter : 293.

Vat, Dan van der : 10.
Vilar, Esther : 10.
Vögler, Albert : 125, 196, 208.

Waeger, Kurt : 210.
Wagner, Adolf : 177, 234.
Wagner, Richard : 28, 47, 55, 92, 241, 319.
Wagner, Wieland : 321.
Wagner, Winifred : 51.
Walser, Martin : 292.
Wankel, Fritz : 161.
Wegener, Paul : 254.
Wehner, Herbert : 293.
Weisenborn, Günther : 48.
Wilde, Oscar : 318.
Winter, August : 220.
Witzel, Karl : 125.
Wolff, Karl : 185.
Wolters, Rudolf : 29, 30, 66, 71, 94, 101, 106, 109 à 112, 132, 206, 241, 279, 284 à 286, 289, 290, 294, 296 à 302, 306 à 308, 315.

Zangen, Wilhelm : 125.
Zeitzler, Kurt : 155, 157, 176, 208.

TABLE

Note de l'auteur	7
Introduction : Questions, contradictions, questions encore et toujours	9
I. Origines et expérience fondamentale	19
II. Dans le cercle des intimes	43
III. Germania, capitale du monde	65
IV. Bas-fonds	88
V. Ministre et dictateur de l'économie	115
VI. Ambitions et réalités	146
VII. Crises et intrigues	176
VIII. « Terre brûlée »	202
IX. Une fin sans fin	232
X. Le procès de Nuremberg	259
XI. L'école de la survie	283
Epilogue : La règle et l'exception	310
Notes	327
Index	366

Cet ouvrage a été imprimé par la
SOCIÉTÉ NOUVELLE FIRMIN-DIDOT
Mesnil-sur-l'Estrée
pour le compte des Éditions Perrin
en août 2001

Imprimé en France
Dépôt légal : août 2001
N° d'édition : 1621 – N° d'impression : 56562